MAREK WAŁKUSKI

WAŁKOWANIE AMERYKI

MAREK WAŁKUSKI

WAŁKOWANIE AMERYKI

Redaktor prowadzący: Ewelina Burska
Redakcja merytoryczna: Bartosz Oczko
Korekta językowa: M.T. Media
Skład: Aneta Ryzińska
Projekt okładki: Jan Paluch

Materiały graficzne na okładce zostały wykorzystane za zgodą Shutterstock.
Tłumaczenia tekstów z języka angielskiego: Marek Wałkuski

Wydawnictwo HELION
ul. Kościuszki 1c, 44-100 GLIWICE
tel. 32 231 22 19, 32 230 98 63
e-mail: editio@editio.pl

ISBN: 978-83-246-3594-8

Copyright © Helion 2012

Printed in Poland.

Dla Edyty i Konrada

Spis treści

Wałkowanie wstępne   11

Rozdział 1. Mój nowy dom   13

Rozdział 2. Dzieci wuja Sama   25
    Grzeczny jak Amerykanin   25
    „Call me George"   27
    Superman społecznik   30
    Wychowanie patriotyczne   34
    Wyjątkowość Ameryki   39
    Precz z Europą   41

Rozdział 3. Typowy Amerykanin   45
    To jest kraj wścibskich ludzi   45
    Amerykański Kowalski   46
    Przeciętny Józek   48
    Młody jak Amerykanin   49
    Wymiary i kolory   50
    Home, sweet home   52
    Inteligentny jak Amerykanin   54
    Życie na kredyt   56
    W wolnym czasie   57
    Kraj ludzi szczęśliwych   59

Rozdział 4. Amerykański tygiel etniczny   **63**
W jeden dzień dookoła świata   63
Międzynarodowe naleśniki dla białych Amerykanów   66
Polska już tu umarła   69
Ich bin American   71
Szanuj zieleń   72
Angielscy Amerykanie   74
Mafie, parafie i tulipany   76
Wpływowa mniejszość   78
Barack Obama — kuzyn Brada Pitta   80
Tylko dla Kubańczyków   82
Wojna futbolowa   84
Zbawienna imigracja   87

Rozdział 5. Trudne relacje rasowe   **89**
Droga przez Dixieland   89
Soul food z Latonyą i Tanishą   91
Rasy nie istnieją?   95
Użyteczne podziały   96
Milionerzy pod palmami   98
Na straży czystości białej rasy   99
Seminole z Hollywood   101
Aligator z sosem musztardowym   105
Spłacony dług?   108
W walce o równouprawnienie białych   110
Murzynów już tu nie ma   113

Rozdział 6. Raj dla bogów   **115**
Wiara w cenie   115
Zbawienie — 50% zniżki   116
Przyjdź do nas, przeklęty grzeszniku   119
Spuścizna Kalwina   121
Jestem błogosławiony   123
Trudna droga do tolerancji   126
Wysoki mur   128
Halucynogenna herbatka. Amen   131
Megakościół Solomona   133
239 wnuków   138
Religia a polityka   141
Akademia czarnoksiężników   143

Rozdział 7. Amerykańska wieża Babel **147**
„Zwór" do naśladowania 147
American English 149
CR, czyli czasownikowanie rzeczowników 151
Do you speak yup'ik? 153
Angielski niejedno ma imię 154
Ponglish 156
Co ma państwo do języka 157
Don't speak Polish 160
Habla usted inglés? 161
Only English 163

Rozdział 8. Wolność gwarantowana **165**
Obywatel pod ochroną 165
Prawo do obrażania 169
Prawo do nienawiści 172
Prawo do pokazywania 173

Rozdział 9. Sam się obronię **177**
Prawo do strzelania 177
Boże, pobłogosław Amerykę... i nasze pistolety 184
Kto do kogo strzela i dlaczego 186
Broń dobra czy zła? 187
Broń dla obywatela, a nie dla wariata 190
Z karabinu w papieros 191
Kultura broni 193
Ideologia pistoletu 195

Rozdział 10. Country — dusza Ameryki **199**
Pocałuj tyłek wieśniaka 199
Królestwo country 202
Wsi spokojna, wsi wesoła 204
Rodzina, praca, bieda 208
Twój przyjaciel Jezus 210
Patriotyzm 211
Polityka country 214

Rozdział 11. Za kierownicą   **221**
  (k)Raj dla kierowców   221
  Stany Zjednoczone Samochodowe   223
  Sanktuarium pod chmurką   226
  Na własnych kołach   230
  Wolny jak kierowca   232
  Uwaga! Dziecko na drodze   235
  Nie dokuczać obywatelowi   237
  Amerykanin za kierownicą   240
  Moja droga asfaltowa   243
  Przepisy są po to, by ich przestrzegać   247
  Droga do przyszłości   251

Rozdział 12. Polska w Ameryce   **255**
  Polish jokes   255
  W poszukiwaniu śladów polskości   258
  Viva Polonia   261
  Cross czy Krzyżewski?   265
  Brzeziński   267
  Polski polityk w Waszyngtonie   271
  Bo on nas nie szanuje   275

Rozdział 13. Jeszcze nie zginęła   **281**
  Mocarstwo w tarapatach   281
  Krótka historia amerykańskiego defetyzmu   284
  Świat za 20 lat   286
  Gospodarka   288
  Co w głowie, to w portfelu   291
  Potęga militarna   294
  Siła perswazji   296
  Wyzwania   300
  jest okej   306

Bibliografia   **309**

Wałkowanie wstępne

W Ameryce można znaleźć wszystko — rzeczy absurdalne, dziwaczne, a nawet idiotyczne. Jednak sama Ameryka nie jest krajem absurdalnym, dziwacznym ani idiotycznym. To dobrze zorganizowane społeczeństwo, kraj ludzi praktycznych i racjonalnych. Amerykanie kierują się ideałami i są tolerancyjni. Ich naczelną dewizą jest „żyj i daj żyć innym". W USA presja społeczna na dostosowanie się do „normy" jest niewielka, a rola państwa ograniczona. Dlatego Ameryka jest rajem dla ekscentryków, ekstremistów i odszczepieńców. Żyją tu ludzie, którzy przygotowują się na sądny dzień, gromadząc zapasy żywności i broni i zamieniając swoje domy w twierdze. Są też tacy, którzy konstruują katapulty, by móc strzelać z dyni do celu, albo przemalowują swoje pick-upy na barwy narodowe i instalują w nich koła o średnicy 2 m. Jeszcze inni zakładają kościoły, w których tańczą z grzechotnikami albo piją herbatkę halucynogenną. Problem polega na tym, że eksponowanie przez media takich i wielu innych osobliwości tworzy wypaczony obraz Ameryki. Do tego dochodzą powielane stereotypy — że wszyscy Amerykanie kochają broń, że ich Bogiem jest pieniądz, że są ignorantami oraz egoistami, że nie liczą się z innymi. Tak powstaje niespójny, a nawet karykaturalny obraz Ameryki.

Trudności ze zdefiniowaniem Ameryki wynikają także z faktu, że kraj ten nie jest homogeniczny kulturowo, rasowo, językowo, etnicznie, politycznie ani ideologicznie.

Podobnie jak Włochy różnią się od Francji, Francja od Niemiec, a Niemcy od Polski, tak Wirginia różni się od Florydy, Floryda od Missisipi, a Missisipi od Kalifornii. I choć USA budują tożsamość narodową od ponad 200 lat, to nadal są bardzo zróżnicowane. Cały czas napływają tu przybysze z całego świata, dorzucając do amerykańskiego tygla etnicznego nowe przyprawy. Moim celem jest pokazanie zarówno amerykańskiej różnorodności, jak i cech wspólnych Amerykanów. Piszę o tym, co odróżnia Stany Zjednoczone od innych krajów. Staram się wyjaśnić, dlaczego pewne rozwiązania, które obcokrajowcom wydają się bezsensowne albo śmieszne, w amerykańskich realiach sprawdzają się całkiem nieźle. Nie usprawiedliwiam wad Ameryki, ale próbuję pokazać je w szerszym kontekście.

Ta książka ma podważyć niektóre stereotypy na temat Stanów Zjednoczonych i sprawić, że Czytelnik poczuje choć trochę ducha Ameryki.

Rozdział 1.
Mój nowy dom

W styczniu 2002 r. zostałem oddelegowany do Waszyngtonu jako korespondent Polskiego Radia. Pierwszą rzeczą, którą musiałem zrobić po przybyciu na miejsce, było wynajęcie mieszkania. Sprawa wydawała się banalna. Okazało się, że taka nie była.

Patrzyłem na mapę. Miasto podzielone jest na trzy części. Pierwsza to właściwy Waszyngton, czyli Dystrykt Kolumbii (ang. *District of Columbia*, w skrócie DC). Pozostałe dwie części położone są w przylegających stanach Wirginia i Maryland. Ponieważ w USA stany mają bardzo dużą autonomię, aglomeracja waszyngtońska podlega trzem osobnym systemom prawnym i administracyjnym. Obowiązują w niej inne stawki podatkowe, inne procedury urzędowe i inne programy szkolne. Jeśli ktoś przeprowadza się z jednej części miasta do drugiej, powinien wyrobić sobie nowy dokument tożsamości i przerejestrować auto. Przejeżdżając samochodem z Wirginii do Dystryktu Kolumbii, należy przerwać rozmowę przez telefon komórkowy, w DC obowiązuje bowiem zakaz używania telefonów podczas jazdy, którego to zakazu nie ma w Wirginii. W Dystrykcie Kolumbii legalne są małżeństwa osób tej samej płci, w Maryland trwa walka o ich zalegalizowanie, a Wirginia w ogóle nie uznaje tego typu związków. W częściach Waszyngtonu należących do Maryland i Wirginii ciągle obowiązuje kara śmierci, którą w Dystrykcie Kolumbii zniesiono już w 1981 r. Sam Dystrykt Kolumbii liczy około 600 tysięcy mieszkańców, ale w całej aglomeracji waszyngtońskiej mieszka 5,5 miliona ludzi.

Wiedziałem, że Waszyngton jest bogaty. Znajdują się tu przecież siedziby urzędów federalnych, stowarzyszeń i organizacji pozarządowych, ośrodków analitycznych, parlamentu i partii politycznych, mediów, firm lobbystycznych, wielkich korporacji i międzynarodowych instytucji finansowych. Gdy jednak zobaczyłem bezdomnych koczujących pod siedzibami Banku Światowego i Międzynarodowego Funduszu Walutowego, zacząłem podejrzewać, że nie wszystkim żyje się tu tak wspaniale. Przypomniałem sobie też, że w latach 90. Waszyngton był nazywany amerykańską stolicą morderstw. Nie zdziwiłem się więc, gdy pracownik Centrum Prasy Zagranicznej (ang. *Foreign Press Center*) zajmujący się obsługą dziennikarzy zagranicznych powiedział mi, abym bardzo starannie wybierał miejsce zamieszkania, bo decyzja ta może mieć dla mnie poważne konsekwencje. Podziękowałem za radę, choć nie zdawałem sobie sprawy z wagi jego słów. Mój znajomy, który mieszka w Stanach od 20 lat, wyjaśnił mi później, że poszczególne rejony miasta różnią się nie tylko czasem dojazdu do centrum, odległością od sklepów, architekturą oraz tym, czy są zadbane i przyjemne. Drastyczne różnice dotyczą skali przestępczości i jakości szkół. W północno-zachodniej części DC są dobre szkoły, jednak wiele z nich to prywatne placówki oświatowe, co oznacza wydatek rzędu co najmniej 1200 dolarów miesięcznie na jedno dziecko. Tam, gdzie zlokalizowane są dobre szkoły publiczne, ceny wynajmu mieszkań i domów są bardzo wysokie i na pewno przekroczyłbym swój budżet. W pozostałych częściach Dystryktu Kolumbii poziom szkół jest niski, bardzo niski albo beznadziejny. Znajomy poradził mi, abym nie zawracał sobie głowy szukaniem mieszkania w DC, tylko poszukał czegoś po drugiej stronie rzeki Potomak, czyli w zachodniej części miasta leżącej w stanie Wirginia.

Wirginia jest kolebką Stanów Zjednoczonych. To właśnie tu w 1607 r. powstała pierwsza na kontynencie amerykańskim kolonia brytyjska. Tereny te zajmowali wówczas Indianie ze szczepu Powhatan. Córka wodza tego plemienia, Pocahontas, pomagała Anglikom zakładać pierwszą kolonialną osadę Jamestown. Potem poślubiła wpływowego osadnika Johna Rolfe'a, przeszła na chrześcijaństwo i zmieniła nazwisko na Rebeca Rolfe. Jej mąż John zasłynął z pierwszej udanej uprawy tytoniu na zdobytych terenach. To dzięki niemu tytoń stał się głównym produktem eksportowym Wirginii i uratował kolonię przed upadkiem. Dziś w stolicy Wirginii, Richmond, znajduje się główna siedziba koncernu Philip Morris. Na jej terenie, przy autostradzie nr 95, stoi gigantyczny podświetlany papieros. Wirginia ma najniższą akcyzę na wyroby tytoniowe. W stanie Nowy Jork wynosi ona 4 dolary 35 centów od paczki papierosów. W Wirginii tylko 30 centów. Dlatego właśnie papierosy są tu najtańsze w całych Stanach Zjednoczonych. Ponieważ po przyjeździe do USA paliłem paczkę dziennie, Wirginia wydawała mi się idealnym miejscem do zamieszkania. Ze względu na charakter mojej pracy nie mogłem zamieszkać daleko na przedmieściach. Mój wybór padł więc na położoną niedaleko centrum gminę Arlington. Poszukiwania nowego lokum rozpocząłem od sięgnięcia do plastikowego stojaka na przystanku autobusowym, gdzie znajdowały się darmowe książeczki z ofertami kupna i wynajmu nieruchomości. Przeglądałem też ogłoszenia prasowe i internet. Okazało się, że w moim przedziale cenowym jest całkiem sporo ofert. Spośród setek propozycji wybrałem nowy blok przy ulicy Columbia Pike położonej w południowym Arlington. Okolica może nie za piękna, zamiast miłych restauracyjek i kawiarni, na które liczyłem, był tylko McDonald, tania knajpka z peruwiańskimi kurczakami i azjatycki barek, ale za to mieszkanie było świeże, jasne i przyjemne. Poza tym blok znajdował się niedaleko popularnego kina Arlington Cinema N Drafthouse, w którym widzowie siedzą przy stolikach, zajadają hamburgery z frytkami, a kelnerki przynoszą piwo i drinki. Po obejrzeniu przestronnego i jasnego apartamentu na trzecim piętrze umówiłem się z przedstawicielem firmy zarządzającej budynkiem na następny dzień na podpisanie umowy najmu. Wieczorem zadzwonił jednak znajomy, pytając, jak mi poszło. „Chyba znalazłem" — odpowiedziałem zadowolony. „A sprawdziłeś szkoły?" — dopytywał. Pół godziny później wiedziałem, że nie zamieszkam przy Columbia Pike.

Szkoły w stanie Wirginia na koniec każdego roku przeprowadzają egzaminy SOL (skrót od *Standards of Learning* — w wolnym tłumaczeniu: standardy wiedzy). Pozwalają one ocenić umiejętności uczniów z zakresu czytania i pisania, matematyki, historii oraz nauk przyrodniczych — biologii, chemii lub fizyki. Aby zdać egzamin w formie testu, trzeba uzyskać przynajmniej 66%, czyli zdobyć 400 na 600 punktów. Dzieci, które obleją SOL, i tak przechodzą do następnej klasy. Jednak szkoła dostaje ważny sygnał, że uczniowie potrzebują dodatkowej pomocy oraz że warto się przyjrzeć pracy nauczycieli. Wyniki testów w poszczególnych szkołach publikowane są przez lokalne władze oświatowe i można je bez problemu znaleźć w internecie. Dysponują nimi także agenci nieruchomości, jeśli bowiem dom chce kupić rodzina z dziećmi, pierwsze pytanie dotyczy poziomu rejonowych szkół publicznych. Rodziców interesuje także, z kim ich pociechy będą się uczyć w jednej klasie. Odpowiedź na to pytanie mogą znaleźć w danych demograficznych, które szkoły również zbierają i publikują. Wśród takich danych są informacje na temat przynależności uczniów do poszczególnych grup rasowych i etnicznych, czyli jaki jest wśród nich odsetek białych, czarnych, Latynosów, Azjatów oraz rdzennych mieszkańców Ameryki, czyli Indian. To jednak nie wszystko. Ze szkolnych statystyk można się dowiedzieć, ilu uczniów przypada na jednego nauczyciela oraz jaki procent dzieci otrzymuje posiłki za darmo lub po preferencyjnej cenie, co pozwala ocenić poziom zamożności rodziców. Informacje zbierane i publikowane przez służby oświatowe mówią wiele nie tylko o samej szkole, ale również o okolicy, w której się ona znajduje. Gdyby komuś tego było mało, zawsze może sięgnąć do statystyk ze spisu powszechnego. Wystarczy znać kod pocztowy, by w prosty sposób uzyskać dane na temat przynależności etnicznej mieszkańców danego rejonu, ich wykształcenia, wykonywanych zawodów i dochodów, a nawet odsetka osób pozostających w związkach małżeńskich, rozwodników i wdowców. Dostępne są także informacje na temat przestępczości — liczby morderstw, rozbojów i włamań oraz o mieszkających w okolicy zarejestrowanych przestępcach seksualnych. Ze zdjęciami i adresami. Dla mnie informacja o szkołach była jednak wystarczająca, by zrezygnować z rejonu Columbia Pike. Gdybym tu zamieszkał, mój syn poszedłby do rejonowej podstawówki Barcroft Elementary, gdzie w zadbanym budynku z czerwonej cegły uczy się 400 dzieci. Wyniki testów SOL nie są jednak zachwycające. Po trzeciej klasie egzamin z czytania zdaje tam niespełna 80% uczniów. Z matematyki jest trochę lepiej, choć poniżej 90%. Jeszcze gorsze wyniki uczniowie Barcroft uzyskują po piątej klasie. Wtedy testy z angielskiego i matematyki oblewa co piąty uczeń. W dobrych szkołach w Arlington wyniki są bliskie 100%. Rejonowe gimnazjum to Kenmore School, w której to szkole egzaminy z angielskiego i matematyki po ósmej klasie zdaje tylko 60 do 70% uczniów. Takie rezultaty testów oznaczają bardzo niski poziom, bo egzaminy SOL są łatwe. Ze szkolnych statystyk dotyczących przynależności do grup etnicznych wynika, że w okolicy Columbia Pike biali są w mniejszości. W Barcroft aż połowę uczniów stanowią Latynosi. W Kenmore Latynosów jest ponad 40%, a kolejne 20% stanowią czarni. To właśnie dlatego szkoły w rejonie Columbia Pike mają niższy poziom. Pomiędzy białymi a czarnymi i Latynosami jest wyraźna przepaść edukacyjna. W skali całych Stanów Zjednoczonych ponad 80% białych kończy szkołę średnią, wśród Latynosów i czarnoskórych Amerykanów tylko 60%. Latynosi po rezygnacji z dalszej edukacji idą do pracy. Czarni chłopcy, którzy rzucają szkołę, bardzo często trafiają do więzienia. Ta ścieżka „kariery" doczekała się nawet swojej nazwy: *school-to-prison pipeline*, czyli „rurociąg ze szkoły do więzienia". Nie wiedziałem, którą drogą poszedłby mój syn, ale wybrałem inne rozwiązanie — znalezienie lepszej szkoły. To oznaczało inne miejsce zamieszkania.

Zanim po raz kolejny otworzyłem książeczkę z ofertami wynajmu mieszkań, dowiedziałem się, że wybór miejsca zamieszkania jest ważny nie tylko z powodu szkoły. Po adresie Amerykanie będą oceniali, ile jestem wart i czy należy mnie poważnie traktować. W aglomeracji waszyngtońskiej do prestiżowych lokalizacji należą Potomac w stanie Maryland z domami wartymi kilka milionów dolarów każdy, McLean, którego mieszkańcy chwalą się, że ich sąsiadem jest były wiceprezydent Dick Cheney, choć w rzeczywistości widzieli go tylko w telewizji, oraz Fairfax, gdzie połowa rodzin osiąga dochód powyżej 100 tysięcy dolarów rocznie. Ze względów bezpieczeństwa absolutnie nie powinienem mieszkać we wschodniej lub południowej części Waszyngtonu. No chyba że nie przeszkadza mi, że zostanę zastrzelony w ciągu miesiąca, maksimum dwóch po wprowadzeniu się. W położonym na południu aglomeracji waszyngtońskiej historycznym miasteczku Alexandria trzeba bardzo uważać, bo choć są tam „dobre" dzielnice, to większość miasta zamieszkują Afroamerykanie, co zwykle oznacza wyższą przestępczość i nie najlepsze szkoły.

Zdążyłem już się też zorientować, że w USA osiedla wyższej klasy średniej mogą się niemal stykać z gettami biedoty. Wystarczy, że oddziela je trudna do przekroczenia linia — np. wielopasmowa autostrada. W Arlington, gdzie rozpocząłem swoje poszukiwania, linię podziału stanowi czteropasmowa droga nr 50, czyli Arlington Boulevard. Columbia Pike leży na południe od tej trasy, zatem w „gorszej" części miasta. Rejon ten w połowie zamieszkują Afroamerykanie i Latynosi, a 1/4 mieszkańców nie ma ukończonej szkoły średniej. W północnej części Arlington mieszkają dobrze wykształceni pracownicy umysłowi, których dochody znacznie przekraczają średnią krajową. Przez północne Arlington przebiega pomarańczowa linia metra, wzdłuż której teren jest zurbanizowany. Dominują tu apartamentowce i biurowce, jest też sporo sklepów, kawiarni, barów i restauracji. Dalej na północ znajdują się osiedla domów jednorodzinnych amerykańskiej klasy średniej. Kody pocztowe 22205 i 22207 są w ponad 80% „białe", ceny domów w tym rejonie przekraczają 600 – 700 tysięcy dolarów, a dochód przeciętnego gospodarstwa domowego to ponad 90 tysięcy dolarów rocznie — dwa razy więcej od średniej krajowej.

Mój drugi wybór padł na budynek Cortland Towers położony niedaleko stacji metra Courthouse, w nieco bardziej kosmopolitycznej, ale wciąż dosyć prestiżowej części miasta (kod pocztowy 22201). Ten liczący ponad 800 mieszkań apartamentowiec jest w całości przeznaczony na wynajem. Jak we wszystkich tego typu budynkach standardem jest basen, siłownia i całodobowa portiernia. Mieszkania są tu droższe niż przy Columbia Pike. Na szczęście Polskie Radio zgodziło się na zwiększenie budżetu na zakwaterowanie. Moich szefów przekonały argumenty, że w takie miejsce z czystym sumieniem można zaprosić amerykańskiego kolegę po fachu albo niższego rangą urzędnika Departamentu Stanu. Nie bez znaczenia jest także szybki dojazd w rejon Białego Domu i Centrum Prasy Zagranicznej, gdzie często odbywają się konferencje prasowe dla dziennikarzy spoza USA. Przestępczość w wybranej przeze mnie okolicy jest bardzo niska, o czym świadczy choćby fakt, że kolega mego syna z lenistwa zostawiał na noc nowiutki rower BMX przypięty do ulicznego słupa, który to rower został ukradziony, ale dopiero po trzech miesiącach. Nie ma tu pętających się wyrostków ani pijaków. Wulgaryzmu na ulicy nie usłyszałem nigdy. Za to słowa takie jak „dziękuję" czy „proszę bardzo" — tysiące razy. Przy wejściu do stacji metra albo na schodach całodobowego sklepu CVS rotacyjnie dyżurują bezdomni. Gdy odmawiam wrzucenia drobnych do plastikowego kubka, odpowiadają: *God bless you* (niech cię Bóg błogosławi). Pewnie uprzejmością chcą wywołać wyrzuty sumienia.

Mieszkańcy Arlington to w większości wzorowi demokraci. Dobrze wykształceni, otwarci, tolerancyjni i aktywni fizycznie. Popołudniami oraz w weekendy masowo wybiegają w strojach sportowych na trasy wzdłuż Potomaku. Zapełniają też siłownie i dziesiątki darmowych kortów tenisowych.

Niewielu jest tu grubasów. Jeśli w okolicy pojawi się jakiś tłuścioch, to znaczy, że pochodzi z prowincji i przyjechał z wycieczką na słynny cmentarz Arlington, gdzie stoi 400 tysięcy białych tablic na cześć bohaterów amerykańskich wojen i gdzie znajduje się grób prezydenta Johna F. Kennedy'ego. W Arlington działa sieć bardzo dobrych publicznych bibliotek. Są tu przyjazne place zabaw dla dzieci, setki kilometrów ścieżek rowerowych i zadbane parki. Nie miałem wątpliwości, że z wyborem miejsca zamieszkania trafiłem w dziesiątkę. Rozglądając się po okolicy, uświadomiłem jednak sobie, że choć w Stanach Zjednoczonych od dawna nie ma już formalnych barier rasowych, a ostatnie przepisy dopuszczające segregację runęły w latach 60. XX w., to Amerykanie sami się segregują. Ja „wysegregowałem" się z zamieszkanej w połowie przez Latynosów i Afroamerykanów okolicy Columbia Pike i przeniosłem do „białej" Ameryki, czyli północnego Arlington. Może nie było to zachowanie zbyt poprawne politycznie, ale racjonalne. Zdziwiłem się jednak, gdy odkryłem, komu to zawdzięczam. W szkole, której wybór był powodem ucieczki na północ, też czekała mnie niespodzianka.

W 1940 r. małżeństwo czarnoskórych psychologów społecznych z Nowego Jorku, Kenneth i Mamie Clarkowie, przeprowadziło eksperyment, który miał poważne konsekwencje dla relacji rasowych w USA. Grupie dzieci naukowcy dali do zabawy lalki w różnych kolorach. Okazało się, że czarne dzieci wybierały białe lalki. Gdy pytano je, dlaczego tak robią, odpowiadały, że białe lalki są ładne i dobre, a czarne złe i brzydkie. Dzieci proszono też o pokolorowanie kształtu człowieka kredką w ich własnym kolorze skóry. Jeśli miały do wyboru dwa odcienie, wybierały jaśniejszy. Okazało się, że kolor skóry miał znacznie większy wpływ na niską samoocenę dzieci z Waszyngtonu, gdzie istniała segregacja rasowa, niż dla tych z Nowego Jorku, gdzie jej nie było.

Eksperyment Clarków przyczynił się do decyzji Sądu Najwyższego USA podjętej w 1954 r., w wyniku której w całej Ameryce zakazano segregacji rasowej. W tym czasie w 17 stanach białe i czarne dzieci chodziły do osobnych szkół. Nawet gdy czarnoskóre dziecko mieszkało obok szkoły dla białych, to nie miało prawa do niej uczęszczać, musiało dojeżdżać do szkoły dla Afroamerykanów. Decyzja Sądu Najwyższego USA wywołała opór na południu kraju i rozpoczęła długą walkę o desegregację. W 1957 r. prezydent Dwight Eisenhower musiał wysłać do Little Rock w Arkansas żołnierzy, by chronili czarnoskórych uczniów, którzy mieli pójść do szkoły dla białych. Choć opór został przełamany, efekty zniesienia prawnych barier w szkolnictwie były marne. W 1964 r., czyli 10 lat po decyzji Sądu Najwyższego, tylko 1,2% czarnoskórych dzieci w południowych stanach chodziło do białych szkół. Wynikało to z faktu, że biali i czarni mieszkali w innych dzielnicach, a w szkolnictwie obowiązywała rejonizacja. W desegregacji nie pomogła przyjęta przez Kongres USA w 1964 r. słynna Ustawa o prawach obywatelskich (ang. Civil Rights Act), która zakazywała dyskryminacji ze względu na kolor skóry, płeć, religię i narodowość. Dlatego na początku lat 70. do akcji wkroczyły sądy i zaczęły wymagać od władz oświatowych, aby skład rasowy w poszczególnych szkołach odpowiadał składowi rasowemu całej gminy czy miasta. Tym samym rozpoczął się busing (od słowa bus — autobus), czyli przymusowe dowożenie czarnych dzieci do białych szkół i odwrotnie. Wbrew pozorom operacja ta wcale nie była skomplikowana, ponieważ amerykańscy uczniowie i tak jeżdżą do szkół autobusami. Wystarczyło tylko zmienić ich trasy. Jednak w 1974 r. Sąd Najwyższy USA stwierdził, że wożenie dzieci może się odbywać tylko w obrębie jednego miasta czy gminy. Ta decyzja przyspieszyła exodus białych na przedmieścia, stamtąd bowiem ich dzieci nie można było przywozić do miast, gdzie znajdowały się duże skupiska czarnych.

Kontrowersyjny autobusowy eksperyment w większości okręgów szkolnych został porzucony w latach 80. i 90. W niektórych jest kontynuowany, ale zamiast kryterium rasowego stosuje się kryterium socjalne. Dywersyfikacja szkół polega tam więc na dowożeniu dzieci z bogatych rejonów do biednych i odwrotnie. W ten sposób programem objęci zostali Latynosi, a nawet białe dzieci z biednych rodzin, które uzyskały szansę uczęszczania do szkół o wyższym poziomie nauczania. By wyrównać szanse dzieci różnych ras, stosuje się też inne metody — np. stypendia dla mniejszości. Całej akcji desegregacji rasowej i wyrównywania szans nie można jednak prowadzić bez informacji na temat składu rasowego poszczególnych szkół i rezultatów przez nie osiąganych. Dlatego już w latach 60. XX w. nakazano szkołom prowadzenie tego rodzaju statystyk i obowiązek ten istnieje do dziś. I to właśnie te statystyki znalazłem na stronie internetowej kuratorium oświaty w Arlington, gdy sprawdzałem szkoły Barcroft i Kenmore. Tak więc w moim przypadku narzędzie, które miało pomagać w desegregacji rasowej szkolnictwa, pozwoliło mi odseparować syna od zdominowanego przez Latynosów i czarnych rejonu Columbia Pike. Tak mi się przynajmniej wydawało.

Pierwsza szkoła, do której trafił mój syn Konrad, czyli podstawówka Taylor Elementary, była taka, jakiej się spodziewałem. Bardzo przyjazna, a prawie 85% uczniów stanowili w niej biali. Ponieważ Konrad nie mówił po angielsku, została mu przydzielona specjalna nauczycielka. Opiekowała się równocześnie kilkorgiem dzieci, które nie tylko uczyła języka, ale również pomagała im funkcjonować w nowej szkole i utrzymywała kontakt z ich rodzicami. Taką „opiekę" otrzymują dzieci obcokrajowców we wszystkich amerykańskich szkołach. Nikt przy tym nie sprawdza statusu imigracyjnego — tak samo traktowane są dzieci legalnych, jak i nielegalnych imigrantów. W Taylor Elementary nikt zresztą nie zastanawiał się nad tą kwestią, bo prawie nie było w niej Latynosów, którzy najczęściej przebywają w USA nielegalnie. Szkoła miała wysoki poziom. Prawie 100% uczniów zdawało testy SOL. Gdybym miał porównywać atmosferę i jakość nauczania w Taylor do szkół w Warszawie, to amerykańska wygrywała bezdyskusyjnie. Dużych różnic w poziomie nauczania nie zauważyłem, poza tym że w amerykańskich podręcznikach wszystko było wyłożone w sposób bardziej klarowny. Pierwszy rok nauki mego syna minął spokojnie. Bez fajerwerków, ale i bez problemów. Największa niespodzianka była jednak dopiero przed nami.

Po roku spędzonym przez Konrada w podstawówce przyszedł czas na gimnazjum. Mieszkaliśmy w rejonie bardzo przyzwoitej szkoły Yorktown. Wiedzieliśmy, że tak jak w innych amerykańskich szkołach obowiązuje tam zestaw twardych reguł, których uczniowie muszą przestrzegać. Nie ma biegania i wariowania na przerwach, by przejść z klasy do klasy, trzeba poruszać się korytarzem zgodnie z ruchem wskazówek zegara, co oznacza, że czasami, by dojść do sali na kolejną lekcję, trzeba obejść prostokątny budynek dookoła. Na klatce schodowej są dwa rzędy schodów. Jedne tylko w górę, drugie tylko w dół. Kto zapomni długopisu, ten nie pisze. Nie ma wychodzenia z klasy w czasie lekcji, chyba że do toalety. Ponieważ Konrad miał ADHD, obawialiśmy się, że w takim systemie może mieć kłopoty. Dowiedzieliśmy się jednak o innej, nietypowej szkole publicznej, do której jest tak wielu chętnych, że można się do niej dostać tylko poprzez losowanie. Złożyliśmy papiery i szczęście nam dopisało. W ten sposób nasz

syn trafił do szkoły, którą lubił, cenił i za którą tęskni do dziś. To alterna-
tywna szkoła publiczna H-B Woodlawn.

W H-B uczniowie mają dużą swobodę, a stosunki pomiędzy nimi a nauczycielami są partnerskie i opierają się na wzajemnym szacunku i zaufaniu.
Przejawia się to dużą dowolnością wyboru przedmiotów i możliwością
decydowania przez młodzież o życiu szkolnym. Podczas głosowań o wielu
sprawach organizacyjnych każdy uczeń, nauczyciel i rodzic mają po jednym głosie. Już od drugiej klasy gimnazjum uczniowie dostają w ramach
lekcji czas wolny, który mogą wykorzystać wedle własnego uznania: albo na
naukę, albo na życie towarzyskie. Nie ma tu typowego dla amerykańskich
szkół zostawiania w kozie, zwanego *lunch detention* albo *after school detention*, czyli „zatrzymania w trakcie przerwy obiadowej" albo „zatrzymania
po szkole". Tu stosuje się łacińską dewizę *verbum sapienti sat est* — mą-
dremu wystarczy słowo. W odróżnieniu od innych amerykańskich szkół na
korytarzach H-B panuje swobodna atmosfera. Dzieci siedzą na podłogach,
dookoła porozrzucane są plecaki. Jedne się uczą, inne grają w karty, jeszcze inne jedzą pizzę. Do H-B Woodlawn dzieci trafiają przez losowanie, nie
na zasadzie selekcji. Szkoła nie otrzymuje też z gminy specjalnych funduszy. Mimo to w rankingu „Newsweeka" od lat znajduje się wśród najlepszych szkół w Stanach Zjednoczonych. Gdy po raz pierwszy pojechałem do
H-B po syna, coś jednak zwróciło moją uwagę. Otóż obserwując uczniów wy-
chodzących ze szkoły i maszerujących do autobusów, zauważyłem, że
jest wśród nich bardzo wiele dzieci o kolorze skóry innym niż biały.

Sprawdziłem w szkolnych statystykach. Rzeczywiście — Latynosi, Afroamerykanie i Azjaci stanowili tu ponad 1/3 uczniów. „Skąd oni ich wzięli?
— zastanawiałem się. Przecież w okolicy mieszkają niemal wyłącznie biali".
Odpowiedź znalazłem na stronie internetowej szkoły. Przeczytałem tam,
że H-B Woodlawn nie podlega rejonizacji, więc mogą do niej chodzić dzieci
z całego Arlington. Poza tym szkoła uznaje wielorasowość i wielokultu-
rowość za istotne wartości, więc podczas losowania pilnuje się, aby nie
zdominowali jej biali. Efekt jest taki, że do H-B Woodlawn dowożone są
dzieci z południowego Arlington. W liceum najlepszym kolegą mego syna
okazał się Richard — syn imigrantów z Salwadoru, który mieszkał przy Columbia Pike, zatem niedaleko miejsca, z którego uciekałem w poszukiwaniu
lepszych szkół.

Po latach decyzję o zamieszkaniu w Arlington uznałem za jedną z lepszych, jakie podjąłem po przyjeździe do USA. Nie tylko ze względu na zadbane otoczenie, przyjaznych ludzi i wygodny dojazd do centrum Waszyngtonu. Także dlatego, że miasto okazało się bardziej zróżnicowane, niż pierwotnie myślałem. Mimo że w okolicy mojego bloku mieszkali głównie biali Amerykanie, to w barach, restauracjach, sklepach i punktach usługowych zatrudnieni byli przybysze ze wszystkich krajów świata. Tworzyło to niezwykłą, wielokulturową mieszankę języków, ubiorów, kuchni oraz zwyczajów, która jest esencją Ameryki. A szkoła, do której trafił mój syn, okazała się znakomitym wyborem. W Polsce Konrad nie lubił szkoły, bo była dla niego źródłem stresu i lęków. W H-B Woodlawn panowała przyjazna atmosfera, dzięki której uczniowie mogli odkrywać świat i realizować swoje pasje. Pod koniec każdych wakacji Konrad zaczynał przebąkiwać, że tęskni za szkołą, że już nie może się doczekać ponownego spotkania z kolegami i nauczycielami. Z kolei różnorodność etniczna H-B Woodlawn sprawiła, że nie tylko nauczył się tolerancji i otwartości, ale przesiąknął tymi wartościami. Wiem, że dzięki szkole, do której chodził przez sześć lat, stał się lepszym człowiekiem.

Rozdział 2.
Dzieci wuja Sama

GRZECZNY JAK AMERYKANIN

Kilka lat temu przyjechał do nas na wakacje mój dziesięcioletni siostrzeniec z Polski. Po kilku dniach pobytu w Waszyngtonie opowiadał swojej mamie przez telefon o wrażeniach z Ameryki. Pierwszym, co powiedział, było: „Wiesz, mamo, tu wszyscy są tacy mili". Słuchając tych słów, przypomniałem sobie swój pierwszy dzień w Stanach Zjednoczonych. Wylądowałem wtedy wieczorem na lotnisku Waszyngton-Dulles, wypożyczyłem samochód i ruszyłem w kierunku hotelu. Niestety, po kilkunastu minutach zgubiłem się i nie wiedziałem, gdzie jestem. Zajechałem więc na stację benzynową i poprosiłem mężczyznę w średnim wieku o wskazanie drogi. Ten nawet nie próbował mi tłumaczyć, jak dotrzeć na miejsce. Powiedział, bym chwilkę zaczekał, dokończył tankowanie i kazał mi jechać za swoim samochodem. Gdy pół godziny później dotarliśmy pod wskazany adres, mój amerykański przewodnik otworzył okno, pomachał mi na pożegnanie, krzyknął: „Powodzenia!" i odjechał.

W USA człowiek na co dzień spotyka się z bezinteresowną uprzejmością. Przekonanie, że trzeba pomagać innym, Amerykanie mają tak głęboko wpojone, że czują się w obowiązku wskazać drogę, nawet gdy sami jej nie znają. Nigdy się jednak nie denerwowałem, jeśli po takiej „przysłudze" okazywało się, że w miejscu, gdzie powinien znajdować się urząd, stał sklep, a zamiast dworca była hala sportowa, bo wiedziałem, że moim doradcom przyświecały szlachetne intencje. Poza tym jak można się denerwować na kogoś, kto jest tak miły i sympatyczny? Obcokrajowcy czasami zarzucają Amerykanom, że zachowują się sztucznie i są nieszczerzy. Jednak oni właśnie takiego zachowania uczeni są od dziecka i w ich kulturze jest to zupełnie naturalne. Amerykanie są też często wyśmiewani za rzekomo udawany optymizm, który przejawia się tym, że na pytanie: „Jak się masz?" zawsze odpowiedzą: „Znakomicie" lub „Bardzo dobrze". W rzeczywistości jest to jednak tylko konwencja. Pytając: „Jak się masz?", Amerykanin nie oczekuje informacji na temat stanu twojego ducha, tak samo jak Polak, mówiąc „Cześć", wcale nie oddaje czci.

Inną cechą Amerykanów jest łatwość nawiązywania kontaktów. Nie mają oni problemu z zaczepianiem nieznajomych na ulicy, w sklepie, parku, kinie, muzeum czy w autobusie, zwykle tylko po to, żeby zamienić dwa słowa. Są przy tym bezpośredni, często uśmiechają się do obcych i pozdrawiają ich słowami *Hi!* lub *Hello!* Obcokrajowcy uważają, że takie zachowanie jest nieszczere. W USA jest to jednak sposób demonstrowania przyjaznego nastawienia i życzliwości, co swoją drogą jest bardzo miłe i pomaga w codziennym życiu. Przybysze z zagranicy przeżywają rozczarowanie, gdy ich amerykańscy koledzy na zakończenie rozmowy deklarują: „Musimy się umówić na lunch", a potem nie dzwonią. Nieporozumienie wynika z faktu, że składając taką deklarację, Amerykanie dają jedynie do zrozumienia, że fajnie im się rozmawiało, a nie że mają ochotę na wspólny posiłek. Chyba że zaproponują ustalenie jakiegoś konkretnego terminu, co jest sygnałem, iż naprawdę chcą się spotkać po raz kolejny.

Amerykanie z niezwykłą łatwością zapamiętują imiona. Kiedyś nawet podejrzewałem, że mają jakiś gen, który im w tym pomaga, ale podobno to kwestia wprawy. Nigdy też nie zapominają podziękować albo powiedzieć „przepraszam". Rodzice od najwcześniejszych lat instruują swoje pociechy: „powiedz»dzień dobry«", „powiedz»przepraszam«", „powiedz»dziękuję«". Po otrzymaniu prezentu albo po imprezach urodzinowych, przyjęciach i innych spotkaniach towarzyskich wysyła się tzw. *thank you notes*, czyli kartki z formalnymi podziękowaniami. Gdy w przedszkolu lub podczas zawodów sportowych dojdzie do nieporozumienia pomiędzy dziećmi, stawia się oboje naprzeciwko siebie i stanowczo prosi jedno, by przeprosiło, a drugie, by przyjęło przeprosiny, po czym dzieci mają podać sobie ręce.

„CALL ME GEORGE"

W Stanach Zjednoczonych codzienne relacje pomiędzy ludźmi są dość nieformalne. Kelnerka w restauracji nie powie na powitanie: „Dzień dobry państwu. Za chwilę przyniosę menu", ale podejdzie do stolika z szerokim uśmiechem i rzuci: „Cześć. Czego się napijecie?". Podobnie zachowują się sprzedawcy w sklepach. „Hej. Nazywam się John. Daj znać, jeśli będziesz czegoś potrzebować" — mówi do sześćdziesięcioletniego klienta dwudziestoletni pracownik domu towarowego.

W Stanach Zjednoczonych określeń „pan", „pani" używa się w relacjach zawodowych i formalnych. Grzeczna forma zwracania się do nieznajomych to „sir", choć Amerykanin zazwyczaj szybko zaproponuje przejście na „ty". Wyjątkiem jest amerykańskie Południe, gdzie osoby dorosłe częściej są panami i paniami, aczkolwiek mieszkający tam osiemdziesięcioletni mister John, wyjeżdżając w inne rejony Ameryki, natychmiast staje się zwykłym Johnem.

Nieformalne relacje panują także na wyższych uczelniach, a czasami nawet w szkołach średnich. W USA nie jest niczym wyjątkowym, gdy profesor idzie ze swoimi studentami na lunch albo zaprasza ich do siebie do domu. Kiedyś miałem przyjemność chodzić na zajęcia do jednego z najlepszych amerykańskich konsultantów politycznych — Jamesa Carville'a, który był głównym strategiem kampanii wyborczej Billa Clintona i wymyślił mu słynne hasło „Gospodarka, głupcze". W ramach wspierania lokalnych uczelni publicznych Carville podjął się prowadzenia lekcji w Northern Virginia Community College, gdzie uczęszczają osoby, których nie stać na studiowanie w renomowanych uczelniach. Carville ze wszystkimi przeszedł od razu na „ty", a przed końcem semestru zorganizował imprezę, na którą zaprosił wszystkich swoich studentów. W jego domu w Alexandrii pod Waszyngtonem zjawiło się wtedy ponad 50 osób.

Nieformalny styl Amerykanów przejawia się również w języku. Mieszkańcy USA chętnie posługują się kolokwializmami, slangiem, skrótowcami i terminami sportowymi. W powszechnym użyciu są skróty *gonna* (*going to*), *wanna* (*want to*) czy *gotta* (*have got to*). Twierdzenie często przybiera formę *yep* lub *yeah* (*yes*), a negacja to *nope* (*no*). Zamiast tradycyjnego *How are you?* często można usłyszeć *What's up?* Standardowy angielski zarezerwowany jest głównie dla publicznych występów i oficjalnych spotkań.

Amerykanie mają luźne podejście do ubioru. Teraz nie dziwi mnie już, gdy w sobotni poranek spotykam w windzie młodą dziewczynę w pogniecionym podkoszulku albo w osiedlowym sklepiku kobietę w spodniach od piżamy i bluzie od dresu. W waszyngtońskim metrze częsty jest widok mężczyzn w garniturach i... butach sportowych, które zakładają dla wygody po wyjściu z biura. Kobiety również potrafią zdjąć szpilki i na drogę do domu założyć adidasy. Pracownik banku, sprzedawca polis ubezpieczeniowych czy mormoński misjonarz zwykle ubierze się w garnitur, ale już profesora college'u można zobaczyć w dżinsach lub krótkich spodenkach. Wyjątkiem są najbardziej prestiżowe uczelnie prywatne oraz stolica USA, gdzie ubiór jest trochę bardziej formalny.

Nieformalny styl obecny jest w amerykańskiej polityce i życiu publicznym. Prezydent William Jefferson Clinton był prawie zawsze Billem Clintonem. Zdrobnioną wersją swego imienia posługiwał się słynny pastor Billy Graham. Minister Radosław Sikorski podczas pobytu w Waszyngtonie był zwykłym Radkiem. Z nieformalnego stylu bycia słynął prezydent George Bush, który w swoje wypowiedzi wplatał mnóstwo idiomów, szybko przechodził na „ty" z innymi przywódcami, a nawet publicznie masował po plecach kanclerz Niemiec Angelę Merkel. Bush często pokazywał się dziennikarzom na swoim ranczu w Teksasie ubrany w kapelusz, kowbojskie buty, dżinsy i flanelową koszulę w kratę.

Amerykanom podoba się nieformalny styl przywódców i nie lubią, gdy wywyższają się oni ponad zwykłych ludzi. Mają głęboko wpojoną ideę równości, która po raz pierwszy została zapisana w *Deklaracji niepodległości Stanów Zjednoczonych*: „Uważamy za oczywistą prawdę, że wszyscy ludzie zostali stworzeni równymi, że zostali obdarzeni przez Stwórcę pewnymi nieodłącznymi prawami, wśród których są życie, wolność i dążenie do szczęścia. By zagwarantować te prawa, ustanowione zostają wśród ludzi rządy, które czerpią swoją sprawiedliwą władzę z przyzwolenia rządzonych" (tłum. autora) — głosi deklaracja, poprzez którą Amerykanie wypowiadali lojalność Koronie Brytyjskiej.

W historii Stanów Zjednoczonych ideał równości nie zawsze był realizowany albo interpretowano go w sposób, który dziś budzi zdziwienie. W pierwszej konstytucji USA niewolnik był traktowany jako 3/5 wolnego obywatela, a poprawka dająca prawo do głosowania kobietom została ratyfikowana dopiero w 1920 r. Przełomowy charakter *Deklaracji niepodległości* polegał jednak na odrzuceniu obowiązującej wówczas w Europie teorii boskiego prawa królów, która była filarem systemów monarchicznych.

Obecnie zasada równości wszystkich obywateli rozumiana jest przede wszystkim jako równość wobec prawa — niezależnie od pochodzenia czy pozycji społecznej. Jak działa ta zasada, przekonał się prezydent Bronisław Komorowski, gdy w grudniu 2010 r. udał się z wizytą do Stanów Zjednoczonych. Ponieważ była to jego pierwsza oficjalna podróż do USA, musiał wystąpić o amerykańską wizę dyplomatyczną. We wniosku o jej przyznanie znajdują się standardowe pytania o związki z organizacjami terrorystycznymi, udział w ludobójstwie czy działalność kryminalną, które dla strony polskiej okazały się nie do przyjęcia. Doradcy prezydenta zaalarmowali dziennikarzy o poniżającym traktowaniu przywódcy państwa polskiego. W mediach pojawiły się głosy oburzenia. „To są kompromitujące rzeczy i nie należy pytać o nie prezydenta" — protestował prof. Longin Pastusiak, a na forach internetowych sypały się obelgi pod adresem Amerykanów. Kiedy jednak o zastrzeżenia strony polskiej zapytano rzecznika Departamentu Stanu USA Philipa J. Crowleya, ten zdawał się nie rozumieć, o co chodzi. „Przecież wszyscy odpowiadają na te same pytania" — tłumaczył.

Tym, którzy wyrażali oburzenie z powodu „niegodnego" potraktowania prezydenta Komorowskiego, nie przyszło do głowy, że pytania o przeszłość terrorystyczną czy nazistowską w formularzu o wizę dyplomatyczną mogą być całkiem sensowne. Otóż do USA co roku przybywają tysiące dyplomatów z całego świata i może się zdarzyć, że któryś z nich współpracował z organizacjami uznawanymi przez USA za terrorystyczne (jak choćby działający na Bliskim Wschodzie Hezbollah) albo miał jakieś powiązania z kartelami narkotykowymi, a teraz pełni funkcję państwową w którymś z krajów Ameryki Łacińskiej. Jeśli tego rodzaju związki wyszłyby na jaw już po przyznaniu wizy, to nieprawdziwa deklaracja we wniosku wizowym stanowiłaby podstawę do automatycznego jej odebrania. Oczywiście można się oburzać: „No jak to? Przecież tu chodzi o prezydenta Polski — wiernego sojusznika Stanów Zjednoczonych!". Tego rodzaju podejście oznaczałoby jednak, że Amerykanie musieliby stworzyć różne wnioski wizowe — jeden dla przywódców krajów sojuszniczych, a drugi dla wszystkich pozostałych. Byłoby to jednak mało praktyczne oraz niezgodne z zasadą równego traktowania wobec prawa, do której Amerykanie są bardzo przywiązani. Dlatego właśnie wszystkim zadają te same pytania. Co ciekawe, oburzenia z powodu wypełniania deklaracji o wizę dyplomatyczną zawierającej pytania o związki z terroryzmem, nazizmem i działalnością kryminalną nigdy nie wyrażali tacy przywódcy, jak: Tony Blair, Angela Merkel czy Beniamin Netanjahu, podobnie zresztą jak papieże Jan Paweł II czy Benedykt XVI. Oni wypełniali dokładnie taki sam formularz jak prezydent Bronisław Komorowski, ale najprawdopodobniej uznali (i słusznie!), że należy uszanować reguły obowiązujące u tych, których się odwiedza.

SUPERMAN SPOŁECZNIK

Za jedną z fundamentalnych amerykańskich wartości uważany jest indywidualizm, czyli filozofia kładąca nacisk na podmiotowość jednostki, a nie na interes zbiorowy. Stany Zjednoczone przeciwstawia się nie tylko kolektywistycznym społeczeństwom Chin, Japonii czy Korei, ale również państwom europejskim. Francuzi, Niemcy, Włosi czy Szwedzi uważają Amerykanów za egoistów, którzy nie tylko nie chcą płacić wyższych podatków, by pomóc słabszym grupom społecznym, ale nawet nie są w stanie zaakceptować powszechnych ubezpieczeń zdrowotnych. Dziewiętnastowieczny francuski myśliciel i historyk Alexis de Tocqueville po wizycie w USA napisał, iż Amerykanie „(...) nie czują, że cokolwiek zawdzięczają innym, i niczego od innych nie oczekują. Myślą o sobie jako o autonomicznych jednostkach i uważają, że są w stanie kontrolować swoje przeznaczenie". Uosobieniem amerykańskiego indywidualizmu są bohaterowie komiksów: Superman, Spider-Man czy Iron Man, którzy samotnie przeciwstawiają się złu i ratują świat. Do tej samej idei odwołuje się mit kowboja z westernów z Johnem

Wayne'em, Garym Cooperem i Clintem Eastwoodem. Amerykański indywidualizm nie jest jednak posunięty tak daleko, jak się powszechnie sądzi. Faktem jest, że mieszkańcy USA cenią wolność wyboru, podmiotowość, samodzielność i odpowiedzialność za siebie. Daleko im jednak do przedkładania interesu jednostki nad interes grupowy.

W Stanach Zjednoczonych rodzice wpajają dzieciom od małego indywidualizm rozumiany jako prawo do decydowania o sobie. Już kilkulatki są pytane, jaką bluzeczkę chcą założyć do przedszkola i jakie płatki będą jeść na śniadanie. Gdy w starszym wieku dostają kieszonkowe, rodzice nie wtrącają się do tego, na co dzieci je wydają. W szkołach uczniowie są zachęcani do formułowania własnych opinii, kwestionowania tez głoszonych przez nauczyciela i bronienia własnych racji.

Przejawem indywidualizmu są bardzo popularne w USA koszulki i czapeczki z hasłami oraz obrazkami. Amerykanom nie wystarczy bowiem, że powiedzą znajomym czy rodzinie, co myślą na jakiś temat. Oni muszą to ogłosić całemu światu. Pewnego sobotniego popołudnia kupiłem kawę w Starbucksie, usiadłem przy stoliku i obserwowałem przechodniów. Co najmniej czterech na pięciu miało na ubraniu jakiś napis lub obrazek. Oto ciekawsze:

— Najpotężniejsza kobieta świata (na plecach dobrze zbudowanej Murzynki).

— Jeśli uważasz, że jestem seksi, powinieneś poznać moje pomysły.

— Skoro nie możesz być przykładem, bądź ostrzeżeniem.

— Prawdopodobnie nie ma Boga. Przestań się więc zamartwiać i zacznij cieszyć życiem.

— Żona mojego chłopaka nienawidzi mnie.

Amerykanie mają głębokie przekonanie, że sukces jest przede wszystkim zasługą jednostki, a porażka — jej winą. Rzadko przekonuje ich tłumaczenie, że czyjeś niepowodzenie spowodowały czynniki zewnętrzne. Gdy w Polsce dojdzie do wypadku drogowego, winą zostanie obarczony zarówno kierowca, który przekroczył prędkość, jak i państwo, które nie zadbało o drogi. W przekonaniu Amerykanów winny będzie przede wszystkim kierowca, który nie dostosował prędkości do warunków jazdy.

W społeczeństwie amerykańskim bardzo ceni się samodzielność i samowystarczalność. To jeden z powodów, dla których mieszkańcy amerykańskiej prowincji kupują pick-upy czy duże SUV-y, nawet jeśli przydają im się tylko raz czy dwa razy w roku. Mając takie auto, mogą polegać na sobie i nie muszą prosić innych o przysługę. Amerykańskie nastolatki starają się mieć własne pieniądze i już w gimnazjum podejmują pracę w kawiarniach, restauracjach czy sklepach. Pracują nie tylko w wakacje, ale też popołudniami i w weekendy. W USA dość powszechne jest, że dwudziestolatek wyprowadza się z domu, a jeśli zdecyduje się nadal mieszkać z rodzicami, to musi się liczyć z tym, że będą oni wymagać, by płacił za utrzymanie. Oto pytanie, jakie umieściła na forum internetowym matka amerykańskiego dziewiętnastolatka:

„Mój syn właśnie rezygnuje ze studiów i idzie do pracy. Będzie pracował jako kucharz i zarabiał osiem i pół dolara za godzinę, czyli 340 dolarów tygodniowo. Po odliczeniu podatków zostaną mu 272 dolary. Kiedy szedł do college'u, powiedzieliśmy mu, że dopóki będzie studiował, wyżywienie i mieszkanie będzie miał za darmo. Nie mam nic przeciwko utrzymywaniu go, bo to w końcu mój syn. Jednak mam poczucie, że nie powinnam tego robić, bo syn musi nauczyć się, że w prawdziwym życiu nic nie jest takie proste".

Autorka internetowego poradnika utwierdziła tę matkę w przekonaniu, że powinna brać od syna pieniądze. Argumentowała, że dzięki temu młody człowiek dowie się, ile kosztuje utrzymanie. Następnie zaproponowała, by matka brała od syna 150 dolarów tygodniowo i jeśli ją na to stać, 100 dolarów z tej kwoty odkładała na jego przyszłość. Do dyskusji włączyła się wtedy inna kobieta, która poinformowała, że ponieważ jej osiemnastoletnia córka nie poszła na studia, tylko zaczęła pracować, to ona obciąża ją pełnymi kosztami utrzymania. Robi to w ten sposób: sumuje wydatki na spłatę kredytu, utrzymanie domu, energię, telefony, internet, telewizję kablową oraz żywność, a następnie dzieli tę kwotę na pięć, ponieważ tyle osób liczy jej rodzina. W ten sposób jej córka pokrywa 1/5 miesięcznych wydatków. „Ma za to jedzenie, komputer z dostępem do internetu, telefon, własną łazienkę i cudowny dom rodzinny. Czego więcej potrzeba do szczęścia?" — stwierdziła mama osiemnastolatki, zaznaczając, że jej córka musi też podporządkować się regułom obowiązującym w domu i wykonywać takie prace, jak wynoszenie śmieci, sprzątanie czy pranie.

Choć Amerykanie cenią podmiotowość, wolność osobistą oraz samo-dzielność, to wcale nie przedkładają własnego interesu nad interes społeczny. Wręcz przeciwnie. Badania socjologiczne pokazują, że Amerykanie poważniej traktują zobowiązania wobec rodziny, społeczności lokalnej czy państwa niż mieszkańcy krajów europejskich. W sondażu World Values Survey na pytanie: „Czy postrzegasz siebie jako autonomiczną jednostkę?" tylko 16% Amerykanów odpowiedziało „zdecydowanie tak". Tymczasem w Europie podobnej odpowiedzi udzieliło aż 70% Finów i Norwegów, 39% Niemców oraz 36% Polaków. Amerykanie częściej niż inne narody liczą się z opinią otoczenia przy ustalaniu celów życiowych. Częściej też deklarują, że ważna jest dla nich rodzina, i rzadziej niż mieszkańcy Europy Zachodniej akceptują rozwód oraz zdradę małżeńską. Poza tym masowo wstępują do różnego ro-dzaju organizacji kościelnych i charytatywnych, stowarzyszeń, grup wspar-cia, klubów dyskusyjnych, drużyn sportowych oraz kółek zainteresowań.

W pracy *Paradoksy amerykańskiego indywidualizmu* prof. socjologii Claude Fisher cytuje wyniki badań International Social Survey Programme, z których wynika, że mieszkańcy USA wyjątkowo szanują prawo i prze-strzegają reguł. Na pytanie, czy są sytuacje, w których człowiek powinien kierować się sumieniem, jeśli oznacza to złamanie prawa, odpowiedziało twierdząco 80% Francuzów, 70% Szwedów, 60% Niemców i tylko 45% Amerykanów. Amerykanie najrzadziej też deklarowali, że dopuszczalna jest nielojalność wobec własnego państwa, gdy państwo to czyni zło. Poszano-wanie prawa jest u nich większe niż u Niemców. Amerykanie uważają, że jeśli komuś nie pasują jakieś reguły, to powinien starać się je zmienić, ale nie może ich łamać.

Mieszkańcy USA nie są tacy jak np. Chińczycy, którzy maszerują w szere-gu w jednakowych mundurkach, w równym tempie, pod dyktando swoich przywódców. Amerykanie tworzą pochód, w którym każdy ma inne buty, strój, fryzurę i nakrycie głowy. Jeden idzie piechotą, drugi jedzie rowerem, a trzeci sunie na motocyklu. Ale kierują się wspólnie do tego samego celu, zgodnie z ustalonym porządkiem — jako rodzina, grupa towarzyska, orga-nizacja kościelna albo naród. Idą dumnie do przodu, a nad ich głowami po-wiewa amerykańska flaga.

WYCHOWANIE PATRIOTYCZNE

Do 1940 r. w amerykańskich szkołach odbywały się ceremonie, które dziś mogłyby wywołać skojarzenia z Hitlerjugend. W każdej klasie przed rozpoczęciem lekcji dzieci stawały na baczność, wyciągały do przodu prawą rękę i recytowały patriotyczną przysięgę na wierność fladze swojej ojczyzny. Tyle że uczniowie nie salutowali swastyce, ale gwieździstemu sztandarowi, czyli fladze Stanów Zjednoczonych. I choć przebieg ceremonii uległ zasadniczej zmianie, recytacja przysięgi nadal jest głównym elementem wychowania patriotycznego w USA.

Przysięgę wierności fladze Stanów Zjednoczonych wymyślił lewicowy pastor i pisarz Francis Bellamy. Pod koniec XIX w. pracował on w młodzieżowym piśmie „Youth's Companion", które promowało ideę, aby nad każdą szkołą w USA powiewał amerykański sztandar. Zarówno Bellamy, jak i właściciele pisma uważali, że bezinteresowna miłość do ojczyzny zanika i konieczne jest szerzenie patriotycznej propagandy. „Wyobraźcie sobie: nad każdą szkołą flaga, która przypomina dzieciom, że należą do jednego narodu [...]. Każdego dnia jednoczą się przy tej fladze podczas patriotycznej ceremonii, która rozpali ich miłość do ojczyzny" — tłumaczył szef działu promocji gazety, James Upham. Później zaczął rozsyłać do szkół specjalne kartki, które uczniowie musieli zbierać, by móc zakupić amerykańską flagę po kosztach produkcji. I choć sprzedaż flag była niedochodowa, spowodowała wzrost nakładu „Youth's Companion" z 400 do 600 tysięcy egzemplarzy, co przyniosło wydawcom milionowe zyski. W tym wypadku patriotyzm szedł ramię w ramię z przedsiębiorczością.

W 1892 r., w 400. rocznicę odkrycia Ameryki przez Kolumba, Bellamy zaproponował specjalną ceremonię, która miała się odbyć we wszystkich amerykańskich szkołach. Miała ona polegać na wywieszeniu amerykańskiej flagi i wyrecytowaniu przysięgi o następującym brzmieniu: „Ślubuję wierność mojej fladze i republice, którą ona reprezentuje, jednemu niepodzielnemu narodowi, z wolnością i sprawiedliwością dla wszystkich". Jako socjalista Bellamy pragnął dodać do przysięgi słowo „równość", ale nie chciał wywoływać niepotrzebnych kontrowersji, więc zrezygnował z tego pomysłu. Opisał natomiast szczegółowo, w jaki sposób należy oddawać hołd fladze. W czasie przysięgi trzeba było stać na baczność z wyciągniętą do przodu prawą ręką, a wzrok kierować w stronę gwieździstego sztandaru. Gest ten został nazwany salutem Bellamy'ego i był powszechnie stosowany w USA aż do II wojny światowej. Wtedy zaczął budzić kontrowersje, bowiem podobny gest zaadaptowali włoscy faszyści i niemieccy naziści. W 1942 r. Kongres USA zalecił osobom recytującym *Przysięgę wierności (Pledge of Allegiance)*, by zamiast wykonywania salutu Bellamy'ego kładli prawą rękę na sercu. Treść przysięgi również stopniowo ulegała zmianie. W pierwotnej wersji przysięgi nie było powiedziane, o jaką flagę chodzi. Bellamy chciał bowiem, aby recytowano ją w różnych krajach świata. Jednak w 1923 r. „moją flagę" zastąpiono „flagą Stanów Zjednoczonych", a rok później dodano słowo „Ameryki". Po II wojnie światowej amerykańscy konserwatyści i organizacje chrześcijańskie zaczęły zabiegać o to, by w przysiędze znalazło się odwołanie do Boga. Wysiłki te były nieskuteczne aż do roku 1954, kiedy to prezydent Dwight Eisenhower udał się do położonego dwie przecznice od Białego Domu prezbiteriańskiego kościoła. Siedząc w loży wynajmowanej kiedyś przez Abrahama Lincolna, wysłuchał kazania pastora George'a MacPhersona Doherty'ego, który z zapałem przekonywał, że bez odwołania do Boga *Przysięga wierności* przypomina komunistyczne formułki, jakie wygłaszają dzieci w Moskwie. Kilka miesięcy później amerykański Kongres, przy wsparciu Eisenhowera, spełnił postulat pastora i wydłużył treść przysięgi, której ostateczne brzmienie jest następujące:

„Ślubuję wierność fladze Stanów Zjednoczonych Ameryki i republice, którą ona reprezentuje, jednemu niepodzielnemu narodowi oddanemu Bogu, z wolnością i sprawiedliwością dla wszystkich".

Te słowa są codziennie recytowane w szkołach przed rozpoczęciem lekcji, co oznacza, że przeciętny uczeń przez 12 lat edukacji w podstawówce, gimnazjum i liceum ponad 2000 razy przysięga wierność amerykańskiej fladze.

Nie wszystkim podoba się patriotyczna indoktrynacja w szkołach. W połowie lat 30. XX w. obowiązkowej recytacji *Przysięgi wierności* sprzeciwili się świadkowie Jehowy, twierdząc, że oni jedyną przysięgę wierności mogą składać Bogu. Gdy ich dzieci odmawiały recytowania przysięgi, były wyrzucane ze szkół. W jednym z takich przypadków rodzice zaskarżyli decyzję kuratorium i po kilku odwołaniach sprawa trafiła do Sądu Najwyższego.

Ten stosunkiem głosów 8 do 1 odrzucił argumenty świadków Jehowy, uznając, że wychowanie patriotyczne stanowi fundament jedności narodowej i jest ważniejsze od wolności religijnej. Decyzja Sądu Najwyższego utwierdziła część Amerykanów w przekonaniu, że świadkowie Jehowy nie są patriotami, i doprowadziła do publicznych prześladowań. W Maine tłum spalił ich świątynię, a w Missisipi członkowie organizacji weteranów American Legion wypędzili grupę świadków Jehowy ze swojego stanu. Wobec półtora tysiąca świadków zastosowano przemoc fizyczną. Zanotowano przypadki pobić, gwałtów, a nawet kastracji. Akty agresji wobec wyznawców tej religii miały miejsce w 44 stanach. Gdy sędziowie Sądu Najwyższego przekonali się, jakie są skutki ich decyzji, w 1943 r. zmienili zdanie i stwierdzili, że uczniów nie można zmuszać do recytowania *Przysięgi wierności*, bo zawarte w konstytucji USA prawo do wolności wypowiedzi oznacza również prawo do milczenia. Taka interpretacja obowiązuje do dziś i choć presja otoczenia jest bardzo duża, tu i ówdzie znajdują się uczniowie, którzy rezygnują z przysięgania na wierność fladze i gdy większość ich kolegów recytuje patriotyczną formułkę Bellamy'ego, milczą, a niektórzy nawet nie wstają z ławek.

W swojej decyzji z 1943 r. Sąd Najwyższy stwierdził, że przekonanie, iż patriotyzm może kwitnąć tylko za sprawą przymusowych rytuałów, oznacza brak wiary w instytucję państwa i wolną wolę jednostki. W tym przypadku sędziowie się nie mylili. Amerykanie masowo, dobrowolnie i spontanicznie wyrażają swój patriotyzm, mimo że żadna władza ich do tego nie zmusza. Przed startem w ostatnią misję astronauci z wahadłowca Endeavour wspólnie oglądali film *Patriota*, a po zabiciu Osamy bin Ladena tysiące ludzi wyszły na ulice, skandując „USA! USA!". Stacje country nadają piosenki o umiłowaniu ojczyzny, a politycy każde wystąpienie kończą słowami: „Boże, pobłogosław Stany Zjednoczone". Amerykański patriotyzm koncentruje się jednak przede wszystkim wokół flagi Stanów Zjednoczonych.

W USA istnieje oficjalny kodeks postępowania z flagą. Mówi on, że amerykańska flaga nie powinna być gnieciona ani nadrukowywana na przedmiotach przeznaczonych do zniszczenia, nie może służyć jako opakowanie, nie należy jej używać do reklamowania czegokolwiek. I choć kodeks ten został uchwalony przez Kongres jako prawo federalne, za złamanie go nie grożą żadne konsekwencje. W praktyce jest on notorycznie ignorowany. A ponieważ Amerykanie bardzo lubią swoją flagę, można ją znaleźć prawie wszędzie. Jest drukowana na koszulkach i czapeczkach oraz naklejana na drzwiach domów i na samochodach. W sklepach można kupić świeczki, naczynia, lampy, piłki do koszykówki, zegary, breloczki, długopisy, torebki, ręczniki, a nawet szlafroki z flagą Stanów Zjednoczonych. Na Times Square w Nowym Jorku w ciepłe dni występuje uliczny artysta z gitarą ubrany jedynie w kowbojski kapelusz i obcisłe bokserki w barwach narodowych. Na basenach czasami spotykam kobiety w strojach kąpielowych w kolorach flagi. Kiedyś widziałem nawet psa, któremu właściciel założył na szyję bandanę w barwach narodowych i absolutnie nie zrobił tego dla zgrywu. Kilka lat temu w Teksasie doszło do sporu sądowego pomiędzy sąsiadami, ponieważ jednemu z nich nie podobało się, że ten drugi trzyma na podwórku „śmierdzącego i głośnego" osła. By udowodnić, że pozew jest bezpodstawny, pozwany przyprowadził do sądu jako świadka osła, któremu założył na szyję amerykańską flagę.

W USA duże kontrowersje budzi palenie flagi, które jest symbolem sprzeciwu wobec działań rządu. Wielu polityków od dawna walczy o to, by palenie flagi zostało zakazane, ale wysiłki te okazują się nieskuteczne. Sąd Najwyższy Stanów Zjednoczonych stwierdził bowiem, że zakaz palenia flagi ograniczałby wolność wypowiedzi, którą chroni amerykańska konstytucja. Od czasu protestów przeciwko wojnie wietnamskiej przypadki publicznego palenia flagi są jednak w USA bardzo rzadkie, a przeciętny obywatel ma zwykle w domu kilka sztandarów, które wywiesza podczas świąt państwowych. Amerykańskiej fladze poświęcony jest też hymn Stanów Zjednoczonych.

Słowa hymnu napisał prawnik i poeta amator Francis Scott Key, obserwując brytyjski ostrzał twierdzy Fort McHenry w Baltimore. Ułożony przez niego wiersz nosił tytuł *Obrona Fortu McHenry* i zaczynał się słowami:

Powiedz, czy widzisz w pierwszych promieniach brzasku
To, czemu dumnie salutowaliśmy w ostatniej poświacie zmierzchu?
Jakimże to szerokim pasom i świetlistym gwiazdom przyglądaliśmy się
W zaciekłej walce, gdy majestatycznie łopotały ponad szańcami?

Później Amerykanie połączyli słowa poematu Keya z popularną wówczas melodią piosenki Johna Stanforda Smitha *Do Anakreonta w niebie*. Utwór ten był pierwotnie śpiewany przez członków londyńskiego Towarzystwa Anakreonta, czyli męskiego klubu, którego nazwa pochodzi od imienia żyjącego w VI w. p.n.e. greckiego poety Anakreonta z Teos. Członkami towarzystwa byli dobrze sytuowani prawnicy, lekarze i inni przedstawiciele wolnych zawodów, którzy spotykali się, by sławić jedzenie, picie i dobrą zabawę. Właśnie dlatego utwór *Do Anakreonta w niebie* był uważany za piosenkę pijacką.

Utworowi Keya z muzyką Smitha nadano później tytuł *Gwieździsty sztandar* (ang. *Star-spangled Banner*). W 1931 r. decyzją amerykańskiego parlamentu stał się on oficjalnie hymnem Stanów Zjednoczonych. Wcześniej rolę nieoficjalnego hymnu USA odgrywał utwór zatytułowany *Hail, Columbia*, skomponowany na zaprzysiężenie pierwszego prezydenta USA, Jerzego Waszyngtona. Columbia była poetycką personifikacją Ameryki, a wywodziła się od nazwiska Krzysztofa Kolumba. Przedstawiano ją zwykle jako młodą kobietę ubraną w tradycyjną sukienkę w amerykańskich barwach narodowych. Pod koniec XVIII w. postać ta zyskała status bogini uosabiającej Stany Zjednoczone, a jej imieniem zaczęto nazywać miasta, uniwersytety i okręty. W ten sposób stolica USA uzyskała swoją obecną nazwę: Dystrykt Kolumbii.

Obecnie utwór *Hail, Columbia* jest odgrywany w zasadzie tylko na powitanie wiceprezydenta Stanów Zjednoczonych. Natomiast *Gwieździsty sztandar* towarzyszy niemal wszystkim uroczystościom — od wieców politycznych, przez szkolne akademie po imprezy sportowe. Wykonywany jest przed wszystkimi meczami ligowymi koszykówki, piłki nożnej, hokeja, bejsbola i futbolu amerykańskiego oraz przed rajdami samochodowymi NASCAR. Śpiewa go zazwyczaj zawodowy piosenkarz lub utalentowany amator, ponieważ melodia hymnu USA obejmuje półtorej oktawy i jest trudna do wykonania dla przeciętnego człowieka. Pozostali uczestnicy uroczystości wstają wtedy z miejsc, kładą na sercu prawą rękę i śpiewają wraz z artystą, a mniej utalentowani tylko mruczą pod nosem. Najsłynniejsze wykonania *Gwieździstego sztandaru* towarzyszą finałowi ligi futbolowej Super Bowl, który ogląda w telewizji 150 milionów Amerykanów. Zaszczyt ten przypadł w przeszłości takim artystom, jak Billy Joel, Whitney Houston, Aaron Neville, Aretha Franklin, Beyonce, Mariah Carey, Neil Diamond i Wynton Marsalis. W 2011 r. piosenkarka Christina Aguilera wykonując hymn przed Super Bowl, zapomniała czwartego wersu tego utworu i zamiast „...w zaciekłej walce, gdy majestatycznie łopotały ponad szańcami", powtórzyła drugi wers, nieznacznie go modyfikując. Pomyłka taka mogła się jednak przytrafić większości Amerykanów, albowiem w sondażu przeprowadzonym przez ośrodek Harris 2/3 Amerykanów przyznało, że nie zna słów całego hymnu USA, a spośród tych, którzy twierdzili, że hymn znają, tylko 39% potrafiło bezbłędnie zaśpiewać pierwsze cztery wersy.

WYJĄTKOWOŚĆ AMERYKI

Podczas wizyty w Strasburgu we Francji w kwietniu 2009 r. dziennikarz „Financial Times" zapytał prezydenta Baracka Obamę, czy podpisuje się pod wyznawaną przez wielu jego poprzedników ideą amerykańskiej wyjątkowości, według której Stany Zjednoczone są predestynowane, by przewodzić światu. Obama zaczął swoją odpowiedź od stwierdzenia, że wierzy w wyjątkowość Ameryki, ale podejrzewa, że Brytyjczycy wierzą w wyjątkowość brytyjską, a Grecy w grecką. Słowa amerykańskiego prezydenta, które w Europie uznano za wyraz szacunku dla innych narodów, w USA wywołały burzę. Prawica podniosła krzyk, że prezydent deprecjonuje wartość swojego kraju i podważa to, o czym wie każde dziecko, a mianowicie: że Stany Zjednoczone są najlepszym krajem pod słońcem. „Może prezydent Obama dorastał wśród trenerów, którzy wszystkim zawodnikom wręczali puchary za sam udział w rozgrywkach i nie notowali wyników, aby nikogo nie urazić" — ironizowała była gubernator Alaski Sarah Palin. Córka byłego wiceprezydenta USA Liz Cheney stwierdziła, że prezydent nie docenia wagi amerykańskiej dominacji na świecie, a kandydat republikanów w prawyborach prezydenckich Newt Gingrich uznał wypowiedź prezydenta za „zatrważającą". Atakując Obamę, prawicowi politycy sugerowali, że jest on lewicowym radykałem, który nie ceni i nie szanuje własnego kraju jak prawdziwy Amerykanin. Były gubernator Arkansas Mike Huckabee stwierdził nawet, że kwestionowanie przez Obamę amerykańskiej wyjątkowości jest równoznaczne z wypieraniem się „serca i duszy narodu". Atakując prezydenta, przedstawiciele prawicy całkowicie zignorowali fakt, że Obama w wielu wystąpieniach odwoływał się do idei amerykańskiej wyjątkowości, choć definiował ją trochę inaczej niż republikanie. Podczas gdy oni eksponowali indywidualizm, Obama mówił o solidarności społecznej. Gdy republikanie odrzucali jakąkolwiek krytykę USA, Obama przyznawał, że choć amerykańskie ideały są wyjątkowe, to jego kraj nie zawsze do nich dorasta. Dla polityków prawicy słowa Obamy były jednak podważeniem świętej idei amerykańskiej wyjątkowości.

Większość Amerykanów wierzy w wyjątkowość swego kraju. Aż 3/4 zgadza się z opinią, że żyje w najwspanialszym kraju na świecie, a 58% uważa, że Bóg wyznaczył Stanom Zjednoczonym szczególną rolę w historii. Amerykanie od dziecka słyszą, że ich kraj jest najlepszy pod słońcem — powtarzają im to rodzice, nauczyciele, media i politycy. A ponieważ sami nie są w stanie zweryfikować tych twierdzeń, gdyż niewiele podróżują po świecie, przyjmują to jako prawdę oczywistą. W przekonaniu o swojej wyjątkowości utwierdza ich desperacja, z jaką nielegalni imigranci z Meksyku i innych krajów Ameryki Łacińskiej próbują przedostać się przez południową granicę, oraz fakt, że co roku aż 15 milionów obcokrajowców bierze udział w loterii wizowej, która daje prawo do osiedlenia się w Ameryce 50 tysiącom osób. W czasie wojny w Iraku słyszałem w radiu NPR rozmowę z amerykańskim kierowcą ciężarówki, który przez rok pracował w Bagdadzie. Dziennikarz zapytał go, co, poza możliwością zarobku, dał mu ten wyjazd. Mężczyzna bez namysłu odpowiedział wtedy, że po wizycie w Iraku utwierdził się w przekonaniu, że Stany Zjednoczone są najlepszym krajem pod słońcem.

Mieszkańcy USA postrzegają swój kraj jako źródło dobra na świecie i nie mają wątpliwości, że to głównie dzięki Ameryce udało się pokonać hitlerowskie Niemcy i obalić komunizm. Są też sceptyczni wobec instytucji międzynarodowych i uważają, że mają moralne prawo decydować, czy interwencja w jakimś zakątku świata jest usprawiedliwiona, czy też nie. Są głęboko przekonani, że Stany Zjednoczone są wyjątkowe, choć czasami różnią się w opiniach na temat tego, co przesądza o wyjątkowości ich kraju.

Do amerykańskiej wyjątkowości jako pierwszy odwoływał się przywódca purytanów w kolonii Massachusetts John Winthrop. Przekonywał on swoich zwolenników, że zostali wybrani przez Boga, by stworzyć tzw. miasto na wzgórzu, czyli chrześcijańskie społeczeństwo, które będzie stanowić przykład dla całego świata. Później swoje poczucie wyjątkowości Amerykanie czerpali z faktu, że jako pierwsi odrzucili monarchię i stworzyli społeczeństwo, w którym to naród decydował o swoim losie. Jak zauważył brytyjski pisarz Gilbert Keith Chesterton, Ameryka jest jedynym krajem na świecie stworzonym wokół wyznania wiary, jakim była *Deklaracja niepodległości*. Brytyjczykiem, Polakiem czy Rosjaninem człowiek stawał się poprzez urodzenie, wspólną historię i tradycję. W wypadku USA było to niemożliwe, ze względu na ogromną populację imigrantów. Elementem łączącym Amerykanów były więc wspólne wartości, takie jak: wolność, demokracja, równość wobec prawa, egalitaryzm i indywidualizm. Ktoś tak obrazoburczy jak Lew Tołstoj mógł być uznany za stuprocentowego Rosjanina. Komunistom brytyjskim nikt nie odbierał prawa do bycia Brytyjczykami. Jednak anarchista czy komunista w Stanach Zjednoczonych nie mógł być uważany za prawdziwego Amerykanina, ponieważ odrzucał wartości stanowiące podstawę amerykańskiego kredo. Znany socjolog Seymour Martin Lipset stwierdził, że w Europie tożsamość narodowa jest związana z przynależnością do danej społeczności, co oznacza, że poprzez przyjęcie lub odrzucenie jakichś poglądów nie można stać się nie-Anglikiem lub nie-Szwedem. Tymczasem bycie Amerykaninem jest ideologicznym wyznaniem i właśnie dlatego odrzucenie przez kogoś amerykańskich wartości sprawia, że osoba taka staje się nie-Amerykaninem (ang. *un-American*). Fakt, że amerykańskie państwo opiera się na systemie wartości, a nie na przynależności grupowej, sprawił, że kolejne grupy imigrantów mogły stawać się Amerykanami.

PRECZ Z EUROPĄ

Idea wyjątkowości Ameryki wykorzystywana jest przez polityków zarówno w kwestiach wewnętrznych, jak i zagranicznych. Republikanie powołują się na nią, gdy chcą się sprzeciwić rozwiązaniom socjalnym proponowanym przez demokratów. Zdaniem prawicy nieamerykańska jest np. powszechna opieka zdrowotna, ponieważ wymaga ona wprowadzenia obowiązkowych składek, czyli zastosowania przymusu wobec obywateli. Gdy demokraci argumentują, że USA są jedynym krajem Zachodu, w którym miliony ludzi nie mają ubezpieczenia zdrowotnego, republikanie odpowiadają: „No chyba nie chcecie nas upodobnić do Europy? My idziemy własną drogą". Tego samego argumentu środowiska prawicowe używają, gdy ktoś proponuje ostrzejsze normy ochrony środowiska albo bardziej rygorystyczne regulacje rynków finansowych. Podczas prawyborów były gubernator Massachusetts Mitt Romney zarzucał Barackowi Obamie, że chce wzorować się na Europie, bo nie odpowiada mu wolny rynek. Na spotkaniu z wyborcami w Manchester w New Hampshire Romney oświadczył, że Obama podważa ideę „wspaniałości Ameryki". Republikanie ostrzegają, że życie w Ameryce upodobnionej do Europy stanie się koszmarem. Na czym ten koszmar ma polegać, wyjaśnił ekspert konserwatywnego Hudson Institute Irwin Stelzer.

W artykule opublikowanym w „Sunday Times" Stelzer napisał, że w Ameryce Obamy i demokratów ceny benzyny, gazu ziemnego i węgla staną się tak wysokie, że konsumenci będą zmuszeni zużywać mniej energii i polegać na kosztownej lub dotowanej przez państwo energii słonecznej lub wiatrowej. Skończy się era przestronnych, bezpiecznych samochodów, a ich miejsce zajmą małe, niewygodne pojazdy napędzane energią elektryczną — auta kochane przez lewicowców z wielkich miast, którzy nigdy nie wyjechali na prawdziwą drogę. Od perspektywy małych i niekomfortowych samochodów jeszcze bardziej przerażający jest scenariusz, w którym Amerykanie byliby zmuszeni przesiąść się do komunikacji miejskiej. To oznaczałoby koniec spokojnego życia na przedmieściach i konieczność powrotu do miasta, gdzie trudno o tani dom z pięcioma sypialniami, ośmioma garderobami, trzema garażami i lodówką, do której można wejść na stojąco. Po wprowadzeniu „europejskiego" systemu opieki zdrowotnej trzeba będzie miesiącami czekać na wizytę u specjalisty, a być może nawet umrzeć, bo wcześniej w kolejce ustawią się wspierani przez państwo czarni lub Latynosi. Jakby tego było mało, Obama chce użyć państwowych funduszy, by wykształcić więcej studentów, co sprawi, że na rynku pracy pojawi się nadmiar specjalistów z różnych dziedzin. To z kolei zwiększy konkurencję wśród pracowników i wzmocni pozycję pracodawców, którzy będą mogli obniżyć zarobki w swoich firmach. Aby to powstrzymać, państwo będzie musiało interweniować na rynku i wprowadzić kolejne regulacje. W ten sposób Ameryka przestanie być wyjątkowa i stanie się podobna do Europy.

W polityce zagranicznej do idei amerykańskiej wyjątkowości odwołują się zarówno republikańscy, jak i demokratyczni politycy. Ronald Reagan przekonywał, że tylko Stany Zjednoczone mogą przeciwstawić się komunizmowi, bo mają niepowtarzalny system wartości. Czterdziesty prezydent USA cytował purytanów, dowodząc, że Ameryka jest „miastem na wzgórzu".

Jak wyjaśnił w pożegnalnym przemówieniu, jest to „wysokie, dumne miasto zbudowane na skałach mocniejszych od oceanów i huraganów, miasto błogosławione". Bill Clinton mówił o specjalnej misji Stanów Zjednoczonych przy okazji interwencji w Bośni i w Kosowie. Po atakach z 11 września George Bush zdefiniował wojnę z terroryzmem w kategoriach moralnych jako powierzoną Ameryce przez Boga misję walki ze złem. Przekonywał także, że Ameryka została powołana do szerzenia demokracji na świecie i powinna krzewić wyznawane przez siebie wartości. Do idei wyjątkowości Ameryki odwołuje się też Barack Obama. Uzasadniając interwencję w Libii, stwierdził on, że na Stanach Zjednoczonych spoczywa szczególna odpowiedzialność za losy świata i że nawet jeśli inne narody przymykają oko na zbrodnie i okrucieństwa, to USA nie może tak postępować, bo „Ameryka jest inna". Każdy z amerykańskich przywódców definiował wyjątkowość swego kraju nieco inaczej, wszyscy jednak powoływali się na szczególną rolę Stanów Zjednoczonych, na moralne zobowiązania wobec ludzkości oraz na misję powierzoną państwu przez Boga. Idea wyjątkowości Ameryki pomogła wielu przywódcom tego kraju przeciwstawić się obecnej w społeczeństwie amerykańskim skłonności do izolacjonizmu.

Rozdział 3.
Typowy Amerykanin

TO JEST KRAJ WŚCIBSKICH LUDZI

Żyjący w drugiej połowie XIX w. francuski pisarz i dziennikarz Léon Paul Blouet twierdził, że typowy Amerykanin nie istnieje. Jego zdaniem dżentelmen z Nowej Anglii był innym typem człowieka niż farmer z Południa czy osadnik z Dzikiego Zachodu. Blouet był jednak przekonany, że Amerykanie mają pewne wspólne cechy, z których najbardziej charakterystyczna jest wścibskość. Podczas spotkań z czytelnikami opowiadał anegdotę o pewnym Amerykaninie, który jechał pociągiem. Naprzeciwko niego w przedziale siedziała kobieta w czarnym stroju żałobnym.

— Straciła matkę czy ojca? — zagadnął Amerykanin, w typowy dla siebie sposób redukując zdanie do minimum.

— Nie, proszę pana.

— To pewnie syna albo córkę?

— Nie, proszę pana. Właśnie umarł mi mąż.

— Mąż? A zostawił przyzwoity spadek?

Oburzona kobieta wstała i opuściła przedział. Wtedy Amerykanin odwrócił się do współpasażera i stwierdził:

— Trochę zarozumiała, prawda?

Dla Bloueta zdarzenie z pociągu nie było dowodem na grubiańskość Amerykanina. Jego zdaniem mężczyzna zagadnął kobietę w żałobie, żeby okazać życzliwe zainteresowanie. „To był dobry człowiek" — konstatował francuski pisarz.

Blouet uważał, że ciekawość granicząca z wścibskością jest cechą większości Amerykanów. Wskazywał jednak również na inne: szczodrość, impulsywność, łatwość wybaczania oraz tupet. „Amerykanin goni za dolarem, ale jednocześnie jest hojny. Obrazi się za zniewagę, ale szybko zapomni. Jest zuchwały, co wynika z faktu, że dokonał tylu wielkich rzeczy w tak krótkim czasie. On wierzy, że wszystko jest możliwe. Jego pomysły są ekscentryczne, ale ekscentryzm jest tylko przesadzoną formą aktywności umysłowej" — pisał w eseju zatytułowanym *Typowy Amerykanin*.

I choć w ostatnich latach pewność siebie Amerykanów została trochę zachwiana, to większość obserwacji Bloueta pozostaje prawdziwa. I podobnie jak w drugiej połowie XIX w. teraz też trudno spotkać typowego Amerykanina. Jednak dzięki statystykom, badaniom socjologicznym i sondażom sporo można na jego temat powiedzieć.

AMERYKAŃSKI KOWALSKI

W powszechnym przekonaniu typowy Amerykanin nazywa się John Smith, ale nie jest to prawda. Z danych Amerykańskiego Urzędu Statystycznego (ang. *US Census Bureau*) wynika, że Smith rzeczywiście jest najczęściej występującym w USA nazwiskiem, ale większość Johnów już dawno umarła. Bo choć imię to najczęściej nadawano chłopcom od czasów kolonialnych aż do 1924 r., to później zaczęli przeważać Robert, James i Michael. Na przełomie XX i XXI w. amerykańskim chłopcom najczęściej nadawano imię Jacob. Wtedy też John spadł do trzeciej dziesiątki i teraz imię to otrzymuje jeden na 150 nowo narodzonych amerykańskich chłopców. Jeśli popatrzeć na całą populację USA (czyli ludzi w różnym wieku), to okaże się, że obecnie najwięcej Amerykanów nosi imię James.

Mary była najpopularniejszym amerykańskim imieniem żeńskim od początku historii Stanów Zjednoczonych aż do lat 60. XX w. Później modne stały się: Lisa, Jennifer, Jessica, Ashley, Emma i Isabela. Popularność Mary

zaczęła gwałtownie spadać w latach 70. i obecnie to imię znajduje się poza pierwszą setką. Jednak w całej amerykańskiej populacji nadal najwięcej
jest kobiet o imieniu Mary, choć większość z nich stanowią panie po
czterdziestce.

Najpopularniejsze amerykańskie nazwisko jest takie samo od wieków
i brzmi ono Smith, czyli Kowal. W USA nosi je ponad 2,4 miliona kobiet
i mężczyzn, z czego 3/4 stanowią biali, a 1/4 czarnoskórzy Amerykanie.
Na kolejnych miejscach znajdują się: Johnson, Williams i Brown. W ostatnich latach do pierwszej dziesiątki najpopularniejszych amerykańskich
nazwisk weszły Garcia i Rodriguez, co ma związek z gwałtownym przy-
rostem populacji Latynosów. W okolicach dwudziestego miejsca znajduje się
azjatyckie nazwisko Lee, które niedawno wyprzedziło Clarka, Lewisa
i Robinsona. Łącznie w USA naliczono 6 milionów różnych nazwisk, co
oznacza, że jedno przypada średnio na 50 mieszkańców tego kraju. Warto
zwrócić uwagę, że mimo przyrostu populacji Latynosów i Azjatów na liście
najpopularniejszych imion w USA nie ma imion latynoskich i azjatyckich.
Wynika to z faktu, że większość imigrantów osiedlających się w USA nadaje swoim dzieciom imiona amerykańskie, by nie czuły się inne od swoich kolegów i koleżanek.

Co ciekawe, w sądownictwie zwykły Amerykanin nie nazywa się James
Smith, tylko John Doe. To właśnie tego imienia i nazwiska używa się w sprawach sądowych, w których jakiś mężczyzna ma pozostać anonimowy albo
gdy jego tożsamość trudno jest ustalić. Denat o niemożliwej do ustalenia
tożsamości również jest nazywany John Doe lub Jane Doe, jeśli to kobieta.
Czasami w procesach sądowych zamiast Doe używa się nazwiska Roe.
W słynnej sprawie dotyczącej legalności aborcji w Stanach Zjednoczonych,
która odbyła się przed amerykańskim Sądem Najwyższym w 1973 r., wystę-
powała niejaka Jane Roe. Kobieta ta dopiero po ogłoszeniu wyroku ujawniła swoją prawdziwą tożsamość. Nazwisk John Doe lub Jane Doe używa
się także w instrukcjach wypełniania różnego rodzaju formularzy i dokumentów. Z tego powodu posiadanie prawdziwego nazwiska John Doe może
być przyczyną problemów. W 2009 r. dziennik „New Jork Times" opisał
przypadek mężczyzny, który przed każdą podróżą samolotem zatrzymywany
był przez lotniskowe służby bezpieczeństwa. Funkcjonariusze nie mogli
uwierzyć, że nazywa się John Doe, i domagali się, by podał „prawdziwe"
dane osobowe.

Zwykłego człowieka w USA może też reprezentować John Q. Public, co oznacza przedstawiciela opinii publicznej. Niewiele o nim wiadomo ponad to, że jest wyjątkowo przeciętny. Znany jest też numer jego karty kredytowej (1234567887654321) oraz jej termin ważności (01/99). W Stanach Zjednoczonych pojawiają się też określenia John Q. Taxpayer, czyli zwykły podatnik, albo John Q. Citizen, czyli przeciętny obywatel. Jednak najbardziej powszechnym określeniem przeciętnego mieszkańca USA, czyli amerykańskiego Jana Kowalskiego, jest *average* Joe, czyli przeciętny Józek.

PRZECIĘTNY JÓZEK

Nie ma ścisłej definicji przeciętnego Józka. Wiadomo, że nie jest bardzo bogaty, ale nie należy również do biedoty. Przeciętny Józek nie pracuje jako profesor na uniwersytecie i nie jest sławnym aktorem ani popularnym piosenkarzem. Zwykle jest robotnikiem najemnym lub drobnym przedsiębiorcą. Piosenkarz country Clay Walker śpiewał, że przeciętny Józek pracuje jako spawacz, budowlaniec, malarz lub mechanik samochodowy, ale może być też kierowcą ciężarówki, sprzątać w sklepie spożywczym albo rozwozić pocztę. Potrafi ciężko pracować, lubi też sobie wypić dla relaksu. Według Walkera przeciętny Józek jest religijny, służył w wojsku i nie potrzebuje bogactwa, bo szczęście osiąga dzięki kochającej rodzinie.

Przeciętnego Józka nazywa się czasem „*ordinary* Joe", czyli zwykły Józek, albo „Joe *sixpack*", czyli Józek sześciopak. Żeńskim odpowiednikiem przeciętnego Józka jest *average* Jane, czyli przeciętna Janka (ewentualnie Joaśka), o której wiadomo, że jest kobietą w średnim wieku, umie gotować i szanuje wartości rodzinne. Na co dzień staje przed takimi wyzwaniami, jak: właściwe wychowanie dzieci, rozsądne gospodarowanie pieniędzmi, dbałość o zdrowie i utrzymanie odpowiedniej wagi. Przeciętna Janka często pojawia się w towarzystwie przeciętnego Józka.

Wizerunek zwykłego Józka i zwykłej Janki wykorzystywany jest czasami przez firmy, które sprzedają produkty lub usługi odwołujące się do gustów i zainteresowań zwykłych Amerykanów. Nazwę „U przeciętnego Józka" przyjęło wiele restauracji i barów. W latach 2003 – 2005 telewizja NBC nadawała program zatytułowany *Average Joe*, w którym piękna kobieta miała wybrać partnera spośród 18 niezbyt przystojnych mężczyzn. W tym samym czasie telewizja Fox emitowała *Józka milionera*, w którym kobiety rywalizowały o względy przystojnego mężczyzny będącego w ich przekonaniu multimilionerem; w rzeczywistości był to zwykły pracownik budowlany. Warto jednak podkreślić, że ani Józek, ani Janka nie należą do najpopularniejszych imion w USA. Według danych amerykańskiego Urzędu Zabezpieczeń Socjalnych (ang. *Social Security Administration* — odpowiednik polskiego ZUS-u) Joseph (zdrobniale: Joe) znajduje się na 8. miejscu na liście imion najczęściej nadawanych amerykańskim dzieciom w ciągu ostatnich 100 lat, a Jane nie ma nawet w pierwszej dwusetce.

MŁODY JAK AMERYKANIN

W 2011 r. przeciętny Amerykanin miał 37 lat (mediana wieku)[1], co oznacza, że połowa populacji USA była poniżej, a połowa powyżej tego wieku.

---

[1] Opisując zjawiska demograficzne lub ekonomiczne, amerykańscy statystycy częściej posługują się medianą (wartością środkową) niż średnią arytmetyczną. Mediana lepiej opisuje przeciętną wartość jakiegoś wskaźnika, ponieważ jest „odporna" na odchylenia od normy. W statystyce mediana oznacza wartość znajdującą się w środku danego szeregu — jeśli są to wartości liczbowe, wówczas połowa elementów danego zbioru jest mniejsza, a połowa większa od mediany. W praktyce mediana może posłużyć do pokazania przeciętnej ceny domu w jakiejś okolicy albo wieku typowej osoby w jakiejś grupie. **Przykład 1:** jeśli na pewnym osiedlu sprzedano 10 domów po 500 tysięcy dolarów i jeden za 6 milionów, to przeciętny dom kosztuje tam 500 tysięcy dolarów. Taką właśnie wartość otrzymamy, posługując się medianą. Gdybyśmy użyli średniej arytmetycznej, to uzyskalibyśmy cenę 1 miliona dolarów, co ma się nijak do rzeczywistości. Średnia arytmetyczna okazała się czuła na odchylenie od normy, jaką była sprzedaż jednego domu za 6 milionów dolarów. Mediana na to odchylenie jest odporna. **Przykład 2:** jeśli wejdziemy do przedszkola i zapytamy o przeciętny wiek znajdujących się tam osób, to używając mediany, uzyskamy wartość w przedziale 4 – 5 lat. Gdybyśmy użyli średniej arytmetycznej, to biorąc pod uwagę także wiek nauczycieli, uzyskalibyśmy wartość zbliżoną do 20 lat, która to wartość nie odpowiada ani wiekowi dzieci, ani nauczycieli. Wyraźnie więc widać, że mediana lepiej wskazała na wiek typowego przedstawiciela danej próby statystycznej, w tym przypadku dziecka w przedszkolu, ponieważ była odporna na odchylenie od normy, jakim jest wiek nauczycieli.

Spore różnice występowały jednak w poszczególnych grupach rasowych. U Latynosów średni wiek wynosi zaledwie 27 lat, a u Afroamerykanów 31 lat. Natomiast przeciętny biały Amerykanin jest wyraźnie starszy — ma prawie 42 lata. Okazuje się też, że w różnych częściach Stanów Zjednoczonych żyją ludzie w różnym wieku. W kolebce Ameryki, czyli w stanach Nowej Anglii, takich jak: Maine, Vermont czy Connecticut, przeciętna wieku mieszkańców przekracza 40 lat. Podobnie jest na Florydzie, gdzie przeniosło się tak wielu starszych ludzi, że w miasteczku Sarasota postawiono nawet pomnik emeryta. Pozostałe południowe stany USA są młode. W Teksasie, Arizonie i Kalifornii przeciętny wiek waha się w granicach 34 lat, ponieważ mieszka tam duża liczba wielodzietnych rodzin latynoskich. Najmłodszym stanem Ameryki jest jednak położony w zachodniej części kraju Utah, gdzie przeciętny wiek wynosi zaledwie 29 lat. Wynika to z faktu, że 60% mieszkańców Utah należy do bardzo konserwatywnego Kościoła mormonów, który zachęca swoich członków do posiadania dużych rodzin.

Na tle krajów wysoko rozwiniętych Stany Zjednoczone są młode. W Monako przeciętny wiek wynosi 48 lat, w Japonii 45 lat, a we Włoszech i w Niemczech 44 lata. W Wielkiej Brytanii, Francji i Holandii także przekracza 40 lat. USA, ze średnią wieku na poziomie 37 lat, znajdują się dopiero na 59. miejscu na liście najstarszych społeczeństw świata — daleko za całą Europą Zachodnią. Przeciętny Polak ma trochę ponad 38 lat, co daje nam na tej liście 48. miejsce. Najmłodsze kraje świata leżą w Afryce. Przeciętny wiek mieszkańca Ugandy czy Nigru to zaledwie 15 lat. Mniej więcej taka była średnia wieku mieszkańców USA na początku amerykańskiej państwowości, czyli pod koniec XVIII w. Oczekiwana długość życia przeciętnego Amerykanina wynosiła wówczas jednak tylko 35 lat. Ktoś, kto urodził się w USA na początku XX w., mógł się spodziewać, że dożyje 47 lat. Obecnie oczekiwana długość życia Amerykanina zbliża się do 78 lat.

WYMIARY I KOLORY

Z przeprowadzonego w 2010 r. spisu powszechnego wynika, że choć w USA szybko przybywa Latynosów i Azjatów, biali wciąż stanowią prawie 2/3 społeczeństwa. I chociaż około 2042 r. ich liczba spadnie poniżej 50% populacji, to jeszcze długo pozostaną najliczniejszą grupą demograficzną. Oznacza to, że typowy Amerykanin jest, i przez najbliższych kilkadziesiąt lat będzie, człowiekiem o białym kolorze skóry. Na tle innych krajów świata Amerykanie są ludźmi średniego wzrostu. Przeciętny amerykański mężczyzna ma 177,5 cm — mniej więcej tyle co przeciętny Niemiec, minimalnie więcej niż Francuz i 1 cm mniej niż Polak. Choć nie jest tak wysoki jak Norweg czy Szwed, to ma o kilkanaście centymetrów więcej niż typowy Meksykanin, Wietnamczyk czy Hindus. Przeciętna Amerykanka ma 163 cm wzrostu, czyli tyle samo co Francuzka czy Brytyjka, ale wyraźnie mniej niż Szwedka, Norweżka, Czeszka czy Polka. W obrębie poszczególnych grup rasowych oczywiście również występują spore różnice. Biali i czarnoskórzy Amerykanie są wyraźnie wyżsi od Latynosów i Azjatów.

Przeciętny Joe waży 88 kg, a przeciętna Jane 74 kg. Oznacza to, że oboje mają nadwagę. W Stanach Zjednoczonych średni wskaźnik masy ciała (BMI) dla obu płci wynosi 28,4. Tymczasem według standardów WHO, żeby zostać uznanym za osobę o normalnej wadze, trzeba mieć BMI poniżej 25. Ci, u których wskaźnik masy ciała przekracza 30, są uważani za otyłych. W Stanach Zjednoczonych do tej grupy należy 1/3 mieszkańców. U mężczyzn nadwaga nie jest skorelowana z rasą, ale u kobiet występuje taki związek. Latynoski są bardziej otyłe od białych kobiet, a jeszcze grubsze są czarnoskóre Amerykanki, wśród których 15% ma wskaźnik BMI powyżej 40, co oznacza chorobliwą otyłość. Stąd właśnie bierze się stereotyp „grubej Murzynki". W całym społeczeństwie amerykańskim osób chorobliwie otyłych jest 12 milionów, czyli 4% populacji. Dość rzadko spotyka się tych ludzi w dużych miastach, takich jak Nowy Jork czy Waszyngton. Na prowincji są jednak zauważalni, gdyż nie siedzą w domach, ale jeżdżą samochodami do sklepów i odwiedzają popularne restauracje typu *all you can eat*, w których za 8 – 10 dolarów można jeść do oporu, co tylko się chce. Ci, którzy nie mogą chodzić, wsiadają na wózki inwalidzkie. Podczas jednej z podróży na amerykańską prowincję widziałem kobietę ważącą co najmniej 200 kg, która wyjeżdżała na takim wózku z McDonalda, trzymając na kolanach cztery zestawy Big Mac. Warto jednak pamiętać, że choć ludzi grubych i bardzo grubych jest w USA znacznie więcej niż w Europie, to przeciętny Amerykanin wcale nie jest ekstremalnie otyły. Ważący 88 kg mężczyzna o wzroście około 178 cm lub mierząca 163 cm kobieta o wadze 74 kg nie są może królami i królowymi fitnessu, ale trudno ich uznać za grubasów. Zresztą wskaźniki otyłości i nadwagi ustalane są trochę arbitralnie i nie bierze się w nich pod uwagę tego, że np. Latynosi są inaczej zbudowani niż biali.

Jaki kolor oczu ma przeciętny Amerykanin? Gdyby to pytanie padło na przełomie XIX i XX w., to odpowiedź brzmiałaby: niebieski. Ponad połowa dzieci, które rodziły się wówczas w USA, miała niebieskie oczy, co wynikało z faktu, że poszczególne grupy narodowościowe nie mieszały się ze sobą tak, jak to się dzieje obecnie. 80% małżeństw zawierano wówczas w ramach tej samej grupy etnicznej, dzięki czemu potomkowie imigrantów z Niemiec, Polski, Anglii czy Irlandii przekazywali niebieskie oczy swoim dzieciom. W XX w. czynnik etniczny przestał się liczyć przy doborze małżonków, a zastąpiły go status społeczny i poziom wykształcenia. A ponieważ gen niebieskich oczu jest recesywny, czyli przegrywa z innymi kolorami, to niebieskoocy Amerykanie stali się mniejszością. Obecnie tylko jeden na siedmiu mieszkańców USA ma niebieski kolor oczu. Najbardziej powszechne oczy są brązowe.

HOME, SWEET HOME

Przeciętny Joe ma dom z ogródkiem i garażem na jeden lub dwa samochody. Pozostali mieszkają w bliźniakach, szeregowcach i blokach. Około 20 milionów Amerykanów żyje w kontenerach mieszkalnych, czyli tzw. *mobile homes*, które są produkowane w fabrykach i przywożone w miejsce, gdzie mają stanąć. Około 300 tysięcy mieszka w przyczepach kampingowych, w samochodach i na łodziach, a pół miliona to bezdomni.

Mieszkańcy USA posiadają największe domy na świecie. Przeciętny dom ma powierzchnię 170 m kw. i został wybudowany w połowie lat 70. Nowo budowane domy są jeszcze większe, a ich średnia powierzchnia dochodzi do 230 m kw. 80% amerykańskich domów ma trawniki o przeciętnej powierzchni 0,5 ha. Na ich koszenie Amerykanin poświęca 40 godzin rocznie.

W typowym domu znajdują się zwykle dwie łazienki. Amerykanin spędza w nich średnio pół godziny dziennie, z czego około 10 minut poświęca na kąpiel. Większość Amerykanów sika pod prysznicem, a tylko co piąty śpiewa. Po załatwieniu potrzeb fizjologicznych przeciętny Joe składa papier toaletowy zamiast go zgniatać. Ponad 75% Amerykanów nakłada rolkę na uchwyt w taki sposób, by papier rozwijał się od góry. Przeciętna wartość amerykańskiego domu wynosi 180 tysięcy dolarów. Tylko jeden na dziesięć kosztuje pół miliona, a jeden na pięćdziesiąt — ponad milion dolarów. W USA jest 35 miejscowości, gdzie cena przeciętnego domu przekracza milion. Najdroższą z nich jest Santa Clara w Dolinie Krzemowej, przeciętny dom kosztuje tam 1,5 miliona dolarów. Ponad 2/3 Amerykanów jest właścicielami swoich domów, 1/3 je wynajmuje. Wśród białych aż 3/4 posiada dom na własność, wśród czarnych i Latynosów mniej niż połowa. Aż 70% właścicieli domów i mieszkań spłaca kredyt hipoteczny. Ponad 45% Amerykanów wprowadziło się do obecnego miejsca zamieszkania w ciągu ostatnich pięciu lat, co świadczy o sporej mobilności amerykańskiego społeczeństwa. Nie jest jednak prawdą, że Amerykanie „uciekają" jak najdalej od rodziców. Z badań przeprowadzonych przez naukowców z Uniwersytetu Michigan wynika, że większość żyje w odległości mniejszej niż 40 km od swoich matek. Oprócz tego, że mieszkają niedaleko swych matek, Amerykanie trzymają się blisko wody. Z analiz amerykańskiego Krajowego Urzędu Oceanicznego wynika, że ponad połowa populacji USA mieszka w odległości nie większej niż 80 km od wybrzeża Pacyfiku i Atlantyku, w tym Zatoki Meksykańskiej.

Przeciętny Amerykanin, tak jak 90% jego rodaków, dojeżdża do pracy samochodem. Zazwyczaj jeździ sam. Jeden na dziesięciu mieszkańców USA korzysta z tzw. carpoolingu, czyli wspólnych podróży do pracy samochodem z osobami mieszkającymi w tej samej okolicy. Przeciętna droga do pracy wynosi 25 km i przejechanie jej zajmuje średnio 25 minut. Tylko 5% Amerykanów dojeżdża do pracy komunikacją miejską, a 0,4% motocyklami i skuterami.

Od 1790 r. amerykański Urząd Statystyczny podaje, gdzie znajduje się tzw. centrum populacji Stanów Zjednoczonych. Jest to punkt na mapie, który reprezentuje wyimaginowany środek ciężkości wszystkich mieszkańców kraju (przy założeniu, że wszyscy ważą tyle samo). W 1790 r. centrum populacji USA znajdowało się na wschodnim wybrzeżu — 40 km na wschód od Baltimore. Wraz z „marszem" Amerykanów w głąb kontynentu i zdobywaniem kolejnych terytoriów centrum populacji przesuwało się na zachód w średnim tempie 80 km na dekadę. W pierwszej połowie XX w. centrum populacji zaczęło przesuwać się na południe, co wynikało m.in. z powszechnego zastosowania klimatyzacji, która uczyniła gorące południowe stany bardziej atrakcyjnymi do zamieszkania. W ciągu 220 lat centrum populacji Stanów Zjednoczonych przewędrowało 1500 km na zachód i prawie 200 km na południe. Obecnie znajduje się ono w okolicach liczącej 109 mieszkańców miejscowości Plato w stanie Missouri. Przeciętny amerykański Joe nie chciałby jednak tam mieszkać. W Plato średni dochód gospodarstwa domowego wynosi 30 tysięcy dolarów rocznie, co stanowi zaledwie 60% średniej krajowej.

INTELIGENTNY JAK AMERYKANIN

W przekonaniu Europejczyków typowy Amerykanin jest kompletnym ignorantem. Stereotyp ten wzmacniają sondaże, z których wynika, że co piąty mieszkaniec USA jest przekonany, że Słońce krąży wokół Ziemi oraz że demony naprawdę istnieją. Opinię Amerykanom psują też ci, którzy nie mają pojęcia, kto jest wiceprezydentem ich kraju, albo nie potrafią wskazać na mapie świata Iraku czy Afganistanu. Warto jednak pamiętać o ogromnym zróżnicowaniu Ameryki. W wielu rejonach wschodniego i zachodniego wybrzeża oraz w większych miastach i ośrodkach akademickich posiadanie ogólnej wiedzy o świecie jest normą. Mnie samego wielokrotnie zaskakiwało to, ile Amerykanie mieszkający w stolicy USA wiedzą na temat innych krajów i kultur. Na amerykańskiej prowincji i na południu kraju wiedza o świecie nie jest jednak uważana za wartość (encyklopedyczne informacje nie są też wymagane przez szkołę). Jednak luki w ogólnym wykształceniu Amerykanów nie wynikają z ich niższego potencjału intelektualnego. Badania wykazują, że ich poziom inteligencji wcale nie odbiega od poziomu inteligencji Europejczyków, a przeciętny amerykański Joe nie jest głupszy od polskiego Jana Kowalskiego, francuskiego Jeana Duponta czy rosyjskiego Iwanowa.

Autorzy najbardziej kompleksowych badań na temat inteligencji różnych narodów, profesorowie Richard Lynn i Tatu Vanhanen, na stworzonej przez siebie skali IQ przyznali Amerykanom 98 punktów. Taką samą ocenę otrzymali Francuzi, Kanadyjczycy, Finowie i Czesi. Polacy mieli wynik porównywalny z Amerykanami (99), podobnie jak Brytyjczycy (100), Belgowie (100) i Niemcy (99). Najwyższe wskaźniki inteligencji osiągali mieszkańcy wschodniej Azji — Hongkongu i Singapuru (108), Korei Południowej (106), a także Chin, Tajwanu i Japonii (105). W badaniach przeprowadzonych przez profesora Heinera Rindermanna, który porównywał wyniki testów edukacyjnych uczniów z różnych krajów świata, Amerykanie uzyskali 99 punktów i wypadli trochę lepiej niż Polacy (98). Na dole rankingu znalazły się Gwinea Równikowa (59), Saint Lucia (62) oraz Sierra Leone (64).

Przyzwoity wynik Stanów Zjednoczonych w testach na inteligencję jest tym bardziej godny odnotowania, że ponad 1/4 populacji USA stanowią Latynosi oraz czarnoskórzy Amerykanie, którzy w testach na inteligencję uzyskują wyniki poniżej 90 punktów. Średnia dla białych Amerykanów wynosi 103, co oznacza, że są oni bardziej inteligentni nie tylko od swoich ciemnoskórych rodaków, ale również od większości Europejczyków. Azjaci mieszkający w USA osiągali wyniki na poziomie 106 punktów, czyli takie same jak ich rodacy z Azji. Naukowcy nie są zgodni co do przyczyny dysproporcji pomiędzy poszczególnymi rasami, ale wielu uważa, że decydujący wpływ na te różnice mają czynniki środowiskowe.

Przeciętny amerykański Joe lub Jane studiowali w college'u, ale niekoniecznie go ukończyli. Z danych Urzędu Statystycznego USA wynika, że wykształcenie licencjackie lub wyższe ma 28% Amerykanów. Tyle samo poszło do college'u, ale przerwało naukę lub uzyskało tytuł specjalisty (ang. *associate*), który wymaga tylko dwóch lat nauki. Czterech na dziesięciu Amerykanów zakończyło edukację na szkole średniej lub podstawowej. Przyczyną przerwania przez nich kształcenia najprawdopodobniej nie były jednak względy finansowe, bo wbrew powszechnej opinii, studia w USA wcale nie muszą być bardzo kosztowne. Średnie czesne na stanowych uczelniach publicznych wynosi około 8000 dolarów rocznie, a drugie tyle student musi wydać na utrzymanie i podręczniki, co daje kwotę 16 tysięcy dolarów. Jednak większość studentów ma prawo do pomocy finansowej ze strony państwa, która to pomoc w 2011 r. wyniosła średnio 12 tysięcy dolarów rocznie (z czego 6000 stanowił bezzwrotny grant). Jeśli kogoś nie stać na studiowanie na takich warunkach, może pójść do lokalnego college'u (ang. *community college*), gdzie można studiować jeszcze taniej, a po dwóch latach przenieść się na uczelnię stanową.

ŻYCIE NA KREDYT

Amerykańscy pracownicy dzielą się na dwie grupy: białe i niebieskie kołnierzyki. Białe kołnierzyki to ludzie wykonujący zawody niewymagające wysiłku fizycznego. Są wśród nich: urzędnicy, lekarze, prawnicy, księgowi, doradcy podatkowi itp. Termin ten po raz pierwszy pojawił się w tekstach amerykańskiego pisarza Uptona Sinclaira w odniesieniu do pracowników administracyjnych, którzy musieli przychodzić do pracy w białych koszulach. Określenie „niebieskie kołnierzyki" pochodzi od koloru koszul i ubrań roboczych noszonych przez pracowników amerykańskich zakładów przemysłowych. Do tej grupy zalicza się m.in.: robotników budowlanych, stolarzy, elektryków, mechaników, górników czy operatorów maszyn. W tej chwili mniej niż 1/4 amerykańskich pracowników wykonuje pracę fizyczną. Dwie trzecie mieszkańców USA zaliczane są do białych kołnierzyków, co oznacza, że przeciętny Joe prawdopodobnie siedzi za biurkiem. Najpowszechniejszym zawodem w USA jest sprzedawca. Pracę tę wykonuje 4,2 miliona osób, które zarabiają przeciętnie 2000 dolarów miesięcznie, co w warunkach amerykańskich jest bardzo niską pensją. Na kolejnych miejscach są również niezbyt wysoko opłacane zawody kasjera (1600 dolarów), pracownika biurowego (2300) i obsługi fast foodów oraz kawiarni (1500). Wszyscy oni zarabiają znacznie poniżej średniej.

Zarobki przeciętnego Amerykanina zatrudnionego na pełen etat wynoszą 3600 dolarów miesięcznie, a przeciętnej Amerykanki — 2900. Dochód przeciętnej amerykańskiej rodziny wynosi jednak tylko 4200 dolarów. Kwota ta wydaje się wysoka, ale w rzeczywistości nie są to kokosy. Sama spłata kredytu hipotecznego oraz utrzymanie domu kosztuje przeciętną amerykańską rodzinę 1500 dolarów miesięcznie. 500 dolarów idzie na składki emerytalne i ubezpieczenia społeczne, a około 300 dolarów stanowią wydatki zdrowotne. Do tego dochodzi koszt utrzymania jednego lub dwóch samochodów (średnio 700 dolarów miesięcznie), a także żywność, ubrania, edukacja dzieci i wiele innych drobnych wydatków. Efekt jest taki, że mimo spływających co miesiąc na konto 4200 dolarów przeciętna amerykańska rodzina nie jest w stanie związać końca z końcem i nie nadąża ze spłatą kart kredytowych. Średnie zadłużenie państwa Smith z tytułu kart kredytowych wynosi 9000 dolarów i szybko rośnie, bo oprocentowanie kart niemal zawsze przekracza 20%. Co ciekawe, Amerykanie nie do końca zdają sobie sprawę z wysokości ujemnego salda. Przeciętna rodzina szacuje swoje zadłużenie na 7300 dolarów.

Prawie połowa gospodarstw domowych w USA ma zaciągnięte kredyty hipoteczne, a ich średnia wysokość wynosi 180 tysięcy dolarów. Czterech na dziesięciu Amerykanów ma niespłacony samochód, a średni dług z tego tytułu wynosi 16 tysięcy dolarów. Jeden na siedmiu mieszkańców USA spłaca kredyty studenckie — przeciętnie 23 tysięcy dolarów. Łącznie Amerykanie są zadłużeni na 12 bilionów dolarów, co oznacza, że przeciętny amerykański Joe jest zadłużony 10 razy bardziej niż przeciętny Kowalski.

W WOLNYM CZASIE

Average Joe nieprzypadkowo nazywany jest Joe *sixpack*, czyli Józek sześciopak. Piwo jest bowiem ulubionym napojem 60% mężczyzn spożywających alkohol. Wśród kobiet najbardziej popularne jest wino. Tylko 1/5 pijących Amerykanów wybiera mocniejsze trunki — whiskey, wódkę, likiery itp. Wśród mieszkańców USA aż 1/3 stanowią abstynenci. Przeciętny Amerykanin wypija rocznie 100 litrów piwa, 8 litrów wina i ponad 5 litrów mocnych alkoholi. Stany Zjednoczone są na 20. miejscu na świecie pod względem konsumpcji alkoholu w przeliczeniu na głowę mieszkańca. Rocznie wydają na alkohol 90 miliardów dolarów — tyle samo co na gry hazardowe.

Hazard był popularny w Ameryce już w czasach kolonialnych. Pierwszy prezydent USA Jerzy Waszyngton lubił grać w karty, a lokalne społeczności organizowały loterie, by sfinansować budowę szkół i kościołów. W 1777 r. Kongres Kontynentalny zorganizował loterię o wartości 5 milionów dolarów, by sfinansować wojnę o niepodległość USA. W XIX w. po Missisipi pływały statki, na których znajdowały się kasyna. Pierwszą stolicą hazardu był Nowy Orlean, w okresie gorączki złota tytuł ten przejęło San Francisco, a w połowie XX w. Las Vegas. Obecnie w USA znajduje się 450 kasyn, które odwiedza co trzeci Amerykanin. Najbardziej powszechnymi grami losowymi są jednak stanowe loterie, w których kupony nabywa połowa mieszkańców USA. Przeciętny Joe jest bardziej skłonny do hazardu niż przeciętna Jane. 75% Amerykanów i 57% Amerykanek przyznaje, że zagrało w gry hazardowe w ciągu ostatniego roku. Wielu z tych, którzy liczą na sukces, chce przeznaczyć wygraną na podróże. Większość Amerykanów spędza urlop poza domem, ale są to wakacje krajowe. Jeden na pięciu wyjechał w ciągu ostatniego roku za granicę — najczęściej do Meksyku i Kanady. Wśród osób zarabiających poniżej 20 tysięcy dolarów rocznie tylko 7% odwiedziło inne kraje. Wśród ludzi o dochodach powyżej 75 tysięcy rocznie — aż 36%. W powszechnym przekonaniu Amerykanie są leniwymi ignorantami, którzy nie interesują się światem i dlatego siedzą w kraju. Jednak zestawianie podróży zagranicznych Amerykanów z podróżami zagranicznymi Europejczyków nie daje obiektywnego obrazu. Europejczyk ma dookoła swojego kraju ponad dwadzieścia innych państw, podczas gdy Amerykanin ma w porównywalnej odległości tylko inne stany. A jeśli popatrzymy na wyjazdy na inny kontynent, to okaże się, że Amerykanie są bardziej ciekawi świata od mieszkańców Europy. Co roku do Europy przybywa około 13 milionów mieszkańców USA, podczas gdy Stany Zjednoczone odwiedza 12 milionów Europejczyków (mimo że populacja Europy jest prawie dwukrotnie większa niż populacja USA).

Podróżując za ocean, Amerykanie najczęściej jadą do Wielkiej Brytanii, Francji i Włoch. Według danych amerykańskiego Departamentu Stanu tylko 1/4 mieszkańców USA posiada paszport. Przeciętny Joe nie wyrobił go sobie, bo może się bez niego obyć. Jeśli chce pojeździć na nartach, to wsiada w samolot i za 200 dolarów leci do Kolorado. Ciepła plaża i palmy? Proszę bardzo. Ma do dyspozycji tysiące kilometrów wybrzeża Florydy, Georgii, Karoliny Północnej i Karoliny Południowej, Teksasu i Kalifornii. Zorza polarna? Alaska. Jeziora i lasy? Niemal cała północna część kraju. Do tego dochodzą egzotyczne Hawaje, Portoryko i Wyspy Dziewicze USA. Przeciętny Joe ma też możliwość odwiedzenia 58 spektakularnych parków narodowych, wśród których są takie cuda natury, jak: Yellowstone, Wielki Kanion, Yosemite, Arches, Zion czy Everglades na Florydzie. Wszędzie może posługiwać się angielskim, nie musi wymieniać waluty, ma do dyspozycji znane sobie sieci hoteli, restauracji i stacji benzynowych, a rozmawiając przez telefon komórkowy, nie musi płacić za roaming.

W Stanach Zjednoczonych działa 310 milionów telefonów komórkowych, czyli jeden przypada na jednego mieszkańca (wliczając w to niemowlęta). Niemal co drugi Amerykanin używa smartfona, które to urządzenie coraz częściej zastępuje mu nawigację GPS, odtwarzacz muzyki i aparat fotograficzny. Osoby, które mają smartfony, przez 3,5 godziny miesięcznie oglądają na nich filmy wideo. Połowa mieszkańców USA ogląda filmy i teledyski w internecie, do którego dostęp w domu ma 73% Amerykanów. Mimo że internet ma swoje korzenie w Stanach Zjednoczonych, jego szybkość w wielu miejscach pozostawia wiele do życzenia. USA jest dopiero na 26. miejscu na świecie pod względem szybkości łącza internetowego, która wynosi niespełna 5 Mbps. Na pierwszym miejscu jest Korea Południowa ze średnią szybkością ponad 17 Mbps. Spośród amerykańskich stanów najszybszy internet ma Rhode Island na wschodnim wybrzeżu, a najwolniejszy — rolniczy stan Idaho.

Ulubioną rozrywką Amerykanów pozostaje telewizja. W przeciętnym amerykańskim domu jest więcej telewizorów (2,7) niż ludzi (2,5). W połowie tych domów znajdują się więcej niż trzy telewizory, które są włączone średnio osiem godzin na dobę. Przeciętny Joe spędza przed telewizorem 140 godzin miesięcznie, czyli prawie pięć godzin dziennie. Najczęściej ogląda *Dancing with the Stars*, czyli *Taniec z gwiazdami*, serial komediowy *Modern Family* (*Współczesna rodzina*) oraz *X Factor*. Najpopularniejszym programem w amerykańskiej telewizji jest finał ligi futbolowej Super Bowl. Zdecydowana większość Amerykanów nie ogląda programów satyrycznych Jaya Leno i Davida Lettermana — nadawane są one po 23.00, a o tej porze przeciętny Joe i przeciętna Jane są już w łóżku. Zazwyczaj od razu idą spać, a seks uprawiają raz na cztery dni. W tygodniu śpią przeciętnie sześć i pół godziny na dobę, a w weekendy siedem godzin.

KRAJ LUDZI SZCZĘŚLIWYCH

Nie jest prawdą, że Stany Zjednoczone są krajem w depresji, którego mieszkańcy funkcjonują tylko dzięki prozacowi. Aż 85% Amerykanów deklaruje, że są zadowoleni z życia, z czego 3/4 jest bardzo zadowolonych. Jednak w przypadku Amerykanów powiedzenie, że pieniądze szczęścia nie dają, się nie potwierdza. Wśród tych, którzy zarabiają poniżej 30 tysięcy dolarów rocznie, bardzo szczęśliwych jest 40%, podczas gdy wśród zarabiających ponad 75 tysięcy rocznie — o 35 punktów procentowych więcej.

Do grupy zadowolonych z życia częściej należą biali Amerykanie o poglądach prawicowych, którzy co tydzień chodzą do kościoła. A jeśli chodzi o depresję, to w Stanach Zjednoczonych cierpi na nią 5% populacji. Wcale nie tak dużo.

Jednym z czynników, które sprzyjają większemu szczęściu, jest małżeństwo. Osoby, które pozostają w związkach małżeńskich, są bardziej zadowolone z życia od ludzi samotnych. Jednak obecnie Amerykanie rzadziej decydują się na małżeństwo i odkładają decyzję o wzięciu ślubu. O ile na początku XX w. ponad 80% dorosłych Amerykanów pozostawało w związkach małżeńskich, o tyle obecnie jest ich tylko połowa. W latach 70. przeciętna panna młoda miała 21, a pan młody 23 lata. Obecnie mają odpowiednio 26 i 28 lat. Mieszkańcy USA nie tylko coraz później zakładają rodziny, ale mają też coraz mniej potomstwa. Obecnie typowa amerykańska rodzina ma jedno lub dwoje dzieci, a model rodziny wielodzietnej funkcjonuje jeszcze w ograniczonym stopniu wśród Latynosów oraz konserwatywnych mieszkańców prowincji.

Przeciętny Amerykanin jest chrześcijaninem. Wierzy w Boga lub inną siłę wyższą (90%), uważa, że Bóg czyni na ziemi cuda (79%) oraz że niebo i piekło są realne (ponad 65%). Jest też przekonany o istnieniu diabła (62%) i może wierzyć w UFO oraz czarownice (1/3 Amerykanów uważa, że UFO i czarownice naprawdę istnieją). Jest jednak dość tolerancyjny. Siedmiu na dziesięciu Amerykanów uważa, że inne religie również prowadzą do zbawienia. Wyjątkiem jest islam, który przez większość mieszkańców USA jest postrzegany jako zagrożenie. Ponad 40% Amerykanów przyznaje, że ma uprzedzenia wobec muzułmanów (więcej o religijności Amerykanów w rozdziale 6.).

Ostatnie pół wieku przyniosło gigantyczne zmiany w podejściu Amerykanów do kwestii rasowych. W 1958 r. tylko 4% aprobowało małżeństwa białych z czarnymi. Obecnie wskaźnik aprobaty dla związków międzyrasowych wynosi 86%. Amerykanie coraz są bardziej tolerancyjni wobec homoseksualistów. Ponad 70% popiera prawa spadkowe osób tej samej płci oraz możliwość korzystania przez nich z ubezpieczenia zdrowotnego partnerów. Tyle samo nie ma nic przeciwko temu, by geje i lesbijki pracowali jako nauczyciele w szkołach podstawowych. W maju 2011 r. po raz pierwszy w historii USA zwolennicy małżeństw homoseksualnych znaleźli się w większości (53%).

Stosunek Amerykanów do aborcji jest złożony. Prawie 2/3 uważa, że kobieta powinna mieć prawo do usunięcia ciąży bez większych ograniczeń. Jednak połowa traktuje aborcję jako moralnie naganną. Ta pozorna sprzeczność wynika z faktu, że dla części Amerykanów aborcja jest złem koniecznym. Wielu z tych, którzy traktują usunięcie ciąży za moralnie naganne, uważa też, że nie powinni narzucać innym swojego systemu wartości i że kobieta powinna rozstrzygać te kwestie we własnym sumieniu. Seks przedmałżeński akceptuje 60% Amerykanów. Około 90% uważa za nieetyczne klonowanie ludzi, poligamię i zdradę małżeńską. Dwie trzecie deklaruje, że nie wybaczyłoby swemu partnerowi zdrady i gdyby do niej doszło, to wzięłoby rozwód. Większość Amerykanów uważa rozwód za dopuszczalny moralnie, podobnie jak karę śmierci.

Statystycy mają bardzo dużo informacji na temat przeciętnego Amerykanina. Wiedzą np., że zjada on rocznie 8 kg boczku, 6 kg indyka i 60 kg ziemniaków, wypija 190 l napojów gazowanych i raz w tygodniu smaruje chleb masłem orzechowym. Przynajmniej raz w miesiącu je lody i chodzi do kościoła, raz w roku zaczyna czytać nową książkę, choć nie zawsze ją kończy, i przynajmniej raz w życiu wystrzelił z pistoletu. Typowy amerykański Joe robi zakupy w supermarkecie Wal-Mart, a przed Bożym Narodzeniem dekoruje choinkę. Posiada też zwierzę domowe i jest fanem futbolu i bejsbola. Jedyny problem polega na tym, że przeciętny Joe jest bardzo trudny do odnalezienia. Ktoś, kto jest typowy w jednej kategorii, okazuje się zupełnie nietypowy w innej. Przeciętnego Amerykanina trudniej znaleźć niż typowego Polaka, Francuza czy Rosjanina, Stany Zjednoczone są bowiem jednym z najbardziej zróżnicowanych krajów świata.

Rozdział 4.
Amerykański tygiel etniczny

W JEDEN DZIEŃ DOOKOŁA ŚWIATA

Jest sobota, dziesiąta rano. Za oknem słońce. Mimo że to dopiero połowa marca, temperatura dochodzi do 20° C. Nie ma w tym jednak nic nadzwyczajnego, bo położony w klimacie subtropikalnym Waszyngton nie jest oddzielony górami od innych stref klimatycznych. Jeśli powieje z północy, to może spaść śnieg. Gdy przyjdzie ciepłe powietrze znad Florydy, robi się lato. Mimo że dzień będzie przyjemny, nie wydarzy się nic nadzwyczajnego. Poza tym że spotkam przedstawicieli czterech ras, mówiących 20 językami, reprezentujących 30 narodowości, modlących się do kilkunastu bogów.

Wychodzę z domu na kawę. Pod drzwiami, jak co dzień, znajduję „Washington Post". Ważące kilogram gazetki reklamowe zostawiam w mieszkaniu, resztę zabieram ze sobą i zjeżdżam windą na parter. Na portierni siedzi młoda dziewczyna z Meksyku, co oznacza, że niemal na pewno jest katoliczką. Uśmiecha się i rzuca standardowe amerykańskie *Hi*. Mijam znajomego z sauny Amerykanina Keitha, który choć ma korzenie irlandzkie, wcale nie chodzi pijany od rana do wieczora, a na dodatek jest ateistą. Z bloku wychodzę przez niewielki sklepik prowadzony przez małżeństwo Mongołów. To od nich dowiedziałem się, że w Mongolii na początku lat 90. też upadł komunizm i właśnie wtedy do Ameryki zaczęli przybywać imigranci z tego kraju. Obecnie w USA przebywa 9000 Mongołów, większość z nich nielegalnie. Jedna trzecia z nich mieszka w mojej gminie Arlington. Amerykańscy Mongołowie są chrześcijanami lub buddystami. Kawiarnia Starbucks przy Wilson Boulevard to moje ulubione miejsce obcowania z różnorodną, wielokulturową Ameryką. Dziś siedzę tu w głębokim skórzanym fotelu z kubkiem czarnej kawy. Z głośników cicho płynie muzyka. To Janis Joplin. Trzydziestoparoletni Japończyk w kraciastym kapeluszu dolewa mleko do kawy. Młoda blondynka z kolczykiem w nosie wciśnięta w fotel czyta książkę, a Arab ze złotym zegarkiem na ręce robi jakieś notatki. Starszy czarnoskóry mężczyzna w grubych okularach wpatruje się w ekran laptopa. Siedząca naprzeciwko gruba Latynoska popija frappucino z bitą śmietaną i zajada cynamonowe ciastko. Przed wejściem, za szybą, siedzą przy stoliku dwie dziewczyny — jedna z nich, wysoka szatynka, pali papierosa, druga, w afrykańskiej chuście na głowie, bawi się plastikową rurką do napojów. Przy kontuarze stoi młody chłopak w spodniach dresowych i marynarce. Na głowę ma naciągnięty kaptur, na który założył bejsbolówkę. Siedzę przy stoliku, popijam kawę. Nawet nie chce mi się czytać „Washington Post", bo obserwowanie ludzi sprawia mi więcej frajdy. To prawdziwe dobrodziejstwo różnorodnej, wielokulturowej Ameryki. Inną zaletę zaraz po przyjeździe do USA doceniła moja żona.

Edyta jest bardzo drobna. Ma 150 cm wzrostu i waży 40 kg. W Polsce non stop ludzie się za nią oglądali i nikt nie traktował jej poważnie. Na twarzy mieli wypisane pytanie: „Co to za dziwactwo?". Nawet gdy urodził się nasz syn Konrad, panie w sklepach traktowały ją z góry. Kilka tygodni po przyjeździe do Waszyngtonu Edyta stwierdziła z radością, że w Ameryce jej drobna postura nie zwraca niczyjej uwagi. Nikt się nie dziwi na ulicy, nie pyta, gdzie była, kiedy Bozia rozdawała wzrost. Zaletą różnorodności jest to, że nikt nie odbiega od normy, bo takowa nie istnieje. Ludzie są przyzwyczajeni do tego, że każdy ma inny kolor skóry, kształt nosa, budowę ciała, wzrost i rodzaj włosów.

Zabieram papierowy kubek z kawą i przenoszę się do pobliskiego zakładu fryzjerskiego. Nie byłem umówiony, bo mój fryzjer Hassan nie zawraca sobie głowy prowadzeniem zapisów. Trzeba przyjść i poczekać na swoją kolej. Hassan pochodzi z Turcji, ma 35 lat. Do Ameryki przyjechał dziesięć lat temu, a trzy lata temu wraz z bratem otworzył zakład fryzjerski. Dziś ma duży dom, jeździ BMW, a na ręce nosi oryginalny zegarek Breitling for Bentley, za który można by kupić samochód. Hassan ma mnóstwo klientów, bo uczył się fachu w Stambule i jest dobrym fryzjerem, a ceny ma bardzo przystępne — tylko 18 dolarów za strzyżenie. Podobną sumę trzeba zapłacić we fryzjerskiej sieciówce Hair Cuttery, która w samym Arlington ma kilkanaście zakładów. Jednak w większości pracują tam Azjaci i choć są bardzo precyzyjni, to wszystkich strzygą tak samo, jakby się uczyli zawodu u tego samego fryzjera. W porównaniu z nimi Hassan to prawdziwy artysta. I choć jest muzułmaninem, wydaje mi się bliski kulturowo. Zawsze ma coś do powiedzenia na temat polityki europejskiej i piłkarskiej Ligi Mistrzów. Sam jest kibicem klubu Galatasaray.

Ze świeżo ostrzyżonymi włosami idę na pocztę, która znajduje się obok założonej przez imigrantów z Libanu kawiarni z fajkami wodnymi, przylegającej do tajskiej restauracji położonej obok irlandzkiego pubu. Za kontuarem stoją obok siebie Arab, Indianka i wielka gruba Murzynka — zawsze z tą samą, obrażoną na cały świat miną. Na metalowej tabliczce ma wypisane imię Jolanda i mimo odstraszającego wyrazu twarzy zawsze jest życzliwa i pomocna. Lubię amerykańską pocztę. Gdy przyniosę źle zaklejoną kopertę, pracownik zawsze zabezpieczy ją taśmą. Tak samo postąpi, gdy uzna, że paczka jest za słaba i wymaga wzmocnienia. Nie ma pouczania klienta, że niewłaściwie przygotował przesyłkę. Kiedy wyjeżdżam na wakacje, składam krótki wniosek o wstrzymanie dostaw poczty do mojej skrzynki i wskazuję datę, od której zgromadzone listy mają być ponownie dostarczone. Gdy wysyłam paczkę, płacę za to przez internet, sam drukuję znaczek i zamawiam bezpłatny odbiór przesyłki z domu. Teraz stoję w krótkiej kolejce za dżentelmenem w pogniecionym podkoszulku, a przed rozmawiającymi po rosyjsku kobietą i mężczyzną w średnim wieku. Robię małe podsumowanie. Mimo że z domu wyszedłem godzinę temu, już spotkałem przedstawicieli trzech ras i 10 narodowości oraz wyznawców kilku religii. Nie liczę ludzi, których mijałem na ulicy.

Tego samego dnia odwiedzam jeszcze supermarket Whole Foods, gdzie za każdą z 16 kas stoi przedstawiciel innej grupy etnicznej. To jeden z niewielu sklepów, w których mają przyzwoity chleb. Sprzedają tam też piwo Żywiec. Po owoce i warzywa jadę do koreańskiego supermarketu H-Mart, w którym poza tysiącami azjatyckich dziwactw można kupić tłusty boczek, wątróbkę i coś, co przypomina kaszankę, ale zamiast kaszy ma w środku makaron ryżowy. To właśnie z H-Marta przywiozłem kiedyś do domu kałamarnicę i dopiero po straszliwym smrodzie podczas gotowania zorientowałem się, że ma w środku wnętrzności. Po południu idę na rower. Przejeżdżam przez zadbane osiedla amerykańskiej klasy średniej oraz obok mniej efektownych domów Afroamerykanów i Salwadorczyków. Gdy wieczorem siedzę przy stoliku w najlepszym waszyngtońskim barku z falafelami, Amsterdam Falafelshop w dzielnicy Adams Morgan, zaczynam rozumieć, dlaczego tylko 20% Amerykanów ma paszporty. Po co mają zawracać sobie głowę formalnościami, a potem męczyć się w podróży, skoro cały świat przyjeżdża do nich? Gdybym mieszkał w Nowym Jorku, odczułbym to jeszcze bardziej. Tam w jednym wagonie metra spotyka się cały świat. Jednak nie w całej Ameryce jest tak różnorodnie.

MIĘDZYNARODOWE NALEŚNIKI DLA BIAŁYCH AMERYKANÓW

Rebecca nie ma paszportu. Nawet nie przyszło jej do głowy, by sobie wyrabiać, bo nie wybiera się w najbliższych latach za granicę. Chętnie zobaczyłaby Waszyngton, ale nie chciałaby się wyprowadzić do dużego miasta. Tu, w Pea Ridge w Wirginii Zachodniej, ma wszystko, czego potrzebuje: życzliwych sąsiadów i kościół. Rebecca jest baptystką, wierzy, że wiara i Biblia wystarczą do zbawienia. Na zderzaku swego ośmioletniego chryslera sebringa ma naklejkę „Jezus jest Twoim zbawcą". Rebecca ma też dobrą pracę. Pracuje w sieciowej restauracji IHOP, co jest skrótem od *International House of Pancakes*, czyli Międzynarodowy Dom Naleśników. IHOP specjalizuje się w śniadaniach, które serwowane są tu 24 godziny na dobę, także na obiad i na kolację. To właśnie o kawie z IHOP w filmie Jima Jarmuscha *Kawa i papierosy* rozprawiają Iggy Pop i Tom Waits, dochodząc do wniosku, że jest dobra. Rebecca jest kelnerką, więc serwuje tę właśnie kawę. Rzeczywiście, klienci nie narzekają. Założyciele IHOP pierwotnie nazwali swoją sieć IHOE — Międzynarodowy Dom Jajek (ang. *Eggs*), ale ta nazwa nie zachęcała klientów, więc zdecydowali się zmienić jej ostatni człon na *pancakes* i odnieśli sukces. W tej chwili mają w Stanach Zjednoczonych ponad 1500 restauracji, których obrót wynosi setki milionów dolarów. IHOP serwuje nie tylko naleśniki, ale również tosty, kanapki, jajka, bekon, omlety, a nawet steki i krewetki. Ostatnio do menu wprowadzono nową potrawę — kawałki kurczaka w panierce z goframi, świeżymi owocami i syropem klonowym. Jednak to naleśniki są znakiem firmowym IHOP. Serwowane są ze słodkimi sosami, czekoladą, owocami, kiełbasą, bekonem, indykiem, serami, kremem cynamonowym i orzechami. Rebecca wiele razy zastanawiała się, co międzynarodowego jest w IHOP. Jednego była pewna. Słowo „międzynarodowy" nie odnosi się do klienteli restauracji, bo przychodzą tu niemal wyłącznie biali Amerykanie. A dzieje się tak wcale nie dlatego, że tylko oni lubią kurczaka z owocami i syropem klonowym. Powód jest prozaiczny. W Pea Ridge mieszkają niemal wyłącznie biali — według spisu powszechnego jest ich tu 96%. Nawet w sąsiedniej restauracji Mexican Grill nie pracuje żaden Latynos, nie mówiąc już o Meksykaninie.

Biała Ameryka to nie tylko Wirginia Zachodnia czy sąsiedni stan Kentucky, w którym zresztą wcale nie powstała pierwsza restauracja KFC (ta powstała w South Salt Lake w stanie Utah). W rolniczych stanach Wyoming, Idaho, Iowa czy Dakota Północna biali również stanowią ponad 90% mieszkańców. Nieprzypadkowo w filmie braci Cohen *Fargo*, którego akcja rozgrywa się w Dakocie Północnej, wszyscy bohaterowie są potomkami Europejczyków. Sami biali mieszkają też w wielu rejonach Nowej Anglii, np. w położonym nad Atlantykiem w stanie Maine miasteczku Kennebunkport. To właśnie tam znajduje się posiadłość byłego prezydenta George'a Busha seniora, do której zapraszał Margaret Thatcher i Michaiła Gorbaczowa. Kennebunkport to snobistyczna miejscowość, przysmakiem są tu gotowane homary, a do popularnej restauracji Arundel Wharf mieszkańcy przypływają jachtami. Podczas spisu powszechnego stwierdzono co prawda, że w Kennebunkport mieszka kilku czarnoskórych Amerykanów i Latynosów, jednak najwyraźniej musieli się tu zabłąkać.

Struktura demograficzna Stanów Zjednoczonych szybko się zmienia, co najwyraźniej można zobaczyć, gdy się porówna grupy wiekowe. Większość Amerykanów powyżej 60. roku życia to biali, jednak wśród dzieci w wieku poniżej 5 lat stanowią oni mniej niż połowę. Dlaczego Stany Zjednoczone coraz bardziej przypominają reklamę Benettona? Demografowie zwracają uwagę na dwie przyczyny. Po pierwsze, napływ do USA dużej liczby imigrantów z Ameryki Łacińskiej. Po drugie, znacznie niższy wskaźnik urodzeń w rodzinach białych mieszkańców USA w porównaniu z innymi grupami. Według prognoz demograficznych w 2042 r. biali będą stanowić mniej niż połowę populacji. Taką sytuację już teraz można obserwować w czterech amerykańskich stanach — na Hawajach, w Nowym Meksyku, Kalifornii oraz w Teksasie. Tam znaczącą część populacji stanowią Latynosi, w większości Meksykanie. Niektóre miasta są niemal całkowicie zdominowane przez meksykańską architekturę, kulturę i język. W stanie Nowy Meksyk Latynosów jest więcej niż białych — stanowią prawie połowę populacji. Rosną też wpływy polityczne tej społeczności. Los Angeles wybrało niedawno pierwszego latynoskiego burmistrza. Trzydzieści lat temu co ósmy mieszkaniec USA pochodził z Ameryki Łacińskiej, obecnie jest nim co szósty, a za 30 lat 1/3 populacji kraju będą stanowić Latynosi.

Na zachodnim wybrzeżu USA, w Kalifornii, Oregonie i Waszyngtonie, mieszka duża liczba Azjatów. Co trzeci mieszkaniec San Francisco jest Azjatą, a chińskie dzielnice, zwane Chinatown, z charakterystycznymi kolorowymi bramami, znajdują się niemal we wszystkich dużych amerykańskich miastach. W wielkich aglomeracjach mieszka też duża liczba czarnych. W Nowym Jorku — 2 miliony, a w Chicago — 1,6 miliona. W Detroit w stanie Michigan ponad 80% mieszkańców to Afroamerykanie. Większe ich skupiska znajdują się też w południowych stanach, takich jak: Luizjana, Georgia, Missisipi czy Alabama. To właśnie tu ich przodkowie pracowali jako niewolnicy na plantacjach bawełny. Z kolei rdzenni Amerykanie, zwani potocznie Indianami, którzy 400 lat temu kontrolowali całą Amerykę Północną, teraz skupieni są głównie w piaszczystych rezerwatach stanów Utah, Nevada i Kolorado.

Obecnie Ameryka ma 310 milionów mieszkańców, z czego ponad 4 miliony to Indianie, 15 milionów Azjaci, 40 milionów Afroamerykanie, a ponad 50 milionów Latynosi. Prawie 2/3 populacji kraju, czyli około 200 milionów, stanowią biali Amerykanie, zatem potomkowie europejskich imigrantów. W tej grupie najwięcej, bo aż 15%, przyznaje się do niemieckiego pochodzenia. Dalej są Irlandczycy — 11% i Anglicy — 9%. 6% Amerykanów wskazuje na włoskie, a 3,2% na polskie korzenie. Amerykanie pochodzenia europejskiego nazywają siebie niemieckimi, angielskimi lub polskimi Amerykanami (*German American*, *English American*, *Polish American*). Jednak ich związek z krajem przodków jest najczęściej bardzo powierzchowny. Podróżując po Stanach Zjednoczonych, wielokrotnie spotykałem Amerykanów o polsko brzmiących nazwiskach, którzy określali siebie Polakami, choć znali po polsku tylko parę słów typu: „jak się masz" czy „pierogi" i nie mieli zielonego pojęcia, kto jest obecnie premierem czy prezydentem Polski.

POLSKA JUŻ TU UMARŁA

Dupont w Pensylwanii to jedno z najbardziej polskich miast w Stanach Zjednoczonych. Są tu dwa polskie kościoły, polski cmentarz i polski klub, a na rynku położonym nieopodal Wilkes-Barre sprzedawane są placki ziemniaczane. W radzie miasta Dupont zasiadają Golembiewski, Nesgoda, Tyminski, Kowalczyk i Szumski. Jedynym niepolskim członkiem rady jest irlandzka katoliczka O'Malley. Dupont liczy 2700 mieszkańców, a połowa z nich ma polskie korzenie. Tyle że Polska pozostała tu tylko wspomnieniem.

Polacy dotarli na kontynent amerykański w grupie pierwszych osadników. Namówił ich do tego brytyjski kapitan John Smith, który był pod wrażeniem umiejętności polskich rzemieślników. W pierwszej stałej kolonialnej osadzie, Jamestown w stanie Wirginia, produkowali oni wyroby ze szkła, mydło, żywicę, smołę i potaż. W 1619 r. zorganizowali pierwszy strajk na kontynencie amerykańskim, gdy odmówiono im prawa głosowania w wyborach. Ponieważ ich praca była ważna dla sukcesu gospodarczego kolonii, władze uległy presji i zmieniły swoją decyzję. Później o niepodległość Stanów Zjednoczonych walczyli Tadeusz Kościuszko i Kazimierz Pułaski, którzy mają w USA tysiące pomników i ulic swego imienia. W czasie zaborów i w okresie międzywojennym do Ameryki przybyło 2 – 3 miliony Polaków. Największa fala imigracji miała miejsce na początku XX w. To właśnie wtedy, w 1910 r., do Stanów Zjednoczonych przybyli rodzice pana Adama Chmiela — ostatniego Polaka z Dupont, który mówi po polsku.

W centrum Dupont, przy 111 Elm Street, znajduje się budynek, nad którym powiewają dwie flagi — polska i amerykańska. Tu mieści się Klub Polonijny (ang. *Polish American Citizens Club*). Jest to w zasadzie zwykły bar, tyle że aby do niego wejść, trzeba mieć kartę członkowską. Pan Adam Chmiel nie ma rodziny, a od kilkunastu lat jest na emeryturze. Często przychodzi więc do klubu, by nie czuć się samotnym. Tu spotyka swoich rodaków: Stanisława Kiwaka, Jana Lizaka i Johna Urbańskiego. Niestety, żaden z nich nie zna polskiego.

— Te, które mówiły po polsku, już dawno poumierały. Jo się nauczyłem, bo w domu musiołem mówić po polsku. Moja mama i tata nie znali angielskiego.

Pan Adam ubolewa, że nawet ksiądz w Polskim Kościele Narodowym nie zna ani słowa w języku swoich przodków. Podobnie jak lokalni politycy o polsko brzmiących nazwiskach.

— Czasami śpiwom se „Jeszcze Polska nie zginęła", ale tutaj, w Dupont, Polska już umarła — panu Adamowi łamie się głos.

Z głośników płynie piosenka Tiny Turner. Kelnerka pyta, czy podać jeszcze jedno piwo. Pan Adam kręci przecząco głową. Będzie miał jeszcze czas wypić, bo za chwilę zaczyna się mecz futbolu amerykańskiego, ma grać drużyna Pittsburgh Steelers, której wszyscy tu kibicują. Pytam, jak to się stało, że inni mieszkańcy Dupont zapomnieli języka polskiego, a on nie.

— Bo ja w 1994 roku dostałem małego piesa. Nazwał się Smokey, czyli Dym — tłumaczy. — I ja do tego piesa zawsze mówił po polsku: „Dym. Dostań moją capkę. Idziem do lasu". On wtedy biegł i przynosił w pysku capkę. I chodzilim codziennie. Snig, dysc, zimno, ciepło. Zawsze do lasu poszły.

Jednak kilka lat temu Dym zdechł i od tej pory pan Adam nie ma już z kim rozmawiać po polsku. Lizak i Kiwak zapomnieli języka rodziców. Urbański nigdy się nie nauczył. Podczas spisu powszechnego wszyscy zaznaczają jednak pochodzenie polskie. W ten sposób stają się członkami dziesięciomilionowej Polonii, o której mówią polscy dyplomaci i na którą powołują się działacze polonijni.

Żegnam się z panem Adamem, bo już zaczyna się mecz. Przed wyjściem pytam go jeszcze tylko, za czym tęskni.

— Za piesem i za Polską — odpowiada.

W całych Stanach Zjednoczonych są dziesiątki, a może setki miejscowości takich jak Dupont, gdzie mieszka coraz mniej osób mówiących po polsku i kultywujących zwyczaje przodków. Jest jednak również wiele miejsc, gdzie Polska wciąż jest żywa, a imigrantom z naszego kraju udaje się łączyć polskość z tradycjami i kulturą USA. Dla takich ludzi bycie Polakiem jest powodem do dumy, szczególnie ostatnio, gdy sporo naszych rodaków odnosi w Ameryce sukcesy, a wizerunek Polski znacznie się poprawił.

ICH BIN AMERICAN

Lista znanych Amerykanów polskiego pochodzenia jest długa. Każdy zna tu Marthę Stuart, choć niewielu wie, że z pochodzenia jest Polką, a jej panieńskie nazwisko to Kostyra. Ci, którzy interesują się koszykówką, kojarzą trenera Mike'a Krzyżewskiego, miłośnicy kina i telewizyjnych seriali — Jane Krakowski, a znawcy sztuki — Rafała Olbińskiego. Amerykanie śledzący wydarzenia polityczne wiedzą, kim jest Zbigniew Brzeziński. Jednak lista słynnych amerykańskich Polaków jest niczym w porównaniu z listą słynnych Niemców. Wystarczy wymienić Alberta Einsteina, Johna Rockefellera, Johna Steinbecka, Henry'ego Kissingera czy Leonardo di Caprio. Niemieccy Amerykanie mieli nawet dwóch prezydentów — Dwighta Eisenhowera i Herberta Hoovera.

Niemcy stanowili jedną z największych grup imigrantów do Stanów Zjednoczonych. Już w 1732 r. zaczęli wydawać pierwszą niemieckojęzyczną gazetę „Philadelphische Zeitung". Gdy pod koniec XVIII w. rodziły się Stany Zjednoczone, stanowili 10% populacji tego kraju. Na początku XIX w. do USA przybyła grupa prześladowanych w Niemczech protestantów pod przywództwem Johanna Georga Rappa. Wierzyli oni, że Jezus powróci na ziemię jeszcze za ich życia, i postanowili w Ameryce stworzyć utopijne społeczeństwo zwane Harmonią. W Pensylwanii założyli miejscowość o nazwie Harmony, ale po 10 latach sprzedali ją i przenieśli się do stanu Indiana, gdzie założyli nową osadę — New Harmony. W końcu powrócili do Pensylwanii, gdzie założyli kolejną kolonię, którą nazwali Economy (z ang. gospodarka). Właśnie tam zmarł i został pochowany Johann Georg Rapp, nie doczekawszy się Chrystusa.

Po Wiośnie Ludów (1848 – 1849) do Stanów Zjednoczonych dotarło milion uchodźców z Niemiec. W 1860 r. wydawano tu 200 gazet w języku niemieckim, a pod koniec stulecia — już 800. W Pensylwanii, Ohio i Teksasie powstały setki miejscowości, gdzie częściej było słychać niemiecki niż jakikolwiek inny język. Do końca XIX w. do USA wyemigrowało aż 6 milionów Niemców. Asymilowali się bardzo powoli. Niektóre rejony Pensylwanii bardziej przypominały Bawarię czy Westfalię niż Amerykę. Jednak I wojna światowa przyniosła gwałtowną zmianę dla niemieckiej społeczności. Propaganda administracji Thomasa Woodrowa Wilsona ostrzegała Amerykanów przed niemieckimi szpiegami, sugerując zachowanie czujności.

Mężczyznom urodzonym w Niemczech nakazano rejestrować się i informować władze o zmianie miejsca zamieszkania lub pracy. Około 6000 Niemców trafiło do obozów internowania pod zarzutem szpiegostwa lub popierania wroga. Wśród więźniów znalazł się też dyrektor muzyczny i główny dyrygent Bostońskiej Orkiestry Symfonicznej Karl Muck, którego oskarżono o to, że nie chciał zagrać hymnu Stanów Zjednoczonych, czemu zresztą sam oskarżany stanowczo zaprzeczał. Antyniemieckie nastroje wywołane pierwszą, a potem II wojną światową przyspieszyły proces asymilacji Niemców. Porzucali oni swój język, zamykali gazety, a niektórzy zmieniali nazwiska. Miasteczka z niemieckimi szkołami, kościołami, sklepami i ulicami zaczęły przekształcać się w miejscowości typowo amerykańskie. I choć obecnie ponad 50 milionów Amerykanów przyznaje się do niemieckich korzeni, to tylko milion mówi w domu po niemiecku. Jako osobna grupa etniczna amerykańscy Niemcy przestali więc w zasadzie istnieć. Wtopili się w Amerykę.

Imigranci z Niemiec pozostawili jednak trwałe ślady w amerykańskiej kulturze, nauce, biznesie i technologii. To oni produkowali potężne wozy konne Conestoga, które brały udział w podbojach Dzikiego Zachodu. Słynny nowojorski Most Brooklyński zaprojektował niemiecki inżynier John Roebling. Imigrantami z Niemiec lub ich potomkami byli: William Boeing, Walter Chrysler, Solomon Guggenheim, Henry J. Heinz, Milton Hershey, Philip Mayer Kaiser, Heinrich Engelhard Steinweg, Mark Zuckerberg i Levi Strauss. Niemcy sprowadzili też do Stanów Zjednoczonych przedszkola, choinkę, hamburgery, kapustę kiszoną i piwo lager. Zwyczaj farbowania amerykańskich rzek na zielono ustanowił jednak kto inny.

SZANUJ ZIELEŃ

Bohater amerykańskiej kreskówki *Family Guy* Peter Griffin jest głową pięcioosobowej rodziny ze stanu Rhode Island. W jednym z odcinków odkrywa, że jego ojciec nazywa się Mickey McFinnigan i jest Irlandczykiem. Peter postanawia go odszukać. Wsiada do samolotu i po kilku godzinach ląduje na lotnisku w Dublinie, gdzie pas startowy pokryty jest grubą warstwą pustych butelek. Odnajduje ojca, który najpierw go odrzuca, ale zmienia zdanie, gdy Peter pokonuje w go w pojedynku na ilość wypitej whiskey.

Wtedy klienci tawerny, gdzie rozgrywa się scena, rozpoczynają taniec połączony z bójką i demolowaniem lokalu.

Stereotyp Irlandczyka pijaka i awanturnika nie odnosił się do wszystkich imigrantów z tej wyspy. Protestanci z Ulsteru, zwani szkockimi Irlandczykami, którzy przybyli do Ameryki w okresie kolonialnym, byli traktowani na równi z Anglikami. Wielu walczyło w wojnie o niepodległość Stanów Zjednoczonych, ośmiu podpisało *Deklarację niepodległości*. Szkockim Irlandczykiem był siódmy prezydent USA Andrew Jackson, pierwszy astronauta, który stanął na księżycu Neil Armstrong, a także Elvis Presley. Szkoccy Irlandczycy założyli też jeden z najsłynniejszych amerykańskich uniwersytetów — Princeton. Podobnie jak Niemcy, grupa ta nie zachowała odrębności kulturowej i jeszcze w początkach Stanów Zjednoczonych wtopiła się w społeczeństwo amerykańskie. Inaczej było z irlandzkimi katolikami.

W połowie XIX w. w Stanach Zjednoczonych powstała partia o nazwie Nic Nie Wiem (ang. *Know Nothing*). Była to częściowo tajna organizacja, która przeciwstawiała się rosnącym wpływom Kościoła katolickiego. Protestanccy członkowie tej partii byli przekonani, że katoliccy imigranci z Europy są bardziej lojalni wobec Watykanu niż względem Stanów Zjednoczonych i że po przejęciu przez nich władzy Ameryka znajdzie się pod panowaniem papieża. Dlatego właśnie postawili sobie za cel uniemożliwienie katolikom obejmowania politycznych stanowisk i postulowali ograniczenie imigracji. Nazwa partii wzięła się stąd, że gdy jej członków pytano o idee ruchu, odpowiadali: „Nic nie wiem". Powszechnie wiadomo było jednak, że głównym powodem powstania partii oraz poprzedzającej ją organizacji — Bractwa Gwieździstego Sztandaru — był napływ dużej liczby imigrantów z Irlandii po latach wielkiego głodu. Irlandczycy osiedlali się w dużych miastach i centrach przemysłowych: Bostonie, Nowym Jorku, Detroit, Chicago i Los Angeles. W odróżnieniu od swoich rodaków protestantów, czyli szkockich Irlandczyków, byli to w większości biedni chłopi, którzy w USA pracowali jako robotnicy przy budowie dróg, kanałów, statków i w przemyśle tekstylnym. Później zdominowali policję i straż pożarną, a irlandzki glina stał się niemal ikoną Ameryki. W XX w. wzrosły wpływy Irlandczyków w polityce, sądownictwie, a także w mediach, sztuce, literaturze i rozrywce. Najbardziej znaną amerykańską rodziną pochodzenia irlandzkiego jest klan Kennedych, który dał Ameryce pierwszego katolickiego prezydenta — Johna F. Kennedy'ego.

Irlandzcy katolicy przez dziesięciolecia mieli poczucie, że są w Ameryce dyskryminowani. To, jak silna była ta dyskryminacja, pozostaje przedmiotem sporu. Wielu historyków nie potwierdza np. istnienia ogłoszeń o pracę, w których zaznaczano, że Irlandczycy nie mogą się o nią ubiegać (ang. *No Irish Need Apply*). Wizerunek skłonnego do alkoholizmu i skorego do awantur irlandzkiego katolika był jednak dość powszechny. Stereotypy i niechęć ze strony protestanckiej większości wzmacniały poczucie wspólnoty. Obecnie wielu amerykańskich polityków, dziennikarzy i innych osób publicznych mówi z dumą o swoim irlandzkim pochodzeniu, a stereotypy i niechęć do Irlandczyków zostały zastąpione sympatią. Najlepiej to widać w Dzień Świętego Patryka, kiedy cała Ameryka zmienia kolor na zielony, a w tysiącach miast i miasteczek organizowane są uroczyste parady. Największa z nich odbywa się w Nowym Jorku. Dwa miliony ludzi przygląda się, jak słynną Piątą Aleją maszerują strażacy, policjanci, orkiestry dęte, grupy taneczne oraz przedstawiciele różnych grup etnicznych. Najkrótszą paradą szczyci się Maryville w stanie Maryland. By utrzymać rekord, władze miasta muszą z roku na rok skracać jej trasę. Ostatnio wynosiła ona 26 m. W niektórych miastach kolorem zielonym maluje się pasy dla pieszych, a w Chicago na zielono barwiona jest rzeka przepływająca przez centrum miasta. Z okazji Dnia Świętego Patryka Amerykanie ubierają się na zielono. W Arlington, gdzie mieszkam, 17 marca nie ma chyba nikogo, kto nie miałby na sobie zielonej bluzki, skarpetek, paska, chustki, kapelusza lub rogów zakończonych koniczyną. Tego dnia przed irlandzkim pubem przy Wilson Boulevard ustawia się długa kolejka, ponieważ wszyscy, którzy czują się Irlandczykami, a czują się nimi wszyscy, nie są w stanie się tam pomieścić. Na tym polega różnica pomiędzy Dniem Pułaskiego a Dniem Świętego Patryka. Parady i inne imprezy na cześć naszego rodaka mają charakter lokalny — odbywają się w Chicago, Nowym Jorku i kilku innych miastach. Tymczasem Dzień Świętego Patryka obchodzi cała Ameryka.

ANGIELSCY AMERYKANIE

W 1937 r. prezydent Franklin D. Roosevelt wydał rozporządzenie o emisji znaczka pocztowego o wartości 5 centów na cześć Wirginii Dare — osoby, z którą wiąże się jedna z największych tajemnic Ameryki. Znaczek wydano w 350. rocznicę jej urodzin. Wirginia przeszła do historii, ponieważ była pierwszym białym dzieckiem urodzonym na kontynencie amerykańskim. Jej rodzice przypłynęli do Ameryki wraz z grupą 115 angielskich osadników, którzy założyli kolonię na przybrzeżnej wyspie Roanoke. Ponieważ brakowało im zapasów, dziadek Wirginii, John White, który był kapitanem statku, popłynął z powrotem do Anglii. Gdy trzy lata później powrócił do kolonii, po osadnikach nie było śladu. Nie wiadomo, czy zostali zabici przez Indian, czy ich porwano, czy może sami opuścili wyspę i przenieśli się w głąb lądu. Spekulowano, że stali się ofiarami kanibali albo że przyłączyli się do jednego z indiańskich plemion. Zagadka ich zniknięcia nigdy nie została wyjaśniona. Wirginia Dare stała się jednak symbolem czystości i niewinności oraz nowego początku. Historia o niej podkreślała także fakt, że pierwszymi osadnikami na kontynencie amerykańskim byli właśnie Anglicy.

W tej chwili tylko 30 milionów Amerykanów, czyli 9% populacji, przyznaje się do angielskich korzeni. Może to wynikać z faktu, że w odróżnieniu od Irlandczyków czy Polaków Amerykanie pochodzenia angielskiego od dawna nie stanowią oddzielnej grupy etnicznej. Wielu potomków imigrantów z Anglii uważa siebie po prostu za Amerykanów, a inni nie potrafią określić swego pochodzenia. Demografowie szacują, że w rzeczywistości „angielskich Amerykanów" może być w USA nawet 80 milionów. Niezależnie od liczb i procentów nikt nie ma jednak wątpliwości, że to właśnie Anglicy i ich potomkowie wywarli największy wpływ na obecny kształt Stanów Zjednoczonych.

Anglia dała Ameryce pierwszych imigrantów, pierwszego oraz wielu następnych prezydentów, system prawny, język oraz system miar. Zdecydowaną większość twórców państwa amerykańskiego stanowili Anglicy. Pierwsza flaga Stanów Zjednoczonych, zwana flagą Wielkiej Unii, była wzorowana na sztandarze brytyjskiej Kompanii Wschodnioindyjskiej. Typowy amerykański jabłecznik jest angielskim towarem kolonialnym. Dwie najważniejsze amerykańskie dyscypliny sportowe, futbol i bejsbol, też wywodzą się z angielskich gier rugby i rounders. Angielskie są także najpopularniejsze amerykańskie imiona i nazwiska. W Stanach Zjednoczonych można też znaleźć tysiące Londynów, Manchesterów, Oxfordów, Cambridge, Nottingham i innych „angielskich" miast.

Relacje amerykańsko-brytyjskie były jednak trudne. Stany Zjednoczone powstały w wyniku buntu brytyjskich kolonii oraz trwającej osiem lat wojny, w której po każdej ze stron dziesiątki tysięcy osób zostało zabitych lub rannych. W 1812 r. USA i Wielka Brytania stoczyły kolejną wojnę, podczas której Anglicy spalili Waszyngton, a w kolejnych dziesięcioleciach pomiędzy oboma krajami dochodziło do konfliktów o strefy wpływów na półkuli zachodniej. Niemal przez cały XIX w. relacje pomiędzy USA i Wielką Brytanią były bardzo napięte. Wielu Amerykanów było wrogo nastawionych do brytyjskiego imperializmu, historycy mówią nawet o panującej wśród Amerykanów anglofobii. Od początku XX w. relacje pomiędzy Wielką Brytanią a USA zaczęły się poprawiać, a po II wojnie światowej oba kraje stworzyły tzw. specjalne relacje, które dotyczą współpracy militarnej, wywiadowczej, ekonomicznej, technologicznej i handlowej. Nie ma dwóch znaczących krajów świata, które byłyby w bliższym sojuszu niż Stany Zjednoczone i Wielka Brytania. Do tego dochodzi wspólnota językowa, która ułatwia zrozumienie się obu społeczeństw, oraz zafascynowanie Amerykanów brytyjską monarchią. Na przykład śmierć księżnej Diany była przez wiele miesięcy jednym z najważniejszych wydarzeń w USA, a ślub księcia Williama i Kate Middleton transmitowały na żywo wszystkie główne amerykańskie sieci telewizyjne.

MAFIE, PARAFIE I TULIPANY

Imigranci z Włoch przypominali Polaków. Większość z nich nie planowała zostawać w Ameryce na dłużej. Chcieli trochę zarobić i wrócić do kraju. Byli katolikami, mieli problem z językiem i czuli się wyobcowani kulturowo. Tworzyli więc enklawy, z których najbardziej znane są Małe Włochy (ang. *Little Italy*) na nowojorskim Manhattanie. Niestety, obecnie z włoskiej dzielnicy pozostało już tylko kilka ulic z restauracjami, kawiarniami i sklepami (podobnie sytuacja wygląda na polskim Greenpoincie).

Włochy dały Ameryce popularne potrawy, spaghetti i pizzę, do których to potraw Amerykanie dodają ogromne ilości sera, oraz sycylijską mafię — ta według FBI do dziś działa w Nowym Jorku i innych amerykańskich miastach. Najsłynniejsi Amerykanie włoskiego pochodzenia to: Frank Sinatra, Martin Scorsese, Sylwester Stallone i Francis Ford Coppola. Włosi mieli też dwóch wybitnych burmistrzów Nowego Jorku — Fiorello La Guardię i Rudolpha Giulianiego. Piosenkarka Madonna ma korzenie włoskie ze strony ojca i francuskie ze strony matki.

W połowie XVII w. do Kanady przybyli francuscy osadnicy z parafii Notre-Dame-de-Vair we francuskim departamencie Sarthe. Pod koniec XIX w. część ich potomków przeniosła się do stanu Michigan. Należeli oni do fali imigrantów z Kanady, którzy w liczbie miliona osiedlili się na północy i północnym wschodzie Stanów Zjednoczonych, a szczególnie w Nowej Anglii. W tej chwili co czwarty mieszkaniec tych rejonów twierdzi, że w jego żyłach płynie francuska krew.

Inna liczna grupa Amerykanów francuskiego pochodzenia mieszka w stanie Luizjana, który jest pozostałością po dawnej kolonii francuskiej obejmującej ogromny obszar Ameryki Północnej o powierzchni ponad 2 140 000 km kw. Amerykanie odkupili te tereny od Napoleona w 1803 r. za 60 milionów franków, czyli 230 milionów dzisiejszych dolarów (trochę ponad 1 dolar za hektar). Był to jeden z najlepszych interesów, jakie zrobili Amerykanie w całej swojej historii. Obecnie co piąty mieszkaniec Luizjany przyznaje się do francuskich korzeni, a co dwunasty zna język francuski. Francuskie ślady na terenach tego stanu są wszechobecne — zarówno w kulturze, jak i w architekturze. Główną atrakcją turystyczną Nowego Orleanu jest słynna French Quarter, czyli Dzielnica Francuska. W południowej Luizjanie mieszkają Cajunowie i Kreole, którzy poprzez język, kuchnię i zwyczaje są związani z kulturą francuską. Stolica Luizjany ma francusko brzmiącą nazwę Baton Rouge. Tutejsze okręgi administracyjne nazywane są parafiami, a nie hrabstwami, tak jak w pozostałych częściach USA. Większość francuskich Amerykanów to katolicy.

Kupno Luizjany odbyło się za pośrednictwem dwóch banków — londyńskiego Barings oraz Hope & Co z Amsterdamu. Holenderski bank nie tylko pożyczył Amerykanom pieniądze na zakup nowych terytoriów, ale również inwestował w Stanach Zjednoczonych. Jednak pierwszą holenderską inwestycją w Ameryce był zakup wyspy Manhattan od Indian za towary o wartości kilkudziesięciu guldenów. W ten sposób powstała holenderska osada Nowy Amsterdam, która później zmieniła się w Nowy Jork. Ósmym prezydentem Stanów Zjednoczonych był syn holenderskich imigrantów Martin Van Buren. W miejscowości Holland w stanie Michigan co roku odbywa się Festiwal Tulipanów — to właśnie tam na początku maja zakwita 6 milionów tych kwiatów.

Każdy europejski kraj ma w Stanach Zjednoczonych swoich przedstawicieli. Szwedzi dali Ameryce aktorkę Gretę Garbo i astronautę Buzza

Aldrina. Pochodzenie greckie mają znany dziennikarz telewizyjny George Stephanopulos i popularna aktorka Jeniffer Aniston. Rosjanami są najlepszy hokeista drużyny Washington Redskins Alexander Owieczkin oraz grający w filmie *Seks w wielkim mieście* aktor i tancerz Michaił Borysznikow. Wielu młodych i dobrze wykształconych Rosjan podejmuje pracę w amerykańskim przemyśle wysokich technologii oraz na uniwersytetach. FBI co jakiś czas odnajduje też uśpionych rosyjskich agentów, a niektórzy z nich, tak jak Anna Chapman, stają się później gwiazdami popkultury. Znaczącą obecność w USA mają także Żydzi. W Ameryce mieszka ich 5 – 6 milionów.

WPŁYWOWA MNIEJSZOŚĆ

Największe skupiska amerykańskich Żydów znajdują się w Nowym Jorku, Miami i Los Angeles. W stanie Nowy Jork Żydzi stanowią 10% populacji, a w New Jersey i na Florydzie po 5%. Nowojorska dzielnica Borough Park na Brooklynie określana jest mianem *baby boom capital*, czyli amerykańskiej stolicy wyżu demograficznego. Wysoki wskaźnik urodzeń zawdzięcza mieszkającym w niej ortodoksyjnym Żydom. Niemal wszystkie tutejsze sklepy sprzedają koszerne produkty, a ulicami spacerują brodaci chasydzi ubrani w czarne płaszcze i kapelusze nawet w środku lata, gdy temperatura przekracza 30° C. W Borough Park przy Trzynastej Alei znajduje się też jedna z najlepszych żydowskich piekarni — Strauss Bakery, z wyśmienitym chlebem ryżowym i czekoladową babką.

Status społeczny Żydów w Stanach Zjednoczonych jest wysoki. Mają mocną pozycję w amerykańskim przemyśle filmowym, mediach, polityce i na Wall Street. Żydzi są też licznie reprezentowani na prestiżowych uczelniach. Choć stanowią tylko 2% populacji, na uniwersytetach Harvarda, Columbii, Cornell, Jerzego Waszyngtona czy New York University aż 25 – 30% studentów ma pochodzenie żydowskie. Żydzi kładą ogromny nacisk na edukację. Kiedyś modlili się, by ich synowie studiowali Torę, teraz proszą Boga o to, by ich dzieci trafiły do dobrych szkół i na prestiżowe uniwersytety. Zagwarantuje im to bowiem utrzymanie wysokiej pozycji w amerykańskim społeczeństwie.

Żydzi stanowią niejednolitą grupę etniczną. Różnią się nie tylko statusem społecznym i ekonomicznym, ale również stosunkiem do judaizmu. Niektórzy chodzą regularnie do synagogi, spożywają koszerne jedzenie i celebrują szabas. Jednak większość ma mniej restrykcyjne podejście do tradycji. Od kilkudziesięciu lat regularnie rośnie też liczba Żydów, którzy zawierają małżeństwa z przedstawicielami innych grup etnicznych. Żydzi nie wtopili się jednak w społeczeństwo amerykańskie tak jak wiele innych nacji. Utrzymaniu odrębności bez wątpienia pomogło uczynienie z Holokaustu centralnego elementu ich tożsamości. Gdy pod koniec lat 90. zapytano o to, co jest ważne dla nich jako narodu, co trzeci ankietowany wymienił uczęszczanie do synagogi, a co piąty podróże do Izraela. Na pamięć o Holokauście wskazało aż 75% ankietowanych — więcej niż na obchodzenie żydowskich świąt. W latach 70. przywódcy organizacji żydowskich uznali, że eksponowanie Holokaustu może sprawić, iż Amerykanie będą bardziej przychylni zarówno Izraelowi, jak i samym Żydom mieszkającym w Stanach Zjednoczonych. Zaczęli więc rozpowszechniać wiedzę o losie europejskich Żydów w czasie II wojny światowej. Od tego momentu naukę o Holokauście wprowadzono do programów szkolnych, temat podejmowały amerykańskie media i rozpoczęto budowanie muzeów Holokaustu. Największe z takich muzeów znajduje się w centrum Waszyngtonu — niedaleko budynku Kongresu i Białego Domu. Poza waszyngtońskim w USA działa około 30 innych muzeów Holokaustu. W żadnym innym kraju świata nie ma ich więcej.

Żydzi tradycyjnie są wyborcami demokratów. Prawie 3/4 określa swoje przekonania jako centrowe bądź lewicowe. Gdy w wyborach do Kongresu w 2010 r. republikanie uzyskali 31% żydowskich głosów, uznali to za wielki sukces. Choć większość mieszkających w USA Żydów czuje bliski albo dość bliski związek z Izraelem, amerykańska polityka wobec tego kraju w niewielkim stopniu wpływa na to, jak głosują. Żydzi nigdy nie mieli swego prezydenta. W 2000 r. Al Gore wybrał Joe Liebermana jako kandydata na wiceprezydenta, ale wybory wygrał George Bush i Lieberman nie wszedł do Białego Domu. Żydzi mają natomiast mocną pozycję w Kongresie, a szczególnie w prestiżowym Senacie, gdzie na 100 senatorów aż 12 ma pochodzenie żydowskie. Dla porównania Afroamerykanie, których jest w USA pięciokrotnie więcej, nie mają żadnego senatora. W wyborach prezydenckich w 2008 r. aż 78% amerykańskich Żydów poparło kandydaturę czarnoskórego Baracka Obamy.

BARACK OBAMA — KUZYN BRADA PITTA

20 lipca 2009 r. prezydent Barack Obama spotkał się w Białym Domu z głównym prorokiem mormonów, głową ich kościoła, Thomasem Monsonem.
Towarzyszył mu szef Mormońskiego Komitetu Genealogicznego Dallin Oaks.
Ponieważ spotkanie odbyło się za zamkniętymi drzwiami, nie wiadomo,
czy prezydent USA zapytał swoich gości, dlaczego pośmiertnie ochrzcili jego
matkę. Biały Dom potwierdził natomiast, że goście przekazali Obamie ob-
szerną dokumentację na temat historii jego rodziny. Kościół mormonów
dysponuje bowiem jednym z największych i najdokładniejszych archiwów
genealogicznych na świecie. Czarnoskóry prezydent USA dowiedział się
z nich, że niektórzy jego przodkowie byli właścicielami niewolników oraz
że w jego żyłach płynie angielska, szkocka, irlandzka, niemiecka, walijska,
szwajcarska i francuska krew.

Amerykanie odczuwają głęboką potrzebę poznawania swoich korzeni
i poszukiwania własnej tożsamości, o czym świadczy choćby to, że w USA
wydano ponad 20 tysięcy książek o tematyce genealogicznej. Na rynku
działają setki firm zajmujących się ustalaniem historii rodzin i tworzeniem
drzew genealogicznych. Są też niezależni genealodzy, którzy specjalizują
się w historii rodzin członków poszczególnych grup etnicznych. Od pewnego czasu dużą aktywność w tej dziedzinie wykazują Afroamerykanie,
którzy chcą wiedzieć, z którego kraju afrykańskiego pochodzą ich przodkowie i kiedy przypłynęli do Ameryki. Do wzrostu zainteresowania genealo-
gią wśród czarnych przyczyniła się słynna historia Kunta Kinte pokazana
w filmie *Korzenie*.

Co roku miliony Amerykanów poszukują informacji o przodkach i prze-
glądają różnego rodzaju archiwa. Ci, którzy mają szczęście, mogą natrafić
na informację, kiedy ich przodkowie przybyli do Ameryki, gdzie i jak żyli
oraz czym się zasłużyli dla lokalnej społeczności. Największe zasoby informacji
na ten temat znajdują się w archiwach państwowych. Są tam np. listy pasażerów statków, które przybywały do Nowego Jorku w latach 1820 – 1954, oraz
dane ze spisów powszechnych do 1930 r. Innym ważnym źródłem informacji
genealogicznych są archiwa wojskowe — np. listy żołnierzy z czasów wojny
secesyjnej.

Jednym z największych skarbów współczesnej genealogii są archiwa
tworzone przez mormonów, czyli członków Kościoła Jezusa Chrystusa Świę-

tych w Dniach Ostatnich. Wyznawcy tej religii wierzą, że mormoński sakrament chrztu powinien być dostępny dla wszystkich osób, które kiedykolwiek żyły. Członkowie kościoła chrzczą więc pośmiertnie nie tylko krewnych i przodków, ale również wyznawców innych religii. Mormoni gromadzą informacje na temat zmarłych w rozrzuconych po całym świecie 4600 centrach genealogicznych. W ten sposób stworzyli gigantyczną bazę danych pod nazwą Międzynarodowy Indeks Genealogiczny (ang. *International Genealogical Index*), która jest dostępna dla wszystkich zainteresowanych za pośrednictwem portalu internetowego FamilySearch.com. Indeks zawiera dane o urodzinach, pokrewieństwie, związkach małżeńskich i śmierci. Dokonywane przez mormonów pośmiertne chrzty wywołują jednak duże kontrowersje, ponieważ udzielane są przedstawicielom innych religii.

Protesty przeciwko mormońskim praktykom pośmiertnego udzielania chrztu jako pierwsi zgłosili Żydzi. W wyniku silnej presji z ich strony mormoni zgodzili się usunąć z Międzynarodowego Indeksu Genealogicznego 360 tysięcy nazwisk ofiar Holokaustu. Obiecali też, że zaprzestaną pośmiertnego chrzczenia Żydów, których potomkowie nie należą do mormońskiego kościoła. Kościół katolicki określił praktyki stosowane przez mormonów mianem „kradzieży dusz". Kilka lat temu Watykan zakazał biskupom przekazywania mormonom danych z ksiąg parafialnych. Zdecydowany krok Watykanu zbiegł się w czasie z informacjami o tym, że mormoni ochrzcili pośmiertnie papieża Jana Pawła II. Jak ustaliła amerykańska genealożka Helen Radkey, osobne ceremonie chrztu Karola Józefa Wojtyły przeprowadzono w trzech mormońskich świątyniach w amerykańskim stanie Utah (Ogden, Jordan River i Salt Lake) oraz w Madrycie w Hiszpanii. Wszystkie odbyły się w kwietniu 2006 r., ponieważ zgodnie z obowiązującymi u mormonów zasadami pośmiertnego chrztu można udzielić nie wcześniej niż rok po zgonie osoby. Po raz piąty Jan Paweł II został ochrzczony przez mormonów w 2009 r. w Idaho Falls w stanie Idaho w USA, a po raz szósty w świątyni Logan w Utah w 2011 r.

Polski papież należał do bardzo licznej grupy „niewiernych" ochrzczonych przez mormonów. Łącznie sakramentu tego udzielili 200 milionom nieżyjących osób, w tym wszystkim zmarłym papieżom, prezydentom USA, Krzysztofowi Kolumbowi, Albertowi Einsteinowi, a nawet Józefowi Stalinowi, Mao Zedongowi i Adolfowi Hitlerowi. Jedną z osób pośmiertnie ochrzczonych przez mormonów jest matka prezydenta Baracka Obamy, Stanley Ann Durham, która zmarła na raka w 1995 r. Przedstawiciele władz Kościoła mormonów potwierdzili, że ceremonia odbyła się w czerwcu 2008 r. w świątyni w Provo w stanie Utah. Tłumaczyli jednak, że chrzest matki Obamy był niezgodny z regułami kościoła, i zaapelowali do swoich członków, by chrzcili pośmiertnie wyłącznie osoby, z którymi są spokrewnieni. Zapewnili też, że ani Stanley Ann Durham, ani inne osoby ochrzczone pośmiertnie nie stają się automatycznie mormonami.

— Zgodnie z naszą doktryną dusza zmarłej osoby ma całkowitą wolność, by przyjąć lub odrzucić chrzest. Oferta jest przekazana dobrowolnie i musi być dobrowolnie przyjęta. Nikomu nie narzucamy naszej religii — zapewniła w liście do dziennika „USA Today" rzeczniczka Kościoła mormonów Kim Farah.

Niezależnie od kontrowersji związanych z chrztem matki Baracka Obamy zgromadzone w mormońskich archiwach dokumenty umożliwiły genealogom dokładne prześledzenie historii rodziny Baracka Obamy. Odkryli oni np., że prapraprapradziadek amerykańskiego prezydenta ze strony matki nazywał się Falmuth Kearney i przypłynął do Ameryki z Irlandii w 1850 r. Inni przodkowie Obamy — John i Frances Overall — byli z kolei właścicielami niewolników. Okazało się też, że prezydent USA jest kuzynem byłego wiceprezydenta Dicka Cheneya oraz aktora Brada Pitta (mieli wspólnego przodka w dziewiątym pokoleniu wstecz). Podsumowując historię rodziny Baracka Obamy, genealodzy stwierdzili, że w połowie pochodzi z kenijskiego plemienia Luo, w 35% jest Anglikiem, w 4,6% Szkotem, w 3,9% Irlandczykiem, w 3,7% Niemcem, w 1,5% Walijczykiem, w 1% Szwajcarem i w 0,09% Francuzem. Gdyby urodził się sto lat później, z pewnością w jego żyłach płynęłaby również krew latynoska, najprawdopodobniej meksykańska.

TYLKO DLA KUBAŃCZYKÓW

W oknie sklepu z pamiątkami przy Calle Ocho wisi tabliczka z napisem „Parking tylko dla Kubańczyków". Po drugiej stronie ulicy jest sklep z cygarami Padilla, a naprzeciwko restauracja Exquisito, gdzie podają *bistec delmonico* oraz *costilla de puerco ahumada*. Przecznicę dalej na ścianie różowego budynku wymalowano podobizny José Martiego i Rubéna Darío. W kawiarni, która jest na rogu, warto zatrzymać się na supermocne i bardzo słodkie kubańskie espresso. Niedaleko znajduje się park Maximo Gomeza, w którym kilkudziesięciu starszych mężczyzn o śniadych cerach gra w domino. Wbrew pozorom rejon Calle Ocho, ze sklepami z cygarami, restauracjami i kawiarniami oraz parkiem Gomeza, nie znajduje się wcale na Kubie, tylko w Miami — największym mieście amerykańskiego stanu Floryda. Dzielnica ta nazywa się Little Havana, czyli Mała Hawana. To właśnie tu mieszka kubański dysydent Ernesto Diaz Rodriguez, który 22 lata spędził w więzieniu reżimu Fidela Castro. I o ile tabliczka w oknie sklepu z pamiątkami jest żartem, o tyle pan Diaz wcale nie żartuje, gdy czyszcząc swego kałasznikowa, zapewnia, że w każdej chwili jest gotów wskoczyć na łódź i popłynąć na Kubę, by pomóc rodakom w obaleniu reżimu. Jeśli oczywiście na wyspie dojdzie do rewolty.

Pierwsza fala kilkuset tysięcy kubańskich imigrantów dotarła do Stanów Zjednoczonych po rewolucji w 1959 r., w wyniku której Fidel Castro doszedł do władzy. Z wyspy emigrowali wtedy bogaci Kubańczycy oraz dobrze wykształcona klasa średnia. Legendarna stała się w USA satyryczna reklama komisu samochodowego, w której właściciel sklepu informuje widzów, że na Kubie pracował jako ginekolog, a teraz sprzedaje samochody, po czym łamaną angielszczyzną zaprasza klientów do swojej nowej „kliniki". To trochę tak jak polski profesor, który za komuny pracował na budowie w Niemczech albo zmywał naczynia w nowojorskiej restauracji.

Ernesto Diaz Rodriguez na początku lat 60. XX w. nie myślał o wyjeździe z kraju, bo organizował na Kubie zbrojną partyzantkę. Został schwytany w 1968 r. podczas potyczki z wojskami Castro i dostał wyrok 40 lat więzienia. A ponieważ siedział za kratkami, to nie mógł wyemigrować w 1980 r., gdy Fidel ogłosił, że każdy, kto chce, może opuścić wyspę. Po tamtej decyzji Castro z kubańskiego portu Mariel wypłynęło na Florydę 1700 łodzi i kutrów ze 125 tysiącami uchodźców.

— W więzieniu przeszedłem ciężkie chwile. Siedem lat trzymano mnie w odosobnieniu. Nie miałem ubrań, tylko bieliznę. Żadnej opieki medycznej, żadnych wizyt. Moja rodzina nawet nie wiedziała, czy żyję — opowiada Rodriguez, który w 1991 r. wyszedł z kubańskiego więzienia dzięki międzynarodowej kampanii na rzecz jego uwolnienia. Później wyjechał do Stanów Zjednoczonych, gdzie został członkiem wpływowej kubańskiej mniejszości i sekretarzem generalnym paramilitarnej organizacji Alpha 66.

— Przygotowujemy się na wypadek wojny domowej na Kubie. Jeśli nasi rodacy na wyspie zdecydują się walczyć o wolność, to wesprzemy ich — tłumaczy mi, gdy odwiedzam go w biurze Alpha 66 przy Calle Ocho, czyli Ósmej Ulicy w Miami.

— Uczymy się posługiwania różnymi rodzajami broni, systemów łączności, taktyki walki, czytania map. Podczas ćwiczeń stosujemy kamuflaż, mamy mundury. Nasza broń to amerykańskie M-16, ale przede wszystkim AK-47, czyli kałasznikowy. Takie karabiny ma kubańska armia, więc w razie czego będziemy mogli posłużyć się używanymi przez nich nabojami.

Ernesto Diaz Rodriguez jest jednym z 1,5 miliona amerykańskich Kubańczyków, z których milion mieszka na Florydzie. Tak jak większość kubańskich imigrantów jest antykomunistą, ma konserwatywne poglądy i głosuje na republikanów. Jednak siła Kubańczyków z każdym rokiem staje się coraz mniejsza. Przede wszystkim dlatego, że fala antykomunistycznej emigracji z Kuby znacznie osłabła, a równocześnie gwałtownie wzrosła liczba Latynosów z innych krajów Ameryki Łacińskiej — przede wszystkim z Meksyku. Ci z kolei, w zdecydowanej większości, głosują na demokratów. To właśnie dzięki ich poparciu w 2008 r. Barack Obama zdecydowanie wygrał wybory na Florydzie.

Latynosi jako grupa etniczna zyskują na znaczeniu i zmieniają oblicze całej Ameryki, a zmiany te są szybkie i głębokie. Tylko w ostatnich 30 latach liczba Latynosów w USA wzrosła trzykrotnie. W 1980 r. w Stanach Zjednoczonych mieszkało niecałe 15 milionów Meksykanów, Portorykańczyków, Kubańczyków, Salwadorczyków, Peruwiańczyków, Wenezuelczyków i innych imigrantów z Ameryki Łacińskiej. W 2010 r. było ich już ponad 50 milionów. W samej Kalifornii mieszka ich obecnie ponad 14 milionów. Tak gwałtowny wzrost musi rodzić napięcia.

WOJNA FUTBOLOWA

W 1998 r. reprezentacje USA i Meksyku zmierzyły się w piłkarskim finale Gold Cup, czyli mistrzostwach Ameryki Północnej, Ameryki Środkowej i Karaibów. Kiedy z głośników popłynęły dźwięki hymnu Stanów Zjednoczonych, na stadionie słychać było gwizdy. Gdy grano hymn Meksyku, cały stadion śpiewał, a na trybunach powiewały tysiące meksykańskich flag. Później 90 tysięcy kibiców dopingowało drużynę w biało-czerwono-zielonych strojach, a gdy po meczu Amerykanie schodzili do szatni, na ich głowy leciały plastikowe kubki z resztkami napojów i piwa. Wbrew pozorom finału Gold Cup nie rozgrywano w Meksyku, ale na stadionie Coliseum w Los Angeles w Stanach Zjednoczonych.

W książce *Who Are We? The Challenges to America's National Identity (Kim jesteśmy? Wyzwania dla tożsamości narodowej Ameryki)* konserwatywny amerykański politolog i historyk Samuel Huntington ocenił, że to, co zdarzyło się podczas Gold Cup, jest dowodem na to, iż masowa imigracja Latynosów do USA stanowi zagrożenie dla jedności Ameryki. Huntington ostrzegał przed podziałem Stanów Zjednoczonych na „dwa narody, dwie kultury i dwa języki". Przeciwstawiał też obecnych imigrantów z Meksyku, Salvadoru czy Wenezueli dawnym imigrantom z Europy, tym, co „entuzjastycznie zaczęli identyfikować się z nową ojczyzną, która dała im wolność, pracę i nadzieję". Huntington uważał, że asymilacja kulturowa Latynosów w Stanach Zjednoczonych jest bardzo ograniczona, co może doprowadzić do erozji amerykańskiego systemu wartości.

Huntington nie był jedynym, który dopatrywał się zagrożenia w napływie dużej liczby imigrantów z Ameryki Łacińskiej. Wielu Amerykanów miało i ma niechętny stosunek do latynoskich imigrantów, tym bardziej że około 11 milionów z nich przebywa w Stanach Zjednoczonych nielegalnie. By powstrzymać napływ kolejnych, amerykański rząd buduje wzdłuż granicy z Meksykiem zaporę, która w zależności od terenu i przeznaczenia bywa betonowym murem z drutem kolczastym, metalową siatką, żelaznymi prętami lub połączeniem tych elementów. Na początku 2012 r. fizyczna bariera na południowej granicy USA liczyła ponad tysiąc kilometrów. Amerykański rząd z roku na rok zwiększa też budżet straży granicznej i inwestuje w nowoczesne technologie, które pomagają w wyłapywaniu osób nielegalnie przekraczających granicę. Równocześnie lokalni politycy starają się utrudnić życie tym nielegalnym imigrantom, którym udało się zadomowić w Stanach Zjednoczonych. Arizona uchwaliła ustawę, która nakazuje imigrantom noszenie przy sobie dokumentów będących dowodem na to, że są legalnie w USA, a policji daje prawo legitymowania i aresztowania osób niebędących w stanie potwierdzić swego statusu imigracyjnego. Transportowanie, udzielanie schronienia i pomaganie nielegalnym przybyszom stało się stanowym przestępstwem. Nowemu prawu imigracyjnemu sprzeciwiła się administracja Baracka Obamy, uznając, że Arizona wchodzi w kompetencje rządu federalnego. Zaprotestowały też organizacje broniące praw mniejszości i Kościół katolicki, uznając, że przepisy te wymierzone są w jedną grupę etniczną, czyli w Latynosów. Jednak amerykańska opinia publiczna zdecydowanie poparła przyjętą w Arizonie ustawę, a inne stany rozważają wprowadzenie podobnych przepisów. Część prawicowych polityków postuluje, by urodzone w Stanach Zjednoczonych dzieci nielegalnych imigrantów nie otrzymywały automatycznie amerykańskiego obywatelstwa. Jednak Stany Zjednoczone potrzebują Latynosów, także tych przebywających w USA nielegalnie, bo bez nich kraj nie mógłby normalnie funkcjonować. Łatwo sobie wyobrazić, jak wyglądałaby Ameryka bez przybyszów zza południowej granicy.

Gdyby nielegalni imigranci nagle zniknęli z USA, amerykańskie domy stałyby całkowicie zapuszczone, a meble pokryłyby się grubą warstwą kurzu. To spowodowałoby gwałtowny wzrost alergii, a w rezultacie przeciążenie przychodni i szpitali oraz bankructwo firm oferujących ubezpieczenia zdrowotne. W restauracjach musiałyby się pojawić tabliczki „Pozmywaj po sobie", ale ponieważ nikt nie chciałby przychodzić do takich restauracji, bardzo szybko by upadły. Brak latynoskich hydraulików doprowadziłby z kolei do zalewania mieszkań, kuchni i łazienek, co musiałoby spowodować spadek wartości nieruchomości. Skończyłoby się także strzyżenie trawników, przycinanie drzew i wywożenie liści. Domy zarosłyby tak bardzo, że do wielu trudno byłoby się nawet dostać i Amerykanie musieliby spać na ulicach, ponieważ brakowałoby miejsc w ośrodkach dla bezdomnych. Gwałtownie wzrósłby też odsetek dzieci z chorobą sierocą, bo nie miałby im kto śpiewać popularnej meksykańskiej kołysanki *Duermete mi niño*. Z 87 tysięcy kalifornijskich farm zniknęliby ubrani w długie kalosze, dżinsy i bluzy z kapturem zbieracze truskawek, a nikt inny nie chciałby ich zastąpić za parę dolarów za godzinę. Owoce te, podobnie jak pomidory, winogrona, karczochy, figi, kiwi, oliwki, śliwki i pistacje, zgniłyby więc na polach i trzeba by było je importować. To powiększyłoby i tak duży deficyt budżetowy Stanów Zjednoczonych i zachwiało zaufaniem do dolara. Nie wiadomo, kto naprawiałby Amerykanom samochody, a z powodu braku tanich stolarzy i murarzy w poważnych tarapatach znalazłby się przemysł budowlany. Wielkim ciosem dla kobiet byłaby natomiast likwidacja popularnych latynoskich szkół samby.

Gdyby Amerykanie uświadomili sobie wszystkie konsekwencje zniknięcia latynoskich imigrantów, to może przestaliby narzekać, że wykręcając numer telefonu państwowego urzędu, słyszą w słuchawce: *Para continuar español, marque el número dos*, czyli: „By kontynuować w języku hiszpańskim, naciśnij 2", i przestaliby marudzić, że czasami czują się we własnym kraju jak goście.

ZBAWIENNA IMIGRACJA

Moim zdaniem Huntington nie miał racji, roztaczając wizję utraty tożsamości Ameryki z powodu napływu imigrantów z Ameryki Łacińskiej. W końcu asymilacja imigrantów z Włoch, Irlandii czy Polski też zabrała sporo czasu, a Niemcy utrzymywali własną kulturę narodową w USA przez prawie 100 lat. Zresztą nawet teraz, gdy piłkarska reprezentacja Polski rozgrywa z Amerykanami mecz towarzyski w Chicago, to na trybunach powiewają setki biało-czerwonych flag, a Polonia kibicuje drużynie znad Wisły. Huntington nie bierze pod uwagę faktu, że imigracja z Ameryki Łacińskiej jest bardzo świeża. Połowa dorosłych Latynosów mieszkających w USA urodziła się poza Stanami Zjednoczonymi i tak naprawdę dopiero ich dzieci będą miały szansę na pełną asymilację kulturową. Obecnie zagrożenie zalewem obcych kultur jest mniejsze, bo rządowi USA udało się w końcu powstrzymać gwałtowny napływ nielegalnych imigrantów i od kilku lat ich liczba już nie rośnie.

Napływ imigrantów z Ameryki Południowej nie tylko dał Stanom Zjednoczonym tanią siłę roboczą, ale również odmłodził amerykańskie społeczeństwo. Demografowie przewidują, że w ciągu najbliższych dwudziestu lat populacja USA zwiększy się o ponad 60 milionów, podczas gdy w Europie pozostanie na niezmienionym poziomie. Europa zestarzeje się tak bardzo, że w 2030 r. liczba osób powyżej 65. roku życia będzie dwukrotnie większa niż dzieci do 15. roku życia, co oznacza, że na każdego emeryta będzie przypadać coraz mniej aktywnych zawodowo osób. Konieczne więc będzie ograniczenie wysokości świadczeń albo znaczące podniesienie wieku emerytalnego. To zresztą będzie tylko częściowym rozwiązaniem problemu, bo populacja starszych pracowników będzie mniej produktywna niż siła robocza złożona z ludzi młodych, którzy mają większą motywację do ciężkiej pracy i dynamicznego rozwoju. Znany amerykański publicysta hinduskiego pochodzenia Fareed Zakaria w książce *The Post-American World* zauważa, że podobna tendencja jak w Europie zaczyna się w krajach Azji — w Japonii, Tajwanie, Korei, Hongkongu i Chinach. Tymczasem Stany Zjednoczone, dzięki legalnej i nielegalnej imigracji, jeszcze długo pozostaną stosunkowo młodym i dynamicznym krajem.

„Imigracja zawsze dawała Ameryce coś, co jest rzadkie w zamożnych społeczeństwach — głód sukcesu i energię. Gdy kraje stają się coraz bogatsze, motywacja ich obywateli, by piąć się w górę, słabnie. Jednak Ameryka zawsze znajdowała sposób, by nie poddawać się tej tendencji. Ożywienie następowało dzięki falom imigrantów, którzy chcieli uczynić swe życie lepszym" — pisze Zakaria, zauważając, że to właśnie ci ludzie pracują po kilkanaście godzin dziennie, zbierając owoce, zmywając naczynia, strzygąc trawniki, budując domy i zbierając śmieci.

W swojej historii Amerykanie wielokrotnie okazywali lęk i niechęć wobec imigrantów, niezależnie od tego, czy imigranci przybywali z Azji, Europy czy Ameryki Południowej. Jednak przybysze, w tym również nielegalni, zawsze znajdowali sposoby na to, by na stałe osiąść w Ameryce i umożliwić swoim dzieciom wejście do głównego nurtu amerykańskiego społeczeństwa. I choć dziś Ameryka znów jest wrogo nastawiona do imigrantów, trudno sobie wyobrazić, by ktokolwiek próbował ich stąd wyrzucać. Co więcej, wbrew pohukiwaniom ze strony polityków republikańskich i niechęci części opinii publicznej, amerykańskie państwo umożliwia nielegalnym imigrantom w miarę normalne funkcjonowanie. Jeśli nie wejdą w konflikt z prawem i z powodu pecha nie wpadną w ręce służb imigracyjnych, to mogą w USA wynajmować i kupować domy, korzystać z usług bankowych, jeździć samochodami i posyłać dzieci do szkoły. Z czasem znajdzie się też prawdopodobnie sposób na zalegalizowanie ich pobytu w Stanach Zjednoczonych, bo Ameryka zawsze potrafiła asymilować imigrantów i korzystać z ich talentów.

Rozdział 5.
Trudne relacje rasowe

DROGA PRZEZ DIXIELAND

Przed nami rodzinny wyjazd na wakacje. Najpierw Floryda, potem Nowy Orlean w Luizjanie i z powrotem do Waszyngtonu przez Atlantę. Razem 5000 km. Wszystkie stany, przez które będziemy przejeżdżać, należą do tradycyjnego amerykańskiego Południa. To właśnie tu panowało niewolnictwo, a potem długo utrzymywała się segregacja rasowa. Ten wyjazd da mi sporo do myślenia na temat ras i relacji pomiędzy nimi.

Amerykańskie Południe nie jest regionem geograficznym. Choć Arizona czy Nowy Meksyk leżą na południu USA, to do Południa nie należą. Natomiast do Południa jest zaliczana położona w środkowo-wschodniej części kraju Wirginia. Południe to odrębny historycznie i kulturowo region, składający się ze stanów, które w 1861 r. zawiązały Konfederację i próbowały oderwać się od USA. Zrobiły to z poczucia odrębności i w obawie, że Północ zakaże niewolnictwa, które było podstawą tutejszej gospodarki. Mimo upływu 150 lat od wojny secesyjnej Południe utrzymuje własny charakter, wartości, kulturę, muzykę, kuchnię i język. Podczas podróży przez Stany Zjednoczone bardzo łatwo rozpoznać, że jest się na Południu. Wystarczy włączyć radio i okaże się, że większość stacji radiowych gra muzykę country lub emituje programy religijne. Innym wskaźnikiem jest duża liczba ludzi otyłych oraz palaczy. Zamiast nazwy Południe używa się określenia Dixie lub Dixieland. Zatem zespół Dixie Chicks to po prostu Laski z Południa.

Z Waszyngtonu na Florydę jedzie się autostradą nr I-95, która biegnie wzdłuż całego wschodniego wybrzeża. Liczy 3098 km i jest najdłuższą w USA autostradą północ – południe. Dolna część I-95 biegnie w zasadzie w linii prostej, a po drodze nie ma żadnych większych miast. Właśnie na takich drogach przydaje się tempomat. Dzięki temu urządzeniu można ustawić stałą prędkość, np. 70 mil na godzinę, odchylić oparcie fotela, wystawić nogi przez boczne okno, położyć książkę na kierownicy, zagłębić się w lekturze i gnać przed siebie, aż zapali się lampka niskiego poziomu paliwa.

Po przejechaniu 950 km i dwóch tankowaniach docieramy do stanu Georgia. Zatrzymujemy się w motelu Best Western niedaleko Savannah. To właśnie w bitwie o to miasto w 1779 r. stracił życie polski i amerykański bohater, gen. Kazimierz Pułaski. W Savannah znajduje się pomnik Pułaskiego i fort jego imienia będący pomnikiem narodowym Stanów Zjednoczonych. Kiedyś Savannah było stolicą Georgii i głównym portem, przez który eksportowano zbieraną przez niewolników bawełnę. Teraz miasto przyciąga miliony turystów, a jego główną atrakcją jest historyczna starówka z 22 skwerami, na których rosną rozłożyste wirginijskie dęby. Są to wiecznie zielone drzewa, z których zwisają charakterystyczne dla tego regionu epifity, czyli rośliny przypominające anielskie włosy, jakie w Polsce wiesza się na choinkach. Wraz z kolonialną architekturą tworzą one niepowtarzalny południowy klimat. Tu spotkało mnie coś, czego się nie spodziewałem i co do dziś nie daje mi spokoju.

Best Western w Savannah to jeden z tych moteli, które nie mają wewnętrznych korytarzy. Wejścia do pokoi znajdują się na zewnątrz długiego budynku otoczonego parkingiem. Samochód parkuje się przed drzwiami do pokoju, co jest bardzo wygodne, gdy człowiek zatrzymuje się tylko po to, żeby się przespać i z samego rana ruszyć w dalszą drogę. Nie potrzeba taszczyć walizek, wszystko może zostać w bagażniku, do którego są tylko dwa kroki.

Jest już późny wieczór. Idę do recepcji po kawę. Z papierowym kubkiem wychodzę na zewnątrz i zapalam papierosa. Staję pod daszkiem obok głównego wejścia i próbuję sobie przypomnieć słowa spopularyzowanej przez Raya Charlesa piosenki *Georgia on My Mind*. Pod motel podjeżdżają samochody.

Wysiadający z nich ludzie witają mnie typowym amerykańskim *Hi* oraz *How are you?* W pewnym momencie podjeżdża biały chevrolet, z którego wysiada czarnoskóry mężczyzna. Wygląda na co najmniej 70 lat. Kiedy rusza w kierunku automatycznych drzwi, właśnie kończę palić. Gaszę niedopałek w pojemniku z piaskiem i też kieruję się do środka. Jestem pół kroku za nim. Gdy to zauważa, zatrzymuje się, robi krok w tył, wykonuje ruch ręką w kierunku drzwi i mówi: „Bardzo proszę, sir". Waham się, ale wchodzę. Potem rozmawiamy przez chwilę. Okazuje się, że pochodzi z sąsiedniej Karoliny Południowej. W 2008 r. byłem w stolicy tego stanu, Columbii, podczas prawyborów prezydenckich i ze zdumieniem stwierdziłem, że przed tamtejszym parlamentem powiewa flaga Konfederacji, która dla Afroamerykanów jest symbolem niewolnictwa. W Karolinie Południowej dopiero w 1998 r. formalnie zniesiono zakaz małżeństw międzyrasowych, które definiowano jako związek białego mężczyzny lub białej kobiety z Murzynem, Mulatem lub osobą mającą więcej niż 1/8 „czarnej" krwi. Dziś trudno mi sobie przypomnieć, o czym rozmawialiśmy z czarnoskórym południowcem. Pamiętam jednak, że mężczyzna cały czas zwracał się do mnie per *sir*, czyli „proszę pana". Miałem świadomość, że na amerykańskim Południu do obcych zwraca się bardziej formalnie niż w innych częściach USA. Nie mogłem się jednak oprzeć wrażeniu, że było w tym coś więcej i że zachowanie staruszka miało związek z kolorem jego i mojej skóry.

SOUL FOOD Z LATONYĄ I TANISHĄ

Segregację rasową w USA zdelegalizowano w 1964 r. Oznacza to, że kiedy mój rozmówca był młodym chłopakiem, musiał siadać na końcu autobusu, korzystać z osobnych toalet, nie miał prawa wstępu do restauracji dla białych. Na południu USA segregacja istniała niemal wszędzie — w szkołach, parkach, hotelach, bibliotekach i na stadionach. Prawa wyborcze czarnych ograniczano poprzez egzaminy z czytania i pisania oraz podatek od głosowania, na zapłacenie którego nie było ich stać (Sąd Najwyższy USA zdelegalizował tę praktykę dopiero w 1967 r.). Wśród czarnych pamięć o czasach segregacji jest świeża i przekazywana z pokolenia na pokolenie.

Na początku XIX w. 90% czarnych Amerykanów mieszkało właśnie tu, na Południu. Po wojnie secesyjnej doszło do wielkiej migracji Afroamerykanów. Czarni przenosili się na północ i środkowy zachód USA, uciekając przed rasizmem i poszukując pracy w uprzemysłowionych regionach kraju. Obecnie 55% czarnych żyje nadal na Południu. W takich stanach, jak Missisipi, Alabama czy Luizjana co trzeci mieszkaniec jest Afroamerykaninem. Wysoki odsetek murzyńskiej populacji w miastach wynika m.in. z tego, że w latach 70. biali wyprowadzili się na przedmieścia. W ten sposób powstały murzyńskie getta.

Wizerunek czarnych Amerykanów nie jest najlepszy. Stereotyp młodego Afroamerykanina to przeklinający, agresywny młodzieniec, który rzucił szkołę i jeśli jeszcze nie był w więzieniu, to wkrótce do niego trafi. W USA funkcjonuje też określenie „królowa pomocy społecznej", które odnosi się do stereotypu leniwej Murzynki wykorzystującej państwo, by uzyskać zasiłek dla bezrobotnych, kartki żywnościowe lub inną formę pomocy. Barack Obama wygrał wybory prezydenckie m.in. dzięki temu, że uzyskał poparcie czarnoskórych rodaków, a jednocześnie zachował dystans do ich społeczności. Obecny wiceprezydent USA Joe Biden określił kiedyś Obamę mianem „czystego, elokwentnego i bystrego Afroamerykanina".

W ciągu ostatnich kilkudziesięciu lat przepaść ekonomiczna pomiędzy białymi i czarnymi została częściowo zniwelowana. Stało się to m.in. dzięki akcji afirmacyjnej, która polega na preferencyjnym traktowaniu przedstawicieli mniejszości rasowych i etnicznych przy rekrutacji na studia oraz zatrudnianiu. Jej celem jest wsparcie osób, które znajdują się w gorszej sytuacji z powodu historycznej dyskryminacji. Akcja afirmacyjna ma także sprawić, że służby publiczne, takie jak policja czy straż pożarna, są reprezentatywne dla populacji, w której działają. Z punktu widzenia amerykańskiego prawa niedopuszczalna jest zatem sytuacja, że w dzielnicy zamieszkanej przez różne rasy policjanci są tylko biali, nawet jeśli mają lepsze kwalifikacje. Uniwersytety podczas selekcji kandydatów nie mogą przyznawać punktów za pochodzenie albo z góry wyznaczać liczby miejsc dla przedstawicieli poszczególnych ras. Mogą jednak stawiać sobie za cel zróżnicowanie rasowe i etniczne populacji studentów i kryteria te brać pod uwagę w procesie selekcji, tak jak biorą pod uwagę aktywność społeczną kandydatów albo ich osiągnięcia sportowe.

Mimo wsparcia ze strony państwa Afroamerykanie nadal są gorzej wykształceni od białych, co przekłada się na niższe zarobki. Około 20% czarnoskórych mieszkańców USA korzysta z rządowych kart żywnościowych, za które mogą kupować jedzenie. I choć dzięki akcji afirmacyjnej oraz dzięki rosnącej czarnej klasie średniej coraz więcej Afroamerykanów kończy szkoły wyższe, to najpopularniejszymi zawodami wśród czarnych są wciąż: pielęgniarka, kierowca autobusu, ochroniarz i urzędnik niższego szczebla. Bezrobocie wśród Afroamerykanów jest wyższe niż w pozostałych grupach rasowych, a kryzysy dotykają ich najbardziej. W 2010 r. w stolicy USA bezrobocie wśród białych wynosiło 6%, a wśród czarnych 18%. Wśród Afroamerykanów panuje dużo wyższa przestępczość. W grupie czarnych mężczyzn odsetek więźniów jest sześciokrotnie większy niż wśród białych i trzykrotnie większy niż wśród Latynosów.

U Afroamerykanów powszechne jest poczucie krzywdy, w którym utwierdzają ich przywódcy czarnej społeczności. Murzyńscy działacze, tacy jak Jessie Jackson czy Al Sharpton, wskazują na wciąż istniejące dysproporcje w dochodach, wykształceniu oraz warunkach życia pomiędzy czarnymi a białymi mieszkańcami USA. Powołują się przy tym na raport pozarządowej organizacji United for a Fair Economy, z którego wynika, że średni majątek rodziny białych Amerykanów sięga 170 tysięcy dolarów, podczas gdy u czarnych wynosi zaledwie 28 tysięcy. W Savannah, gdzie 60% mieszkańców stanowią Afroamerykanie, przeciętny roczny dochód gospodarstwa domowego nie przekracza 30 tysięcy dolarów, podczas gdy średnia krajowa wynosi 50 tysięcy.

Jedziemy Bull Street, prowadzącą do parku Forsytha, gdzie znajduje się jedna z atrakcji turystycznych Savannah — fontanna wzorowana na podobnych obiektach stojących na place de la Concorde w Paryżu i na rynku w Cuzco w Peru. Po obu stronach ulicy rosną setki rozłożystych, poobwieszanych epifitami drzew, tworzących zielonoszary tunel. Na odcinku wyznaczonym przez kilka przecznic mijamy aż sześć zakładów fryzjerskich, co wcale nie jest przypadkowe, bo wśród czarnych Amerykanów utrzymanie właściwego wyglądu włosów zawsze miało i ma istotne znaczenie. Dla członków działającego w latach 60. i 70. XX w. marksistowskiego murzyńskiego ruchu Czarne Pantery (ang. *Black Panther Party*) fryzura afro była wyrazem dumy z własnej tożsamości. W tej chwili większość czarnych mężczyzn nosi bardzo krótko obcięte włosy. Ich kobiety wiele czasu spędzają w salonach piękności, gdzie prostują swoje loki przy użyciu chemikaliów i wysokiej temperatury. Pierwsza dama USA, Michelle Obama, w młodości miała na głowie „baranka". Teraz jej włosy są ugładzone i proste bądź lekko pofalowane. Zakłady fryzjerskie to jednak nie tylko punkty usługowe, ale również centra życia towarzyskiego. Męskie salony, czyli barbershopy, są ostoją tradycji. Stoją w nich ciężkie skórzane fotele obrotowe i wiszą paski do ostrzenia brzytew. Będąc w kilku takich miejscach, nieraz słyszałem narzekania fryzjerów i ich klientów na czarną młodzież: że się nie uczą, tylko pętają się po ulicach, że przeklinają i nie szanują kobiet, że noszą obwisłe, odsłaniające majtki spodnie, co kiedyś było nie do pomyślenia. W barbershopach komentuje się też wydarzenia polityczne. Właśnie dlatego Barack Obama w czasie kampanii wyborczej wysyłał swoich ludzi do zakładów fryzjerskich, by tam rozklejali plakaty i przekonywali do głosowania na niego.

Po spacerze starówką i przejściu kilkunastu skwerów, w tym skweru Pułaskiego, zatrzymujemy się w małej restauracji MOM & Nikki's, gdzie czarnoskóra Nikki serwuje domowe potrawy zwane *soul food*. Kuchnia ta wywodzi się jeszcze z czasów niewolnictwa, a oparta jest na popularnych kalorycznych warzywach: pochrzynach, ryżu, słodkich ziemniakach, kapuście pastewnej, a także na tańszych gatunkach mięsa. *Soul food* było dla mnie odkryciem naszej wyprawy, gdyż nie miałem pojęcia, że Afroamerykanie mają własną kuchnię. Po kilku latach spędzonych w USA byłem przekonany, że żywią się przede wszystkim w McDonaldach.

W MOM & Nikki's siadają obok nas dwie Murzynki. Zainteresował je nasz egzotyczny język, więc pytają, skąd jesteśmy, co robimy w Savannah i czy nam się tu podoba. Następnie przedstawiają się jako Latonya i Tanisha. Ich imiona są typowe dla społeczności Afroamerykanów. Od czasów niewolnictwa aż do połowy XX w. czarnoskóre dzieci nazywano tak jak pozostałe: John, Michael, Harriet czy Rosa. Później, by podkreślić swoją odrębność, Afroamerykanie zaczęli sięgać po imiona afrykańskie, modyfikować istniejące albo tworzyć własne. W ten sposób w Ameryce pojawiły się kobiety o imionach Aaliyah, Denisha, Lashonda i Latasha oraz mężczyźni o imionach LeBron, DeJuan i Lamarr. Na przykład imię byłej amerykańskiej sekretarz stanu Condoleezzy Rice pochodzi od włoskiego terminu muzycznego *con dolcezza*, co oznacza „delikatnie". Jeśli chodzi o murzyńskie nazwiska, to są one typowo anglosaskie, niewolnikom nadawano bowiem nazwiska właścicieli. To właśnie dlatego jeden na pięciu amerykańskich Smithów jest czarny, podobnie jak co trzeci Johnson, Brown, Jones i co drugi Williams. Spośród wszystkich amerykańskich Waszyngtonów aż 90% ma czarny kolor skóry, a wśród Jeffersonów 75%. Tak się bowiem składa, że dwaj prezydenci USA, Jerzy Waszyngton i Thomas Jefferson, byli właścicielami niewolników.

Wracając do naszego posiłku: za lunch dla trzech osób składający się z kurczaka, wieprzowiny i warzyw zapłaciliśmy w MOM & Nikki's 30 dolarów. W McDonaldzie równie obfity posiłek kosztowałby nas tylko 15 dolarów. Dlatego do MOM & Nikki's częściej przychodzą turyści niż czarnoskórzy mieszkańcy Savannah.

RASY NIE ISTNIEJĄ?

Tego dnia mamy do przejechania jeszcze 500 km. Zanim ruszymy w dalszą drogę, obiecuję Edycie i Konradowi, że nie będę ich męczył muzyką country. Wczorajsze pięć godzin z piosenkami Tobby'ego Keitha, Alabamy i Martiny McBride wyczerpało mój limit. Wracamy na autostradę nr 95. Ustawiam radioodbiornik na NPR, czyli radio publiczne. Właśnie toczy się dyskusja na temat zbliżającego się spisu powszechnego, który zgodnie z konstytucją USA musi być przeprowadzany co dziesięć lat. Przedstawiciel Amerykańskiego Stowarzyszenia Antropologicznego (ang. *American Anthropological Association*) przekonuje, że z ankiet rozsyłanych do mieszkańców USA powinno zniknąć pytanie o rasę, bo rasy ludzkie... właściwie nie istnieją. Ustawiam głośniej radio. Antropolog wyjaśnia, że z punktu widzenia genetyki różnice pomiędzy osobnikami różnych ras są nieznaczące. Kody DNA czarnoskórych Billa Cosby'ego i Michaela Jordana różnią się mniej więcej w takim samym stopniu, jak kody DNA białego Woody'ego Allena i czarnego Michaela Jordana. Tymczasem pożytki wynikające z klasyfikacji rasowej zawsze były niewielkie, a szkody ogromne. Z rasą zawsze wiązały się głębokie stereotypy — biali uważali siebie za bardziej inteligentnych i cywilizowanych. Pozostali byli głupsi i mniej wyrafinowani. Osiemnastowieczny twórca biologicznej klasyfikacji gatunków Karol Linneusz opisywał amerykańskich Indian jako czerwonoskórych choleryków, którzy malują na swoich ciałach kolorowe linie. Czarni byli flegmatyczni, niemrawi, niedbali i ulegali nastrojom. Biali Europejczycy — to dopiero była rasa! Delikatni, pomysłowi, bystrzy i praworządni. Niemiecki naukowiec Johann Friedrich Blumenbach, który rasę białą zdefiniował jako kaukaską, tłumaczył, że wybrał to określenie, bo na Kaukazie, a szczególnie na południowych zboczach tych gór, żyją najpiękniejsi ludzie na świecie. Amerykańscy antropologowie twierdzą, że idea rasy jest mało przydatna, myląca i niebezpieczna. W codziennym życiu przejawia się komentarzami na temat tego, która rasa jest bardziej inteligentna czy pracowita, ale w swej skrajnej postaci klasyfikacja rasowa doprowadziła do Holokaustu, niewolnictwa i eksterminacji amerykańskich Indian.

— W ciągu ostatnich pięćdziesięciu lat dowiedliśmy, iż pojęcie rasy nie jest realnym, naturalnym zjawiskiem — przekonywał gość NPR. — W spisie powszechnym i innych statystykach lepiej stosować pojęcie „grupa etniczna", które ma znacznie mniej negatywnych konotacji niż rasa — sugerował.

W tym, co mówił naukowiec, jest pewnie wiele racji. Nie wierzę jednak, by pojęcie rasy udało się w USA wyeliminować, ponieważ klasyfikacja rasowa jest Amerykanom potrzebna.

UŻYTECZNE PODZIAŁY

Przekraczamy granicę stanu Floryda i zjeżdżamy z autostrady do *Welcome Center*. Mijamy stojącą wśród palm tablicę „Witamy w słonecznym stanie Floryda" i stajemy na parkingu obok budynku, w którym można dostać darmowe mapy i przewodniki oraz zapytać o hotele i atrakcje Florydy. Poza informacją turystyczną są tu czyste toalety oraz automaty ze słodyczami i napojami. Jak wszyscy przyjezdni jesteśmy witani kubkiem soku pomarańczowego.

Welcome Centers znajdują się przy autostradach na granicach pomiędzy stanami. Podróżując po USA, zawsze zatrzymujemy się w tych miejscach, by wziąć książeczki z kuponami rabatowymi do moteli i hoteli. W ten sposób udało nam się już pewnie zaoszczędzić kilka tysięcy dolarów, bo za nocleg w hotelu, który normalnie kosztuje 80 – 100 dolarów, z kuponem płaci się około 50 – 60 dolarów. Zniżki nie można jednak uzyskać telefonicznie ani przez internet. Trzeba się pojawić osobiście. Taki sposób podróżowania wyklucza dokonywanie rezerwacji, przez co wyprawa staje się trochę nieprzewidywalna, bo nigdy nie wiadomo, czy w wybranych motelach będą miejsca. Zwykle są, choć parę razy byliśmy zmuszeni spać na parkingu. Po kilku godzinach jazdy zatrzymujemy się na noc w hotelu Quality Inn w Fort Pierce. Tym razem nie ma problemu. Mają dużo wolnych miejsc, więc z kuponem płacimy 55 dolarów za pokój zamiast standardowej ceny 99 dolarów. Gdy następnego dnia po śniadaniu wsiadamy do samochodu, by ruszyć w dalszą drogę, moją uwagę zwraca wyblakły plakat przypominający o tym, że luty jest w USA miesiącem historii czarnych Amerykanów (ang. *Black History Month*). Uświadamiam sobie wtedy, że posługiwanie się pojęciem rasy jest w Ameryce na porządku dziennym. W Waszyngtonie znajduje się Muzeum Indian Amerykańskich, a w gazetach reklamują się azjatyckie salony spa. Afroamerykanie pogardliwie mówią o potomkach Europejczyków „krakersy", a biali zarzucają Murzynom „czarny rasizm". To prawda, że geny kojarzone z rasą stanowią ułamek procenta sekwencji DNA. Jednak to one decydują o wyglądzie człowieka — kolorze skóry, budowie ciała, kształcie czaszki czy nosa. Przedstawiciele różnych ras inaczej reagują na leki i są podatni na różne choroby. Czarnym smakują inne papierosy niż białym, co jest bardzo ważną informacją dla koncernów tytoniowych. Odkąd przyjechałem do Ameryki, setki razy w różnego rodzaju formularzach musiałem podawać, że jestem biały, albo zaznaczać kwadracik „rasa kaukaska". Kategoria „rasa" pojawia się na wniosku o prawo jazdy, podaniu do szkoły i na uniwersytet oraz w formularzu ubezpieczeniowym. FBI dzieli notowanych w policyjnej bazie danych na białych, białych Latynosów, czarnych, Azjatów, rdzennych Amerykanów, czyli amerykańskich Indian, i rdzennych Hawajczyków. Pytania o rasę są też dołączane do wniosku o bankową pożyczkę hipoteczną, choć odpowiedzi nie mogą być podstawą do odmowy udzielenia kredytu albo do podwyższenia oprocentowania. Wręcz przeciwnie. Dane te służą rządowi Stanów Zjednoczonych do pilnowania, czy instytucje finansowe nie dyskryminują klientów ze względu na kolor ich skóry. Dzięki klasyfikacji rasowej przedstawiciele mniejszości mogą też korzystać z dobrodziejstw akcji afirmacyjnej. Analizowanie sytuacji ekonomicznej poszczególnych grup rasowych i etnicznych pozwala kształtować politykę społeczną państwa. W USA istnieją jednak miejsca, gdzie klasyfikacja rasowa jest zupełnie nieprzydatna, mieszkają tam bowiem przedstawiciele tylko jednej rasy. Do takiego miejsca właśnie dojeżdżamy.

MILIONERZY POD PALMAMI

W tej liczącej niespełna 10 tysięcy mieszkańców miejscowości stoi jeden z najdroższych domów na świecie — Maison de l'Amitié. Właścicielem rezydencji jest rosyjski miliarder Dmitrij Rybołowlew, który kupił ją w 2008 r. od amerykańskiego biznesmena Donalda Trumpa za 95 milionów dolarów. Dom, który równie dobrze można nazwać pałacem, stoi na trzyhektarowej działce przylegającej do Atlantyku. Ma powierzchnię 8000 m kw. Jest w nim 15 sypialni, 15 łazienek, 8 ubikacji, sala balowa, sala koncertowa, biblioteka, piwnica win, kino i galeria. Na terenie posiadłości zbudowano także domy dla gości i dla służby.

Maison de l'Amitié znajduje się w nadmorskim miasteczku Palm Beach. Jest ono położone 100 km na północ od Miami na ciągnącej się wzdłuż wybrzeża wąskiej wyspie. Palm Beach ma powierzchnię 10 km kw., co oznacza, że na kilometr kwadratowy przypada tu dwóch miliarderów, a milionerem jest w zasadzie każdy. Znajdują się tu setki domów, których wartość przekracza 10 milionów dolarów, a ci, którzy wpadają do Palm Beach na krótkie wakacje, mogą zatrzymać się w przypominającym zamek hotelu The Breakers, gdzie apartament z widokiem na ocean kosztuje 1500 dolarów za dobę. Palm Beach jest tak bogate, że gdyby żyli tu bezdomni, to pewnie byliby milionerami. Siedzieliby pod palmami w garniturach i wypolerowanych lakierkach i wołaliby do przechodzących miliarderów: „Przepraszam pana! Czy szanowny pan nie ma na zbyciu jachtu? Nie? To może przynajmniej jakiś kabriolecik?".

Palm Beach ma zadbane, czyste plaże z białym piaskiem, cztery pola golfowe, równiutko wystrzyżone trawniki, idealnie przycięte żywopłoty. Przestępczość jest minimalna. W ciągu roku zdarza się tu tylko parę włamań i kradzieży. Żadnego morderstwa. Policja z Palm Beach, poza demonstrowaniem swojej obecności i przyglądaniem się obcym, nie ma zbyt wiele do roboty.

Siadamy na ławce pod palmą przy South Ocean Boulevard. Mimo że dzień jest ciepły i słoneczny, na plaży wcale nie ma tłoku. Jest garstka opalających się i kilkunastu surfujących nastolatków. Alejką wzdłuż plaży spacerują emeryci. W Palm Beach ponad połowa mieszkańców ma ukończone 65 lat. Niedaleko od miejsca, w którym się znajdujemy, przy 720 S. Ocean Boulevard, jest dom, który na rok przed swoją śmiercią kupił John Lennon.

Gdy został zastrzelony, Yoko Ono sprzedała posiadłość. Obecnie w Palm Beach mieszka inny znany piosenkarz — Rod Stewart. Domy mają tu również: były sekretarz skarbu Henry Paulson, znany prawicowy prezenter radiowy Rush Limbaugh, syn słynnego pisarza Władimira Nabokowa, Dmitrij oraz rodzina Kennedych.

Mieszkańcy Palm Beach mają różne zawody, zainteresowania i poglądy polityczne. Wyznają też różne religie. Co ich łączy poza tym, że są bogaci? Otóż niemal wszyscy mają biały kolor skóry.

Biali Amerykanie wciąż dominują wśród elit finansowych i politycznych Stanów Zjednoczonych. W stuosobowym senacie USA jest 98 białych, dwóch Latynosów i żadnego czarnego. W Izbie Reprezentantów biali stanowią 90%. Barack Obama jest pierwszym czarnoskórym prezydentem USA. Wszyscy pozostali byli biali. W Sądzie Najwyższym USA na dziewięciu sędziów siedmiu jest białych. Choć większość stacji telewizyjnych stara się zatrudniać prezenterów reprezentujących różne rasy, a Oprah Winfrey jest jedną z największych gwiazd amerykańskiej telewizji, wieczorne programy informacyjne nadal prowadzą głównie biali — zarówno w sieciach ogólnokrajowych, takich jak: ABC, NBC czy CBS, jak i w dwudziestoczterogodzinnych kablówkach newsowych typu CNN czy FOX News. W pierwszej setce najbogatszych Amerykanów jest 97 białych.

NA STRAŻY CZYSTOŚCI BIAŁEJ RASY

Bhagat Singh Thind urodził się w 1892 r. w prowincji Pendżab w Indiach. W 1913 r. przyjechał do Stanów Zjednoczonych na studia. Gdy wybuchła I wojna światowa, zaciągnął się do amerykańskiej armii, a po odbyciu służby wystąpił o obywatelstwo amerykańskie. Wtedy dowiedział się, że nie może go otrzymać, ponieważ obowiązujące w USA od 1790 r. prawo pozwalało na przyznanie obywatelstwa wyłącznie „białym wolnym ludziom". Składając swój wniosek, Thind powoływał się na antropologów, którzy mieszkańców północno-zachodnich Indii zaliczali do „kaukazoidów", czyli do rasy białych. Jednak sędziowie Sądu Najwyższego USA doszli do wniosku, że nie wygląda on na białego, i odrzucili argumenty antropologów. W uzasadnieniu decyzji sędzia George Sutherland przyznał, że w związku z miejscem swego urodzenia Thind ma prawo twierdzić, iż w jego żyłach płynie „czysta aryjska krew". Podkreślił jednak, że on i jego koledzy kierowali się tzw. zdroworozsądkową klasyfikacją i że według niej Thind nie jest kaukazoidem. W ten sposób Bhagat Singh Thind został uznany za przedstawiciela rasy żółtej, co oznaczało, że nie może zostać Amerykaninem. Obywatelstwo USA otrzymał dopiero kilkanaście lat później na mocy specjalnej ustawy przyznającej prawo do obywatelstwa weteranom I wojny światowej. O przyznanie obywatelstwa występował jednak jako Azjata.

W wielu okresach historii Stanów Zjednoczonych biali nie tylko wprowadzali restrykcyjne prawo imigracyjne, blokując wstęp do Ameryki Hindusom, Chińczykom czy Japończykom, ale również pilnowali czystości białej rasy, stosując tzw. regułę kropli krwi. Według tej zasady osoba mająca czarnoskórego bądź indiańskiego przodka nie mogła być uznana za białą. W 1910 r. parlament Tennessee wpisał tę regułę do stanowego prawa. Później to samo zrobiło 17 kolejnych stanów. Luizjana, Teksas, Missisipi, Alabama i Georgia stosowały to prawo bezwzględnie. Utah, Maryland, Floryda i Kentucky wykluczały daną osobę z grona białych, jeśli wśród jej przodków do czwartego lub piątego pokolenia wstecz był choć jeden przedstawiciel innej rasy. Celem „reguły kropli krwi" było zniechęcenie do tworzenia międzyrasowych związków. W stanie Wirginia ulgowo traktowano osoby, które miały indiańskich przodków. Stosowano tu tzw. wyjątek Pocahontas pozwalający na uznanie za białą osoby, w której żyłach płynęła indiańska krew, jeżeli krwi nie było więcej niż 1/16 (co jest równoznaczne z jednym indiańskim prapradziadkiem lub jedną praprababcią). Parlament Wirginii wprowadził ten wyjątek, ponieważ wiele wpływowych rodzin z tego stanu szczyciło się, że wśród ich przodków byli Indianka Pocahontas i pierwszy brytyjski osadnik John Rolfe. Na amerykańskim Południu reguła kropli krwi przetrwała do lat 60. XX w. W Wirginii zdelegalizowano ją dopiero w 1967 r., wraz z uchyleniem zakazu zawierania małżeństw międzyrasowych. Paradoksalnie na regułę kropli krwi powołują się czasem sami Afroamerykanie. Na przykład aktorka Halle Berry podczas procesu separacji z Gabrielem Aubrym przekonywała sąd, że ich córka jest Afroamerykanką i dlatego lepiej byłoby, gdyby pozostała z matką.

— Uważam, że ona jest czarna. Ja jestem jej matką i jestem czarna, więc ona też. Wierzę w teorię jednej kropli krwi — argumentowała słynna aktorka, która sama jest dzieckiem mieszanej pary: białej matki i czarnoskórego ojca.

Definicja rasy białej zmieniała się na przestrzeni lat. W XIX i w początkach XX w. w USA za osobne rasy uznawano Włochów, Greków i Irlandczyków. W latach 1916 – 1919 imigranci z Irlandii Północnej organizowali w Nowym Jorku i Filadelfii spotkania zwane konwencjami rasy irlandzkiej, a o rasie żydowskiej mówiono jeszcze w latach trzydziestych ubiegłego wieku. W tej chwili definicja rasy białej jest bardzo szeroka. Amerykański Urząd Statystyczny zalicza do niej nie tylko potomków Europejczyków, ale także osoby mające korzenie na Bliskim Wschodzie i w Afryce Północnej. Biali są więc Egipcjanie, Kurdowie, Algierczycy, Palestyńczycy czy Marokańczycy. Latynosi również mogą być klasyfikowani jako biali. W ostatnim spisie powszechnym połowa imigrantów z Ameryki Łacińskiej zaliczyła siebie do rasy białej.

SEMINOLE Z HOLLYWOOD

Opuszczamy Palm Beach mostem Royal Park i wjeżdżamy na bulwar Okeechobee. Okeechobee to największe jezioro Florydy, które jest położone 70 km na zachód od wybrzeża. Nazwa jeziora pochodzi z indiańskiego języka hitchiti, a oznacza „wielką wodę". Gdzieś w okolicy Okeechobee mieszka jeden z najsłynniejszych indiańskich wodzów, Jim Billie, którego upór w walce z rządem USA o suwerenność rezerwatów zmienił los wielu amerykańskich Indian. Jim Billie zasłynął również tym, że w 2000 r. stoczył spektakularny pojedynek z aligatorem, który odgryzł mu palec.

W przeszłości żyjących w Ameryce Północnej Indian nazywano czerwonymi, czerwonoskórymi, aborygeńskimi Amerykanami albo Amerindianami. W tej chwili określa się ich mianem rodowitych, rdzennych lub tubylczych Amerykanów, choć oni sami preferują nazwę amerykańscy Indianie. Rząd Stanów Zjednoczonych uznaje istnienie 565 indiańskich plemion, które mieszkają w 320 federalnych, stanowych oraz prywatnych rezerwatach zajmujących łącznie obszar równy 2/3 powierzchni Polski. Największy rezerwat, zarządzany przez liczące 170 tysięcy osób plemię Nawaho, ma powierzchnię 67 tysięcy km kw. Najmniejszy nie przekracza 0,5 ha i należy do Indian z plemienia Rzeki Pit, które ma tam tylko swój cmentarz. Plemiona, zwane narodami-państwami, mają dużą autonomię. Wiele z nich utrzymuje własną policję i sądy, ustanawia prawo karne i cywilne, a także zarządza szkolnictwem. Podobnie jak amerykańskie stany plemiona nie mogą jednak wypowiadać wojen ani zawierać międzynarodowych traktatów. Do indiańskich korzeni przyznaje się w USA 4,5 miliona Amerykanów, czyli 1,5% populacji tego kraju.

Tu na Florydzie żyją dwa plemiona: Miccosukee oraz Seminole. To drugie jest jedynym plemieniem, które nie skapitulowało w wojnie z amerykańską armią i nie podpisało traktatu pokojowego z rządem Stanów Zjednoczonych. Każdy z 2800 Seminoli otrzymuje co miesiąc 3000 dolarów plemiennej renty wypłacanej z wpływów z hazardu. Zlokalizowane w ich rezerwatach kasyna powstały właśnie dzięki wodzowi Billiemu, który nie tylko był dobrym menedżerem, ale również wielkim miłośnikiem aligatorów. Stoczył setki walk zapaśniczych z tymi gadami i nagrał płytę zatytułowaną *Opowieści o aligatorach*.

Niewiele jednak brakowało, a wódz Seminoli utonąłby w kanale. Chciał go tam wrzucić szaman i inni członkowie plemienia, ponieważ Jim urodził się jako mieszaniec — jego matka była Indianką, a ojciec białym marynarzem. Jimiego uratowała niejaka Betty Mae Jumper z klanu Węży, która została chrześcijanką i przestała wierzyć, że niemowlęta mające tylko połowę indiańskiej krwi powinny być zabijane. 35 lat później Jim Billie został przywódcą plemienia Seminoli i otworzył w rezerwacie pierwszy salon bingo na wysokie stawki. Prawo Florydy zakazywało tego rodzaju hazardu, ale wynajęci przez Jima prawnicy przekonali sądy do wydania przełomowej interpretacji prawa mówiącej o tym, że plemiona są suwerennymi podmiotami i w rezerwatach nie obowiązują stanowe regulacje. W ten sposób rozpoczęła się era indiańskiego hazardu. Obecnie ponad 200 plemion prowadzi kasyna i salony gier, które przynoszą 15 miliardów dolarów dochodu rocznie.

Jedno z kasyn Seminoli z Florydy znajduje się w rezerwacie Brighton nad jeziorem Okeechobee. My jednak nie jedziemy w tym kierunku. Skręcamy na autostradę nr 95 i udajemy się na południe w stronę Miami. Po niespełna godzinie docieramy do Hollywood. Nie jest to słynne Hollywood, gdzie wręczane są Oscary, ale jedna z dwudziestu pięciu innych miejscowości o tej samej nazwie. Przyzwyczailiśmy się już, że w Stanach nazwy miast wielokrotnie się powtarzają. Samych tylko Warszaw jest w Ameryce czternaście.

W liczącym 140 tysięcy mieszkańców Hollywood znajduje się jeden z pięciu rezerwatów Seminoli z gigantycznym kompleksem hazardowo-rozrywkowym Hard Rock Hotel & Casino. Jest w nim 500 pokoi hotelowych, kasyno z 2500 automatów, 18 restauracji, 15 barów i klubów, 20 sklepów, park wodny w stylu laguny o powierzchni 2 ha i sala koncertowa na 5000 widzów, w której występowali m.in. Robert Plant i Tom Jones. Hard Rock Hollywood jest jednym z sześciu kasyn zlokalizowanych w rezerwatach Seminoli. Łącznie przynoszą one temu plemieniu 600 milionów dolarów dochodu rocznie, co czyni ich najbogatszymi Indianami w Stanach Zjednoczonych. Kluczem do sukcesu finansowego Seminoli jest znakomita lokalizacja ich kasyn — przy Miami i Tampie, czyli dwóch największych aglomeracjach Florydy. Inne plemiona nie mają tyle szczęścia. Na przykład Indianie Nawaho zajmują pustynne tereny w stanie Utah, gdzie znajduje się jeden z symboli amerykańskiego Dzikiego Zachodu — Park Narodowy Monument Valley. To właśnie tu rozgrywa się akcja westernów z Johnem Wayne'em i Clintem Eastwoodem. Tędy jadą Peter Fonda i Dennis Hopper w *Easy Rider* oraz tytułowe bohaterki filmu *Thelma i Louise*. Niedaleko Monument Valley swój trzyipółroczny bieg dookoła Ameryki kończy też Forrest Gump. Mimo że zamieszkane przez plemię Nawaho rejony odwiedzają dziesiątki tysięcy turystów, panuje tu bieda. Kiedy przed kilkoma laty jadąc do Monument Valley, zatrzymałem się w indiańskim miasteczku Kayenta, mój wzrok przykuło kino w budynku starej drewnianej stodoły oraz grupka dzieci, które biegały za piłką w tumanach kurzu, ponieważ nawierzchnię boiska stanowił ceglasty pył. W Kayenta zamiast domów stoją barakowozy, bezrobocie przekracza 50%, a większość mieszkańców żyje poniżej minimum socjalnego, bez żadnych szans na poprawę sytuacji. Tak jak wiele innych indiańskich miejscowości, Kayenta zmaga się z plagą alkoholizmu, a także z dużą liczbą samobójstw oraz ciąży wśród nastolatek. W takich, a może nawet gorszych warunkach wychowywał się wódz plemienia Seminoli z Florydy Jim Billie.

Mały Jim mieszkał w indiańskim obozie na bagnach Parku Narodowego Everglades. W swojej chatce (w języku Seminoli *chickee*) pokrytej strzechą z palmowych liści nie miał żadnych zabawek. Bawił się więc żabami, wężami i motylami. Jego dziadkowie zajmowali się polowaniem na aligatory. Gdy zabijali dorosłe osobniki, Jim łapał ich kilkunastocentymetrowe dzieci.

Jako dziesięciolatek chwytał młode aligatory na oczach turystów, za co dostawał od nich 5 lub 10 centów. Gdy po służbie wojskowej w Wietnamie wrócił na Florydę, zaczął zarabiać na życie, tocząc pojedynki z aligatorami w należącym do Seminoli parku rozrywki w rezerwacie Wielkich Cyprysów. Jim Billie był jednym z najlepszych showmanów w swojej kategorii, bo lubił występować przed publicznością. Walczył dla przyjemności nawet wtedy, kiedy został wodzem plemienia. Później miał jednak problemy ze stawami i na 10 lat zniknął ze sceny. Po udanej operacji kolan poczuł się tak dobrze, że postanowił znów stanąć do walki. W lutym 2000 r. ponad 100 turystów obserwowało, jak wskakuje do basenu, staje okrakiem nad dwumetrowym gadem, pochyla się do przodu i chwyta zwierzę za paszczę. Następnie obaj przewracają się i spleceni w morderczym uścisku toczą się razem pod wodę. Nagle Jim Billie wyskakuje z basenu z podniesioną prawą ręką, u której brakuje serdecznego palca. Na jego twarzy nie widać przerażenia, tylko uśmiech. Publiczność nie wie, co się stało, i bije brawo w przekonaniu, że to element przedstawienia. Inny Indianin, Bagienna Sowa, dalej zabawia widzów, a Billie jedzie w tym czasie do szpitala. Niestety, nie ma ze sobą palca. Po kilku godzinach palec zostaje odnaleziony w błocie, ale jest już za późno, by go przyszyć. Pojedynek wodza Seminoli z aligatorem przez przypadek rejestruje kanadyjski operator filmowy, dzięki czemu walkę pokazują telewizje na całym świecie.

Billie nie ma żalu do aligatora, bo stoczyli równą walkę. Ma natomiast pretensje do współplemieńców za to, że kilka miesięcy później pozbawili go przywództwa plemienia Seminoli. Stało się to po tym, jak FBI wszczęło przeciwko niemu postępowanie o korupcję i gdy jedna z pracownic ujawniła, że miał z nią romans, zmusił ją do aborcji, a następnie z plemiennych funduszy wypłacił jej 100 tysięcy dolarów odszkodowania. Współplemieńcom przeszkadzało też, że wódz więcej czasu poświęca na koncerty i nagrywanie płyt z piosenkami o aligatorach niż na zarządzanie sprawami plemienia. Jednak według Jima Billiego prawdziwym powodem odwołania była podjęta przez niego próba ograniczenia wydatków członków Rady Plemiennej na kosztowne wyjazdy wakacyjne, biżuterię i luksusowe samochody. Billiemu nie podobało się choćby to, że jeden z członków rady kupił tyle BMW, mercedesów i lexusów dla swoich krewnych i przyjaciół, że jak sam później przyznał, nie pamiętał, kto nimi jeździł. Wódz zatrudnił więc menedżera

Toma Coxa, który miał uporządkować plemienne finanse. Cox sam jednak został oskarżony o zainkasowanie łapówki w wysokości pół miliona dolarów od firmy Hard Rock Cafe, która chciała zbudować w rezerwatach Seminoli swoje kasyna. Śledztwo przeciwko Jimowi Billiemu zostało jednak umorzone i po latach zrehabilitowano go. W 2003 r. Rada Plemienna wypłaciła mu odszkodowanie w wysokości 600 tysięcy dolarów, a w 2011 r. ponownie został wybrany wodzem.

Członkowie plemienia Seminoli, mimo wielotysięcznych rent, darmowych ubezpieczeń zdrowotnych i mieszkań, jako społeczność cierpią na te same dolegliwości co inne plemiona. Powszechne są wśród nich: cukrzyca, narkomania, alkoholizm, ciąże nieletnich i porzucanie szkół. W odróżnieniu od innych plemion Seminole nie mają jednak problemu z bezrobociem. Ci, którzy zechcą pracować, znajdują zatrudnienie w plemiennych hotelach i kasynach, na farmach cytrusów, arenach rodeo, w muzeum Ah-Tah-Thi-Ki, sklepach z rękodziełem oraz w parku rozrywki Billie Swamp Safari, który został tak nazwany na cześć wodza Jima Billie. Główną atrakcją parku są... walki zapaśnicze z aligatorami.

ALIGATOR Z SOSEM MUSZTARDOWYM

Po kilku dniach spędzonych w okolicach Miami, wizycie w zamieszkanej przez Kubańczyków Małej Hawanie, podróży na wyspę Key West, a także spotkaniu z delfinami w Everglades ruszamy na północ wzdłuż zachodniego wybrzeża Florydy. Przejeżdżamy przez urocze nadmorskie miasteczka Sarasotę oraz St. Petersburg z muzeum sztuki Salvadora Dalego, w którym zgromadzona jest największa poza Hiszpanią kolekcja obrazów tego malarza. Nocujemy niedaleko stolicy Florydy Tallahassee, a następnego dnia wieczorem docieramy do Nowego Orleanu. Po zameldowaniu się w hotelu idziemy na kolację do słynnej French Quarter. Mimo późnej pory Pierre Maspero's przy 440 Chartres Street jest wciąż otwarte. To nasza ulubiona restauracja w Nowym Orleanie. Mieści się w budynku, w którym pod koniec XVIII w. odbywały się licytacje niewolników i gdzie najsłynniejsi piraci Zatoki Meksykańskiej, bracia Jean i Pierre Lafitte, planowali swoje ataki. W Pierre Maspero's serwują potrawy kuchni kajuńskiej — gumbo z krewetkami, *seafood stuffed pistolettes*, czyli bułki nadziewane owocami morza, jambalayę i grillowanego aligatora. Stan Luizjana pozwala polować na dzikie aligatory przez jeden miesiąc w roku — we wrześniu. W tym czasie odławianych jest około 30 tysięcy gadów o wartości 8 milionów dolarów. Pozwolenie na polowanie na aligatory na terenach publicznych kosztuje mieszkańca Luizjany 25 dolarów, a przybysza z innych stanów — 150. Od połowy lat 80. Luizjana prowadzi też program hodowli aligatorów. Farmerzy mają prawo zbierać ich jaja i wykluwać młode w inkubatorach. Gdy młode osiągną 10 – 15 cm długości, część musi zostać wypuszczona na wolność, a pozostałe są dalej hodowane, a następnie sprzedawane. W ten sposób co roku na rynek trafia 150 tysięcy aligatorów. Z ich skór produkuje się buty i torebki, a mięso trafia do restauracji. W Pierre Maspero's serwowane są aligatory hodowlane. Kelner zapewnia nas jednak, że krewetki są dzikie i pochodzą z pobliskiej Zatoki Meksykańskiej. Nie są to tanie krewetki importowane z Wietnamu, choć wyławiane są przez Wietnamczyków — tyle że amerykańskich.

Imigracja Wietnamczyków do Stanów Zjednoczonych rozpoczęła się wraz z upadkiem Sajgonu. W 1975 r. prezydent Gerald Ford zezwolił na przyjęcie 125 tysięcy uchodźców z Wietnamu — w większości dobrze wykształconych przedstawicieli wietnamskiej elity, którzy współpracowali z Amerykanami w okresie wojny z komunistyczną Północą. Druga fala emigracji zaczęła się na przełomie lat 70. i 80., a stanowili ją głównie słabo wykształceni rolnicy. Byli wśród nich rybacy i poławiacze krewetek, którzy osiedlili się na wybrzeżu Luizjany. Nie zostali tu przyjęci z otwartymi ramionami. Obawa o utratę miejsc pracy przez mieszkańców regionu, różnice kulturowe i utrudniona komunikacja wynikająca ze słabej znajomości angielskiego sprawiły, że Wietnamczycy spotykali się z otwartą wrogością. Nazywano ich obraźliwie *gooks*, a na samochodach Amerykanów z Luizjany pojawiły się naklejki „Chrońmy przemysł krewetkowy — pozbądźmy się Wietnamczyków". W początkach lat 80. w manifestacjach przeciwko przybyszom z Azji brali udział członkowie Ku-Klux-Klanu z Teksasu. To właśnie wtedy spalono kilka należących do Wietnamczyków kutrów. Napięcie osłabło, gdy imigranci przystosowali się do lokalnych zwyczajów i metod połowu, poduczyli języka oraz gdy poprawiła się sytuacja na rynku owoców morza.

Wietnamczycy nie byli pierwszymi Azjatami, których niechętnie witano w Stanach Zjednoczonych. W XIX w. z wrogością spotkali się Chińczycy, którzy przybyli do Kalifornii na fali gorączki złota. Amerykańska prasa przedstawiała ich wówczas jako zdradzieckich, przebiegłych, despotycznych, okrutnych i perwersyjnych seksualnie. Ostrzegano, że odbiorą Amerykanom nie tylko miejsca pracy, ale również kobiety. W 1882 r. Kongres USA całkowicie zakazał imigracji z Chin. Później zakaz rozszerzono na Japonię, Koreę, Indie, Wietnam, Malezję i inne kraje Azji. Uprzedzenia rasowe były jednym z powodów, dla których w czasie II wojny światowej 110 tysięcy Japończyków zamknięto w obozach dla internowanych. Dopiero w latach 60. XX w. społeczny odbiór Azjatów zaczął się zmieniać. Według profesorów Won Moo Hurha i Kwang Chung Kima zjawisko to miało dwie przyczyny. Pierwszą był szybki awans społeczny dobrze wykształconych Japończyków i Chińczyków, którzy urodzili się już w Stanach Zjednoczonych. Druga miała związek z konfliktem rasowym białych z czarnymi. Otóż w okresie niepokojów społecznych i walki Afroamerykanów o swoje prawa biali potrzebowali sukcesu azjatyckiej mniejszości, by udowadniać, że czarni sami są winni swojej porażki. Zaczęto wtedy przedstawiać Azjatów jako wzorową mniejszość, czyli ludzi, którzy bez specjalnej pomocy państwa, a jedynie własną ciężką pracą wspięli się na szczyt drabiny społecznej. Sugerowano w ten sposób, że gdyby tylko czarnym się chciało, to osiągnęliby sukces bez oglądania się na państwo. Prawda była jednak taka, że Afroamerykanie nie czuli się w USA nieproszonymi gośćmi, lecz obywatelami własnego kraju, w którym przez dwieście lat byli poniżani i wykorzystywani. Uważali więc, że biali mają wobec nich zobowiązania, i głośno wyrażali swoje roszczenia, stając się czymś w rodzaju pyskatej mniejszości. Azjaci nie mogli przyjąć takiej postawy, musieli zacisnąć zęby i ciężko pracować.

Wobec Azjatów używano w przeszłości określenia „rasa orientalna", ale w wyniku protestów przedstawicieli tej grupy usunięto tę nazwę ze słownika jako spuściznę kolonializmu i teraz są po prostu Azjatami. Obecnie w Stanach Zjednoczonych mieszka 15 milionów Azjatów, czyli 5% populacji. Jest wśród nich 3,5 miliona Chińczyków, 3 miliony Hindusów oraz 2,5 miliona Filipińczyków. Następni w kolejności są Wietnamczycy, Koreańczycy i Japończycy. Azjaci w większości mieszkają w miastach. W Nowym Jorku, Los Angeles czy San Francisco Chińczycy utworzyli enklawy zwane Chinatown. Niedaleko miejsca, w którym mieszkam, w Annandale, znajduje się koreańska dzielnica zwana Koreantown. Są tam koreańskie banki, sklepy,

restauracje i punkty usługowe. W Orange County w Kalifornii Wietnamczycy
utworzyli tzw. Mały Sajgon. Drugim skupiskiem imigrantów z Wietnamu
jest właśnie wybrzeże Luizjany, gdzie mieszka ich 25 tysięcy.
Azjaci mają opinię pracowitych i uczciwych. Starają się o dobre wykształcenie dla swoich dzieci, często kosztem dużych poświęceń. Wśród zwy-
cięzców krajowych i stanowych konkursów naukowych jest wielu Hindusów
i Koreańczyków. W rejonach zamieszkałych przez Azjatów notuje się niską
przestępczość. Średni dochód w rodzinach Azjatów jest wyższy niż wśród
białych. Wielu Azjatów odniosło sukces w biznesie, sporcie, rozrywce, filmie i sztuce. Większość Amerykanów zna reżysera Anga Lee i aktorkę Lucy
Liu, a wiolonczelista Yo Yo Ma jest regularnie zapraszany na koncerty do
Białego Domu. Na stanowisku ministra edukacji w rządzie Baracka Obamy
zasiada laureat Nagrody Nobla Stephen Chu. Sukces w biznesie odniósł
Amerykanin chińskiego pochodzenia Jerry Yang, który współtworzył portal
Yahoo! Z kolei w Palm Beach, o którym wcześniej wspominałem, mieszka
słynna projektantka mody Vera Wang.

Azjaci, którzy przybyli do USA w ciągu ostatnich 20 – 30 lat i nie zdążyli się w pełni zaadaptować kulturowo oraz nauczyć angielskiego, też jakoś
znaleźli tu swoje miejsce. Opanowali rynek usług pralniczych, salonów
kosmetycznych i zakładów fryzjerskich, gdzie dobra znajomość języka nie
jest niezbędna. Azjaci prowadzą też tysiące restauracji, w których można
zjeść solidny obiad za 6 – 7 dolarów. Tu, w Nowym Orleanie, w restauracji
Pierre Maspero's obiad na trzy osoby kosztował nas 80 dolarów. Nie mieliśmy
jednak poczucia, że przepłacamy. W tanim azjatyckim barku nie zjedlibyśmy
grillowanego aligatora z kreolskim sosem musztardowym.

SPŁACONY DŁUG?

W Nowym Orleanie spędzamy czas, włócząc się po francuskiej dzielnicy.
Spacerujemy słynną Burbon Street, gdzie podczas Mardi Gras najpopular-
niejszą zabawą jest rzucanie stojącym na balkonach kobietom naszyjni-
ków z plastikowych koralików, w zamian za co podciągają one bluzki,
obnażając piersi. Mijamy turystów, którzy przyjechali do Nowego Orleanu
głównie po to, by się upić. Przechodzimy obok ulicznych grajków oraz wróżek,

które za 10 dolarów odczytują z ręki przyszłość. Wstępujemy do sklepiku z pamiątkami, w którym wszystkie ściany obwieszone są karnawałowymi maskami. Potem krótka wizyta na cmentarzu Świętego Ludwika, gdzie zamiast typowych amerykańskich tablic nagrobnych stoją murowane grobowce i gdzie pochowana jest słynna kapłanka wudu Marie Laveau. Trzy przecznice dalej znajduje się park Louisa Armstronga, który także pochodził z Nowego Orleanu. Jego matka była tu prostytutką, więc przez pierwszych pięć lat życia słynnego jazzmana wychowywała babcia. Gdy miał siedem lat, zaopiekowała się nim rodzina litewskich Żydów — Bernard i Rebeka Karnofscy, którzy przybyli do Ameryki z Kowna. Żywili małego Louisa, dawali mu zarobić trochę pieniędzy przy rodzinnym interesie — rozwożeniu węgla i pożyczyli mu pięć dolarów na zakup pierwszej trąbki. To z wdzięczności dla nich Armstrong nosił później na piersi gwiazdę Dawida. W swoich pamiętnikach pisał, że obserwując, jak Karnofscy byli traktowani przez Amerykanów, doszedł do wniosku, że w Stanach Zjednoczonych nie tylko czarni byli dyskryminowani. Obecnie w Nowym Orleanie działa fundacja rodziny Karnofskych, która zbiera uszkodzone instrumenty muzyczne, naprawia je i przekazuje dzieciom z biednych rodzin. A imię Louisa Armstronga nadano nie tylko parkowi, ale również znajdującemu się w tym mieście międzynarodowemu lotnisku. To właśnie tam w 2005 r., po przejściu huraganu Katrina, spotkałem młodą Murzynkę, której spojrzenie pamiętam do dziś.

— George Bush nam nie pomaga, bo jesteśmy czarni i biedni. Czujemy się jak zwierzęta. Zostaliśmy porzuceni. To nie w porządku — mówiła 14-letnia Latoya, siedząc na krawężniku obok swojej matki. W ten sposób dziewczynka tłumaczyła mi, dlaczego po przejściu huraganu Katrina aż cztery dni wraz z rodziną czekała na ewakuację. Podobnie myślała większość z 15 tysięcy czarnych mieszkańców Nowego Orleanu, którzy schronili się przed powodzią w hali sportowej Superdome, skąd później zostali przewiezieni szkolnymi autobusami na lotnisko.

Latoya mieszkała w Dziewiątej Dzielnicy, która znalazła się całkowicie pod wodą, gdy runęły wały przeciwpowodziowe. Przeżyła dzięki temu, że w przededniu uderzenia Katriny z mamą i siostrami przeniosła się do Superdome. Wielu z tych, którzy pozostali w swoich domach, zginęło, a chaotyczna i nieskuteczna akcja pomocy poszkodowanym tylko potwierdziła to, o czym Latoya była przekonana od dawna: że czarni są w Stanach Zjednoczonych obywatelami drugiej kategorii. Odkąd tylko pamięta, słyszała to od swojej mamy i jej koleżanek. To samo mówili murzyńscy działacze — wielebni Jessie Jackson i Al Sharpton.

Większość białych uważa jednak, że w ostatnich kilkudziesięciu latach państwo zrobiło bardzo wiele, by poprawić sytuację czarnych. Na dowód pokazują dane, z których wynika, że zwiększyły się nie tylko dochody Afroamerykanów, ale również poprawił się wyraźnie ich dostęp do edukacji i służby zdrowia. Dzięki akcji afirmacyjnej pojawiło się wielu czarnoskórych lekarzy, prawników i menedżerów. Oprah Winfrey i Bob Johnson, twórca skierowanej do Afroamerykanów telewizji rozrywkowej BET, zostali miliarderami. Afroamerykaninem jest obecny szef NASA, a Condoleezza Rice i Collin Powell należą do najbardziej cenionych polityków amerykańskich. Dla wielu Amerykanów koronnym argumentem na to, że bariery rasowe w USA runęły, jest wybór Baracka Obamy na prezydenta. Ich zdaniem państwo udzieliło wystarczającej pomocy mniejszościom i na dalszy sukces powinni zapracować sami. Część przedstawicieli prawicy twierdzi nawet, że promowanie i wspieranie mniejszości poszło tak daleko, że w Stanach Zjednoczonych dyskryminuje się białych.

W WALCE O RÓWNOUPRAWNIENIE BIAŁYCH

19-letni Colby Bohannan z Teksasu szukał stypendium, które pomogłoby mu opłacić studia. Trafiał na oferty pomocy finansowej dla różnych grup rasowych — Afroamerykanów, Azjatów oraz Indian. Widział też oferty dla kobiet, niepełnosprawnych i przedstawicieli mniejszości etnicznych. Bohannan był jednak białym Amerykaninem i nie należał do żadnej z tych grup. Z braku funduszy na studia wstąpił do armii i został wysłany do Iraku. Po powrocie z wojny przeczytał w gazecie o najnowszych wynikach spisu powszechnego. Z artykułu wynikało, że w Teksasie biali Amerykanie stanowią już tylko 45% populacji. Wtedy, wraz ze swoim kuzynem, założył stowarzyszenie, które po raz pierwszy w historii USA zaczęło oferować stypendia w wysokości 500 dolarów tylko białym mężczyznom. Utworzona przez niego organizacja nazywa się Stowarzyszenie Dawnej Większości na rzecz Równouprawnienia (ang. *Former Majority Association for Equality*). Uprzedzając krytykę, Bohannan oświadczył, że nie jest rasistą i nie kieruje się rasowymi motywami. „Nie głosimy supremacji białych i nie popieramy nikogo, kto wyznaje takie idee" — napisał na stronie internetowej stowarzyszenia. Jako dodatkowe kryteria przy przyznawaniu stypendiów, poza rasą, wymienił średnią ocen w liceum na poziomie co najmniej 3.0 (amerykańska klasyfikacja punktowa ocen od 0 do 4) oraz trudną sytuację materialną. W ten sposób Colby Bohannan wywołał burzę, jeszcze zanim pierwsze stypendium zostało przyznane.

Z natychmiastową krytyką stypendium dla białych wystąpił czarnoskóry profesor studiów afroamerykańskich z nowojorskiego Uniwersytetu Columbia Marc Lamont Hill. Wskazał on na statystyki, z których wynika, że po ukończeniu liceum aż 72% białych idzie na studia, podczas gdy wśród czarnych jest to tylko 56%. Zwrócił też uwagę, że tylko połowa Afroamerykanów kończy szkołę średnią.

— Samo bycie białym jest formą stypendium. Biali mają lepszy dostęp do dobrych szkół, lepsze warunki mieszkaniowe, lepszą opiekę zdrowotną. Nie ma potrzeby dodatkowo wspierać ich jako grupy rasowej — przekonywał profesor w telewizji MSNBC, tłumacząc, że stypendia dla Afroamerykanów czy Indian mają zadośćuczynić za historyczne krzywdy wyrządzone im w Stanach Zjednoczonych.

— Ustanowienie stypendiów dla białych to spektakl, który obserwujemy coraz częściej. Biały człowiek jest wyraźnie sfrustrowany faktem, że świat może być trochę bardziej sprawiedliwy — dodał.

Przysłuchując się wywodom profesora, obecny w studiu Colby Bohannan kręcił głową.

— Skoro tak, to może wejdę do banku i powiem: „Hej. Zapomnijmy na chwilę, że jestem biały. Czy moglibyście sypnąć trochę kasy na moje konto?".

Bohannan nie wspomniał jednak o tym, że co roku miliony białych studentów korzystają z państwowych grantów i zwolnień podatkowych na pokrycie kosztów studiów. Co więcej, dziesiątki tysięcy instytucji i organizacji oferują stypendia, nie stosując kryterium rasowego. Jedne przyznają je za wyniki w nauce, a inne za osiągnięcia w jakiejś dziedzinie. Są też takie, które mają wymagania etniczne. Na przykład Fundacja Kościuszkowska stawia warunek, aby osoba, która ubiega się o dofinansowanie nauki, należała do Polonii. Mimo że to kryterium dyskryminuje Azjatów, Afroamerykanów i Latynosów, bo mało który z nich ma polskie korzenie, nikt przeciwko warunkom określonym przez Fundację Kościuszkowską nie protestuje.

Pomysł stypendiów dla białych wywołał przy okazji kolejną debatę na temat kontynuowania akcji afirmacyjnej. Jej przeciwnicy zwracają uwagę na to, że ta akcja prowadzi do sytuacji, w której osoby o wyższych kwalifikacjach nie są przyjmowane na studia lub do pracy ze względu na to, że należą do „niewłaściwej rasy". Ich zdaniem jest to swego rodzaju „odwrotna dyskryminacja". Niektórzy twierdzą również, że akcja afirmacyjna promuje dobrze sytuowanych Afroamerykanów i Latynosów kosztem biedniejszych białych i Azjatów. W ten sposób zmniejsza się co prawda podziały rasowe, ale pogłębia nierówności klasowe. Przeciwnicy akcji afirmacyjnej argumentują też, że powoduje ona obniżenie wymagań merytorycznych na uczelniach. Przekonują, że zadośćuczynienie za dawne krzywdy poprzez wcielanie nowych niesprawiedliwych reguł podtrzymuje konflikty rasowe, zamiast je niwelować. Zwolennicy akcji afirmacyjnej zwracają uwagę na wciąż ogromne dysproporcje pomiędzy rasami oraz utrzymujące się w społeczeństwie amerykańskim uprzedzenia rasowe. Ich zdaniem alternatywą dla akcji afirmacyjnej jest pozostawienie albo nawet pogłębienie ogromnych nierówności społecznych pomiędzy różnymi rasami i grupami etnicznymi. W ciągu ostatnich kilkunastu lat amerykańskie sądy unieważniały pewne formy promowania mniejszości rasowych — np. arbitralne wyznaczanie przez uczelnie odsetka studentów reprezentujących poszczególne rasy. Legalność samej akcji afirmacyjnej została jednak podtrzymana przez Sąd Najwyższy USA w 2003 r. Decyzja w tej sprawie zapadła stosunkiem głosów 5 – 4, a decydujący głos poparcia dla akcji oddała sędzia Sandra Day O'Connor, która uzasadniła swoją decyzję w następujący sposób: „Spodziewam się, że za 25 lat stosowanie preferencji rasowych nie będzie konieczne do realizacji interesu społecznego, który dziś postanowiliśmy jednak jeszcze chronić". Przebieg trwającej w USA narodowej debaty na temat akcji afirmacyjnej wskazuje jednak, że Ameryka może zrezygnować z niej dużo szybciej niż za 25 lat, a kryterium rasowe zostanie zastąpione kryterium klasowym.

Na razie na amerykańskich forach internetowych dyskusja na temat akcji afirmacyjnej oraz relacji rasowych często przeradza się w kłótnię. Konserwatyści zarzucają czarnoskórym działaczom dyskryminację białych. Pytają też, jak długo można stosować odpowiedzialność zbiorową. W odpowiedzi słyszą, że to nie oni musieli siadać na końcu autobusu. Czasem pojawiają się oskarżenia o rasizm. Dyskusja na temat podziałów rasowych w USA jest

bardzo trudna, a czasami wybuchowa. Poza anonimowymi forami interneto-
wymi biali unikają tego tematu, a jeśli już go podejmują, to są niezwykle
ostrożni. To, że mają dość roszczeniowej postawy czarnych, można wy-
czytać tylko między wierszami. Niekorzystne opinie są często zakamuflowa-
ne, a delikatną kwestią jest nawet sama terminologia, jaką określa się czarnoskórych Amerykanów.

MURZYNÓW JUŻ TU NIE MA

Najbardziej poprawne politycznie określenie czarnoskórych Amerykanów
to *African American*, czyli Afroamerykanie. Powszechnie też używa się określenia *black*, czyli czarni. Nazwy Afroamerykanie i czarni pojawiają się w mediach, oficjalnych dokumentach i w języku potocznym. Z użycia wyszły pochodzące z czasów niewolnictwa i segregacji rasowej określenia *colored*,
czyli kolorowi, oraz *Negros*, czyli Murzyni. Co ciekawe, nazwami *colored*
i *Negros* posługują się czasem starsi Afroamerykanie.

Najbardziej obraźliwe, wręcz rasistowskie, jest określenie *nigger*, czyli
czarnuch. W 2007 r. rada miasta Nowy Jork stosunkiem głosów 49 do 0
przyjęła rezolucję zakazującą używania tego słowa. Zakaz ma symboliczny
charakter i nie przewiduje żadnych sankcji. Rezolucja ma tylko zniechęcić
mieszkańców Nowego Jorku do mówienia *nigger*. Warto wspomnieć, że
określenia *nigger* czarni Amerykanie używają między sobą.

Co jakiś czas na świecie i w samych Stanach Zjednoczonych powraca
dyskusja na temat amerykańskiego rasizmu. Ostatnio przetoczyła się przez
media przy okazji wyboru na stanowisko prezydenta Baracka Obamy. Dla
jednych był to koronny dowód na to, że Ameryka przezwyciężyła spuściznę
rasizmu. Inni przekonywali jednak, że Obama wygrał wybory tylko dlatego,
że uzyskał masowe poparcie czarnych, ale zachował dystans do ich społeczności. Z moich obserwacji wynika, że w USA istnieje niechęć białych do czarnych, ale niechęć ta nie ma wiele wspólnego z kolorem skóry, tylko z dez-
aprobatą dla wysokiej przestępczości, patologii społecznych i roszczeniowej
postawy Afroamerykanów. Pewną rolę odgrywają także stereotypy kulturowe. Jednak klasyczny rasizm polegający na dyskryminacji z powodu przynależności do innej rasy jest obcy zdecydowanej większości Amerykanów.

Przekonałem się o tym wielokrotnie, choćby obserwując ostatnie prawybory republikanów. Jednym z kandydatów tej partii ubiegających się o nominację był czarnoskóry biznesmen Herman Cain, którego wyborcy cenili za bezpośredniość, otwartość i prosty język. Cain jeździł na spotkania z wyborcami m.in. na amerykańskie Południe, którego biali mieszkańcy są pierwszymi podejrzanymi o rasizm. Po jednym z takich spotkań dziennikarz CNN zapytał wychodzącego z sali starszego farmera, czy popiera Hermana Caina, a jeśli tak, to dlaczego. „Popieram go, bo jest taki jak ja" — odpowiedział biały mężczyzna, wskazując na plakat czarnego jak smoła kandydata.

Rozdział 6.
Raj dla bogów

WIARA W CENIE

Stany Zjednoczone są najbardziej religijnym krajem Zachodu. Prawie wszyscy Amerykanie wierzą w Boga lub inną siłę wyższą. Ośmiu na dziesięciu jest przekonanych o istnieniu nieba i aniołów, a siedmiu na dziesięciu uważa za pewne lub prawdopodobne istnienie piekła oraz diabła. 56% Amerykanów twierdzi, że anioł roztacza nad nimi opiekę, a 44% deklaruje, że otrzymało jakąś misję od Boga. Co piąty słyszał głos boży, tyle samo jest przekonanych, że zostali cudownie uzdrowieni. Ateista nie ma szans zostać prezydentem Stanów Zjednoczonych. W przeprowadzonym przez Instytut Gallupa kilka lat temu sondażu dziewięciu na dziesięciu Amerykanów zadeklarowało gotowość do głosowania na katolika, Afroamerykanina, Żyda, kobietę i Latynosa. Ponad 2/3 ankietowanych byłoby skłonnych poprzeć mormona i wielokrotnego rozwodnika. Nawet homoseksualista otrzymał 55% pozytywnych deklaracji. Na szarym końcu rankingu znalazł się ateista, na którego większość Amerykanów nie oddałaby głosu w wyborach. Komentując wyniki tego sondażu, publicysta dziennika „Washington Post" stwierdził, że prezydentem USA prędzej niż ateista zostałby satanista, bo w Ameryce „trzeba w coś wierzyć".

W amerykańskim życiu publicznym religia jest wszechobecna. Prezydent każde swoje wystąpienie kończy słowami: „Boże, pobłogosław Stany Zjednoczone Ameryki" i co roku organizuje w Białym Domu śniadanie modlitewne, na które zaprasza przedstawicieli wszystkich wyznań. Politycy podczas kampanii wyborczych często odwołują się do Boga i mówią o tym, jak wielkie znaczenie w ich życiu ma wiara. Zwykli Amerykanie też nie mają problemu z demonstrowaniem swojej religijności. Niektórzy idąc do szkoły czy do pracy, wieszają na szyjach krzyżyki, zakładają na głowy jarmułki albo zakrywają twarze burkami. Inni przyklejają na swoich samochodach naklejki z napisem „Jezus jest Twoim zbawcą". Jednak obecność religii w życiu publicznym, która wynika z prawa do wolności wypowiedzi, nie oznacza obecności religii w sferze państwowej, ponieważ w USA bardzo wyraźnie przestrzega się rozdziału kościoła od państwa. Nie ma tu mowy o lekcjach religii w szkołach, krzyżach w klasach i budynkach instytucji rządowych ani o wspieraniu kościołów z funduszy publicznych. Rozdział ten dobrze służy nie tylko państwu, ale i kościołom, a religijność w USA kwitnie.

Ameryka nie zawsze była krajem aż tak religijnym. W 1776 r., czyli w początkach Stanów Zjednoczonych, przynależność do lokalnej grupy wyznaniowej deklarowało tylko 17% mieszkańców. Dopiero na początku XX w. liczba ta przekroczyła 50%, a w 2005 r. sięgnęła 70%. Tak znaczący wzrost religijności Amerykanów historycy i socjologowie tłumaczą m.in. pluralizmem wyznaniowym, który skutkował dużą konkurencją pomiędzy kościołami. Aby przetrwać, musiały one aktywnie zabiegać o nowych członków i lepiej wsłuchiwać się w ich potrzeby. Były zmuszone doskonalić swój „produkt" i zachęcać wiernych, by z niego skorzystali. Religioznawcy używają nawet określenia „rynek religii", bo obszar wiary w USA przypomina wielkie centrum handlowe, gdzie tłoczą się tłumy klientów, a oferta jest łatwo dostępna i w zasadzie nieograniczona.

ZBAWIENIE — 50% ZNIŻKI

Amerykańskie „centrum handlowe" o nazwie Religia jest zdominowane przez chrześcijan. Najwięcej miejsca zajmuje tu protestancki „hipermarket" Kalwin & Luter, gdzie w kilkudziesięciu działach znajduje się 300 tysięcy zgromadzeń reprezentujących tysiące wyznań. Jest ich tak dużo, ponieważ protestantyzm jest ruchem oddolnym. Grupa wiernych może założyć zgromadzenie, które jest pełnoprawnym kościołem. Niektóre zgromadzenia protestanckie stanowią osobne autonomiczne kościoły, inne są częścią większej całości. Na przykład Ewangelikalny Kościół Luterański Ameryki składa się z 10 tysięcy lokalnych zgromadzeń. Szerszym pojęciem niż kościół jest wyznanie, które charakteryzuje odrębna doktryna. Wyznaniami są kalwinizm, luteranizm, metodyzm. W ramach jednego wyznania mogą działać tysiące kościołów, tak jak to jest u baptystów. Sprawę jeszcze bardziej komplikuje fakt, że mogą istnieć kościoły bezwyznaniowe, które nie są związane z żadnym wyznaniem, aczkolwiek przyjmują pięć podstawowych zasad protestantyzmu. Oferta „supermarketu" Kalwin & Luter jest tak szeroka i zróżnicowana, że można się w niej pogubić. Tym bardziej że między stoiskami krzątają się równie różnorodni sprzedawcy, zwani pastorami, których trudno czasami odróżnić od zwykłych klientów. Poza tym nie ma wśród nich żadnej hierarchii. Mimo że „sklep" Kalwin & Luter ma dosyć skromny wystrój, zagląda do niego ponad połowa Amerykanów.

Po drugiej stronie rozświetlonego łaską pańską holu znajduje się Rzymskokatolicki Salon Sprzedaży. Panuje w nim lekki półmrok, promienie słońca wpadają do środka przez okna z kolorowymi witrażami. Na ścianach wiszą obrazy przedstawiające twórców sklepu i pierwszych sprzedawców oraz historie z życia klientów. W Rzymskokatolickim Salonie Sprzedaży wszystko jest bardziej uporządkowane niż w „sklepie" Kalwin & Luter. Na rzeźbionych półkach znajduje się co prawda 19 tysięcy kościołów, ale różnią się one od siebie nieznacznie, ponieważ wszystkie mają te same symbole i wartości. Obsługa jest rozpoznawalna nawet z daleka. Zwykli sprzedawcy spacerują między półkami w czarnych strojach służbowych, a kierownicy działów chodzą w ornatach i fioletowych pelerynach. Rzymskokatolicki Salon Sprzedaży jest częścią potężnej międzynarodowej sieci, której główna siedziba znajduje się w Rzymie. W Stanach Zjednoczonych sklep ten ma 68 milionów wiernych klientów. Katolicy stanowią 23% populacji USA.

Obok znajduje się najstarszy ze wszystkich „sklepów religijnych" — Judaizm i S-ka, którego znakiem firmowym jest gwiazda Dawida. W USA ma on około 5 milionów klientów, a więc wielokrotnie mniej niż protestanccy i katoliccy konkurenci. Klienci „sklepu" Judaizm i S-ka, zwani żydami, modlą się w 3700 synagogach, z których większość zlokalizowana jest w dużych miastach, takich jak: Nowy Jork, Boston czy Los Angeles. Z badań wynika, że osoby związane z judaizmem są najbardziej świecką grupą. O ile 90% świadków Jehowy czy ewangelikanów jest całkowicie pewnych istnienia Boga, to wśród osób identyfikujących się z judaizmem takich ludzi jest tylko 40%. Niespełna 1/3 żydów deklaruje, że religia jest dla nich bardzo ważna, a zaledwie 16% regularnie modli się w synagogach.

Kawałek dalej swoją siedzibę ma jeden z młodszych religijnych „domów handlowych" — LDS. To skrót od ostatniego członu nazwy *The Church of Jesus Christ of Latter-day Saints*, co oznacza Kościół Jezusa Chrystusa Świętych w Dniach Ostatnich. Członkowie tego kościoła nazywają się mormonami i niesłusznie uważani są za poligamistów. Pod względem liczby klientów LDS jest porównywalny do judaizmu. Ma 5 – 6 milionów członków, co stanowi 2% populacji USA.

Za „hipermarketami" i „salonami sprzedaży" dużych wyznań znajdują się mniejsze sklepy, takie jak muzułmański Islam & Company, pochodzące z Indii Budda i Hindu oraz wschodnie Ortodoks Inc. Dalej trafiamy na jeszcze mniejsze sklepiki: scjentologów, gdzie zagląda Tom Cruise, oraz amerykańskich Indian, którzy podczas obrzędów spożywają pejotl, czyli kaktusy mające działanie psychotropowe. Są tu również stoiska sikhów, amiszów i wielu innych kościołów.

Amerykańskie „centrum handlowe" Religia ma ponad 270 milionów stałych klientów, gdyż 90% Amerykanów mówi, że wyznaje jakąś religię. Spośród pozostałych 10% aż 2/3 deklaruje wiarę w Boga lub siłę wyższą, ale nie utożsamia się z żadnym konkretnym wyznaniem. Sześciu na dziesięciu Amerykanów (59%) mówi, że religia jest bardzo ważna w ich życiu. To pięciokrotnie więcej niż we Francji, trzy razy tyle co w Niemczech i dwukrotnie więcej niż we Włoszech. Niemal 2/3 Amerykanów deklaruje, że codziennie się modli. Najbardziej gorliwi są mormoni, świadkowie Jehowy, czarnoskórzy baptyści i biali ewangelikanie. Oczywiście pod względem religijności w USA występują spore różnice geograficzne. Na Południu religia jest elementem codziennego życia, podczas gdy wschodnie wybrzeże jest bliższe świeckiej Europie Zachodniej. Generalnie rzecz biorąc: wiara ma się w Ameryce bardzo dobrze, aczkolwiek ogromny wybór i różnorodność oferty religijnej sprawiają, że kościoły muszą o wiernych intensywnie zabiegać.

PRZYJDŹ DO NAS, PRZEKLĘTY GRZESZNIKU

Podczas podróży po Ameryce moją ulubioną rozrywką, poza słuchaniem muzyki country, jest czytanie przykościelnych tablic reklamowych, które najczęściej spotyka się obok świątyń protestanckich. Gdzieniegdzie montowane są już tablice elektroniczne dające możliwość łatwej i szybkiej zmiany tekstu. Jednak najpopularniejsze są wciąż tradycyjne tablice, na których duże czarne litery wpinane są w prowadnice lub otwory. Umieszcza się na nich informacje na temat działalności kościoła, zaproszenia na msze oraz wezwania do przyłączenia się do danego zgromadzenia. Billboardy zawierają też często religijne przesłania, które są bardzo lakoniczne, gdyż jak obliczono, przeciętny kierowca spogląda na taki znak nie dłużej niż przez 5 sekund. Z moich nienaukowych i niereprezentatywnych obserwacji wynika, że najpopularniejszym tekstem jest proste, ale potężne przesłanie: „Bóg Cię kocha". Inne często spotykane hasła to: „Głosimy chwałę Boską" albo „Przyjdź do Jezusa". Wielu pastorów stara się jednak wymyślać niekonwencjonalne lub intrygujące hasła ze szczyptą humoru. Dzięki temu przy amerykańskich drogach można trafić na tablice z napisem:

— „Bóg jest miły".
— „Bóg chce być Twoim najlepszym przyjacielem".
— „Jezus wierzy w Ciebie".
— „Bóg jest w odległości jednej modlitwy".
— „Bóg też ma swoją cierpliwość".
— „Darmowa podróż do nieba. Szczegóły w środku".
— „Nie bój się jutra. Bóg już tam jest".

Czasami główny akcent kładzie się na dowcip. W ten sposób powstają hasła typu: „Modlitwa — bezprzewodowy i darmowy dostęp do Boga", „W piekle nie ma klimatyzacji" albo „Darmowa kawa i życie wieczne. Członkostwo w naszym Kościele wiąże się z przywilejami". Poczuciem humoru oraz inteligencją wykazał się autor hasła: „Są pytania, na które Google nie da odpowiedzi". Jednak czasami zabawne hasła powstają niechcący. Jedno ze zgromadzeń baptystycznych z Missouri reklamowało się hasłem: „Najlepsza pozycja to ta na klęczkach". Z kolei pastor z Ohio sparafrazował piosenkę Katty Perry *I Kissed a Girl*, umieszczając na tablicy słowa: „Pocałowałam dziewczynę i spodobało mi się to" z dopiskiem: „A potem trafiłam do piekła". Niektórzy pastorzy nie cackają się z wiernymi, stawiając na bezpośredniość, tak jak ten, który napisał: „Przyjdź do nas, przeklęty grzeszniku". Hasła reklamowe wystawiają także rabini. Jeden z nich umieścił na tablicy napis: „Nie boimy się świńskiej grypy, bo nie jemy wieprzowiny".

Przydrożne tablice służą jako narzędzie komunikacji z wiernymi, ale są również elementem religijnego marketingu. Amerykańskie kościoły muszą go stosować, bo tutejszy rynek religii jest dynamiczny i panuje na nim bardzo duża konkurencja. Każdego roku w USA znikają tysiące kościołów, od których odchodzą wierni, a w ich miejsce powstają tysiące nowych. Klienci mają szeroką, różnorodną ofertę i chętnie z niej korzystają.

Przeciętny Polak rodzi się katolikiem, przyjmuje katolickie sakramenty i umiera jako katolik. W Stanach Zjednoczonych nie jest niczym nadzwyczajnym, że protestant staje się muzułmaninem, katolik protestantem, żyd przechodzi na chrześcijaństwo, a chrześcijanin na buddyzm. Z badań wynika, że ponad 1/4 Amerykanów (28%) zmieniła lub porzuciła swoją wiarę. Jeśli dodatkowo uwzględnić osoby, które przeszły na inne wyznanie w ramach protestantyzmu, to okaże się, że prawie połowa Amerykanów (44%) zmieniła przynależność religijną. Poza tym wchodząc w związki małżeńskie, Amerykanie przywiązują coraz mniejszą wagę do religii partnera, co sprawia, że przynależność do danego kościoła przestaje być przekazywana z pokolenia na pokolenie.

Badania i statystyki wskazują na to, że w sferze religii Ameryka staje się coraz bardziej spolaryzowana. Rośnie liczba osób deklarujących, że nie są związani z żadnym konkretnym kościołem, a równocześnie w siłę rośnie konserwatywny ewangelikalizm. Słabną natomiast umiarkowane ruchy protestanckie, takie jak luteranizm czy kalwinizm, oraz katolicyzm. O ile co trzeci Amerykanin był wychowywany jako katolik, o tyle obecnie jest nim tylko co czwarty. Ratunkiem dla Kościoła katolickiego są imigranci z Ameryki Południowej, wśród których katolicy stanowią większość.

Mimo przegrupowań i przepływu wiernych z jednych kościołów do innych w Stanach Zjednoczonych wciąż dominują chrześcijanie. Przynależność do tego nurtu deklaruje czterech na pięciu Amerykanów (78%). Ponad połowa populacji USA to protestanci, którzy nie tylko stworzyli Amerykę, ale i odcisnęli szczególne piętno na systemie wartości swego kraju.

SPUŚCIZNA KALWINA

Kiedy żyłem w Polsce, nie rozumiałem protestantyzmu. Oczywiście uczyłem się w szkole o 95 tezach Marcina Lutra przybitych do drzwi kościoła w Wittenberdze, krytyce sprzedaży odpustów oraz odrzuceniu kultu maryjnego, celibatu księży i władzy papieża. Wiedziałem, że w protestanckich kościołach nie ma takiego przepychu jak w świątyniach katolickich. Pamiętałem, że w odróżnieniu od katolicyzmu, w którym Pismo Święte interpretują papież i biskupi, u protestantów robią to sami wierni. Nie miałem jednak pojęcia, jak poważne konsekwencje dla rozumienia świata i człowieka może mieć przyjęcie zasad protestantyzmu, a szczególnie kalwinizmu, który wywarł największy wpływ na system wartości i normy społeczne Stanów Zjednoczonych. Kalwiniści stanowili pierwszą falę religijnej imigracji do Ameryki, a ponieważ tworzyli bardzo stabilną i wpływową społeczność, przez długi czas byli elitą tego kraju i odcisnęli na nim głębokie piętno.

Istotą przesłania pierwszego teologa reformacji, Marcina Lutra, było stwierdzenie, że do kontaktu z Bogiem wystarczy Biblia. W katolicyzmie wierni są skazani na łaskę i niełaskę księży, którzy interpretują Stary i Nowy Testament, udzielają sakramentów, odpustów i rozgrzeszenia. Protestantom do zbawienia nie potrzeba instytucji kościoła, wystarczy gorąca wiara w Boga i uznanie Jezusa za Zbawiciela. Jeszcze bardziej radykalne odejście od doktryny Kościoła katolickiego reprezentował szwajcarski prawnik i teolog Jan Kalwin. Według niego Bóg jednych wybrał do zbawienia i życia wiecznego, a innych przeznaczył na potępienie. Doktryna Kalwina zakłada, że człowiek nie może w żaden sposób zmienić tego losu. Na nic się zdadzą dobre uczynki i życie bez grzechu. Albo ktoś jest przeznaczony do nieba i czeka go życie wieczne, albo jest przeklęty i po śmierci trafi do piekła. Podstawą kalwinizmu jest więc koncepcja predestynacji.

Wydawać by się mogło, że predestynacja powinna prowadzić do hedonizmu, zgorszenia i zachwiania norm moralnych. Po co bowiem wyrzekać się czegokolwiek, po co czynić dobro, po co przestrzegać norm moralnych, skoro i tak nie da się zmienić woli Bożej? Czyż nie lepiej korzystać z wszelkich przyjemności życia na ziemi, jeśli i tak co ma być, to będzie? Okazuje się jednak, że mechanizm psychologiczny predestynacji jest zupełnie inny. Kalwiniści rzeczywiście wierzyli, że ich los został już przesądzony i nie mają nań żadnego wpływu. Problem polegał jednak na tym, że nie znali tego losu i nie wiedzieli, czy po śmierci czeka ich niebo, czy piekło. Poszukiwali więc oznak tego, że właśnie ich Bóg obdarzył łaską życia wiecznego. A ponieważ bardzo chcieli iść do nieba, robili wszystko, by udowodnić sobie i innym, że należą do wybranych. Przestrzegali więc zasad moralnych, dbali o porządek, starali się być dobrzy dla innych i pracowali na własny sukces ekonomiczny. Dopiero w ten sposób mogli nabrać przekonania, że naprawdę zostali wybrani. Nigdy jednak nie mieli stuprocentowej pewności, więc nie mogli spocząć na laurach.

W pierwszej połowie XVII w. do Ameryki dotarło 16 tysięcy kalwinistów zwanych purytanami. Wyruszyli do Nowego Świata, by zrealizować zapisaną w Starym Testamencie wizję „miasta na wzgórzu", które miało być wzorem prawdziwego chrześcijaństwa. Na terytorium obecnej Nowej Anglii (gdzie zresztą dotarli przez pomyłkę w wyniku błędu w nawigacji) założyli kilka kolonii i tam swoje religijne wartości przekładali na system prawny i ustrój polityczny. W odróżnieniu od kolonii założonych wcześniej w stanach Wirginia i Maryland, które powstały głównie z powodów ekonomicznych i przeżywały kryzys za kryzysem, społeczeństwa purytanów były wzorem stabilności. Purytanie mieli też silne poczucie wspólnoty, co przekładało się na szacunek dla prawa i norm społecznych. Zakładali szkoły, ponieważ jako protestanci musieli umieć czytać i pisać, by samodzielnie studiować Biblię i opisywać swoje sukcesy na ziemi, które były oznakami tego, że Bóg obdarzył ich łaską życia wiecznego.

Niemiecki socjolog Max Weber, który żył na początku ubiegłego stulecia, twierdził, że doktryna predestynacji była jedną z głównych przyczyn sukcesu ekonomicznego Stanów Zjednoczonych oraz protestanckich krajów Europy Północnej. W swojej pracy *Protestancka etyka pracy a duch kapitalizmu* Weber argumentował, że niepewność co do własnego losu skłaniała protestantów do nadzwyczajnego wysiłku. Ich sukces ekonomiczny był bowiem nie tylko powodem do dumy, ale również dowodem na to, że należą do wybranych przez Boga. Weber zwracał też uwagę na to, że wśród protestanckich purytanów panowało przekonanie, iż pracą oddają cześć Bogu. Jako ludzie bardzo religijni nie akceptowali oni nadmiernej konsumpcji oraz bezczynności. W ten sposób w amerykańskich koloniach purytańskich powstał etos zarabiania pieniędzy, oszczędzania i inwestowania, który przyczynił się do rozwoju nowoczesnego kapitalizmu. Najbardziej zagorzałym wyznawcą tych wartości był jeden z ojców założycieli USA Benjamin

Franklin, którego rodzice byli purytanami. Nie przegapił on żadnej okazji, by pouczać swoich rodaków, że „cent zaoszczędzony jest centem zarobionym" i „jeśli wiesz, jak wydawać mniej, niż zarabiasz, to znalazłeś kamień filozoficzny".

Tezy Maxa Webera zostały skrytykowane przez niektórych historyków i ekonomistów. Pokazywali oni przykłady włoskich państw-miast, takich jak Wenecja czy Genua, które odniosły duży sukces gospodarczy, mimo że były katolickie. Religioznawcy zwracali też uwagę na to, że Weber bezpodstawnie rozszerzył doktrynę kalwinistów na inne ruchy protestanckie, a część historyków przekonywała, że wbrew twierdzeniom Webera gospodarka rynkowa pojawiła się w Europie przed protestantyzmem. Trudno jednak podważyć fakt, że kalwinistyczna doktryna predestynacji wyeksponowała powodzenie w życiu doczesnym jako przejaw łaski bożej, co było jednym z kół napędowych kapitalizmu i przełożyło się na sukces Stanów Zjednoczonych. A obserwując zachowania współczesnych Amerykanów, można dojść do wniosku, że spuścizna kalwinizmu jest wciąż obecna w ich kulturze i systemie wartości.

JESTEM BŁOGOSŁAWIONY

Amerykanie cenią sukces i poważają tych, którym się w życiu powiodło. Największy szacunek budzą u nich ludzie, którzy doszli do fortuny lub sławy własną ciężką pracą. Podziwiają jednak również tych, którzy odnieśli sukces, bo zostali obdarzeni szczęściem, urodą i talentem. Ich powodzenie jest bowiem oznaką, że są wybrańcami Boga. Kiedy w 2006 r. Walter Breuning jako najstarszy Amerykanin został zagadnięty przez dziennikarza o to, w czym tkwi tajemnica jego długowieczności, 110-letni mieszkaniec stanu Montana nie pochwalił własnych zasług, mówiąc np.: „Prowadziłem zdrowy tryb życia, byłem aktywny fizycznie". Jego odpowiedź brzmiała: „Widocznie Bóg mnie wybrał".

Telewizja ABC pokazała kiedyś program o amerykańskich mamach, które wydawały po 2000 – 3000 dolarów na przygotowanie córek do balu maturalnego. Pieniądze te szły na suknie, buty, fryzjerów, kosmetyczki, solarium itp. Gdy dziennikarka zapytała jedną z takich uczennic, czy koleżanki nie powiedzą o niej, że jest za bardzo rozpieszczona, dziewczyna pokręciła przecząco głową i odpowiedziała: „Absolutnie nie. Pomyślą, że jestem szczęściarą, że jestem błogosławiona". Stwierdziła też, że koleżanki, które są brzydsze i nie mają pieniędzy na eleganckie stroje, uznawane są za pechowe i nie są zbyt dobrze traktowane. Rozmawiając z Amerykanami, którym coś się udało, wielokrotnie słyszałem słowa: *I am blessed*, czyli: „Jestem błogosławiony".

Amerykańska afirmacja sukcesu obejmuje również powodzenie finansowe. W Polsce można usłyszeć: „Prędzej wielbłąd przejdzie przez ucho igielne, niż bogaty trafi do nieba". W Ameryce sukces finansowy absolutnie nie jest powodem do tłumaczenia się czy wyrzutów sumienia. Wręcz przeciwnie, w USA są nawet pastorzy, którzy głoszą teologię sukcesu i co niedzielę przekonują wiernych, że ci już wkrótce zostaną milionerami.

Teologia katolicka mówi, że jeśli tylko ludzie będą żyli zgodnie z dziesięcioma przykazaniami, przyjmowali sakramenty i modlili się do Boga, to w nagrodę pójdą do nieba. W kalwinizmie ani dobrymi uczynkami, ani nawet wiarą nie można zapracować na niebo. Albo jesteś wybrany i czeka cię życie wieczne, albo przegrałeś i nic nie możesz z tym zrobić. Niewykluczone, że właśnie dlatego w Stanach Zjednoczonych jedną z największych obelg jest *looser*, czyli: „przegrany". Gdy amerykańskie dzieci chcą być naprawdę okrutne, to używają wobec swoich rówieśników właśnie tego określenia. Słownik gwary miejskiej wyjaśnia żartobliwie, że „obrażanie *loosera* jest całkowicie dopuszczalne, ponieważ niżej już upaść nie może, więc bardzo go to nie zaboli". Ale żart ze słownika wcale nie jest oderwany od rzeczywistości. W książce *The Cheating Culture* (*Kultura oszukiwania*) David Callahan pisze: „Amerykanie mają tendencję do oceniania wartości moralnej ludzi na podstawie ich sukcesu ekonomicznego. Stare powiedzenie mówi, że każdy kocha zwycięzcę, i nigdzie na świecie nie jest ono bardziej prawdziwe niż w Ameryce. Zwycięzcy uważani są za godnych podziwu i naśladowania. Przegrani zasługują na surowe traktowanie — dla ich własnego dobra". Może właśnie dlatego Amerykanie tolerują fakt, że 50 milionów ich rodaków nie ma ubezpieczeń zdrowotnych, a próba zmiany tej sytuacji przez Baracka Obamę spotyka się z zaciekłym oporem?

Temat wpływu religii protestanckiej, a szczególnie kalwinizmu, na amerykańskie wartości wydał mi się do tego stopnia fascynujący, że postanowiłem poczytać więcej na ten temat. Wsiadłem do samochodu i ruszyłem bulwarem Wilsona w kierunku biblioteki. Po drodze uświadomiłem sobie, że amerykański protestantyzm ma także inne konsekwencje. Wystarczy popatrzeć na relacje pomiędzy duchownymi a wiernymi. W Kościele katolickim księdza porównuje się do pasterza, a parafian do owieczek, które trzeba poprowadzić właściwą drogą, a gdy z niej schodzą, skarcić. Ksiądz katolicki ma ogromną władzę nad wiernymi, bo jest pośrednikiem pomiędzy Bogiem a człowiekiem, interpretuje Pismo Święte, spowiada, udziela rozgrzeszenia i sakramentów. W ten sposób ma zasadniczy wpływ na to, czy ktoś pójdzie do nieba, czy będzie się smażył w piekle. W polskich kościołach duchowni bardzo często patrzą na wiernych z góry, krytykują ich, pouczają i moralizują. U protestantów rzadko widzi się takie sytuacje. W ich religii występuje powszechne kapłaństwo wszystkich wierzących, którzy poprzez lekturę Biblii nawiązują bezpośredni kontakt z Bogiem. W kościołach protestanckich pastor pełni funkcję pomocniczą, jest kimś w rodzaju duchowego opiekuna danego zgromadzenia. Przy tego rodzaju relacjach nie ma mowy o traktowaniu wiernych z pozycji siły.

Z bulwaru Wilsona skręcam w Fairfax Drive i mijam budynek Prezbiteriańskiego Kościoła Emanuela. Kościół ten wywodzi się właśnie z kalwinizmu i należy do tzw. głównego nurtu amerykańskiego protestantyzmu. Poza prezbiterianami należą do niego również m.in.: luteranie, metodyści, północni baptyści oraz kongregacjonaliści. Kościoły te dominowały w początkach Ameryki, ale od połowy XX w. zdecydowanie słabną. Obecnie identyfikuje się z nimi zaledwie 18% Amerykanów. Protestantów głównego nurtu charakteryzuje stosunkowo liberalna ideologia. W swojej nauce eksponują takie wartości, jak sprawiedliwość społeczna oraz prawa mniejszości i kobiet, które w Kościele prezbiteriańskim mogą być pastorami. Jedną z takich kobiet jest wielebna Jane Spahr z w Kalifornii, która udziela ślubów parom gejów i lesbijek. Obecnie kościoły głównego nurtu protestantyzmu przeżywają kryzys, polegający na utracie wiernych. Nie zmienia to jednak faktu, że to właśnie te kościoły odegrały kluczową rolę w tworzeniu państwa amerykańskiego. Dotyczy to w szczególności kalwinistów, którzy zdecydowanie odrzucali autorytaryzm, sprzeciwiali się wszechwładzy państwa, a idea wolności i samostanowienia była wyjątkowo bliska ich sercom. Biblijne „miasto na wzgórzu", które postanowili stworzyć w Ameryce, miało być nie tylko wzorem moralności, ale również sprawiedliwości. Niemiecki historyk Leopold von Ranke stwierdził: „Kalwin był pośrednim twórcą Ameryki", a profesor z Harvardu George Bancroft powiedział, że „ten, kto nie składa hołdu pamięci Kalwina, niewiele wie o korzeniach amerykańskiej wolności". Ideologia wyjątkowości Stanów Zjednoczonych, która mówi o tym, że Amerykanie są narodem wybranym przez Boga, też ma źródła w kalwinizmie.

Po kilku minutach dojeżdżam do budynku biblioteki. Zostawiam auto na parkingu i wchodzę do środka, by odebrać zamówione przez internet książki. Przy kontuarze stoi uśmiechnięty pracownik biblioteki, który wita mnie tradycyjnym amerykańskim *How are you?*, czyli: „Jak się masz?". Już mam odpowiedzieć: „Eeeee, stara bieda", ale nie bardzo mogę sobie przypomnieć, jak się po angielsku mówi „stara bieda". Wypalam więc jak typowy Amerykanin: „Świetnie! Dziękuję". Wtedy uświadamiam sobie, że tym sposobem pośrednio oświadczyłem: „Jestem zbawiony. Czeka mnie życie wieczne". Gdy chwilę później wychodzę z biblioteki z książkami za pazuchą, mam wrażenie, że jestem bardziej wyprostowany, moja głowa jest odrobinę wyżej podniesiona, idę pewniejszym krokiem. I na pewno nie miałbym na twarzy tego pogodnego uśmiechu, gdybym chwilę wcześniej zamiast ogłosić światu, że jestem zbawiony, odpowiedział: „Stara bieda", co by oznaczało, że Bóg mnie porzucił, jestem przeklęty i będę się smażył w piekle, w którym nawet nie zainstalowali klimatyzacji.

TRUDNA DROGA DO TOLERANCJI

W 1844 r. w Filadelfii doszło do antykatolickich zamieszek, w których zginęło co najmniej trzydzieści osób, a ponad sto zostało rannych. Spalono dwa kościoły, a setki mieszkańców miasta musiały porzucić swe domostwa. Powodem ataków na katolików była plotka, że chcą doprowadzić do usunięcia protestanckiej wersji Biblii ze szkół publicznych. Wydarzenia w Filadelfii, które nazwano później biblijnymi zamieszkami, to jeden z wielu przykładów, że Ameryka nie zawsze dorastała do ideału religijnej tolerancji.

Pielgrzymi, którzy przybyli do Ameryki na początku XVII w., uciekali z Anglii przed prześladowaniami religijnymi, ale kolonia założona przez nich na terytorium obecnego stanu Massachusetts wzorem tolerancji nie była.

Przekonał się o tym protestancki teolog Roger Williams, który z powodu różnic doktrynalnych został uznany za heretyka i wypędzony. W purytańskim Bostonie w 1660 r. powieszono Mary Dyer, która głosiła w kolonii Massachusetts idee niezgodne z oficjalną religią tego stanu. Dyer należała do kwakrów, którzy przybyli do Ameryki w poszukiwaniu wolności religijnej, ponieważ w Anglii byli prześladowani i wsadzani do więzień.

Zarówno w okresie kolonialnym, jak i później niełatwe życie w Stanach Zjednoczonych mieli katolicy. Niechęć wobec nich wynikała m.in. z lęku protestantów, że Ameryka znajdzie się pod władzą papieża i że wolność, jaką wywalczyli sobie podczas reformacji, zostanie im odebrana. Niektórzy teologowie protestanccy przedstawiali Kościół katolicki jako Nierządnicę Babilonu albo Antychrysta opisanych w Apokalipsie. Wrogość do katolików sprawiła, że zabroniono im osiedlania się w Wirginii i Massachusetts, a w stanie Nowy Jork zakazano sprawowania urzędów publicznych. W 1834 r. tłum spalił klasztor Urszulanek w Bostonie, a w połowie XVIII w. antykatolickie wystąpienia wywołała fala imigracji z Irlandii. By uchronić dzieci przed protestancką indoktrynacją, Kościół katolicki zaczął zakładać własne szkoły parafialne. Na początku XX w. Ku-Klux-Klan domagał się ich zlikwidowania, twierdząc, że stały się ośrodkami separatyzmu. Dopiero po II wojnie światowej antykatolickie nastroje osłabły, czego przejawem był wybór Johna Kennedy'ego na prezydenta Stanów Zjednoczonych.

Z nietolerancją i otwartą wrogością spotykali się też mormoni. W 1838 r. po konfliktach o ziemię i sporach polityczno-teologicznych zostali wypędzeni z Missouri. Jednak zanim zdążyli opuścić ten stan, lokalne bojówki dokonały masakry, w której zginęło 17 mormonów, w tym kobiety i dzieci. W 1844 r. twórca tego kościoła Joseph Smith został zamordowany przez tłum, który wtargnął do więzienia w Carthage w Illinois, gdzie Smith odsiadywał wyrok. Powodem ataków na mormonów było m.in. praktykowane przez nich w XIX w. wielożeństwo. Mormoni także dziś mają liczną grupę przeciwników twierdzących, że ich kościół jest jednym wielkim oszustwem.

Mimo że konfliktów na tle religijnym w USA było sporo, zawsze znajdowali się politycy nie tylko głoszący idee tolerancji, ale i wcielający je w życie. Jednym z nich był założyciel Pensylwanii William Penn, który zaoferował w swoim stanie bezpieczne schronienie dla katolików. Ustawę o tolerancji religijnej dla wszystkich chrześcijan już w 1649 r. przyjął stan Maryland, choć kwestionowanie świętości Jezusa nadal było zagrożone karą śmierci.

W początkach Stanów Zjednoczonych Thomas Jefferson i James Madison zaczęli głosić ideę rozdziału kościoła od państwa, którą później zapisano w amerykańskiej konstytucji. Artykuł VI tego dokumentu mówi, że żadne kryterium religijne nie powinno być stosowane przy obsadzaniu urzędów państwowych, a pierwsza poprawka zakazuje parlamentowi wspierania jakiegokolwiek kościoła i ograniczania prawa do wyznawania religii. W całej konstytucji nie pada też słowo „Bóg". I choć idea świeckiego państwa często nie była realizowana, a tolerancja religijna długo pozostawała pobożnym życzeniem, konstytucyjne zapisy dotyczące religii stały się fundamentem, na którym w XX w. powstał wysoki mur pomiędzy państwem a kościołem. Właśnie ten mur umożliwia zgodne współistnienie setek różnych wyznań i nie pozwala żadnemu kościołowi dominować nad innym.

WYSOKI MUR

Przy ambasadzie RP w Waszyngtonie działa polska szkoła, do której chodzą dzieci mieszkających tu Polaków. Zajęcia obejmują podstawowe przedmioty, takie jak: język polski, matematyka, historia, chemia czy fizyka. Lekcje odbywają się tylko w soboty, ponieważ w tygodniu dzieci chodzą do szkół amerykańskich. Ze względu na ograniczony zakres działania polska szkoła w Waszyngtonie nie posiada własnego budynku, lecz wynajmuje pomieszczenia w szkołach lokalnych. Tak się składa, że zawsze są to szkoły prywatne. Dlaczego tak się dzieje? Otóż wynajęcie sal w szkole publicznej nie wchodzi w grę z powodu obecności religii w programie nauczania polskiej szkoły. W USA obowiązuje bowiem wyraźny rozdział kościoła od państwa, który nie jest tylko pustą deklaracją, ale rygorystycznie przestrzeganą zasadą. Jest ona zapisana w amerykańskiej konstytucji, a jej współczesną interpretację podał Sąd Najwyższy USA. Jedną z najważniejszych decyzji w tej sprawie podjął w 1947 r.

W połowie lat 40. XX w. w stanie New Jersey obowiązywał przepis, który pozwalał zwracać rodzicom koszty transportu dzieci do szkół niepublicznych. W praktyce największe korzyści odnosiły szkoły katolickie, stanowiły one bowiem 96% wszystkich szkół prywatnych. Nie spodobało się to Archowi Eversonowi z miejscowości Ewing, który nie chciał, aby jego podatki szły na wspieranie Kościoła katolickiego. Zbuntował się więc i skierował sprawę do sądu, argumentując, że pierwsza poprawka do konstytucji zakazuje wspierania przez państwo jakiejkolwiek religii. Po kilku wyrokach i odwołaniach sprawa trafiła do Sądu Najwyższego USA, który stosunkiem głosów 5 – 4 uznał przepisy stanu New Jersey za zgodne z konstytucją. Sąd argumentował, że nie naruszają one zakazu wspierania przez państwo religii, dofinansowanie było bowiem skierowane do rodziców, a nie do instytucji kościelnych, i członkowie różnych wyznań mogli z niego skorzystać na tych samych zasadach. Jednak uzasadniając swoją decyzję, sędziowie podali taką wykładnię konstytucji, której następstwem było wzmocnienie rozdziału kościoła od państwa.

Przed decyzją w sprawie skargi pana Eversona przyjmowano, że pierwsza poprawka do konstytucji, zakazująca władzy państwowej ustanawiania i wspierania kościołów, dotyczy tylko rządu federalnego, a nie władz stanowych. O ile więc instytucje federalne nie mogły ingerować w sprawy religii, o tyle Alabama mogła wprowadzić przywileje dla protestantów, a Utah dla mormonów. Rozpatrując protest dotyczący transportu dzieci do szkół w New Jersey, Sąd Najwyższy USA przyjął inną interpretację. Otóż sędziowie stwierdzili, że zakaz wtrącania się w kwestie religii odnosi się nie tylko do władz federalnych, ale również stanowych. To była zasadnicza zmiana, ponieważ zgodnie z nową interpretacją Alabama, Utah i każdy inny stan musiał pozostać neutralny w sprawie religii i trzymać się od niej z daleka. Oto co napisał Sąd Najwyższy USA w uzasadnieniu swojej decyzji:

> [...] ani rząd stanowy, ani federalny nie może ustanowić prawa wspierającego jedną religię, wszystkie religie bądź preferującego jedną religię ponad drugą. Nie można zmuszać obywatela lub wpływać na niego, by należał do kościoła bądź pozostał poza nim wbrew swojej woli. Nie wolno wpływać na obywatela, by wyznawał bądź nie wyznawał wiary. [...] Żadne podatki w jakiejkolwiek formie i wielkości (niezależnie od tego, jak są nazywane) nie mogą być nakładane i przekazywane na nauczanie i wyznawanie religii.

W ten sposób sędziowie Sądu Najwyższego wprowadzili daleko idącą separację kościoła i państwa. W praktyce oznacza ona, że żaden kościół nie jest dofinansowywany z budżetu, żaden nie ma preferencyjnych warunków funkcjonowania i nie ma mowy o religii państwowej czy stanowej. I choć w Polsce również mówi się o rozdziale kościoła od państwa, to w USA mur oddzielający te instytucje jest dużo wyższy i solidniejszy. W amerykańskich szkołach publicznych niedopuszczalne jest wieszanie w klasie krzyża czy jakiegokolwiek innego symbolu religijnego. Nikomu nawet przez myśl nie przechodzi, by w kościele organizować rozpoczęcie roku szkolnego albo umieścić religię w programach nauczania. W szkołach publicznych nawet dobrowolna modlitwa jest niedopuszczalna. Zakaz wygłaszania takowej został wprowadzony w 1962 r. po skardze dziesięciorga rodziców z miejscowości New Hyde Park w stanie Nowy Jork. Kontrowersyjna modlitwa, którą codziennie przed lekcjami recytowały dzieci w miasteczku New Hyde Park, brzmiała: „Boże wszechmogący. Potwierdzamy, że jesteśmy Twoimi sługami, i prosimy Cię o błogosławieństwo dla nas, naszych rodziców, nauczycieli oraz naszej ojczyzny. Amen". Sąd Najwyższy USA stosunkiem głosów 6 – 1 zakwestionował tę modlitwę, odrzucając argumenty władz Nowego Jorku, że nie odnosi się ona do żadnej konkretnej religii i że jest dobrowolna. Sędziowie uznali, że codzienne proszenie Boga o błogosławieństwo jest praktyką religijną i jako takie powinno być zabronione w instytucjach publicznych. Występujący w imieniu większości sędzia Hugo Black podkreślił, że wyrok sądu nie jest wymierzony w religię, ale wzmacnia rozdział kościoła od państwa. „Władza nie jest od tego, by pisać lub sankcjonować modlitwy" — podkreślił.

W kolejnych latach Sąd Najwyższy USA unieważnił prawo Arkansas, które zakazywało nauczania w szkołach teorii ewolucji, oraz prawo Tennessee wprowadzające nauczanie kreacjonizmu, czyli teorii mówiącej, że świat został stworzony przez Boga, i opisującej sposób jego tworzenia. Sąd zabronił też opłacania ze środków publicznych nauczycieli ze szkół wyznaniowych, nawet jeśli uczą przedmiotów świeckich, i nakazał usunąć sprzed parlamentu stanu Teksas tablicę z Dekalogiem. W budynkach rządowych i na terenach publicznych w USA nie ma miejsca na symbole religijne, takie jak: krzyż, półksiężyc czy gwiazda Dawida, chyba że są one elementem świeckiej ekspozycji, np. wystawy historycznej. Jak dotąd nierozstrzygnięta jest kwestia recytowania w szkołach i podczas państwowych uroczystości *Przysięgi wierności*, która zawiera odwołanie się do Boga. Dwa sądy apelacyjne uznały tę praktykę za zgodną z konstytucją, twierdząc, że słowa przysięgi mają charakter wyłącznie historyczny i ceremonialny. Trzeci sąd był odmiennego zdania, ale jego decyzja została unieważniona ze względów formalnych. Oznacza to, że Bóg w przysiędze na razie pozostaje, choć nie wiadomo na jak długo.

Mimo że niektóre kwestie związane z religią budzą kontrowersje i są przedmiotem sporów, zdecydowana większość Amerykanów akceptuje zasadę rozdziału kościoła od państwa. W Stanach Zjednoczonych rozdział ten oznacza nie tylko „zakaz wstępu" kościoła do instytucji państwowych, ale działa również w drugą stronę: zabrania państwu bezpodstawnej ingerencji w życie religijne Amerykanów.

HALUCYNOGENNA HERBATKA. AMEN

Nie wiadomo, w jaki sposób Indianie z doliny Amazonki wpadli na pomysł, by połączyć ze sobą liście ayahuaski (*Banisteriopsis caapi*) i chacruny (*Psychotria viridis*). Ani jedne, ani drugie spożywane osobno nie mają działania halucynogennego. Jednak powstała z połączenia tych roślin herbatka hoaska jest silnym psychodelikiem, który podczas religijnych rytuałów spożywają członkowie brazylijskiego Kościoła União do Vegetal. Popijając cudowny napój, nawiązują kontakt z Bogiem i wprowadzają się w odmienny stan świadomości, który „jest korzystny dla etycznego i intelektualnego rozwoju człowieka". Niezwykłe działanie hoaski spodobało się Amerykaninowi Jeffreyowi Bronfmanowi, który w USA założył filię Kościoła União do Vegetal. Późniejszy konflikt Bronfmana z rządem federalnym o herbatkę umocnił wolność religijną w Stanach Zjednoczonych.

Jeffrey Bronfman na początku lat 90. często podróżował do Amazonii. Podczas jednej z takich podróży spotkał przedstawicieli Kościoła União do Vegetal i wziął udział w ich ceremonii. Psychodeliczne rytuały tak go zafascynowały, że postanowił zostać mestre, czyli „mistrzem ciekawości". Tak nazywano duchownych tego kościoła. W 1994 r., po otrzymaniu święceń, Bronfman założył w San Francisco oddział União do Vegetal i został jego przywódcą. Przez pięć lat w co drugą sobotę organizował u siebie ceremonie, podczas których rozdawał wiernym po szklaneczce hoaski, odmawiał modlitwę po portugalsku, a następnie wszyscy razem przyjmowali komunię, popijając herbatkę. Jednak w 1999 r. federalni agenci celni przechwycili transport hoaski z Brazylii, a następnie zrobili nalot na biuro Bronfmana, konfiskując 110 litrów świętego napoju. Rozpoczęła się długa batalia sądowa, która zakończyła się klęską władz federalnych.

Amerykański rząd nie kwestionował faktu, że liczący 130 członków oddział União do Vegetal z San Francisco jest autentycznym kościołem. Twierdził jednak, że nie może pozwolić na picie przez jego członków hoaski, ponieważ zawiera ona środek halucynogenny DMT, który znajduje się na liście substancji zakazanych w USA. Prokurator generalny tłumaczył, że konfiskując napój, rząd nie złamał ustawy o wolności religii, ponieważ działał w ważnym interesie społecznym i nie miał możliwości zastosowania łagodniejszego środka zapobiegawczego. Ów ważny interes społeczny to ochrona zdrowia członków kościoła i zapobieganie temu, by hoaska nie zaczęła być używana przez tzw. rekreacyjnych użytkowników spoza kościoła. Prokurator argumentował, że jeśli uczyni się wyjątek dla Kościoła União do Vegetal, to załamie się cały system zapobiegania narkomanii. „Jeśli pozwolimy na jeden wyjątek, to wyślemy niewłaściwy sygnał do społeczeństwa, że w pewnych sytuacjach środki halucynogenne są dopuszczalne" — argumentował. Jednak Sąd Najwyższy USA stosunkiem głosów 8 do 0 odrzucił te argumenty, uznając, że amerykański rząd idzie po linii najmniejszego oporu.

Sędziowie zgodzili się, że w pewnych sytuacjach państwo może ograniczyć prawo do wolności religijnej obywateli — np. żądając płacenia podatków od osób, które z powodów religijnych nie akceptują pewnych działań państwa, takich jak prowadzenie wojen czy wspieranie zapłodnienia *in vitro*. Sąd Najwyższy stwierdził jednak, że w sprawie halucynogennej herbatki rząd USA nie przedstawił przekonujących argumentów na to, iż zrobienie wyjątku dla Kościoła União do Vegetal zburzy cały system ochrony przed narkomanią. Prokuratura nie wykazała bowiem, że hoaska była używana przez osoby spoza kościoła, a samo przypuszczenie, że może się tak stać, to za mało. „Twierdzenie rządu, że nie może zrobić wyjątku, przypomina klasyczny argument biurokratów, którzy twierdzą, że jeśli zrobią wyjątek dla jednej osoby, to będą musieli zrobić wyjątek dla wszystkich. Tego rodzaju logika jest błędna" — napisał Sąd Najwyższy USA w uzasadnieniu.

Decyzja amerykańskiego Sądu Najwyższego w sprawie União do Vegetal nie oznacza oczywiście, że każdy może założyć kościół i pod pozorem religijnego rytuału palić trawkę lub zażywać kokainę. Przekonał się o tym Craig X. Rubin z Kalifornii, zakładając kościół pod nazwą Świątynia 420, w którym przyjmowanie komunii polegało na paleniu marihuany. Pastor

Rubin za drobną opłatą oferował też święcenia kapłańskie wszystkim zainteresowanym i przekonywał, że dzięki temu będą mogli legalnie palić trawkę. Dość szybko został aresztowany przez policję i obecnie odsiaduje wyrok wieloletniego więzienia. A jeśli sprawa Rubina kiedykolwiek trafiłaby do Sądu Najwyższego USA, to rząd federalny z pewnością by ją wygrał, w tym przypadku nie miałby bowiem żadnego problemu z udowodnieniem, iż wolność religijna została nadużyta do obejścia ustawy o zapobieganiu narkomanii.

Generalnie rzecz biorąc: amerykańskie rozumienie wolności religijnej dopuszcza pewne restrykcje i ograniczenia. Mogą one jednak być wprowadzone tylko wtedy, gdy przemawia za tym ważny interes społeczny i zostanie on precyzyjnie określony. Co więcej: jeśli państwo jest zmuszone do ingerencji w sferę religii, to interwencja ta musi być jak najmniej dotkliwa. Zgodnie z tą zasadą w Stanach Zjednoczonych niemożliwe byłoby wprowadzenie zakazu zasłaniania twarzy przez muzułmanki, który to zakaz wprowadzono we Francji. Państwo amerykańskie może się bowiem wtrącać w sprawy religii tylko w nadzwyczajnych okolicznościach. A że okoliczności tych jest niewiele, w USA życie religijne kwitnie.

MEGAKOŚCIÓŁ SOLOMONA

Pastor Lon Solomon jest przekonany, że gdy po śmierci znajdzie się w niebie, Bóg popatrzy na niego i powie: „Solomon. Odwaliłeś kawał solidnej roboty. Byłeś dobrym i wiernym sługą".

Pastor Solomon kieruje położonym na przedmieściach Waszyngtonu McLean Bible Church (Kościół biblijny z McLean), w którym co tydzień modli się 13 tysięcy osób. To jeden z protestanckich megakościołów, które krytycy nazywają mckościołami albo religijnym Disneylandem. W drugiej połowie ubiegłego wieku zaczęły one wyrastać w USA jak grzyby po deszczu. W megakościołach wierni w komfortowych warunkach spotykają się z Bogiem i biorą udział w dziesiątkach różnego rodzaju zajęć. Na czele takiego kościoła stoi zazwyczaj charyzmatyczny pastor, który musi być nie tylko dobrym teologiem, ale również doskonałym menedżerem i showmanem. Właśnie takim pastorem jest Lon Solomon.

Budynek McLean Bible Church stoi pod Waszyngtonem i zupełnie nie przypomina tradycyjnych kościołów. To nowoczesny obiekt z dużą ilością szkła i metalu, do którego przylega dwupoziomowy parking o powierzchni 35 tysięcy m kw. Z parkingu do zachodniego skrzydła kościoła prowadzi kryte przejście i mostek dla pieszych. W wybudowanym za 90 milionów dolarów budynku znajduje się audytorium na 2700 miejsc z kilkunastoma telebimami, profesjonalnym systemem oświetleniowym i nowoczesnym nagłośnieniem składającym się z 92 głośników. W środku są również sale konferencyjne, klasy, stołówka, sklep, księgarnia oraz kawiarnia, która serwuje kawę ze Starbucksa. Jest także przedszkole, gdzie rodzice mogą zostawić dzieci, by nie przeszkadzały w czasie mszy. Poza główną siedzibą McLean Bible Church ma trzy oddziały w różnych częściach aglomeracji waszyngtońskiej. W każdym z nich na żywo transmitowane są kazania pastora Lona Solomona, które można też oglądać przez internet oraz słuchać w czterech lokalnych stacjach radiowych i na kanale 170 satelitarnego radia Sirius XM. Pięć dodatkowych stacji radiowych nadaje jednominutowe wypowiedzi pastora Solomona pod wspólnym tytułem *To nie kazanie, tylko myśl*.

W niedzielne przedpołudnie przykościelny parking jest niemal pełny. Nie muszę jednak jeździć dookoła w poszukiwaniu wolnego miejsca, bo wolontariusze wskazują mi, gdzie mogę postawić auto. Gdy wysiadam z samochodu, kobieta w średnim wieku wita mnie szerokim uśmiechem, pyta, czy pierwszy raz jestem w kościele, i pokazuje drogę. Przy wejściu kolejne powitanie, kolejne uśmiechy i zaproszenie na mszę. Przechodzę obok sklepu z książkami, płytami audio i DVD oraz religijnymi gadżetami. Skręcam w lewo i wchodzę do audytorium przypominającego salę koncertową. Siadam w wygodnym miękkim fotelu dość daleko od sceny, bo większość miejsc jest zajęta. Nie będzie mi to jednak przeszkadzać: wszystko doskonale widać na wielkich telebimach. Msza zaczyna się od występów chóru oraz piosenki rockowej o zbawieniu i życiu wiecznym. Po występie pastor Solomon wygłasza półgodzinne kazanie, w którym przekonuje, że wierni powinni służyć Bogu, nie tylko żyjąc wedle Jego zaleceń, ale również głosząc Ewangelię. Przesłanie to jest charakterystyczne dla protestanckiego ewangelikalizmu, który od swoich wiernych oczekuje głoszenia słowa Bożego. Nie możesz być biernym chrześcijaninem, który raz w tygodniu chodzi do kościoła i od czasu do czasu się pomodli. Musisz się dzielić dobrą nowiną z innymi. Kościół z McLean nie jest związany z żadnym konkretnym wyznaniem. Należy do nurtu ewangelikalnego, do którego zalicza się 1/4 Amerykanów. Poza poczuciem konieczności głoszenia słowa Bożego ewangelikanie wierzą w dosłowność i nieomylność Pisma Świętego.

Główne tezy kazania Lona Solomona wyświetlane są na ekranach. Pastor ma je spisane na kartce, ale przeważnie mówi z głowy. Często opowiada anegdoty, powołuje się na sytuacje z życia i z historii Ameryki. Gdy po półgodzinie kończy swój występ, rozpoczyna się wspólne śpiewanie psalmu przy dźwiękach klasycznych instrumentów. Siedząca obok mnie kobieta jest rozpromieniona:

— Prawda, że świetny jest ten nasz pastor? — pyta retorycznie, gdy opuszczamy salę po doskonale wyreżyserowanej mszy, która zgodnie z zapowiedzią trwała dokładnie 65 minut. Nie mogę nie przyznać jej racji. Pastor Solomon nie tylko ma coś do powiedzenia, ale potrafi ze swoim przesłaniem dotrzeć do ludzi. Jeśli Bóg słuchał jego kazania, to właśnie przyznał mu punkt za profesjonalizm.

Po mszy odbywa się dziesięciominutowe spotkanie dla nowych członków kościoła. Każdy z nich dostaje w prezencie płytę CD z historią życia pastora Lona Solomona — człowieka, który zanim został twórcą wpływowego megakościoła, omal nie stoczył się na dno.

Lon Solomon urodził się w żydowskiej rodzinie w Portsmouth w stanie Wirginia. Jego młodość była bezskutecznym poszukiwaniem sensu życia. Gdy poszedł na studia, wypełniał wewnętrzną pustkę zabawą i grami hazardowymi. Potem wpadł w alkoholizm i narkotyki, eksperymentował z psychodelikami i religiami Wschodu, próbował nawet powrócić do judaizmu. Wszystko na nic. Był już bliski samobójstwa, gdy spotkał ulicznego ewangelizatora i ten opowiedział mu o Jezusie Chrystusie. Kilka miesięcy później Solomon podjął decyzję o uznaniu Jezusa za swego zbawcę i wszedł z nim w osobisty kontakt. W ten sposób dokonał się zwrot w jego życiu. Wyszedł z alkoholizmu i narkomanii, ukończył studia i wstąpił do chrześcijańskiego seminarium. Kilka lat później założył McLean Bible Church.

Głęboka wewnętrzna przemiana pastora Solomona jest wypełnieniem drugiego kanonu ewangelikalizmu, a mianowicie osobistego nawrócenia. Człowieka, który je przeżył, określa się mianem *born again*, czyli: ponownie narodzony. Tego rodzaju transformację przeszedł również były 43. prezydent USA George W. Bush, który w młodości nadużywał alkoholu, ale dzięki spotkaniu ze słynnym ewangelizatorem Billym Grahamem wszedł na drogę do zbawienia. Dzięki tej wewnętrznej przemianie nie tylko nie musiał się już więcej tłumaczyć z niechlubnej przeszłości, ale w wyborach prezydenckich zyskał miliony głosów konserwatywnych protestantów. Zresztą drogi George'a Busha i Lona Solomona zbiegły się w 2002 r., gdy ówczesny prezydent USA mianował pastora McLean Bible Church członkiem działającego przy Białym Domu Komitetu ds. Upośledzenia Umysłowego.

O ile w prezydenckim komitecie pastor pracował społecznie, o tyle w swoim kościele pobiera pensję, której wysokości nie ujawnia. Potwierdza jedynie, że zarobki w jego kościele są wyższe od przeciętnych. A jaka jest przeciętna? Według instytutu Leadership Network w dużych protestanckich kościołach roczna pensja pastora wraz z kosztami zakwaterowania waha się od 80 do 130 tysięcy dolarów. Tak dużo zarabia jednak niewielu. W mniejszych, prowincjonalnych zgromadzeniach średnie zarobki pastorów, razem z kosztami zakwaterowania, wynoszą około 30 tysięcy dolarów. Księża katoliccy zarabiają średnio 25 tysięcy rocznie, ale oni nie mają na utrzymaniu rodzin. Regularnych pensji nie otrzymują księża zakonni, którzy składali śluby ubóstwa, np. jezuici. Wypłacane jest im jedynie kieszonkowe w wysokości 100 – 200 dolarów miesięcznie. Oprócz pastorów dużych kościołów protestanckich najlepsze warunki finansowe mają rabini.

Na tle innych kościołów McLean Bible Church jest bardzo bogaty. Jego roczny budżet przekracza 20 milionów dolarów. Pieniądze te pokrywają koszty utrzymania kościoła, a także pensje pastorów i innych pracowników, w tym operatorów dźwięku i światła, obsługę restauracji, sprzedawców, nauczycieli itp. McLean Bible Church oferuje bowiem nie tylko cotygodniowe msze, ale także zajęcia sportowe, artystyczne i muzyczne, kursy językowe, szkolenia finansowe, grupy wsparcia, kółka modlitewne, pokazy filmów, koncerty, spotkania towarzyskie przy pizzy i wiele innych. Tak jak w innych megakościołach wierni otrzymują tu kompleksową obsługę duszy, ciała, serca i umysłu, realizując swoje zainteresowania w grupie osób o podobnym systemie wartości. Przeważają wśród nich osoby wykształcone, lepiej sytuowane i młodsze niż w tradycyjnych kościołach. Sporo jest też ludzi samotnych, którzy szukają tu przyjaciół lub partnerów.

Megakościoły są krytykowane za to, że przypominają parki rozrywki, w których chodzi głównie o to, by przyjemnie spędzić czas. Potwierdzeniem tej tezy są kazania pastora Solomona, który w ogóle nie wypowiada się na temat kontrowersyjnych kwestii, takich jak aborcja czy homoseksualizm. W jednym z wywiadów powiedział nawet, że są to dla niego tematy drugoplanowe. Podobny charakter mają przesłania najpopularniejszego amerykańskiego pastora Joela Osteena, który stoi na czele innego megakościoła — Lakewood Church z Teksasu. Co tydzień jego kazań na żywo słucha 43 tysiące osób, a w telewizji ponad 7 milionów.

Msze w Lakewood Church są starannie wyreżyserowanymi przedstawieniami, podczas których wierni śpiewają razem z występującymi na scenie artystami, podrygują w rytm muzyki i modlą się, trzymając się za ręce. Sam kościół został przerobiony z hali sportowej, co kosztowało 100 milionów dolarów. Na widowni znajduje się prawie 17 tysięcy foteli, w których zasiadają bardzo hojni wierni. Każdego roku przekazują oni na Lakewood Church 70 milionów dolarów w formie darowizn. 40 milionów pochodzi ze zbiórek prowadzonych w czasie mszy, a kolejne 30 milionów wierni wpłacają przez internet lub przysyłają czeki. Pastor Joel Osteen nigdy nie prosi na scenie o pieniądze. Nie ma mowy o żadnej presji finansowej, szczodrość członków kościoła jest dobrowolna. Osteen nie pobiera też wynagrodzenia od członków swego kościoła. Zrezygnował z pensji w wysokości 200 tysięcy dolarów rocznie, gdy wydał swoją pierwszą książkę *Your Best Life Now* (*Lepsze życie od teraz*), która sprzedała się w rekordowym nakładzie 4 milionów egzemplarzy. Za drugą książkę *Become a Better You* (*Stań się lepszym sobą*) Osteen dostał od wydawnictwa zaliczkę w wysokości 13 milionów dolarów.

Lakewood Church jest kościołem chrześcijańskim, aczkolwiek pozbawionym jakichkolwiek symboli religijnych. Pastor Osteen głosi tzw. teologię sukcesu; zgodnie z nią ci, którzy naprawdę wierzą w Boga, odniosą sukces na ziemi — czeka ich: zdrowie, bogactwo i szczęście.

— Macie przed sobą wspaniałą przyszłość, bo jesteście błogosławieni. Wkrótce czeka was podwyżka lub awans. Zacznijcie wierzyć, że najlepsze dni są przed wami — przekonuje wiernych.

Pastor ma także przesłanie dla ludzi, którym się nie układa: biednych, chorych i nieszczęśliwych.

— Zachowajcie pozytywne nastawienie, bo w ten sposób zdajecie egzamin. Ale pewnego dnia spełni się obietnica boża i nadejdzie wasz moment — deklaruje z szerokim uśmiechem na twarzy.

Megakościoły są w Stanach Zjednoczonych prawdziwym fenomenem. W latach 70. w USA istniało ich 50, a obecnie jest ich ponad 1300. Co tydzień modli się w nich ponad 5 milionów Amerykanów. Niektórzy przewidują, że liczba ta będzie rosła, ponieważ we współczesnym świecie ludzie chcą, aby spotkania z Bogiem były proste i przyjemne, a kontrowersyjne tematy zeszły na drugi plan. Sukces konserwatywnego Kościoła mormonów sugeruje jednak, że milionom Amerykanów „łatwa religia" nie odpowiada.

239 WNUKÓW

Historycy nie są zgodni co do tego, ile żon miał Joseph Smith. Jedni twierdzą, że było ich 28, inni, że ponad 30. Nikt nie ma jednak wątpliwości, że stworzył on jeden z najprężniej rozwijających się ruchów religijnych — Kościół Jezusa Chrystusa Świętych w Dniach Ostatnich, zwany Kościołem mormonów. Dla członków swojego kościoła Joseph Smith był prorokiem, który odkrył prawdziwą drogę do Boga. Wielu uważa jednak Smitha za hochsztaplera, który stworzył nową religię dla władzy, seksu i pieniędzy. Obecnie spór ten nie ma jednak praktycznego znaczenia, Kościół mormonów ma bowiem ugruntowaną pozycję i stale powiększa liczbę swoich wiernych. W Ameryce ma już 6 milionów członków, a na całym świecie około 14 milionów.

Twórca Kościoła mormonów Joseph Smith urodził się w 1805 r. Jego rodzice byli przedstawicielami ludowego nurtu chrześcijaństwa, którego nieodłączną cechę stanowiły wizje i proroctwa. Młody Joseph obserwował magiczne rytuały i brał w nich udział. Gdy miał 18 lat, ogłosił, że odwiedził go anioł o imieniu Moroni i ujawnił mu miejsce, w którym ukryto Złote Tablice zawierające historię starożytnej cywilizacji amerykańskiej. W kolejnych latach Smith zajmował się poszukiwaniem skarbów, a jednocześnie pracował nad tłumaczeniem tablic, których lokalizacji nikomu nie zdradził. Później zebrał pisemne oświadczenia od przyjaciół i członków rodziny, że widzieli tablice. Gdy zainteresowani naciskali, by ujawnił, gdzie znajdują się tablice, odpowiadał, że po zakończeniu tłumaczenia zabrał je anioł Moroni. W 1830 r. Joseph Smith opublikował tłumaczenie Złotych Tablic, które zatytułował *Księga mormona*, ogłosił się prorokiem i założył Kościół

Jezusa Chrystusa Świętych w Dniach Ostatnich. Wraz ze swoimi zwolennikami udał się na zachód, by w stanie Missouri założyć miasto Syjon. Tamtejsi mieszkańcy przepędzili jednak mormonów, więc ci na jakiś czas osiedlili się w Ohio, a po konfliktach z lokalną społecznością przenieśli do Nauvoo w Illinois. Tam w 1844 r. doszło do konfliktu Smitha z byłymi członkami jego kościoła, którzy oskarżyli go o poligamię, próby poślubienia ich żon oraz dążenie do stworzenia teokracji. Twórca Kościoła mormonów został aresztowany, a później zamordowany przez tłum, który wdarł się do więzienia w miejscowości Carthage. Mormoni uważają Johna Smitha za męczennika.

Teologia Kościoła Jezusa Chrystusa Świętych w Dniach Ostatnich jest zmodyfikowaną doktryną chrześcijańską. Mormoni wierzą, że droga do zbawienia wiedzie przez Jezusa Chrystusa, a poza *Księgą mormona* posługują się także Biblią. Wielu protestantów oraz Kościół katolicki nie uważają ich jednak za chrześcijan. Kościół mormonów dużo uwagi poświęca działalności filantropijnej i prowadzi jeden z najlepszych amerykańskich chórów, Mormon Tabernacle Choir, w którym śpiewa 360 kobiet i mężczyzn. Chór zdobył nagrodę Grammy oraz występował na pogrzebie prezydenta Kennedy'ego i w czasie zimowej olimpiady w Salt Lake City. Głównym ośrodkiem mormonizmu jest amerykański stan Utah, którego 60% mieszkańców należy do tego kościoła.

Przez pewien czas mormoni praktykowali poligamię, ale zmieniło się to pod koniec XIX w. Wtedy pod presją władz federalnych oficjalnie potępili wielożeństwo i od tego czasu się od niego odcinają. Poligamię wciąż jednak praktykują członkowie fundamentalistycznego odłamu mormonów, którzy chcą pozostać wierni naukom Josepha Smitha. Największa społeczność fundamentalistycznych mormonów mieszka w Short Creek w Utah. Jednym z 6000 mieszkańców tego miasteczka jest 90-letni Joe Jessop, który ma pięć żon, 46 dzieci i 239 wnuków. Choć wielożeństwo w stanie Utah jest zakazane, prokuratura i policja przymykają oko na tę praktykę. Władze tego stanu uznały bowiem, że lepiej tolerować poligamistów, niż poświęcać miliony dolarów oraz czas i energię na rozbijanie harmonijnych społeczności, które nie robią nikomu niczego złego. Dopóki nie dochodzi w ich rodzinach do przemocy, oszustw i wykorzystywania dzieci, mogą sobie żyć spokojnie.

Kościół Jezusa Chrystusa Świętych w Dniach Ostatnich pobiera od swoich członków dziesięcinę, czyli 10% ich dochodów. Dzięki temu jest najbogatszym ruchem religijnym w Stanach Zjednoczonych[1]. Mormoni aktywnie pozyskują nowych wiernych. Należący do tego kościoła mężczyźni, którzy kończą 19 lat, są zachęcani do poświęcenia dwóch lat ze swego życia na działalność misyjną. Pozyskiwaniem nowych członków zajmują się także pary na emeryturze. Obecnie mormoni mają na świecie 300 placówek misyjnych, w których działa 50 tysięcy osób. Mormońscy misjonarze nie tylko nie otrzymują wynagrodzenia, ale jeszcze sami muszą pokrywać część kosztów zakwaterowania, wyżywienia i podróży (400 – 500 dolarów miesięcznie). Dzięki działalności misyjnej do Kościoła mormonów przyłącza się prawie 300 tysięcy nowych członków rocznie.

Kościół mormonów ma konserwatywny charakter — eksponuje tradycyjną rolę kobiet, sprzeciwia się aborcji i małżeństwom homoseksualnym. Jego członkowie mają obowiązek prowadzić zdrowy tryb życia, powstrzymując się od spożywania nie tylko alkoholu, ale również kawy i herbaty, oraz od palenia papierosów. Mormoni potępiają pornografię i seks pozamałżeński. Wyznaczają sobie wysokie standardy etyczne — oczekują uczciwości, respektowania prawa i dbałości o rodzinę.

Kościół mormonów tradycyjne wartości łączy jednak z nowoczesnym wizerunkiem. Prezydent Kościoła, starszyzna i biskupi ubierają się w ciemne garnitury i krawaty, przez co przypominają raczej biznesmenów niż duchownych. Świątynie mormonów są często perłami architektury. Jedną z najbardziej spektakularnych mormońskich świątyń jest supernowoczesne Centrum Konferencyjnego Kościoła LDS w Salt Lake City, którego budowę ukończono w 2000 r. Kompleks ma powierzchnię 130 tysięcy m kw, a w głównym audytorium jest 21 tysięcy miejsc siedzących. Strona internetowa Kościoła mormonów przypomina portal społecznościowy. W zakładce „Nasi ludzie" znajduje się wyszukiwarka pozwalająca na znalezienie mormonów w podobnym wieku, tej samej lub przeciwnej płci, konkretnej grupy etnicznej oraz wyznawanej wcześniej religii. W każdej kategorii pojawiają się młodzi, pogodni, wyglądający na szczęśliwych ludzie o różnorakich zainteresowaniach — ktoś jeździ na deskorolce, ktoś inny gra na gitarze albo fotografuje. Atrakcyjny sposób, w jaki są przedstawieni mormoni, zachęca do tego, by przyłączyć się do mormońskiej społeczności.

---

[1] Najwyższe dochody w przeliczeniu na jednego członka społeczności wyznaniowej.

RELIGIA A POLITYKA

Ameryka też ma swoje „środowisko Radia Maryja". Jest nim chrześcijańska prawica, która skupia ludzi głęboko wierzących i konserwatywnych w kwestiach obyczajowych. Początki tego ruchu sięgają drugiej połowy lat 60. XX w., kiedy przez Amerykę przetaczała się fala protestów przeciwko wojnie wietnamskiej i gdy zaczynała się rozwijać kontrkultura głosząca hasła wyzwolenia seksualnego oraz równouprawnienia kobiet. Wielu religijnych Amerykanów, szczególnie tych z Południa, traktowało nowe ruchy jako poważne zagrożenie dla dotychczasowych norm społecznych. Czarę goryczy konserwatywnych chrześcijan przepełniła decyzja Sądu Najwyższego USA o legalizacji aborcji na terenie całego kraju. W konsekwencji w połowie lat 70. konserwatywni aktywiści i pastorzy zaczęli nawoływać swoich zwolenników do obrony chrześcijańskich wartości.

W 1979 r. pastor Jerry Falwell powołał ruch zwany Moralną Większością, który stawiał sobie za cel delegalizację aborcji, wprowadzenie zakazu pornografii oraz cenzury programów naruszających normy obyczajowe. Moralna Większość była niechętna ustawom wprowadzającym równouprawnienie kobiet i mniejszości oraz sprzeciwiała się społecznej akceptacji homoseksualizmu. Ruch zmarłego w 2007 r. Falwella zdecydowanie popierał Izrael, choć wielu przedstawicieli ruchu oskarżano o antysemityzm. Na przykład pastor Bailey Smith zastanawiał się, dlaczego Bóg wybrał Żydów, którzy mają „takie śmieszne nosy", a sam Falwell mówił swoim zwolennikom: „Żydzi zarobią więcej pieniędzy przez przypadek, niż wy ciężko na to pracując". Ich poparcie dla Izraela wynikało jednak z przekonania, że utworzenie tego państwa w 1948 r. jest spełnieniem biblijnego proroctwa. Poza tym członkowie Moralnej Większości za największe zagrożenie dla cywilizacji judeochrześcijańskiej uznawali muzułmanów.

Ruch stworzony przez pastora Falwella nie poprzestawał tylko na głoszeniu konserwatywnych idei, ale osiągał swoje cele poprzez polityczny lobbing i wspieranie prawicowych kandydatów w wyborach. Poparcie Moralnej Większości uzyskał m.in. prezydent Ronald Reagan oraz wielu konserwatywnych republikanów startujących w wyborach do Kongresu. Gdy prawicowi politycy dostrzegli siłę ruchu Falwella, zaczęli zabiegać o jego poparcie. W ten sposób baptystyczny pastor do głównego nurtu amerykańskiej polityki wprowadził konserwatywnych chrześcijan, którzy wcześniej byli oskarżani o religijny fanatyzm albo sami się izolowali, skupiając się na osobistych relacjach z Bogiem. Pod koniec lat 80. Jerry Falwell rozwiązał swoją organizację, uznając, że jej misja została wypełniona. Jednak nurt polityczny określany mianem chrześcijańskiej prawicy przetrwał i nadal jest obecny w życiu społecznym i politycznym USA. Filarem tego ruchu są protestanccy ewangelikanie wspierani przez konserwatywnych katolików, mormonów i ortodoksyjnych żydów.

W skład chrześcijańskiej prawicy wchodzą ludzie głęboko wierzący i oddani swoim kościołom, dla których religia zajmuje centralne miejsce w życiu. Za główny cel stawiają sobie doprowadzenie do zmiany decyzji Sądu Najwyższego USA w sprawie aborcji. Sprzeciwiają się też edukacji seksualnej w szkołach oraz małżeństwom homoseksualnym. Członkowie chrześcijańskiej prawicy walczą o wprowadzenie do szkolnych programów teorii kreacjonizmu oraz inteligentnego projektu. Pierwsza z nich odrzuca ewolucję i zakłada, że wszelkie formy życia na ziemi zostały stworzone bezpośrednio przez Boga. Kreacjoniści różnią się między sobą co do tego, jak odbywał się proces tworzenia świata. Jedni uważają, że wyglądało to dokładnie tak, jak zostało opisane w Biblii. Inni twierdzą, że Księga Rodzaju opisuje tylko dwa z wielu etapów stworzenia świata. Ostatnio popularność zdobywa tzw. geologia powodzi, według której skamieliny zwierząt znajdowane przez geologów wcale nie pochodzą sprzed milionów lat, ale są wynikiem wielkiej powodzi z czasów Noego. W odróżnieniu od kreacjonistów zwolennicy teorii inteligentnego projektu wierzą w ewolucję, ale twierdzą, że nie polega ona na selekcji naturalnej, tylko jest częścią planu stworzonego przez inteligentnego twórcę, którym jest Bóg.

Kiedy pierwszy raz usłyszałem dyskusję o kreacjonizmie i inteligentnym projekcie, byłem przekonany, że zwolennicy tych teorii stanowią margines amerykańskiego społeczeństwa. Szybko przekonałem się jednak, że są ich dziesiątki milionów. Ze zdziwieniem też odkryłem, że jeszcze 50 lat temu w stanie Arkansas istniał zakaz nauczania teorii ewolucji i dopiero w 1968 r. Sąd Najwyższy USA uznał ten zakaz za nielegalny. Prawdziwym szokiem były jednak dla mnie wyniki badań Instytutu Gallupa z 2010 r., z których wynika, że 40% Amerykanów jest przekonanych, że Bóg stworzył ludzi mniej więcej takimi, jakimi są obecnie, i że stało się to w ciągu ostatnich 10 tysięcy lat. Kolejne 27% uważa, że jest to bardzo prawdopodobne. Innymi słowy: na początku XXI w. czterech na dziesięciu Amerykanów całkowicie odrzuca teorię Darwina, a kolejnych trzech ma co do niej duże wątpliwości. Tylko 18% Amerykanów uważa, że teoria ewolucji jest na pewno prawdziwa. Amerykańska chrześcijańska prawica jest związana z Partią Republikańską. Z ruchem tym sympatyzuje telewizja Fox News oraz Christian Broadcasting Network, która nadaje najpopularniejszy program religijny w USA zatytułowany The Club 700. Siła chrześcijańskiej prawicy bierze się głównie z umiejętności mobilizacji podczas wyborów. Musi się jednak pojawić kandydat, któremu członkowie tego ruchu naprawdę mogą zaufać. Brak poparcia ze strony chrześcijańskiej prawicy przyczynił się do porażki wyborczej Johna McCaina w wyborach prezydenckich 2008 r. Co ciekawe, wielu młodych ewangelikanów zagłosowało wtedy na Baracka Obamę, ponieważ ważniejsze od spraw obyczajowych okazały się dla nich takie kwestie, jak: walka z globalnym ociepleniem, inwestycje w edukację i walka o interesy klasy średniej.

AKADEMIA CZARNOKSIĘŻNIKÓW

W Stanach Zjednoczonych każdy może stworzyć własną religię, wybrać zasady wiary, praktyki, modlitwy i rytuały. Kościół nie musi być nigdzie zarejestrowany i dopóki działa zgodnie z prawem, państwo nie może wtrącać się w jego działalność. Nie ma też znaczenia, czy jego członkowie modlą się do Boga, Szatana, Księżyca, Matki Ziemi, Spider-Mana czy Kosmitów. Władza nie jest od tego, by wartościować bóstwa. Jeśli jednak dany kościół chce skorzystać ze zwolnień podatkowych, musi spełnić warunki określone przez amerykański Urząd Skarbowy (ang. Internal Revenue Service — IRS). Amerykańskie prawo mówi też wyraźnie, że zwolnienia podatkowe wygasają, jeśli przedstawiciele kościoła czerpią z jego działalności prywatne korzyści lub angażują się w politykę.

Oficjalne uznanie danego zgromadzenia za kościół oznacza, że jest on traktowany jak organizacja non profit. Dzięki temu dotacje wiernych na jego działalność mogą być przez darczyńców odliczane od dochodu, a limity tych odliczeń są w USA bardzo wysokie. Przekazując pieniądze na rzecz kościoła, obywatel może odliczyć od podstawy opodatkowania aż

50% swoich rocznych dochodów, w przypadku dóbr materialnych limit ten wynosi 30%. Kościół nie musi też odprowadzać podatku dochodowego oraz opłacać składek na państwowe ubezpieczenia społeczne duchownych (choć musi płacić podatki i składki od pensji innych pracowników). Największe oszczędności kościołom przynosi jednak zwolnienie z podatku od nieruchomości. Korzyści z tego tytułu szacowane są na 100 miliardów dolarów rocznie. Kościoły w Stanach Zjednoczonych mają dużą swobodę w pozyskiwaniu środków. Mogą nawet grać na loterii. W maju 2009 r. skupiający 25 członków kościół The Covenant Life Worship Center z Michigan wygrał w Szczęśliwą Siódemkę 70 tysięcy dolarów, nie płacąc od tej kwoty ani centa podatku.

Uznanie organizacji religijnej za kościół przez urząd skarbowy nie jest automatyczne. IRS opublikował listę 14 kryteriów, które decydują o przyznaniu statusu kościoła dla celów podatkowych. Są wśród nich: odrębność prawna, specyficzna wiara i forma modlitwy, formalna doktryna, własna historia, literatura, ustanowione miejsca modlitwy, regularne msze, system kształcenia duchownych itp. By organizacja religijna została formalnie uznana za kościół, nie musi spełniać wszystkich kryteriów. Decyduje kombinacja tych elementów oraz inne argumenty przedstawione przez dane zgromadzenie. W przypadku odmowy przyznania statusu kościoła można odwołać się do sądu.

O tym, że amerykański urząd skarbowy rzeczywiście przestrzega zasady neutralności w sprawach religijnych i nie wartościuje bóstw ani wierzeń, świadczy lista kościołów, które uzyskały zwolnienie podatkowe w Stanach Zjednoczonych. Oto kilka ciekawszych:

1. Kościół Eutanazji (Church of Euthanasia)
Jego członkowie uważają, że zachwiana została proporcja pomiędzy ludźmi a innymi organizmami na ziemi. Żeby ją przywrócić, musi dojść do masowej, dobrowolnej redukcji populacji. Dlatego najważniejsze przykazanie tego kościoła brzmi: „Nie będziesz uczestniczył w prokreacji". Dodatkowe cztery filary tej religii to: samobójstwo, aborcja, sodomia i kanibalizm. Twórcy Kościoła Eutanazji podkreślają jednak, że kanibalizm w ich rozumieniu wcale nie wymaga zabijania ludzi, wystarczy konsumpcja ciał osób, które zmarły śmiercią naturalną bądź zginęły w wypadkach. I choć na swojej stronie internetowej umieścili hasło „Chroń planetę, zabij siebie", to wyjaśniają, że samobójstwo jest dobrowolne. Kościół Eutanazji założyła

pochodząca z Bostonu kompozytorka muzyki techno i pisarka, wielebna Chris Korda. W ostatnich latach Kościół Eutanazji nie budzi szczególnego zainteresowania i mówi się o nim niewiele. Niektórzy podejrzewają, że wielebna Korda popełniła samobójstwo.

2. Stowarzyszenie Aetheriusa (*Aetherius Society*)
Kościół ten założył brytyjski mistrz jogi dr George King. W 1959 r. kierowany przez „kosmiczną władzę" przybył do USA, gdzie zaczął przekazywać ludziom komunikaty od istot pozaziemskich. King prowadził również metafizyczne operacje, podczas których współpracując z kosmicznymi mistrzami, dokonywał globalnych uzdrowień i przywracał równowagę ludzkości. Stowarzyszenie Aetheriusa uważa, że świat zmierza w kierunku zagłady, o czym świadczy szerząca się na ziemi samolubność, materialistyczny hedonizm, przemoc i terroryzm. Bogactwo i zasoby surowców naturalnych są w rękach wąskiej grupy najbogatszych mieszkańców Zachodu, podczas gdy miliony cierpią biedę. Na szczęście z pomocą naszej planecie chcą przyjść kosmiczni mistrzowie, którzy gotowi są podzielić się energią niezbędną do uratowania Ziemi. Ludźmi, których wybrali jako pośredników, są członkowie Stowarzyszenia Aetheriusa. Podczas cotygodniowych ceremonii członkowie tego kościoła zbierają kosmiczną energię i gromadzą ją w specjalnych bateriach. Dr King zaprojektował też urządzenia, dzięki którym można dokonać bezpośredniej transmisji energii kosmicznej na Ziemię. Liczące 600 członków Stowarzyszenie Aetheriusa już w 1960 r. zostało uznane w Stanach Zjednoczonych za pełnoprawny kościół.

3. Kościół Wszystkich Światów (*Church of All Worlds*)
To jeden z najstarszych neopogańskich kościołów w Stanach Zjednoczonych. Stworzył go Oberon Zell-Ravenheart wraz z grupą przyjaciół i kochanków. Inspiracją dla nich stała się fikcyjna religia z opublikowanej w 1961 r. powieści fantastycznonaukowej Roberta Heinleina *Obcy w obcym kraju*. Kościół Wszystkich Światów zachęca do pozytywnej seksualności, która jest wyrazem świętości. „Nagość i święte seksualne rytuały są mile widziane" — deklaruje Oberon Zell-Ravenheart, który samego siebie określa mianem czarnoksiężnika. Niedawno wraz grupą innych czarnoksiężników oraz magów założył w Kalifornii internetową akademię czarów The Grey School of

Wizardry. W szkole tej czarnoksiężnicy amatorzy z różnych grup społecznych i religii mogą zdobyć profesjonalne umiejętności. Rok zajęć na studiach magisterskich w akademii czarów kosztuje tylko 120 dolarów.

Istnienie Kościoła Eutanazji, Stowarzyszenia Aetheriusa i Kościoła Wszystkich Światów jest dowodem na to, że Stany Zjednoczone są miejscem zarówno dla dużych, uznanych religii z tradycjami, jak i dla małych, nowych wyznań. Bo niby dlaczego ci, którzy wierzą w Boga, mieliby być lepiej traktowani od wierzących w pozaziemskie istoty? W USA nikt nie prowadzi walki z małymi zgromadzeniami, nazywając je sektami i odmawiając im prawa do istnienia.

Rozdział 7.
Amerykańska wieża Babel

„ZWÓR" DO NAŚLADOWANIA

Orędzie o stanie państwa to najważniejsze doroczne przemówienie amerykańskiego prezydenta. Transmitują je na żywo wszystkie główne stacje telewizyjne, a słuchają zgromadzeni w parlamencie kongresmani, dziesiątki milionów Amerykanów przed telewizorami oraz dziennikarze i politycy z całego świata. Orędzie wygłaszane jest zawsze w styczniu i dotyczy najważniejszych spraw państwa. Jest to rodzaj corocznego raportu, jaki przywódca państwa składa obywatelom. Orędzie jest przygotowywane wiele tygodni przez doradców merytorycznych oraz zatrudnionych w Białym Domu pisarzy przemówień, a ostatnie poprawki nanosi sam prezydent. Liczy się każde słowo, każdy przecinek, każdy akcent. Wygłaszaniu orędzia towarzyszy specjalny ceremoniał: gdy kongresmani i goście są już na miejscach, szefowie protokołu głośno ogłaszają przybycie prezydenta i wtedy rozpoczyna się kilkuminutowa owacja na stojąco. Tak właśnie 29 stycznia 2002 r. na Kapitolu został przywitany George Bush. Jego wystąpienie miało szczególny charakter, ponieważ było pierwszym orędziem o stanie państwa wygłaszanym po atakach terrorystycznych z 11 września 2001 r. Cały świat chciał się dowiedzieć, co ma do powiedzenia przywódca Stanów Zjednoczonych na temat walki z terroryzmem, wojny w Afganistanie i nadciągającego konfliktu z Irakiem. Bush miał tego świadomość i dlatego przygotowywał się do orędzia bardzo starannie. Niestety, nie wszystko poszło tak, jak powinno.

George Bush zaczął od stwierdzenia, że rozpoczęta właśnie operacja w Afganistanie przebiega zgodnie z planem. Potem zapewnił, że jest to wojna sprawiedliwa i że śmierć amerykańskich żołnierzy nie pójdzie na marne. Poinformował też o znalezieniu w Afganistanie dowodów na to, że Al Kaida planowała ataki na USA. „Znaleźliśmy diagramy amerykańskich elektrowni nukularnych" — oświadczył. Słysząc, jak prezydent USA zmienia głoski w słowie „nuklearny", pomyślałem, że się przejęzyczył. Jednak chwilę później Bush mówił o „broni nukularnej", co już było trochę podejrzane. Kiedy w dalszej części orędzia znów powtórzył „nukularny", nie było wątpliwości, że prezydent USA nie potrafi poprawnie wypowiedzieć słowa „nuklearny". Dał temu zresztą dowód dziesiątki razy podczas późniejszych wystąpień i konferencji prasowych.

Słuchając Busha w styczniu 2002 r., zacząłem się zastanawiać, co by było, gdyby kandydat na prezydenta Polski zamiast „nuklearny", mówił „nukularny". Nie przejęzyczył się raz czy drugi, ale mówił zawsze: „broń nukularna", „zagrożenie nukularne", „pocisk nukularny". Polityk taki bez wątpienia stałby się pośmiewiskiem, a politycy innych partii i dziennikarze nie zostawiliby na nim suchej nitki. Intelektualiści rozprawialiby o konsekwencjach takiego lapsusu dla wizerunku Polski na świecie i ubolewaliby nad tym, że kandydat na prezydenta daje zły przykład młodzieży. Nukularność prześladowałaby go przez całą kampanię wyborczą. Tymczasem prezydent światowego supermocarstwa George Bush zawsze mówił „nukularny" i większości Amerykanów to nie przeszkadzało.

Przekręcanie słowa „nuklearny" to nie jedyna językowa gafa Busha. Jego błędy językowe doczekały się nawet swojej nazwy — określono je mianem „buszyzmów". Kiedyś prezydent oznajmił całemu narodowi, że „zbyt wielu ginekologów w USA nie jest w stanie praktykować miłości z kobietami". Innym razem zauważył, że w szkołach za rzadko stawia się pytanie, czy „nasze dzieci zdobywa wiedzę" (ang. *is our children learning*). Bush wzbogacił też słownik języka angielskiego. Stworzył np. czasownik „ranczować" — od rzeczownika „ranczo". Najsłynniejszym neologizmem Busha było jednak słowo *misunderestimated*, które powstało z połączenia *missunderstood* (z ang. źle zrozumiany) z *underestimated* (z ang. niedoceniony). Niektóre wypowiedzi

George'a Busha przejdą do historii nie z powodu błędów językowych, ale ze względu na głęboki wymiar filozoficzny. „Wiem, że możliwe jest pokojowe współistnienie ludzi z rybami" — stwierdził kiedyś amerykański prezydent. George Bush nie był pierwszym prezydentem USA, który słynął z popełniania błędów językowych. Szedł śladami swego ojca, George'a H.W. Busha, oraz innego przywódcy Stanów Zjednoczonych Dwighta Eisenhowera. Mimo to dwukrotnie wygrał wybory. Niektórzy twierdzą nawet, że słabość językowa nadała Bushowi „ludzkiego wymiaru" i pomogła w kampanii wyborczej. I choć George Bush był ulubionym obiektem żartów komików telewizyjnych, nieudolność w posługiwaniu się angielskim nie przeszkadzała mu w polityce. Dla większości Amerykanów język jest bowiem narzędziem komunikacji i jeśli tylko wiadomo, o co chodzi mówiącemu, wszystko jest w porządku. Dotyczy to w szczególności języka mówionego, który jest uważany za mniej formalny od języka pisanego. Generalnie rzecz biorąc: Amerykanie nie są językowymi purystami.

AMERICAN ENGLISH

Język, którym posługuje się większość Amerykanów, to American English, czyli amerykański angielski. W USA można usłyszeć różne wersje tego języka, w zależności od regionu, przynależności etnicznej oraz klasy społecznej. Język łączy, ale i dzieli Amerykanów. Wielu z nich potrafi przestawiać się z jednej wersji angielskiego na inną. Kiedy prezydent Barack Obama wygłasza telewizyjne orędzie, mówi tzw. mainstream American English, czyli językiem, którym posługują się media albo nauczyciele w szkołach. Gdy jednak występuje na konferencji Afroamerykanów i chce podkreślić, że jest jednym z nich, zaczyna mówić z murzyńskim akcentem. Dla wielu mieszkańców USA sposób, w jaki mówią, wyraża bądź podkreśla ich tożsamość. Wśród amerykańskich lingwistów toczy się spór o stan języka angielskiego. Jedni uważają, że schodzi on na psy, inni, że jest zdrowy i dobrze się rozwija.

Amerykański angielski różni się od brytyjskiego angielskiego wymową. Brytyjczycy w określonych sytuacjach nie wymawiają głoski „r", podczas gdy Amerykanie robią to zawsze. Niektórzy Amerykanie zazdroszczą Brytyjczykom ich akcentu, ponieważ uważają język brytyjski za bardziej wyrafinowany i prestiżowy. W księgarniach można kupić wiele podręczników pomagających nauczyć się brytyjskiego akcentu, a w internecie „trener dialektów" Michael E. Andrews chwali się, że nauczył tego akcentu wielu aktorów z Hollywood, i oferuje swoje usługi wszystkim zainteresowanym. Za 40 dolarów można u niego zamówić poradnik oraz zestaw płyt CD z ćwiczeniami. Dzięki nim nabycie perfekcyjnego brytyjskiego akcentu zajmuje podobno tylko trzy dni. „Mówiąc z brytyjskim akcentem — zapewnia trener — nabierzesz pewności siebie, zdobędziesz wymarzoną pracę, zyskasz szacunek, na jaki zasługujesz". Popularny portal eHow daje konkretne rady za darmo:

- Aby poluzować szczęki, powtarzaj „ah", jakby lekarz badał ci gardło.
- Pomijaj głoskę „r", gdy znajduje się gdzieś pod koniec słowa. *Car* ma więc brzmieć jak „cah", a *park* jak „pahk".
- Zamieniaj „o" na „ow". *Money* wypowiadaj jak „mowney".

Dodatkowo zaleca się słuchanie stacji BBC oraz oglądanie brytyjskich filmów, najlepiej z lat 60. XX w. Brytyjski akcent można też przyswoić podczas studiów na snobistycznych amerykańskich uczelniach, takich jak Harvard, Yale czy Princeton.

Amerykański angielski i brytyjski angielski mają też różne słowa na określenie tych samych rzeczy. Amerykanin mieszkanie nazywa *apartment* albo *condo*, a dla Brytyjczyka będzie to zawsze *flat*. Ciężarówka amerykańskiego kierowcy to *truck*, a po pracy idzie on na mecz futbolu. Jego brytyjski kolega wsiada do *lorry* i choć również jest kibicem futbolu, to w jego przypadku jest to zwykła piłka nożna, którą to grę w USA nazywa się *soccer*. Gdyby mieszkaniec Londynu i mieszkaniec Waszyngtonu umawiali się na wyjście do kina, mogliby się nie spotkać. W amerykańskim angielskim kino nazywa się bowiem *movie theater*, a potocznie *theater* lub *movies*. W Anglii kino to *cinema*. Gdyby obaj jechali do kina samochodami, to jeden szukałby znaku *parking*, a drugi *car park*. Dla Amerykanina brytyjski *car park* oznaczałby park samochodowy (jeżeli coś takiego w ogóle istnieje). Amerykańskimi słowami są także: *subway* (metro), *cab* (taksówka), *french fries* (frytki), *elevator* (winda), *gas* (benzyna), *restroom* (toaleta) oraz *pants* (spodnie). W USA popularne jest też słowo *guy*, które znaczy: facet, koleś. Co ciekawe, równouprawnienie zaszło tu tak daleko, że *guys* jest używane zarówno w stosunku do mężczyzn, jak i kobiet.

British English i American English różnią się nie tylko słownictwem, ale i pisownią. Do typowych różnic należy pisownia pewnych wyrazów z końcówką -or zamiast brytyjskiej -our, np.: *color* zamiast *colour* (kolor), *valor* zamiast *valour* (męstwo, waleczność) lub *honor* zamiast *honour* (zaszczyt, zasługa, honor). Wśród innych różnic w pisowni można wymienić pisanie -er zamiast -re, np. amerykańskie *center* to brytyjskie *centre* (centrum, ośrodek, środek), oraz wymienne używanie przez Brytyjczyków końcówek -ization/-isation — Amerykanie zawsze używają tylko tej pierwszej, np. *organization*.

Różnice w wymowie, słownictwie i zapisie sprawiają, że pomiędzy Anglikami i Amerykanami istnieje swoista bariera językowa. W internecie można znaleźć opisy setek związanych z tym nieporozumień. Pewien Amerykanin kilka razy pytał kolegę z Londynu o nazwę sklepu, do którego się wybierają, i za każdym razem słyszał „Clock Robba". Ponieważ nigdy nie słyszał o takim sklepie, poprosił o zapisanie nazwy na kartce. Zdziwił się bardzo, gdy Brytyjczyk napisał „Clark Rubber".

CR, CZYLI CZASOWNIKOWANIE RZECZOWNIKÓW

Amerykanie lubią posługiwać się akronimami, czyli skrótowcami. Dziennikarze akredytowani przy Białym Domu nie mówią „prezydent", lecz używają określenia POTUS, które jest skrótowcem od *President of the United States*. Małżonka prezydenta ma pseudonim FLOTUS (ang. *First Lady of the United States*), a wiceprezydent to VPOTUS (ang. *vice* + POTUS). Gdy ktoś mówi DINKS, ma na myśli bezdzietną parę ludzi aktywnych zawodowo (ang. *Double Income No Kids*). W jednym z programów radiowych słuchacz poskarżył się, że ma już dość akronimów. Po angielsku brzmiało to: *I am sick of acronyms*. Ktoś inny szybko jednak zauważył, że SICK jest przecież akronimem od: *Single Income Couple with Kids* i oznacza małżeństwo z dziećmi, w którym jedna osoba pracuje.

Posługiwanie się akronimami jest powszechne, gdy Amerykanie rozmawiają przez komunikatory lub wysyłają SMS-y. Wyrażając zdziwienie lub zażenowanie, piszą OMG (ang. *Oh my God* — O mój Boże!). Kiedy chcą poruszyć temat poboczny, wstawią litery BTW (ang. *by the way* — à propos).

Jeśli chcą kogoś ponaglić, napiszą lub powiedzą ASAP (ang. *as soon as possible* — tak szybko, jak to możliwe). Kto z nas nie zna też akronimów: FBI czy CIA albo NBA, NFL czy NHL? Amerykanie równie powszechnie używają idiomów nawiązujących do sportu. Przed inwazją na Irak ówczesny szef CIA George Tenet powiedział George'owi Bushowi, że służby wywiadowcze mają pewność, iż Saddam Husajn ma broń masowego rażenia. Tenet użył wtedy typowego dla koszykówki określenia *slum dunk* oznaczającego wsad do kosza (pewne trafienie). Inne określenie często używane w polityce to *hardball*, co w terminologii bejsbolowej oznacza trudną do odebrania, mocno uderzoną piłkę. Posługiwanie się przez Amerykanów sportowymi wyrażeniami sprawia, że ich język jest wyjątkowo barwny i ciekawy. Odkąd zamieszkałem w USA, często słyszę wywodzący się z futbolu amerykańskiego zwrot *Monday morning quarterbacking* (poniedziałkowe mądrowanie się). Jest to ironiczne określenie sytuacji, w której ktoś po fakcie poucza inną osobę, co powinna była zrobić. *Quarterback* (albo QB) to w futbolu rozgrywający — najważniejszy zawodnik, a wiele meczów futbolowych odbywa się w USA właśnie w niedzielę wieczorem.

Amerykanie z zamiłowaniem tworzą neologizmy. Są w końcu narodem wynalazców, więc zamiast mówić „wysyłać wiadomość" (ang. *to send a text message*), mówią „tekstować" (ang. *to text*). Gdy młodzi ludzie zaczęli przesyłać sobie telefonami komórkowymi erotyczne zdjęcia, powstało słowo „sekstować" (ang. *sexting*). Jednym z ciekawszych amerykańskich neologizmów jest określenie *fat-finger* (z ang. gruby palec), które oznacza omyłkowe naciśnięcie niewłaściwego przycisku na klawiaturze. Gdy prezydent Barack Obama zaczął forsować projekt reformy zdrowotnej, jego przeciwnicy oskarżyli go o to, że chce zmienić Stany Zjednoczone w państwo opiekuńcze. By podkreślić swój przekaz, przerobili *health care* (z ang. służba zdrowia) na *Obamacare*. Kiedy Stany Zjednoczone rozpoczęły operację wojskową w Libii, opozycja wytknęła prezydentowi Obamie, że wypowiedzenie wojny wymaga zgody Kongresu. Biały Dom odpowiedział wtedy, że bombardowania wojsk Kadafiego nie można nazwać wojną, a gdy dziennikarze dopytywali się, jakie określenie jest właściwe, doradcy prezydenta odpowiedzieli: „konflikt kinetyczny".

Amerykanie wiodą też prym w charakterystycznym dla języka angielskiego tworzeniu czasowników bezpośrednio od rzeczowników. W ten sposób wykreowali inżynierowanie, twarzowanie oraz tostowanie. Podobnie jest z rzeczownikiem „autor", z którego stworzyli czasownik „autorować" (napisać, stworzyć). Jeszcze kilka lat temu nie istniało słowo „trendować" (w znaczeniu „zdobywać popularność"). Obecnie czasownik *to trend* jest powszechnie używany przez internautów, gdy chcą powiedzieć, jakie hasło zyskuje w danym momencie na popularności. Amerykanie powszechnie też „mandatują", „rachunkują", „wakacjują". No i oczywiście „czasownikują".

DO YOU SPEAK YUP'IK?

Mój znajomy Roberto przyjechał do Stanów Zjednoczonych, z Peru osiem lat temu. Znał wtedy zaledwie kilka słów po angielsku. Nie miał zbyt wiele czasu na naukę, bo pracował od rana do wieczora na budowie. Udało mu się jednak przez dwa semestry chodzić do gminnego ośrodka językowego, gdzie za darmo oferowane są lekcje angielskiego dla biednych imigrantów. W wolnych chwilach czytał słownik i oglądał amerykańską telewizję. Dzisiaj zna angielski w wystarczającym stopniu, by dogadać się z szefem w pracy, odpowiedzieć na proste pytania klientów, zrobić zakupy i załatwić sprawę w banku. Jednak ze swoją żoną i dziećmi rozmawia po hiszpańsku.

Roberto należy do 20% mieszkańców USA, którzy w domu używają innego języka niż angielski. Połowa z nich przyznaje, że język ten zna słabo lub bardzo słabo. Około 12% Amerykanów na co dzień posługuje się hiszpańskim, co nie powinno dziwić, gdy uświadomimy sobie, że spośród wszystkich krajów świata Stany Zjednoczone są na piątym miejscu pod względem liczby zamieszkujących dany kraj Latynosów. Oprócz hiszpańskiego popularne są też chiński i francuski. 1,5 miliona mieszkańców USA mówi po tagalsku (język imigrantów z Filipin), a 1,2 miliona po wietnamsku[1]. Na 11. miejscu, razem z rosyjskim, jest język polski, którym na co dzień posługuje się 630 tysięcy osób. Amerykanie mówią łącznie 327 językami. Są wśród nich także języki indiańskie. W języku nawaho mówi 170 tysięcy Amerykanów, a językiem czirokeskim posługuje się około 12 000 osób. Od kilku

---

[1] Dane z ostatniego badania American Community Survey przeprowadzonego przez Amerykański Urząd Statystyczny w 2007 r.

do kilkunastu tysięcy mówi w językach: dakockim (Indianie Dakota, do których zaliczają się m.in. Siuksowie), yup'ik, apache (język Apaczów), piman, zuni czy choctaw. Języki te można jednak usłyszeć wyłącznie w rezerwatach. Jednym z amerykańskich języków jest także teksański śląski. Posługują się nim potomkowie polskich imigrantów z położonej niedaleko San Antonio miejscowości Panna Maria, założonej przez polskiego franciszkanina ojca Leopolda Moczymordę w połowie XIX w. To właśnie ta miejscowość, a nie Nowy Jork czy Chicago, była pierwszą polską stałą osadą w Ameryce Północnej. Obecnie w Pannie Marii mieszka około 100 osób, wśród których są ludzie o nazwiskach Moczygemba, Kowolik, Pilarczyk czy Jarzombek. Co roku biorą oni udział w charytatywnym obiedzie, podczas którego serwowane są typowe amerykańskie potrawy — indyk, zielona fasolka i sos żurawinowy. Uczestnicy spotkania posługują się jednak specyficzną mieszanką angielskiego i gwary śląskiej. Na samolot mówią „furgocz", na garnki — „garce", na pradziadka — „prastarzik", a małe dziecko nazywają „bejbikiem".

ANGIELSKI NIEJEDNO MA IMIĘ

Od początku pobytu w Waszyngtonie nie miałem problemu ze słuchaniem radia czy oglądaniem wiadomości telewizyjnych. Rozumiałem polityków i ekspertów, bez trudu porozumiewałem się w urzędach. Kiedy jednak mówili do mnie czarnoskórzy Amerykanie, nie miałem pojęcia, o co im chodzi, i musiałem prosić, by powtórzyli raz, drugi, trzeci. Bywało to niezręczne, na szczęście zawsze mogłem się usprawiedliwić, że jestem z obcego kraju i słabo znam angielski. Dopiero później dowiedziałem się, że czarnoskórzy mówią w specyficznym dialekcie, popularnie zwanym Ebonics, a oficjalnie African American Vernacular English. Od standardowego angielskiego różni się on nie tylko wymową, ale i gramatyką oraz słownictwem. Do tego dochodzi zupełnie inny akcent, który sprawia, że Afroamerykanina z łatwością można rozpoznać przez telefon czy w radiu. W Ebonics popularne są też: podwójna negacja, używanie *ain't* jako standardowego zaprzeczenia oraz wyrzucanie ze zdań *is* i *are*. Osoba posługująca się dialektem Ebonics zamiast powiedzieć *He has been singing*, powie *He been singing*, a zamiast *He is always singing* użyje sformułowania *He stay singing*. Z perspektywy standardowego angielskiego język czarnych jest pełen błędów gramatycznych.

Przez wiele dziesięcioleci uczono Afroamerykanów poprawnego angielskiego, próbując wyeliminować popełniane przez nich błędy. Rezultaty były jednak mizerne, więc niektórzy zaczęli szukać innych rozwiązań. Na nietypowy pomysł wpadła w 1996 r. rada oświatowa Oakland w Kalifornii, uznając Ebonics za język obcy, który zdefiniowano jako mieszankę afrykańskiej gramatyki i angielskiego słownictwa. Skutkiem tej decyzji miało być nauczanie murzyńskich dzieci w Ebonics i traktowanie angielskiego jako języka obcego. Była to fundamentalna zmiana podejścia do nauczania języka. Dzięki niej wyeliminowano sytuacje, w których dziecko w szkole jest poprawiane (ponieważ mówi źle), a po powrocie do domu słyszy ten „zły" język z ust mamy, ojca czy babci. Gdy jednak media podały informację o planach rady Oakland, w Stanach Zjednoczonych z obu stron politycznego spektrum rozległy się głosy oburzenia. Dla białych konserwatystów było to niedopuszczalne sankcjonowanie separatyzmu językowego. Z kolei afroamerykańscy działacze uznali takie podejście za wskrzeszanie segregacji i ostrzegali, że podtrzymywanie Ebonics u murzyńskich dzieci zmniejszy ich szanse na sukces w późniejszym życiu. Ostatecznie rada oświatowa Oakland wycofała się ze swojej decyzji. Wielu lingwistów twierdzi jednak, że uznanie Ebonics za język obcy mogło przynieść dobre rezultaty. Niestety, z tej próby zrezygnowano, bo gdy w grę weszły polityka i emocje, na merytoryczne argumenty zabrakło miejsca.

Ebonics ma sporo elementów wspólnych z południowym angielskim (Southern English), czyli dialektem, którym posługują się biali mieszkańcy stanów tradycyjnego Południa — od Wirginii, Karoliny Północnej i Południowej oraz Georgii aż po Kansas, Oklahomę i Teksas. Podobieństwa biorą się stąd, że w przeszłości większość Afroamerykanów mieszkała właśnie na południu i oba dialekty się przenikały. Południowy angielski charakteryzuje specyficzny akcent, częste używanie *y'all*, czyli skrótu od *you all*, oraz *fixin* w znaczeniu zamiaru zrobienia czegoś w nieokreślonej przyszłości (*I'm fixin' to go to the store*). Południowcy notorycznie zastępują też *did* słowem *done*, co w standardowym angielskim jest błędem. Używają też *them* (ich) tam, gdzie to jest to zbędne albo zamiast określenia *those* (tamtych) — *I saw them boys*. Symbolem języka Południa jest niepoprawne gramatycznie sformułowanie *She don't love me*, które często można usłyszeć w piosenkach country. I nie jest to przypadek: muzyka country nieodłącznie związana jest przecież z tradycją i kulturą tego regionu. Mieszkańcy wielkich miast, takich jak Waszyngton, Nowy Jork czy Boston, traktują jednak południowy angielski jako język drugiej kategorii i obiekt żartów.

Ciekawym zjawiskiem jest język stanu Teksas, w którym słychać południowy akcent, co oznacza, że słowo *can* brzmi tam jak „kin", *pen* jak „pin", a *again* jak „agin". O wyjątkowości teksańskiego angielskiego decyduje jednak charakter samych Teksańczyków, którzy mają wyjątkową skłonność do przesadzania. Nie wystarczy im stwierdzenie, że ktoś „jest okropny". W Teksasie jest od razu „okropniejszy niż garnek grzechotników". Ktoś, kto w innym stanie jest ruchliwy, w Teksasie jest „bardziej ruchliwy niż żaba na patelni", a brzydki jest „tak brzydki, że matka musiała mu wieszać wieprzowinę na szyi, żeby psy się chciały z nim bawić". Teksańczycy mają też interesujące obserwacje dotyczące pogody, o czym świadczą powiedzenia: „jest taka mgła, że ptaki chodzą na piechotę" albo „tak się kurzy, że króliki kopią nory metr nad ziemią". Za pomocą swojego języka demonstrują też, że są błyskotliwi i znają życie. Mówią więc, że „nikt jeszcze nie utopił się we własnym pocie" (ciężka praca nikomu nie zaszkodziła) albo „silnik pracuje, ale nikt nie kieruje" (o kimś niezbyt inteligentnym). Lingwiści doliczyli się ponad 1400 teksańskich powiedzonek, z których mieszkańcy tego stanu są bardzo dumni. Dla pozostałych Amerykanów teksańska skłonność do wyolbrzymiania jest jednak kolejnym dowodem na to, że Teksas to nie tylko jeden z 50 amerykańskich stanów, ale także specyficzny stan umysłu.

PONGLISH

Kilka lat temu zatrzymałem się w Nowym Jorku w położonym przy Times Square hotelu Best Western. Spotkałem tam panią Emilię — Polkę, która od 12 lat pracowała w USA jako sprzątaczka. Podczas rozmowy wyznała, że kompletnie nie zna angielskiego — może z wyjątkiem kilku podstawowych słów, takich jak: „dzień dobry", „dziękuję", „ile to kosztuje". Pani Emilii żyłoby się łatwiej ze znajomością angielskiego, ale nigdy nie miała czasu na naukę. Poza tym w dużych skupiskach Polonii, takich jak: Nowy Jork, New Jersey czy Chicago, można bez problemu poradzić sobie, nie znając angielskiego. Są tu polskie sklepy, banki, biura podróży, restauracje i kościoły, a kiedy osoba niemówiąca po angielsku zostanie aresztowana, policja znajduje tłumacza. Większość Polaków w USA stara się jednak uczyć angielskiego, bo bez znajomości tego języka nie można dostać dobrej pracy i odnieść sukcesu. Równocześnie modyfikacji ulega język polski, którym ludzie posługują się w domu czy wśród znajomych.

Polacy, tak jak inne mniejszości narodowe, adaptują angielskie słowa do swojego języka. W taki sposób powstał Ponglish (inaczej: Poglish), czyli slang będący mieszanką polskiego z angielskim, którą posługują się nasi rodacy z Chicago czy Nowego Jorku. Już po kilku miesiącach pobytu w Stanach zamiast stać w korkach, stoją w „trafiku". Ich przyjaciele stają się „frendami", a gotówka „keszem". Mężczyźni zamiast pić alkohol, „drynkują w pabie za kornerem". Jeden z moich znajomych z New Jersey chciał postawić swojej córce „plejhałsa na bakjardzie" (ang. *backyard playhouse*). Na szczęście nie było z tym wiele roboty — tylko parę „dygnięć" (ang. *dig*) łopatą. Innym razem utknął swoim „trokiem w trafiku na hajłeju, a potem tak przyspidował, że złapał go kap i wlepił tyket". Pewien Polak z Greenpointu tłumaczył mi kiedyś, jak Amerykanie budują domy, i ciągle mówił o jakimś sitraku. „Co to jest sitrak?" — zastanawiałem się, zanim wpadłem na to, że chodziło mu o *sheetrock*, czyli płytę kartonowo-gipsową.

Nie wszyscy Polacy w USA posługują się Ponglishem. Wielu uważa go za prostacki i śmieszny. Ponglisha nie można usłyszeć tam, gdzie mieszka lepiej wykształcona Polonia oraz tzw. stara imigracja. Dla wielu z tych ludzi utrzymanie czystości języka polskiego jest wyrazem szacunku dla ojczyzny. Od kiedy zamieszkałem w Stanach Zjednoczonych, spotkałem wielu rodaków, którzy wyjechali do Ameryki ponad pół wieku temu, a mówili po polsku tak, jakby nigdy nie opuścili kraju.

CO MA PAŃSTWO DO JĘZYKA

W Stanach Zjednoczonych nie ma języka urzędowego. W amerykańskiej konstytucji nie ma ani słowa na temat języka. Angielski można uznać za język narodowy Stanów Zjednoczonych, ale wynika to wyłącznie z tradycji, nie z mocy prawa. Amerykanie mają różne opinie na temat znaczenia i roli języka angielskiego. Spierają się o to, czy język jest niezbędnym elementem tożsamości narodowej i czy wielojęzyczność jest wartością, czy ciężarem dla społeczeństwa. Debatują, czy państwo powinno wymagać od imigrantów, by jak najszybciej przestawili się na angielski, czy też powinno pomagać im w utrzymywaniu własnego języka, a jeśli tak, to jak daleko powinna sięgać akceptacja wielojęzyczności? Dylematy te nie są tylko problemami teoretycznymi, lecz mają przełożenie na praktykę. Czy w regionach, w których większość mieszkańców stanowią Latynosi, szkoły powinny mieć prawo do prowadzenia zajęć po hiszpańsku? Czy władze Illinois powinny umożliwić polskim imigrantom zdawanie egzaminu na prawo jazdy po polsku? Czy państwo ma obowiązek zapewnienia obywatelom słabo mówiącym po angielsku kart do głosowania w ich językach ojczystych, a jeśli tego nie robi, to czy ogranicza ich prawa obywatelskie?

W tej chwili w sferze języka w USA panuje duża różnorodność. Większość spraw związanych z językiem regulowana jest na poziomie stanowym i lokalnym. Rząd federalny wyznaczył pewne minimalne standardy i stara się je egzekwować. Dotyczy to przede wszystkim praw wyborczych, czyli zapewnienia obywatelom słabo mówiącym po angielsku kart do głosowania i instrukcji w ich językach ojczystych. Aby uzyskać obywatelstwo amerykańskie, większość imigrantów musi zdać egzamin z angielskiego. Jednak z obowiązku tego zwolnione są osoby powyżej 50. roku życia oraz te, które przebywają w USA ponad 20 lat. W USA żyją więc miliony obywateli nieznających angielskiego.

Rząd USA przyjął zasadę, że jeśli w danym okręgu wyborczym jakaś mniejszość stanowi ponad 5% populacji, to karty do głosowania muszą być drukowane w języku tej mniejszości. Reguła ta jest zapisana w uchwalonej przez Kongres ustawie o prawach wyborczych i musi być przestrzegana we wszystkich stanach. Jej złamanie skutkuje utratą funduszy federalnych na zorganizowanie wyborów i procesami sądowymi. Dlatego właśnie w San Francisco karty do głosowania i instrukcje wyborcze drukowane są także po hiszpańsku i chińsku, a na Alasce pomoc językową uzyskują osoby mówiące w tagalskim oraz rdzennych językach tego regionu — centralnym yup'ik, syberyjskim yup'ik, inupiak oraz koyukon. Dwa hrabstwa stanu Kolorado dają możliwość ustnego głosowania w indiańskich językach ute i nawaho. W lokalu wyborczym członkowie tych plemion wchodzą do specjalnych budek, gdzie zakładają słuchawki, słuchają instrukcji i pytań, a następnie naciskają odpowiednie przyciski. Ponieważ skład narodowościowy Stanów Zjednoczonych szybko się zmienia i gwałtownie przybywa Latynosów, rośnie liczba okręgów wyborczych, w których wymagane jest drukowanie kart do głosowania po hiszpańsku, co budzi sprzeciw niektórych lokalnych społeczności. Jednak władze federalne konsekwentnie egzekwują przepisy ustawy o prawach wyborczych i podają do sądu hrabstwa, w których nie są one przestrzegane. Do takiej sytuacji doszło w Riverside w Kalifornii, gdzie mimo sporej populacji Latynosów odmówiono wydrukowania kart do głosowania po hiszpańsku. Rząd federalny skierował sprawę do sądu, ale zanim nastąpił proces, władze lokalne zmieniły zdanie i podpisały z rządem federalnym porozumienie, w którym nie tylko zgodziły się na udostępnienie wyborcom hiszpańskojęzycznych kart do głosowania, ale również obiecały, że w lokalach wyborczych pojawią się pracownicy znający język hiszpański, którzy w razie potrzeby udzielą Latynosom pomocy.

W sprawie egzaminów na prawo jazdy rząd USA ma niewiele do powiedzenia, ponieważ — zgodnie z wykładnią Sądu Najwyższego — tu decyzja należy do władz poszczególnych stanów. W większości stanów pomaga się imigrantom, oferując możliwość zdawania testów na prawo jazdy w językach obcych. W New Jersey egzaminy można zdawać po angielsku, arabsku, chińsku, francusku, hiszpańsku, koreańsku, polsku, portugalsku, rosyjsku i japońsku. Jeśli ktoś nie mówi w żadnym z tych języków, może przyprowadzić na egzamin licencjonowanego tłumacza lub nauczyciela języka obcego pracującego na uniwersytecie, w ostateczności nawet księdza, pastora lub rabina. W stanie Kalifornia można zdawać pisemne egzaminy na prawo jazdy w 31 językach, a w wersji audio — w 11. Nawet stany z minimalną populacją imigrantów oferują pomoc obcokrajowcom. W Wisconsin testy można zdawać po rosyjsku, somalijsku, chińsku, polsku, serbochorwacku i hiszpańsku, a w Tennessee po angielsku, hiszpańsku, japońsku i koreańsku. W stanach tych osoby, które mówią w językach innych niż angielski, mogą przyjść na egzamin ze słownikiem. W większości stanów podczas egzaminu praktycznego wymagana jest znajomość angielskich napisów na znakach drogowych oraz podstawowych poleceń w tym języku, np.: „zatrzymaj się", „skręć w lewo", „zwolnij", „włącz kierunkowskaz", „włącz światła".

DON'T SPEAK POLISH

Jedną z najbardziej kontrowersyjnych kwestii jest nauka angielskiego w szkołach. Kiedy przyjechaliśmy do Waszyngtonu, nasz syn Konrad miał 11 lat. Chociaż w Polsce uczył się angielskiego w szkole i przez dwa lata chodził na zajęcia prywatne, po przyjeździe do USA czuł się bezradny. Nie wiedział, o czym mówią w telewizji, nie rozumiał ludzi w sklepie i na ulicy, nie potrafił dogadać się z dziećmi na podwórku. Baliśmy się, co będzie, gdy pójdzie do amerykańskiej szkoły, bo wiedzieliśmy, że na pomoc w języku polskim nie może liczyć. Okazało się, że obawy były bezpodstawne — Amerykanie w rok nauczyli go mówić i pisać po angielsku.

Już w czasach kolonialnych w Ameryce powstawały szkoły z językiem wykładowym innym niż angielski. Pierwszą taką założyli na początku XVII w. polscy rzemieślnicy z osady Jamestown w Wirginii. Po strajku, w którym wywalczyli możliwość głosowania w wyborach, przyznano im także prawo do otwarcia polskiej szkoły. W połowie XIX w. w Ohio, Luizjanie i Nowym Meksyku istniały szkoły z wykładowymi językami niemieckim, francuskim i hiszpańskim. Później na terenach zamieszkałych przez imigrantów z Niemiec popularne stały się szkoły dwujęzyczne, w których język angielski traktowano na równi z niemieckim. Do programów nauczania wpisywano także włoski, czeski, holenderski i polski, a na zachodnim wybrzeżu japoński i chiński. Rozwijały się też szkoły parafialne, gdzie język danej grupy etnicznej był zawsze językiem wykładowym. Podczas I wojny światowej Stany Zjednoczone wkroczyły jednak w okres silnego nacjonalizmu, który trwał aż do lat 50. XX w. Amerykanie opowiedzieli się wtedy przeciwko nauczaniu w językach obcych. W drugiej połowie XX w. niemal wszędzie uczono wyłącznie po angielsku. Wtedy jednak powstał inny problem. Otóż okazało się, że dzieci imigrantów gorzej radzą sobie w zdominowanym przez język angielski systemie edukacji i osiągają gorsze wyniki od amerykańskich kolegów i koleżanek. Organizacje reprezentujące mniejszości zaczęły się więc domagać pomocy ze strony władz lokalnych, stanowych i federalnych. A ponieważ nie wszędzie tego rodzaju pomoc chciano oferować, sprawa trafiła do Sądu Najwyższego USA. W 1974 r. orzekł on, że bez pomocy państwa obcojęzyczni uczniowie mają dużo mniejsze szanse edukacyjne niż dzieci anglojęzyczne i zobowiązał kuratoria oświaty do wprowadzenia programów pomocy dzieciom imigrantów. Jeden z takich programów, zwany English as a Second Language (ESL), został „zaaplikowany" memu synowi.

Istnieją dwie podstawowe metody nauki języka: tradycyjna dwujęzyczna oraz metoda immersji, czyli „zanurzenia się" w języku obcym. Pierwsza polega na tym, że ucząc języka obcego, nauczyciel porozumiewa się z uczniem w jego języku ojczystym, w którym też napisane są podręczniki i wydawane polecenia. W drugiej metodzie nauczyciel rozmawia z uczniem wyłącznie w języku, którego dziecko się uczy. W metodzie immersji docelowy język jest nie tylko przedmiotem nauczania, ale również narzędziem nauki.

Konrad dołączył do amerykańskich kolegów na poziomie piątej klasy szkoły podstawowej. Oczywiście początkowo nie mógł chodzić z nimi na lekcje angielskiego, bo nie znał tego języka. Zamiast tego miał zajęcia z angielskiego z nauczycielką, która została zatrudniona wyłącznie do nauczania dzieci metodą ESL. Oprócz mojego syna w grupie było jeszcze kilkoro dzieci w różnym wieku. Wszyscy uczęszczali wraz z amerykańskimi rówieśnikami na lekcje matematyki, fizyki czy historii. Za to w czasie zajęć z takich przedmiotów jak plastyka czy muzyka spotykali się znów z nauczycielką ESL, która sprawdzała, czy wszystko zrozumieli na pozostałych lekcjach, wyjaśniała wątpliwości i pomagała w odrabianiu pracy domowej. „Zanurzenie" w angielskim było całkowite. Językiem tym porozumiewano się bowiem nie tylko w klasach, ale również na korytarzu czy w stołówce, dzięki czemu każdego dnia przez 6 – 7 godzin Konrad był „otoczony" angielskim. W ten sposób po roku został przeniesiony do zwyczajnej klasy, gdyż umiał mówić, czytać i pisać po angielsku na poziomie zbliżonym do amerykańskich kolegów.

HABLA USTED INGLÉS?

Nauka imigrantów angielskiego metodą dwujęzyczną była promowana przez zwolenników wielokulturowości w latach 70. i 80., a rząd federalny wspierał te działania. W 1978 r. amerykańskie ministerstwo edukacji sfinansowało ponad 500 dwujęzycznych projektów edukacyjnych w 68 językach. U podstaw systemu dwujęzycznego leżało przekonanie części lingwistów, że dziecko może nauczyć się drugiego języka dopiero, gdy w pełni opanuje pierwszy, czyli po 6 – 7 latach nauki w szkole. Niektórzy lewicowi intelektualiści otwarcie pochwalali tzw. kulturowy separatyzm i etniczne przebudzenie, które polegało na popularyzowaniu dziedzictwa różnych grup etnicznych. Takie podejście było wyrazem niechęci do tradycyjnego protestancko-anglosaskiego establishmentu Ameryki. Dwujęzyczne nauczanie szybko zaczęło być krytykowane. Przede wszystkim pogłębiało podziały wśród uczniów, ponieważ nie tylko angielskiego, ale również pozostałych przedmiotów musieli się uczyć oddzielnie. Poza tym wiele szkół zaczęło traktować dwujęzyczną edukację nie jako metodę przejścia z hiszpańskiego na angielski, ale jako sposób na ugruntowanie przez latynoskie dzieci języka ojczystego, co z kolei nie podobało się wielu Amerykanom. Przede wszystkim jednak dwujęzyczne nauczanie nie przynosiło oczekiwanych rezultatów. Badania pokazały, że po trzech latach nauki tą metodą tylko 20% uczniów mogło przejść do zwyczajnych klas, podczas gdy metoda immersji językowej dawała 80-procentowy sukces. I choć działacze organizacji skupiających mniejszości opowiadali się za nauczaniem dwujęzycznym, większość rodziców wolała immersję. Dlatego właśnie w kolejnych latach rząd USA zaczął odchodzić od wspierania dwujęzyczności, co oznaczało również rezygnację z wielokulturowości na rzecz asymilacji imigrantów.

Napływ dużej liczby nielegalnych imigrantów z Meksyku sprawił, że większość Amerykanów opowiada się za wywieraniem silniejszej presji na przybyszów spoza USA, by przejmowali język angielski i amerykańską kulturę. W 2002 r. w stanie Massachusetts odbyło się referendum, w którym aż 70% wyborców zagłosowało przeciwko dwujęzycznej edukacji. W Arizonie, gdzie połowa dzieci to Latynosi, przyjęto ustawę nakazującą szkołom stosowanie nauczania angielskiego wyłącznie metodą immersji. Równocześnie rząd USA wycofał się ze wspierania programów w językach narodowych i postanowił rozliczać szkoły wyłącznie z postępów w nauczaniu angielskiego. Oczywiście nikt nie wprowadził zakazu dwujęzycznej edukacji. Samo wycofanie rządowego wsparcia wystarczyło jednak, by zakończyć większość tego typu programów. Dwujęzyczna edukacja przestała być też traktowana jako metoda podtrzymywania wielokulturowości. Wahadło wychyliło się w drugą stronę.

ONLY ENGLISH

Wielu Amerykanom o poglądach prawicowych nie wystarcza, że rząd federalny przestał instytucjonalnie wspierać dwujęzyczność. Ich zdaniem angielski należy uznać za język państwowy, a inne języki powinny zniknąć z oficjalnego obiegu. Zwolennicy takiego rozwiązania założyli ruch zwany English-only (tylko angielski), który propaguje wprowadzenie odpowiednich zapisów do konstytucji w poszczególnych stanach. Członkowie ruchu przekonują, że urzędowy język bardziej zjednoczyłby Amerykanów i byłby dobry dla samych imigrantów, używanie jednego języka zwiększyłoby bowiem ich szanse na sukces w społeczeństwie amerykańskim. „Angielski jest kluczem do sukcesu w naszym kraju, wzmacnia pozycję imigrantów i jednoczy naród. Zdrowy rozsądek podpowiada, że rząd powinien uczyć swoich obywateli angielskiego, zamiast oferować im usługi w innych językach" — piszą w deklaracji przedstawiciele ruchu English-only skupieni w organizacji U.S. English.

Zwolennicy urzędowego języka angielskiego zwracają też uwagę na koszty wielojęzyczności. Jako przykłady podają San Francisco, gdzie rocznie wydaje się na tłumaczenia 350 tysięcy dolarów, oraz miejski wydział komunikacji w Los Angeles — 2,2 miliona dolarów na obsługę klientów w języku hiszpańskim. Korzystanie z usług tłumaczy kosztuje Departament Bezpieczeństwa Krajowego około 150 milionów dolarów.

Przeciwko wykluczeniu innych języków z oficjalnego obiegu opowiedziało się jednak Amerykańskie Towarzystwo Lingwistyczne (ang. *Linguistic Society of America*), zwracając uwagę, że „język państwowy" jest sprzeczny z amerykańską tradycją tolerancji. Według lingwistów angielski wcale nie jest zagrożony, a imigranci sami zdają sobie sprawę, że jeśli chcą odnieść sukces, muszą się tego języka nauczyć. „Dodatkowy przymus i presja wcale nie są konieczne" — twierdzą przedstawiciele Linguistic Society of America. Ich zdaniem „historia pokazuje, że języka nie da się narzucić siłą, a gdy tego rodzaju próby są podejmowane, skutek jest odwrotny i język, zamiast jednoczyć, zaczyna dzielić". Lingwiści podają jako przykład komunistów, którzy bezskutecznie próbowali narzucić rosyjski mieszkańcom krajów bloku wschodniego. Apelują też, by zamiast walczyć z językami mniejszości, państwo zachęcało Amerykanów do nauki języków obcych i stwarzało ku temu warunki. W tej chwili dzieci w USA uczą się języka obcego w szkole średniej tylko przez rok, najwyżej dwa lata. Sprzeciw wobec idei języka państwowego zgłosiła też Amerykańska Unia Wolności Obywatelskich (ang. *American Civil Liberties Union* — ACLU), argumentując, że uznanie angielskiego za język państwowy mogłoby naruszyć konstytucyjne prawa obywateli USA. Jeśli np. państwo nie miałoby już obowiązku zapewnienia tłumaczy oskarżonym lub świadkom niemówiącym po angielsku, to zostałaby złamana zasada sprawiedliwego procesu.

W sporze o język amerykańska opinia publiczna stoi po stronie konserwatystów. Według sondażu ośrodka Rasmussen Reports aż 84% Amerykanów poparło postulat formalnego uznania języka angielskiego za język państwowy. Niewiele mniej zgodziło się, że pracodawca powinien mieć prawo wymagania od pracowników, by w miejscu pracy mówili wyłącznie po angielsku, nawet jeśli znajomość tego języka nie jest konieczna do wykonywania obowiązków. Większość (58%) była też zdania, że karty do głosowania powinny być drukowane wyłącznie po angielsku. Za sprawą takich nastrojów społecznych członkom ruchu English-only udało się przeforsować ustawy uznające angielski za urzędowy język aż w 30 stanach. W większości przypadków nowe prawo ma jednak znaczenie czysto symboliczne i ogranicza się do stwierdzenia, że angielski jest językiem stanowej administracji. Członkom ruchu English-only i wspierającym ich politykom z Partii Republikańskiej nie udało się też przeforsować podobnych ustaw na poziomie federalnym, gdyż władze USA zdają sobie sprawę, że skomplikowałoby to działalność instytucji rządowych i utrudniło życie wielu obywatelom. Poza tym funkcjonowanie w społeczeństwie dużej liczby osób mówiących w innych językach jest pod wieloma względami korzystne dla Stanów Zjednoczonych. Dzięki temu CIA nie ma problemu z werbowaniem tłumaczy i analityków. Korzystają z nich także amerykańskie firmy, które prowadzą działalność za granicą. O tym, jak cenni są dwujęzyczni obywatele, Stany Zjednoczone przekonały się podczas II wojny światowej, kiedy to amerykańska marynarka wojenna zwerbowała 420 Indian Nawaho oraz kilkudziesięciu członków innych plemion. Byli oni dołączani do poszczególnych oddziałów jako łącznościowcy, a ich języki stały się podstawą do stworzenia szyfrów, które nigdy nie zostały złamane przez Japończyków. Po latach historycy doszli do wniosku, że to właśnie indiańskim szyfrantom amerykańska armia zawdzięcza wiele sukcesów podczas wojny na Pacyfiku.

Rozdział 8.
Wolność gwarantowana

OBYWATEL POD OCHRONĄ

Kiedy przyjechałem do Stanów Zjednoczonych, śmieszyło mnie przekonanie Amerykanów o wyjątkowej wolności, jaką mają w swoim kraju. Gdy słyszałem o tym, że mają zagwarantowaną swobodę wypowiedzi, prawo do sprawiedliwego procesu czy ochronę przed nieuzasadnionym zatrzymaniem, grzecznie przytakiwałem głową, ale w duchu myślałem, że gdyby częściej jeździli za granicę, to przekonaliby się, iż obywatele innych krajów mają dokładnie takie same przywileje. Po latach spędzonych w Ameryce przekonałem się, że Stany Zjednoczone dają lepsze gwarancje wolności swoim obywatelom, co wynika z faktu, że w USA kładzie się znacznie większy nacisk na prawa jednostki niż na interes grupowy. Prawa te zapewnia konstytucja Stanów Zjednoczonych, która znacznie ogranicza władzę instytucji państwa.

Stany Zjednoczone są jedynym krajem na świecie, gdzie w sądach stosowana jest zasada wykluczenia (ang. *expultionary rule*), według której materiał dowodowy zdobyty przez policję z naruszeniem prawa nie może być użyty podczas procesu. O ile w innych krajach to sędzia decyduje, czy przewinienie funkcjonariuszy jest na tyle poważne, że powinno skutkować unieważnieniem dowodów, o tyle w Stanach Zjednoczonych zwykle następuje to automatycznie. Zasada wykluczenia budzi kontrowersje, ponieważ czasami prowadzi do uniewinnienia osób, które rzeczywiście popełniły przestępstwo. Amerykanie są jednak do niej przywiązani, gdyż chroni ona obywatela przed nadużyciami ze strony władzy.

Mam znajomego, który często siada za kierownicą po kilku drinkach. Kiedy pytam, czy nie obawia się, że może stracić prawo jazdy, odpowiada z pełnym przekonaniem: „Jeśli nie złamię przepisów, to policja mnie nie zatrzyma". Okazuje się, że ta pewność siebie nie wynika wyłącznie z typowego dla Amerykanów przekonania, iż są w stanie panować nad własnym losem. Ma ona również podstawy w systemie prawnym. W tym przypadku chodzi o czwartą poprawkę do konstytucji USA, która chroni obywatela przed nadmierną ingerencją władzy w jego sferę prywatną.

Czwarta poprawka mówi m.in., że przeszukanie lub aresztowanie obywatela może nastąpić tylko wtedy, gdy istnieje „prawdopodobieństwo winy" (ang. *probable cause*), które jest dość dokładnie zdefiniowane. W przypadku zatrzymywania samochodów do kontroli poprzeczka jest ustawiona nieco niżej — wystarczy, że policjant ma „uzasadnione podejrzenie" (ang. *reasonable suspicion*), iż kierowca popełnił przestępstwo. Jednak samo przypuszczenie, że ktoś mógł za dużo wypić, nie jest powodem wystarczającym do interwencji. W rezultacie osoba jadąca sprawnym samochodem, która nie łamie przepisów drogowych, może być pewna, że nie zostanie zatrzymana. W USA nie ma czegoś takiego, jak rutynowa kontrola dokumentów osób kierujących samochodami. W 1979 r. Sąd Najwyższy orzekł, że zatrzymywanie kierowców tylko po to, by sprawdzić prawo jazdy lub dowód rejestracyjny, jest niezgodne z konstytucją. Nawet przy kontrolach trzeźwości na drogach, które są dopuszczalne, policja musi precyzyjnie określić zasadę, według której dokonuje zatrzymań — np. sprawdza co dziesiąty samochód.

Konstytucja USA oraz orzeczenia Sadu Najwyższego chronią też kierowcę przed nieuzasadnionym przeszukaniem samochodu. Policjant może zajrzeć do bagażnika tylko wtedy, gdy uzna, że występuje „prawdopodobieństwo winy" lub ma sądowy nakaz przeszukania albo zgodę samego zatrzymanego. Wyjątkiem jest sytuacja, w której występuje „uzasadnione podejrzenie", że kierowca lub pasażer ma broń, lub gdy zagrożone może być życie policjanta. Zarówno kierowca, jak i pieszy zatrzymany przez policję na ulicy nie muszą odpowiadać na żadne pytania poza podaniem swoich danych. Co ważne, powyższe zasady nie są pustymi zapisami na papierze.

Policja przegrała wiele spraw sądowych tylko dlatego, że nie była w stanie przekonać sądów, iż podczas zatrzymania przestępcy występowało „prawdopodobieństwo winy".

W Stanach Zjednoczonych obowiązuje skargowy model postępowania sądowego, w którym inicjatywa przysługuje stronom procesu, a sędzia lub ława przysięgłych pełnią funkcję arbitra. Ustalanie faktów, zdobywanie dowodów i powoływanie świadków należą do prokuratury i obrony. W Europie popularniejszy jest model inkwizycyjny (lub mieszany), w którym zadaniem sądu jest „ustalenie prawdy", co oznacza, że sędziowie zaangażowani są w badanie faktów, przesłuchiwanie świadków, rozstrzyganie o winie bądź niewinności i wymierzanie wyroków. Wymiar sprawiedliwości zawierający elementy systemu inkwizycyjnego uważany jest za tańszy i bardziej efektywny. Amerykanie są jednak przywiązani do systemu skargowego, ponieważ jest on mniej podatny na nadużycia i naciski ze strony władzy (rola sędziów jest ograniczona). Każdy obywatel oskarżony o przestępstwo, za które grozi kara wyższa niż pół roku więzienia, ma prawo do bycia sądzonym przez ławę przysięgłych, co oznacza, że o jego losie decydują współobywatele, a nie państwo. Prawo do procesu przed ławą przysięgłych gwarantowane przez amerykańską konstytucję uważane jest za jedno z podstawowych praw obywatelskich.

Charakterystyczne dla amerykańskiego wymiaru sprawiedliwości są także jawność postępowania i przedprocesowe ujawnianie materiału dowodowego (tzw. *discovery*). Daje ono każdej ze stron postępowania prawo do zapoznania się z zeznaniami, dokumentami i innymi materiałami, jakimi dysponuje strona przeciwna (zakres *discovery* określa sędzia). To właśnie ta procedura uratowała Edwarda Mazura przed wydaleniem do Polski, gdzie prawdopodobnie trafiłby na wiele lat do więzienia. Mieszkający w USA biznesmen został aresztowany na podstawie przesłanego z Warszawy wniosku ekstradycyjnego, z którego wynikało, że jest zamieszany w morderstwo komendanta głównego policji Marka Papały. Polska strona nie przewidziała jednak, że zgodnie z amerykańskim prawem będzie musiała przekazać obrońcom Mazura stenogramy z przesłuchań świadków oraz dokumentację działań policji. W ten sposób wyszło na jaw, że wniosek ekstradycyjny oparty był na wybiórczych zeznaniach gangstera Artura Zirajewskiego (ps. Iwan), który liczył na to, że dzięki współpracy z policją wyjdzie wcześniej z więzienia. Po zapoznaniu się z materiałami uzyskanymi od polskiej prokuratury przez adwokatów Mazur sędzia określił Zirajewskiego mianem seryjnego kłamcy. Jednak największe zdumienie wywołało zdjęcie z przeprowadzonej przez polską policję identyfikacji. Przedstawiało ono Mazura, któremu na elegancką białą koszulę nałożono wściekle czerwoną bluzę i postawiono go obok trzech innych mężczyzn w ciemnoszarych swetrach. Kiedy obecny na sali sądowej oficer amerykańskiej policji zobaczył fotografię z identyfikacji, nie mógł uwierzyć, że tego rodzaju działania są możliwe w państwie prawa. Mazur został zwolniony, a sędzia przeprosił go za to, że musiał spędzić w więzieniu dziewięć miesięcy. Trudno mi sobie wyobrazić, by Mazur uniknął wyroku skazującego, gdyby doszło do ekstradycji. W Polsce media wydały bowiem na niego publiczny wyrok na podstawie sterowanych przecieków z prokuratury, a sądowi orzekającemu w tej sprawie trudno byłoby oprzeć się presji ze strony aparatu władzy.

Innym przejawem daleko idącej wolności Amerykanów jest legalna działalność organizacji faszystowskich. Jedną z tych organizacji jest powołana w 1959 r. Amerykańska Partia Nazistowska (ang. *American Nazi Party*), która walczy o „przetrwanie aryjskiej rasy oraz sprawiedliwość społeczną dla białej klasy pracującej". Z kolei Ruch Narodowo-Socjalistyczny (ang. *National Socialist Movement*) z główną siedzibą w Michigan stawia sobie za cel obronę praw białych, zachowanie europejskich korzeni Ameryki i przywrócenie segregacji rasowej. Wybitnie rasistowski charakter ma Ruch Kreatywności (ang. *Creativity Movement*), który głosi, że biała rasa jest najlepsza, lojalność rasowa to najwyższa cnota, a działanie na niekorzyść białej rasy jest grzechem. Organizacje nazistowskie legalnie funkcjonują w Stanach Zjednoczonych, ponieważ władza nie może ograniczać prawa do stowarzyszania się obywateli ze względu na ich poglądy. Faszyści, rasiści i antysemici mają też prawo do głoszenia swoich poglądów zarówno poprzez manifestacje, jak i wydawanie książek oraz gazet. Wolność wypowiedzi gwarantuje pierwsza poprawka do konstytucji Stanów Zjednoczonych.

PRAWO DO OBRAŻANIA

W 1988 r. pornograficzny magazyn „Hustler" opublikował szokującą rozmowę ze słynnym fundamentalistycznym pastorem protestanckim Południowej Konwencji Baptystów Jerrym Falwellem. W wywiadzie pastor ujawnił, że pierwszy stosunek seksualny odbył z własną matką w wychodku, po tym jak oboje upili się campari. Przyznał też, że często pije przed kazaniami, by łatwiej mu było opowiadać bzdury. Wywiad z Falwellem był wulgarną parodią i został całkowicie zmyślony. Pastorowi nie było jednak do śmiechu, więc podał wydawcę „Hustlera", Larry'ego Flynta, do sądu, domagając się 45 milionów dolarów odszkodowania. W pozwie skarżył się na naruszenie prywatności, zniesławienie oraz świadome wywołanie cierpienia psychicznego. Sądy niższej instancji odrzuciły część zarzutów, uznając, że artykułu w „Hustlerze" nie można traktować jako zniesławienia, bo żaden rozsądny człowiek nie mógł uznać, że w parodii opisano prawdziwe wydarzenia. Przyznały jednak Falwellowi 200 tysięcy dolarów odszkodowania za cierpienia psychiczne spowodowane obraźliwą publikacją. Jednak Sąd Najwyższy USA stosunkiem głosów 8 do 0 uchylił ten wyrok, stwierdzając kategorycznie, że wolność wypowiedzi to także wolność ośmieszania i że osoba publiczna nie może domagać się odszkodowania, jeśli staje się obiektem żartów, nawet niewybrednych. Sąd odrzucił argument pastora, że publikacja była tak oburzająca, iż wykraczała poza ramy wolności wypowiedzi. „Uznanie czegoś za oburzające jest subiektywną oceną i nie może stanowić kryterium prawnego" — napisali sędziowie w uzasadnieniu swojej decyzji. Dalej tłumaczyli, że sam fakt uznania czegoś za obraźliwe nie jest dostatecznym powodem, by tego zakazywać, i że interes społeczny polegający na ochronie osób publicznych jest niewystarczający, by ograniczać gwarantowaną w konstytucji wolność słowa. Decyzja Sądu Najwyższego w sprawie „Hustler" kontra Falwell pokazuje, jak daleko ustawione są granice wolności słowa, która jest jednym z najważniejszych praw obywatelskich.

W Stanach Zjednoczonych można bezkarnie głosić poglądy antysemickie, wydawać faszystowskie pisemka, a także obrażać prezydenta kraju i wszystkich jego ministrów. Polityk czy celebryta ma niewielkie szanse na wygranie procesu o zniesławienie z gazetą czy stacją telewizyjną, bo aby wygrać taki proces, trzeba udowodnić, że dziennikarz albo świadomie pisał nieprawdę, albo wykazał się rażącą niedbałością. Wyrażanie opinii jest w USA całkowicie bezkarne, nawet jeśli ktoś czuje się nimi głęboko dotknięty. Nie ma też mowy o karaniu za tzw. mowę nienawiści, a organizacje nazistowskie mogą organizować marsze i kwestionować Holokaust. O ile w wielu krajach europejskich, w tym w Polsce, można zostać skazanym za obrażanie uczuć religijnych czy znieważanie jakiejś grupy etnicznej lub narodowej, o tyle w Stanach Zjednoczonych jest to niemożliwe. Wyjątkiem są zakłady pracy, gdzie notoryczne przypadki mowy nienawiści mogą być uznane za tworzenie „wrogiego środowiska pracy". W tym wypadku odpowiedzialny za złamanie prawa nie jest jednak pracownik, ale pracodawca. W USA wolność wypowiedzi nie dotyczy tylko słowa pisanego czy mówionego, ale również innych form ekspresji, takich jak: karykatury, rysunki, happeningi, a nawet palenie flagi narodowej.

Niszczenie flagi Stanów Zjednoczonych nie zawsze było akceptowane. W 1862 r. podczas wojny secesyjnej zwolennik Konfederacji William Bruce Mumford został skazany na śmierć przez powieszenie za zerwanie amerykańskiej flagi powiewającej nad mennicą w Nowym Orleanie. W kodeksach karnych 48 stanów przez wiele dziesięcioleci istniały zapisy zakazujące profanacji flagi. Palenie, rozrywanie, opluwanie i słowne deprecjonowanie sztandaru były przestępstwami zagrożonymi karą więzienia. W latach 60. XX w. przeciwnicy wojny wietnamskiej zaczęli palić flagę Stanów Zjednoczonych na znak protestu przeciwko imperialnej polityce własnego rządu. Często byli aresztowani i stawiani przed sądem za złamanie prawa stanowego. W 1968 r., po antywojennej demonstracji w nowojorskim Central Parku, kiedy to spalono kilka amerykańskich sztandarów, Kongres wzmocnił ochronę flagi USA, wprowadzając do prawa federalnego zakaz jej profanowania. Zmobilizowało to zwolenników wolności wypowiedzi, którzy zaczęli kwestionować legalność nowych przepisów. Sądy różnych instancji przyznawały im rację, stopniowo eliminując przepisy zabraniające lekceważenia, dyskredytowania i niszczenia flagi. W 1969 r. Sąd Najwyższy uznał za dopuszczalne słowne ubliżanie sztandarowi narodowemu. Trzy lata później sąd z Massachusetts unieważnił, jako niekonstytucyjny, „zakaz profanacji flagi", uznając, że jest sformułowany zbyt ogólnikowo. Sprawa dotyczyła nastolatka, który został aresztowany przez policję za naszycie gwieździstego sztandaru na „tyłku" swoich dżinsów. Wreszcie nadszedł rok 1989, kiedy to Sąd Najwyższy unieważnił obowiązujące wszelkie przepisy zakazujące niszczenia amerykańskiej flagi. W tak patriotycznym kraju jak USA była to decyzja bardzo odważna. Oznaczała bowiem, że w sporze pomiędzy patriotyzmem a wolnością zwyciężyła wolność. Do tej przełomowej decyzji Sądu Najwyższego doprowadził młody komunista.

Gregory Lee Johnson należał do Rewolucyjnej Komunistycznej Brygady Młodzieżowej (ang. *Revolutionary Communist Youth Brigade*), czyli młodzieżówki amerykańskiej partii komunistycznej. W 1984 r. wziął udział w zorganizowanej w Dallas w Teksasie demonstracji przeciwko polityce Ronalda Reagana. Jej uczestnicy przeszli ulicami miasta, wznosząc antyrządowe okrzyki, a kiedy dotarli przed ratusz, Lee Johnson oblał naftą amerykańską flagę i ją podpalił. Zgromadzeni wokół płonącego sztandaru uczestnicy demonstracji skandowali: *America, the red, white, and blue, we spit on you!* (w wolnym tłumaczeniu: Ameryko, biało-niebiesko-czerwone, plujemy w twoją stronę). Za profanację flagi Lee Johnson został skazany na rok więzienia i 2000 dolarów grzywny. Adwokaci młodego komunisty nie dali jednak za wygraną i złożyli odwołanie do Sądu Najwyższego, który przyznał im rację. W uzasadnieniu sędziowie napisali, że ochrona narodowego symbolu i utrzymanie spokoju społecznego nie usprawiedliwiają skazania Lee Johnsona, władza nie może bowiem zakazywać wyrażania poglądów tylko dlatego, że się z nimi nie zgadza. Sędziowie przyznali, że państwo ma uzasadniony interes w ochronie flagi narodowej. Nie zgodzili się jednak na to, by używało do tego celu prawa karnego. „Uważamy, że amerykańska flaga zasługuje na wyjątkowy szacunek w naszym społeczeństwie. Jednak jej pozycja nie zostanie osłabiona, gdy pozwolimy ją niszczyć, albowiem flaga reprezentuje wolność, w tym również wolność wypowiedzi" — stwierdzili. Sędziowie podkreślili, że fakt, iż wielu Amerykanów czuje się dotkniętych widokiem płonącej flagi, to za mało, by wsadzać ludzi do więzienia. Uznali nawet, że oburzenie osób obserwujących palenie flagi jest rzeczą pozytywną. „Głównym celem wolności słowa w naszym systemie politycznym jest wywołanie sporu i zachęcenie do dyskusji. Najlepiej temu celowi służy wypowiedź, która wywołuje stan niepokoju, dyskomfortu, a nawet gniewu" — napisali.

W 2011 r. wydali kolejną decyzję umacniającą wolność słowa w Stanach Zjednoczonych. Tym razem chodziło o pikiety podczas pogrzebów amerykańskich żołnierzy organizowane przez niewielką protestancką wspólnotę religijną z Kansas.

PRAWO DO NIENAWIŚCI

Kościół Baptystyczny Westboro jest nieco kontrowersyjny. Jego przywódca, pastor Fred Phelps, nazywa papieża Benedykta XVI ojcem chrzestnym pedofilów, a katolickich księży określa mianem wampirów wysysających spermę z genitaliów młodych chłopców. Duchownych liberalnych kościołów protestanckich uważa za oszustów, którzy będą smażyć się w piekle za wypaczanie Boskiej prawdy. Dla pastora Phelpsa Mahomet jest alfonsem i pedofilem, a Koran — satanistyczną fikcją, która zasługuje jedynie na to, by wrzucić ją do sedesu. Hindusi wyznają fałszywych bogów, a wielu z nich to homoseksualiści. Z kolei Barack Obama jest antychrystem, a jego wybór na prezydenta oznacza początek apokalipsy. Członkowie kościoła Westboro uważają, że wszystkie współczesne tragedie i katastrofy spowodowane są akceptacją gejów i lesbijek. Przymykanie oka na grzech, jakim jest homoseksualizm, prowadzi do trzęsień ziemi, huraganów, powodzi i zamachów terrorystycznych. Główne hasło kościoła z Kansas brzmi: „Bóg nienawidzi pedałów".

W 2005 r. członkowie tego kościoła zaczęli jeździć po kraju i organizować pikiety podczas pogrzebów amerykańskich żołnierzy, którzy zginęli w Iraku i Afganistanie. Nieśli transparenty z hasłami: „Pedalskie wojsko", „Pójdziecie do piekła", „Bóg jest wściekły każdego dnia" oraz „Dziękujemy Bogu za śmierć żołnierzy". W jednej z ulotek napisali: „W tym miesiącu w Iraku i Afganistanie zginęło sześciu żołnierzy. Czekamy, aż zginie ich sześć tysięcy".

Pikiety organizowane przez kościół Westboro wywoływały oburzenie lokalnych społeczności oraz rodzin zabitych żołnierzy. W 2007 r. Albert Snyder, którego syn zginął w Iraku, skierował sprawę do sądu, domagając się wysokiego odszkodowania za protest, jaki członkowie kościoła z Kansas zorganizowali przy okazji pogrzebu jego dziecka. W 2007 r. ława przysięgłych sądu federalnego nakazała kościołowi Westboro wypłacić Snyderowi 11 milionów dolarów odszkodowania za naruszenie prywatności i cierpienia psychiczne. Gdyby wyrok został utrzymany, zgromadzenie zbankrutowałoby, ponieważ liczyło zaledwie kilkudziesięciu niezbyt zamożnych członków. W wyniku szeregu odwołań i apelacji sprawa trafiła jednak do Sądu Najwyższego, który mimo presji opinii publicznej i polityków stosunkiem głosów 8 do 1 całkowicie uniewinnił kościół Westboro, uznając, że chroni go pierwsza poprawka do amerykańskiej konstytucji, gwarantująca wolność wypowiedzi. „Słowo jest potężne. Może skłonić ludzi do działania, wywołać łzy, radość i smutek. Może też, tak jak w tym przypadku, spowodować ogromne cierpienie. Jednak nie jest właściwą reakcją na ból karanie osoby, która wygłasza swoje poglądy" — napisał w uzasadnieniu decyzji sędzia John Roberts. „Wolność słowa wymaga ochrony nie tylko poglądów, które nam się podobają, ale również mowy nienawiści. Tylko w ten sposób zapewnimy swobodę debaty publicznej" — uzasadniano dalej. Sąd Najwyższy wyjaśnił, że bierze w ochronę wypowiedzi członków kościoła Westboro, ponieważ dotyczą one spraw publicznych. Sędziowie uznali bowiem, że choć hasła na transparentach naruszyły granice przyzwoitości, to dotyczyły kwestii ważnych dla społeczeństwa, takich jak moralne oblicze Stanów Zjednoczonych i homoseksualizm w wojsku. „Wolność słowa nie może być ograniczana tylko dlatego, że dany przekaz się komuś nie podoba lub wywołuje sprzeciw" — stwierdził Sąd Najwyższy.

PRAWO DO POKAZYWANIA

Mimo że w Ameryce granice wolności słowa są przesunięte bardzo daleko, wolność ta nie jest absolutna i podlega pewnym ograniczeniom. Restrykcje dotyczą treści obscenicznych, dziecięcej pornografii, podburzania do przemocy czy zniesławiania osób prywatnych. Władza może też regulować przekaz komercyjny i ograniczać prawo do rozpowszechniania informacji objętych tajemnicą państwową. Prawem do wolności słowa nie są też objęte wypowiedzi w ramach wykonywania obowiązków służbowych. Ogólna zasada dotycząca ograniczenia wolności wypowiedzi jest następująca: restrykcje muszą być jak najbardziej precyzyjne i jak najmniej dotkliwe.

W kilku swoich decyzjach Sąd Najwyższy USA uznał, że treści obsceniczne nie podlegają konstytucyjnej ochronie, co oznacza, że władze lokalne, stanowe i federalne mogą uchwalać restrykcje i zakazy dotyczące erotyki i pornografii. Obsceniczne nie jest jednak pokazywanie pośladków na znak protestu. Ten rodzaj przekazu kilka amerykańskich sądów uznało za chroniony przez pierwszą poprawkę do konstytucji, gwarantującą wolność wypowiedzi. W 2006 r. sąd w Waszyngtonie uniewinnił kobietę, która protestowała w centrum miasta rozebrana do naga, mając zasłonięty przód ciała tekturą z hasłami politycznymi, a tył całkowicie odsłonięty. W Laguna Niguel w Kalifornii od 1979 r. odbywa się doroczne pokazywanie pośladków pasażerom Amtraka (odpowiednik naszego PKP), w którym to happeningu bierze udział kilka tysięcy osób.

Prawo do wolności wypowiedzi nie dotyczy jednak słów, które mogą wywołać natychmiastowe i realne zagrożenie życia lub zdrowia. Jeśli więc ktoś wzywa osoby posiadające broń, by strzelały do stojących w pobliżu policjantów, może pójść za to do więzienia. Innym przykładem niedozwolonej wypowiedzi jest wprowadzający w błąd okrzyk „Pali się!" w zatłoczonym kinie, ponieważ może doprowadzić do wybuchu paniki, a więc zagrożenia zdrowia i życia widzów.

Dużo mniejszą ochroną niż wypowiedzi polityczne objęty jest w USA przekaz komercyjny, czyli reklama. W tej sferze władza ma prawo wprowadzać reguły i ograniczenia, jeśli przemawia za tym ważny interes społeczny. Przykładem regulacji rynku reklamy jest nałożony na firmy farmaceutyczne obowiązek informowania o skutkach ubocznych leków. Dlatego właśnie w 60-sekundowej reklamie jednego ze środków na depresję tylko pierwsze 10 sekund zajmuje zachwalanie jego skuteczności, a przez następne 50 sekund lektor wymienia możliwe niepożądane reakcje, takie jak: wymioty, rozwolnienie, wzrost ciśnienia krwi, zakłócenia wzroku, problemy z oddawaniem moczu, suchość w ustach, drgawki, zaburzenia czynności seksualnych, skłonność do samobójstw i wiele innych. Ograniczenie wolności wypowiedzi komercyjnej obejmuje też zakaz reklamowania papierosów oraz obowiązek wyraźnego informowania klientów banków o oprocentowaniu kart kredytowych.

Choć w USA istnieją ograniczenia wolności wypowiedzi, to w porównaniu z innymi krajami jest ich niewiele. Co ciekawe, w tzw. przestrzeni publicznej agresja słowna występuje stosunkowo rzadko. Dzieje się tak dlatego, że w amerykańskich mediach, instytucjach oraz firmach obowiązują wysokie standardy, a agresywne i obraźliwe wypowiedzi nie są tolerowane. Przekonał się o tym znany koszykarz Kobe Bryant, który podczas meczu z San Antonio Spurs krzyknął na sędziego: „Pieprzony pedał!". Liga koszykarska NBA natychmiast wymierzyła mu grzywnę w wysokości 100 tysięcy dolarów i ostrzegła, że następnym razem kara będzie surowsza. 50 tysięcy dolarów kary zapłacił koszykarz Chicago Bulls Joakim Noah, który podczas meczu obraził jednego z kibiców. Jak to możliwe, że ani Bryant, ani Noah nie powołali się na prawo do wolności wypowiedzi? Otóż pierwsza poprawka do amerykańskiej konstytucji, gwarantująca wolność słowa, chroni obywatela przed represjami ze strony władzy. Nie dotyczy ona jednak prywatnych osób, firm i organizacji (w tym wypadku NBA), które mogą ustalać własne standardy dotyczące tego, jakie wypowiedzi są, a jakie nie są akceptowalne. Gdyby amerykańscy kibice wywiesili na stadionie transparent „Śmierć garbatym nosom", jak to miało miejsce kilka lat temu w Polsce, to nikomu nie przyszłoby do głowy angażować policję i prokuraturę. Natychmiast zareagowałyby jednak służby porządkowe, bowiem zachowanie kibiców byłoby uznane za złamanie reguł obowiązujących na trybunach, które klub ma prawo wyznaczyć i egzekwować. Podobna sytuacja dotyczy niewybrednych komentarzy na forach internetowych. Poważne amerykańskie portale nie pozwalają, by czytelnicy umieszczali na nich obraźliwe, wulgarne i napastliwe komentarze, co w wielu innych krajach niestety jest normą.

„Naszym celem jest dostarczenie odbiorcy merytorycznych komentarzy. Selekcjonując wpisy przed ich publikacją, tworzymy przestrzeń, w której dochodzi do wymiany inteligentnych i rzeczowych poglądów..." — wyjaśnia redakcja „New York Timesa", tłumacząc, dlaczego stosuje moderowanie dyskusji pod swoimi artykułami i nie dopuszcza do publikacji komentarzy niezgodnych z wyznaczonymi standardami. „Cenimy przemyślane opinie, w których autor zwięźle i grzecznie przedstawia swój punkt widzenia" — wyjaśnia dalej „New York Times". Gazeta podkreśla, że na jej stronach internetowych nie ma miejsca na ataki personalne, obsceniczność, podszywanie się pod innych i wulgaryzmy, nawet jeśli są to pierwsze litery przekleństw, po których następują kropki. Nieakceptowane jest też KRZYCZENIE. „New York Times" przyznaje, że decyzje o umieszczeniu bądź odrzuceniu jakiegoś komentarza są subiektywne i nie ma czegoś takiego jak odwołanie się od decyzji redakcji. Cenzurując komentarze czytelników, „New York Times" tworzy przestrzeń, w której nie pozwala się na agresję słowną w żadnej postaci. Podobną politykę stosują inne media. Portal informacyjny Huffington Post, gdzie swoje artykuły publikują tysiące blogerów, a komentarze umieszczają setki tysięcy czytelników, podkreśla, że jego celem jest utrzymanie „nietoksycznej atmosfery dyskusji". Moderatorzy odrzucają więc wszelkie wpisy zawierające pośrednie i bezpośrednie ataki, wyzwiska i obelgi, a także zaczepki mogące sprowokować innych czytelników do emocjonalnych odpowiedzi. „Chcemy, aby Huffington Post był miejscem bezpiecznym dla użytkowników. Dlatego język wrogości i przemocy nie jest u nas tolerowany..." — piszą redaktorzy portalu, podkreślając, że nie zgadzają się na rasizm, seksizm, homofobię, antysemityzm i wszelką inną nietolerancję na swoich łamach. I co ważne, reguł tych bezwzględnie przestrzegają. W amerykańskich mediach nie ma miejsca na wypowiedzi neonazistów czy obraźliwe publikacje pod adresem żydów, gejów czy mormonów. Stacje telewizyjne i radiowe oraz gazety całkowicie odrzucają tego rodzaju treści. W USA za poglądy nikt nie idzie do więzienia, ale też nikt nie dostaje automatycznie trybuny, z której może je głosić.

Rozdział 9.
Sam się obronię

PRAWO DO STRZELANIA

W piątkowe popołudnie dzwoni mój znajomy, Bob.

— Słuchaj, Marek. Jedziemy jutro postrzelać. Może chcesz do nas dołączyć?

— Ale ja nie umiem posługiwać się bronią. Kiedyś strzelałem z wiatrówki, ale to było bardzo dawno temu — uprzedzam, z nadzieją że Bobowi nie będzie to przeszkadzać. Nie przeszkadza i następnego dnia rano siedzę w jego rodzinnym chryslerze town and country. Przejeżdżamy pustymi ulicami Arlington, wjeżdżamy na autostradę nr 66 i kierujemy się na zachód. Jest nas troje: ja, Bob i jego dziesięcioletnia córka Jessica.

Bob ubolewa nad tym, że w Polsce dostęp do broni jest tak bardzo ograniczony.

— Wiem, że komunistom zależało na odebraniu broni obywatelom, bo bali się zbrojnej rewolty. Podobnie zachowywali się naziści. Nie rozumiem jednak, dlaczego w demokratycznej Polsce władze utrzymują restrykcyjne przepisy.

Od Boba dowiaduję się, że Polska jest na ostatnim miejscu w Europie, jeśli chodzi o dostęp do broni. Na 100 mieszkańców przypada u nas tylko jeden pistolet lub strzelba, podczas gdy w Finlandii czy Szwajcarii 45, a w Norwegii i w Niemczech około 30. W pozostałych krajach europejskich wskaźnik ten waha się w przedziale od kilku do kilkunastu, co oznacza, że Europa jest daleko za Stanami Zjednoczonymi, gdzie na 100 mieszkańców przypada 90 sztuk broni. W USA w rękach cywilów znajduje się 270 milionów pistoletów, strzelb i karabinów. Amerykanie stanowią 5% populacji kuli ziemskiej, a mają do dyspozycji 40% cywilnej broni palnej. Oczywiście nie w każdym domu znajduje się broń. Ma ją tylko co trzeci Amerykanin, co oznacza, że jeśli ktoś ma broń, to zwykle kilka sztuk. Broń posiada 3 – 4 razy więcej mężczyzn niż kobiet. Najwięcej sztuk broni mają mieszkańcy konserwatywnego Południa oraz stanów środkowo-zachodnich, najmniej — mieszkańcy wschodniego wybrzeża. W New Jersey, Massachusetts czy Connecticut liczba właścicieli broni nie przekracza kilkunastu procent. Najsłabiej uzbrojeni są mieszkańcy Waszyngtonu, gdzie do niedawna obowiązywały wyjątkowo restrykcyjne przepisy dotyczące posiadania broni. Co ciekawe, wskaźnik zabójstw z użyciem broni palnej w Waszyngtonie należy do najwyższych w USA.

— Kryminaliści zdobędą pistolety niezależnie od tego, czy będą one legalne, czy nie — stwierdza Bob. — Jeśli przestrzegający prawa obywatele nie będą mieli broni, to przestępcy poczują się bezkarni i mogą stosować terror bez obawy, że ktoś odpowie ogniem.

Bob uważa, że zbyt daleko idące restrykcje dotyczące posiadania broni stanowią ograniczenie prawa do samoobrony. Poza tym prawo do posiadania broni jest zapisane w amerykańskiej konstytucji.

— Władze Waszyngtonu wiedziały, że z powodu drugiej poprawki do konstytucji nie mogą wprost zakazać posiadania broni, więc wprowadziły licencje — tłumaczy mój znajomy.

— Aby otrzymać pozwolenie na broń, trzeba było przeprowadzić testy balistyczne pistoletu, zdać pisemny egzamin, przejść badania lekarskie, dać do pobrania odciski palców i wnieść opłatę. Nawet po uzyskaniu licencji przetrzymywany w domu pistolet musiał być rozładowany. Taki pistolet przydaje się tylko wtedy, gdy przestępca zadzwoni i zapowie swoją wizytę — stwierdza z sarkazmem.

Bob nie wyobraża sobie życia w miejscu, w którym kupno pistoletu czy strzelby wiązałoby się z koniecznością uzyskania pozwolenia. Dla Boba prawo do posiadania broni to jedno z podstawowych praw obywatelskich, które nie może być ograniczane tylko dlatego, że państwo ma taki kaprys.

— Gdyby ktoś w naszym kraju wprowadził zakaz posiadania broni, to w Teksasie i paru innych miejscach mielibyśmy rewolucję. Nie jakąś tam zieloną czy pomarańczową, ale prawdziwą, zbrojną rewolucję — mówi z uśmiechem.

Po półgodzinie zjeżdżamy z autostrady na drogę stanową nr 28. Przejeżdżamy przez liczące 40 tysięcy mieszkańców Manassas, które jest częścią aglomeracji waszyngtońskiej, choć znajduje się 50 km od centrum stolicy. W godzinach szczytu jedzie się stąd do centrum ponad godzinę, ale domy kosztują tu tylko 200 tysięcy dolarów, podczas gdy w Waszyngtonie co najmniej pół miliona. Manassas słynie z tego, że w 1861 r. doszło tu do pierwszej ważnej bitwy wojny secesyjnej. Tu też miał miejsce jeden z ataków Johna Allena Mohammeda, zwanego snajperem z Waszyngtonu, który w 2002 r. przez kilka tygodni terroryzował stolicę USA i zabił 13 osób. Jedną z nich był mężczyzna, który tu w Manassas tankował swoje auto na stacji benzynowej Sunoco położonej przy Sudley Road. Właśnie tę ulicę mijamy, jadąc na południe drogą nr 28. Po chwili zatrzymujemy się przed sklepem Guns and Ammo, gdzie mamy kupić amunicję.

Podczas gdy Bob rozmawia ze sprzedawcą, ja przechadzam się między półkami. Na regałach setki strzelb i karabinów, a w gablotach dziesiątki pistoletów — od glocków po rewolwery. Ceny zaczynają się od 200 dolarów. Tu w Wirginii broń może kupić każdy dorosły mieszkaniec stanu, pod warunkiem że w przeszłości nie popełnił przestępstwa zagrożonego karą powyżej roku więzienia, nie jest chory psychicznie, nie wyrzekł się obywatelstwa USA, nie został wyrzucony z wojska itp. By sprawdzić, czy klienta nie ma na liście osób, którym nie wolno kupować broni, sprzedawca dzwoni pod bezpłatny numer lub łączy się za pomocą komputera ze stroną internetową stanowej policji. Odpowiedź uzyskuje w ciągu 15 – 20 minut. Policyjny system sprawdzania przeszłości potencjalnych nabywców broni w Wirginii jest połączony z bazą danych FBI, które stworzyło Ogólnokrajowy Program Weryfikowania Przeszłości Kryminalnej Amerykanów (ang. *National Instant Criminal Background Check System*). W ciągu ostatniej dekady FBI przeprowadziło 100 milionów sprawdzeń przeszłości, tzw. *background checks*. W 700 tysiącach przypadków potencjalny klient nie dostał zgody na zakup pistoletu, strzelby czy karabinu. W stanie Wirginia za *background check* klient uiszcza opłatę w wysokości dwóch (miejscowi) lub pięciu (przybysze z innych stanów) dolarów.

Zastanawiam się, czy mimo że jestem obcokrajowcem, mógłbym kupić sobie tu broń. Okazuje się, że mógłbym, i to całkowicie legalnie. Teoretycznie obcokrajowcy nie mają prawa kupować broni w Stanach Zjednoczonych. Wyjątkiem są pracownicy ochrony ambasad, niektórzy dyplomaci, policjanci z krajów zaprzyjaźnionych z USA oraz osoby, które uzyskają zgodę prokuratora generalnego. Dla osób, które nie należą do żadnej z tych kategorii, istnieje jednak furtka. Otóż amerykańskie prawo pozwala na sprzedaż broni obcokrajowcom, którzy legalnie przebywają w Stanach Zjednoczonych co najmniej trzy miesiące i mają licencję myśliwego. Tak się składa, że uzyskanie takiej licencji w USA jest banalnie proste. Wystarczy przejść krótki kurs, a następnie udać się do biura Departamentu Polowań i Wędkarstwa Śródlądowego stanu Wirginia (ang. *Virginia Department of Games and Inland Fisheries*), wypełnić formularz i uiścić opłatę. Dla mieszkańców Wirginii roczna opłata wynosi 23 dolary. Licencję można też wykupić online za pomocą karty kredytowej i samemu wydrukować na domowej drukarce. Co ciekawe, licencja myśliwska upoważnia do zakupu każdego rodzaju broni, nie tylko myśliwskiej. Nie ma też ograniczeń dotyczących amunicji.

Podczas gdy ja pochylony nad gablotą z pistoletami przyglądam się nowiutkiemu rewolwerowi Blackhawk .327 Federal Magnum, Bob kupuje kilka opakowań naboi. Wracamy do samochodu i jedziemy dalej. Po półgodzinie skręcamy w leśną drogę, a kilka minut później mijamy tablicę z napisem Range 82. To prywatna strzelnica zajmująca obszar o powierzchni prawie 100 ha. Można tam strzelać z broni długiej na odległość do 100 jardów. W osobnej części strzela się z pistoletów. Członkostwo w klubie kosztuje 250 dolarów rocznie.

Bob zabrał z domu sześć sztuk broni: trzy pistolety, rewolwer, karabin półautomatyczny i zabytkowy muzzleloader, który ładuje się od strony lufy. Broń układamy jedną obok drugiej na drewnianym stole pod zadaszeniem.

— Brakuje tylko karabinu maszynowego i czołgu — żartuję.

— Może cię to zdziwi, ale w Wirginii posiadanie karabinu maszynowego jest całkowicie legalne. Czołg też możesz sobie kupić. Widziałem w internecie ogłoszenia. Musisz tylko zdemontować uzbrojenie — wyjaśnia Bob.

— Akurat ten przepis wydaje się sensowny — odpowiadam z uśmiechem. — W końcu mało to na świecie wariatów?

Amerykańska konstytucja gwarantuje obywatelowi prawo do posiadania broni, ale szczegółowe przepisy i regulacje w tej dziedzinie określają władze stanowe lub lokalne. To one decydują, jaka broń musi być zarejestrowana, jaka jest dopuszczalna ładowność magazynka oraz kto i w jakich sytuacjach może nosić broń ukrytą. W regulacjach dotyczących broni palnej łatwo się pogubić. W całych Stanach Zjednoczonych istnieje 20 tysięcy przepisów wprowadzonych przez władze różnego szczebla, dotyczących szczegółowych zasad zakupu, posiadania i używania broni. W większości stanów pistolet czy karabin kupuje się od ręki, choć np. w Connecticut istnieje 15-dniowy, a w Kalifornii 10-dniowy okres oczekiwania. W stanie Nowy Jork konieczne jest pozwolenie na zakup zwykłego pistoletu, a w mieście Nowy Jork na zakup każdego rodzaju broni, nawet strzelby myśliwskiej. W kilku stanach nie potrzeba pozwolenia na zakup broni, ale wymagana jest jej rejestracja. Są jednak i takie stany, które pozwalają na *open carry*, czyli noszenie broni widocznej dla innych. Z karabinami maszynowymi sprawa jest trudniejsza. W wielu stanach broń maszynowa jest bezwzględnie zakazana, a w tych, które pozwalają na jej posiadanie, konieczne jest uzyskanie zgody władz. Aby tę zgodę otrzymać, trzeba się poddać procedurze dodatkowego, dokładnego sprawdzenia przeszłości przez Urząd do spraw Alkoholu, Tytoniu, Broni Palnej i Materiałów Wybuchowych (ang. *Bureau of Alcohol, Tobacco, Firearms and Explosives*), a także uiścić opłatę w wysokości 200 dolarów. W stanie Wirginia, gdzie dozwolone jest posiadanie karabinu maszynowego, trzeba go zarejestrować na policji w ciągu 24 godzin od zakupu i informować o każdej zmianie miejsca swojego zamieszkania lub numeru telefonu. Mimo tych obostrzeń w Stanach Zjednoczonych zarejestrowanych jest około 400 tysięcy karabinów maszynowych. Na naszej strzelnicy używanie takiej broni jest jednak zabronione.

Przed oddaniem strzału Bob udziela mi podstawowych instrukcji posługiwania się bronią. Pierwsza reguła brzmi: „Zawsze kieruj broń w bezpiecznym kierunku". Jaki to kierunek? „Używaj zdrowego rozsądku, a będziesz wiedział". Druga reguła: „Nigdy nie trzymaj palca na spuście, chyba że jesteś gotów do strzału". Trzecia reguła: „Pistolet zawsze powinien być nienaładowany, chyba że ma być za chwilę użyty". Poza tymi podstawowymi regułami jest kilka dodatkowych, dotyczących użycia i przechowywania broni. Otóż trzeba broń poznać przed jej użyciem, ładować odpowiednią amunicję i dobrze zidentyfikować cel. Gdy w domu są małe dzieci, należy przechowywać broń w specjalnym sejfie. Innym sposobem zmniejszenia ryzyka, że dziecko zrobi sobie lub komuś krzywdę, jest nauczenie go posługiwania się bronią. Właśnie dlatego córka Boba, Jessica, jest dziś z nami na strzelnicy. Nie trzeba jej było zresztą do wyjazdu namawiać, bo strzelanie polubiła od pierwszego pociągnięcia za spust w wieku pięciu lat.

Ustawiamy dwie tarcze w odległości 50 m od nas. Bob wyjmuje z futerału półautomatyczny Century Arms M76 kaliber 8 mm, a następnie pokazuje, jak wkładać magazynek, gdzie znajduje się blokada, jak mierzyć do celu i jak trzymać broń. Zakładamy słuchawki na uszy i Bob oddaje kilka strzałów. Gdy przychodzi moja kolej, czuję, jak podnosi mi się poziom adrenaliny. Przy pierwszym strzale odrzuca mnie do tyłu. Staję więc solidniej na ziemi i kilkakrotnie pociągam za spust. Gdy magazynek jest pusty, odkładam broń na stół. Dopiero teraz uświadamiam sobie, jak szybko bije mi serce. Odczuwam dużą przyjemność i mam ochotę na więcej. Strzelamy na zmianę po kilka razy. Potem Bob sięga po muzzleloadera, nabija go i daje mi do ręki. Mierzę w tarczę, pociągam za spust, słyszę huk i czuję odrzut. Wokół mnie unosi się chmura dymu. Chyba trafiłem do celu, ale tarcza znajduje się tak daleko, że nie jestem pewien. Kiedy przyglądamy się później tarczom, nie mamy wątpliwości, kto do której strzelał. Tarcza Boba jest podziurawiona jak sito. Na mojej jest ledwie kilka dziur, i to głównie na obrzeżach.

Przenosimy się na mniejszą strzelnicę, na której używa się pistoletów. Tym razem ustawiamy trzy tarcze w odległości 10 – 15 m. Niestety, są one znacznie mniejsze. Każdy z nas strzela z trzech tradycyjnych pistoletów z magazynkiem wsuwanym od dołu. Prawdziwa zabawa zaczyna się jednak dopiero wtedy, gdy przychodzi kolej na rewolwer — niklowaną włoską Berettę Stampede kaliber 0.45 Colt. To potężny pistolet, który strzela tymi samymi nabojami co używany przez amerykańską armię w drugiej połowie XIX w. słynny Colt Peacemaker. Mimo że Beretta jest firmą włoską, produkowane przez nią rewolwery były popularne na Dzikim Zachodzie. Obecnie największym producentem rewolwerów jest firma Smith & Wesson. To właśnie ich pistoletem Model 29 kaliber 0,44 Magnum posługuje się Clint Eastwood w filmie *Brudny Harry*. Smith & Wesson produkuje też najpotężniejszy rewolwer świata, czyli Model 500, który waży prawie dwa kilogramy, a strzela pociskami 0,500 magnum (kaliber 12,7 mm). Nasza beretta mieści sześć naboi. Bob radzi, abym w czasie strzału trzymał wyprostowane ręce, bo siła odrzutu jest duża. Za chwilę przekonuję się, że miał rację. Po oddaniu ponad 30 strzałów z różnych pistoletów dochodzę do wniosku, że frajda ze strzelania jest wprost proporcjonalna do kalibru broni. Im większe pociski, tym większa przyjemność. Strzelanie z broni krótkiej wydaje mi się łatwiejsze niż z długiej. Większością pocisków udaje mi się trafić w tarczę, ale rozrzut mam bardzo duży. Jessice idzie znacznie lepiej. Prawie wszystkie jej strzały trafiają w czarne koło pośrodku tarczy. Oczywiście Bob jest bezkonkurencyjny, ale on strzela od ponad 30 lat. Poza tym był w wojsku.

Kiedy wracamy do Waszyngtonu, Bob pyta mnie o wrażenia. Odpowiadam, że strzelanie spodobało mi się jako rozrywka i sposób spędzania wolnego czasu. Przyznaję też, że samo trzymanie w ręce naładowanego pistoletu daje poczucie siły, co jest niezwykle przyjemne. Nadal jednak mam wątpliwości, czy broń powinna być tak tania i łatwo dostępna, jak to jest w Stanach Zjednoczonych. Przecież co chwilę słychać, jak ktoś strzela do niewinnych ludzi. Większość zabójstw w USA popełniana jest przy użyciu broni palnej.

Na moje rozterki Bob odpowiada pytaniem:

— A czy ktoś proponuje delegalizację noży dlatego, że popełnia się nimi morderstwa? To nie pistolety zabijają, ale ludzie — stwierdza z przekonaniem.

Dla Boba broń jest częścią życia. Kiedy ma trochę czasu, przyjeżdża na strzelnicę i często zabiera ze sobą dzieci. Uczy je posługiwać się bronią nie tylko dlatego, by nie zrobiły sobie krzywdy, gdy wpadnie im w ręce pistolet. Bob uważa, że posiadanie broni jest ważnym prawem obywatelskim, z którego należy korzystać. Uważa również, że powszechne prawo do posiadania broni jest wyrazem amerykańskiej wolności. W Europie obywatel jest petentem proszącym państwo, by wydało mu pozwolenie na broń. W Stanach Zjednoczonych jest odwrotnie. Obywatel ma prawo do posiadania broni, a państwo może to prawo ograniczyć tylko w wyjątkowych sytuacjach.

Argumentacja Boba brzmi dość przekonująco. Zastanawiam się jednak, czy strzelaniny, w których co roku giną tysiące Amerykanów, a dziesiątki tysięcy trafiają do szpitali, nie stanowią takiej „wyjątkowej sytuacji". A może pożytki z powszechnego dostępu do broni w Stanach Zjednoczonych przewyższają straty? Pytania powracają kilka tygodni później, gdy jadę do miasteczka akademickiego Blacksburg, siedziby stanowej politechniki Virginia Tech, gdzie szaleniec właśnie zastrzelił 32 osoby i ranił 25.

BOŻE, POBŁOGOSŁAW AMERYKĘ...
I NASZE PISTOLETY

Z Waszyngtonu do politechniki Virginia Tech jedzie się dwiema autostradami — najpierw nr 66 na zachód, a następnie nr 81 na południe przez Apallachy. Uczelnia mieści się w 40-tysięcznym Blacksburg. Choć miasteczko znajduje się 430 km od Waszyngtonu, jedzie się tam tylko cztery godziny. Docieram na miejsce wczesnym popołudniem. Na terenie kampusu są już dziesiątki dziennikarzy, a w drodze setki kolejnych. To, co wydarzyło się w Virginia Tech, jest bowiem największą masakrą z użyciem broni w całej historii USA dokonaną przez jedną osobę. Poprzednia podobnie tragiczna strzelanina miała miejsce w Teksasie w 1991 r., kiedy niejaki George Hennard staranował półciężarówką pełną ludzi restaurację i zastrzelił 23 osoby.

Strzelanina w Virginia Tech to nie pierwsza tragedia z użyciem broni, jaką relacjonuję dla Polskiego Radia. Jesienią 2002 r. nadawałem korespondencję o wspomnianym już snajperze terroryzującym Waszyngton, a w 2006 r. opowiadałem słuchaczom o tragedii w Pensylwanii, gdzie uzbrojony mężczyzna zastrzelił pięć dziewczynek w szkole amiszów w Bart Township. W międzyczasie miały miejsce dziesiątki strzelanin w szkołach, na uczelniach, w centrach handlowych, kościołach i zakładach pracy. Stosunkowo niedługo po przyjeździe do USA przestałem zwracać uwagę na strzelaniny, w których ginęła jedna lub dwie osoby i nie relacjonowałem ich do Polski, tak jak nie relacjonuje się wypadków drogowych z małą liczbą ofiar. Tragedia w Virginia Tech była jednak wydarzeniem na wielką skalę, interesował się nią cały świat.

Sprawcą masakry w Virginia Tech był urodzony w Korei Południowej 23-letni student Seung-Hui Cho. Około 7.15 rano zastrzelił on dwie osoby w akademiku West Ambler Johnston Hall. Dwie godziny później udał się do innego budynku uczelni, zablokował drzwi wejściowe łańcuchem i wędrując od jednej sali wykładowej do drugiej, strzelał do studentów i profesorów. Zabił 32 osoby, po czym popełnił samobójstwo. Policja ustaliła później, że Cho od dawna miał problemy psychiczne, a depresję leczył jeszcze w szkole średniej. Na studiach sprawiał wiele kłopotów i został przymusowo skierowany przez sąd na leczenie psychiatryczne. Mimo to nie znalazł się w bazie danych osób, które nie mają prawa do zakupu broni. Właściciel sklepu, który za 571 dolarów sprzedał Cho półautomatycznego Walthera P22 i amunicję, powiedział, że wyglądał on na zwykłego studenta i nie budził żadnych podejrzeń. Po zakupie pierwszego pistoletu Koreańczyk, zgodnie z przepisami stanu Wirginia, odczekał 30 dni i kupił drugi pistolet — Glocka 19. Wszystko odbyło się zgodnie z prawem.

Masakra w Virginia Tech wstrząsnęła 36 tysiącami studentów, profesorów i pracowników uczelni. Tuż po strzelaninie zszokowani studenci przyciszonymi głosami rozmawiali o tym, co się stało, a wielu nie było w stanie opanować łez. „Zawsze czułam się tu bezpiecznie. To jest moje terytorium. Tu mam przyjaciół, tu jest moje życie" — mówiła mi studentka trzeciego roku architektury podczas czuwania przy świecach, zorganizowanego dla uczczenia pamięci zabitych. Na centralnym placu uczelni zgromadziło się kilka tysięcy osób — studentów, pracowników Virginia Tech oraz mieszkańców Blacksburga. Były wśród nich dwie pracownice administracyjne uczelni — Deborah i Mary, które przyszły na uroczystość, by uczcić pamięć znajomego profesora z ich wydziału. Podczas rozmowy z nimi uświadomiłem sobie, że masakra w Virginia Tech wcale nie doprowadzi do zaostrzenia prawa dotyczącego posiadania broni w Stanach Zjednoczonych. Podobnie jak wielu Amerykanów nie widziały one bezpośredniego związku pomiędzy masakrą a łatwością dostępu do broni.

— Ja sama mam w domu dziewięć pistoletów — mówi Deborah.

— Aż tyle? A gdzie je trzymasz? — dopytuję z niedowierzaniem.

— Dwa obok łóżka, pięć w szafce na broń, jeden koło kominka, jeden przy drzwiach wejściowych... — kobieta zastanawia się chwilę, po czym poprawia się. — Chyba jednak tych pistoletów jest więcej. No tak, mam ich jedenaście. Zapomniałam o tych w garderobie. Te, które trzymam obok łóżka, są naładowane — gotowe do strzału.

Kiedy Deborah liczy swoją broń, Mary patrzy na nią z podziwem.

— Ja nie mam własnej broni, ale mój mąż ma trzy sztuki — strzelbę i dwa pistolety. Nie uważam, że powszechna dostępność broni była źródłem tej tragedii. Liczy się to, jak ktoś jest wychowywany i czy jest podatny na wpływy telewizji pokazującej morderstwo i śmierć — stwierdza z przekonaniem.

— W konstytucji mamy zagwarantowane prawo do posiadania broni. Jeśli ktoś zechce popełnić zbrodnię, to i tak znajdzie na to sposób. Kontrola dostępu do broni nie przyniesie niczego dobrego — uzupełnia Deborah, po czym podaje koleżance zapalony znicz.

Rozglądam się dokoła. Na placu w ciemności morze płomieni. Ludzie obejmują się i trzymają za ręce. Z głośników płynie *God Bless America*. Deborah i Mary mają łzy w oczach.

KTO DO KOGO STRZELA I DLACZEGO

Na pierwsze strony gazet i czołówki dzienników telewizyjnych trafiają tylko najbardziej spektakularne morderstwa z użyciem broni: zamach na prezydenta, śmierć kongresmana czy strzały oddane do znanego sportowca lub piosenkarza. Głośno jest także o masakrach, podczas których szaleniec zastrzeli grupę studentów, żołnierzy czy parafian. Główne media odnotują też zdarzenie, gdy dziesięciolatek przyniesie do szkoły pistolet i zabije kolegę lub nauczyciela. Ale każdego dnia w USA giną od kul dziesiątki osób, o których wspominają co najwyżej lokalne gazety lub stacje radiowe. Amerykanie strzelają do swoich żon, mężów, dzieci i teściowych. Od kul giną koledzy z pracy i znajomi z osiedla. Równie często mordercy i ofiary nic nie łączy — jak podczas napadów na banki i sklepy, strzelanin w barach albo kiedy jadący samochodem bandyci otwierają ogień do przechodniów (tzw. *drive-by shooting*). Każdego roku w USA zostaje zastrzelonych 10 tysięcy osób, a samobójstwa przy użyciu broni popełnia 17 tysięcy ludzi. Od 1968 r., kiedy to w Memphis zamachowiec zastrzelił Martina Luthera Kinga, ponad milion Amerykanów zginął od kul, a kilka milionów zostało rannych.

Patrząc na te statystyki, zacząłem się zastanawiać, dlaczego przez dziesięć lat życia w Ameryce sam nigdy nie byłem świadkiem strzelaniny. Nie tylko nie widziałem, jak ktoś zabija z pistoletu inną osobę lub sam odbiera sobie życie, ale nawet nie słyszałem odgłosu wystrzałów. Jedynymi miejscami, gdzie zetknąłem się ze świszczącymi kulami, były strzelnice. Nie mogłem sobie też przypomnieć, by ktokolwiek z moich znajomych opowiadał, że był świadkiem przestępstwa z użyciem broni. „Czy ja rzeczywiście mieszkam w Ameryce?" — pytałem samego siebie. Odpowiedź na swoje rozterki znalazłem, gdy dokładniej przeanalizowałem statystyki. Okazało się, że nie wszystkie grupy Amerykanów są zagrożone w tym samym stopniu i nie wszędzie przestępczość z użyciem broni jest wysoka.

W przypadku czarnoskórych Amerykanów prawdopodobieństwo śmierci od kuli jest dwuipółkrotnie większe niż w przypadku białych i sześciokrotnie większe niż u Azjatów. Czarnoskóre dzieci i nastolatki są pięciokrotnie, a latynoskie trzykrotnie bardziej narażone na to, że zostaną zastrzelone, niż ich biali koledzy i koleżanki. Co roku ponad 30 tysięcy Afroamerykanów trafia do szpitala z ranami postrzałowymi. Wśród białych liczba ta wynosi 20 tysięcy, choć w populacji jest ich czterokrotnie więcej. Afroamerykanie i Latynosi częściej wykorzystują broń palną do morderstw, podczas gdy biali do samobójstw. Co ciekawe, „międzyrasowych" morderstw w USA jest stosunkowo niewiele. Według statystyk FBI biali głównie zabijają białych (90%), a czarni czarnych (80%). Wynika to z faktu, że obie grupy mieszają się w niewielkim stopniu.

Są w USA takie miejsca, gdzie jedyne strzały, jakie słychać, to korki szampana na sylwestra. W innych można zginąć w strzelaninie *drive-by*. W dużych miastach znacznie częściej dochodzi do strzelanin niż na prowincji. Stolicami morderstw z użyciem broni palnej są Nowy Orlean, Baltimore i Waszyngton. Tak się składa, że w każdym z tych miast większość mieszkańców stanowią biedni Afroamerykanie. Pod względem liczby zabójstw przy użyciu broni Ameryka jest jednak bardzo zróżnicowana. Nawet w Waszyngtonie, gdzie co roku od kul ginie ponad 100 osób, w północno-zachodniej części miasta zamieszkanej przez białą klasę średnią morderstwa można policzyć na palcach jednej ręki.

Amerykańskie kobiety trzymają się od pistoletów raczej z daleka. Tylko 13% z nich deklaruje, że ma broń, podczas gdy wśród mężczyzn prawie połowa. Kobiety też znacznie rzadziej niż mężczyźni giną od kul. Według danych FBI ponad 80% śmiertelnych ofiar oraz 90% sprawców strzelanin to mężczyźni. Choć kobiety trzymają broń głównie w celu obrony przed napadami ze strony obcych, to najczęściej padają ofiarą przemocy ze strony swoich partnerów — byłych i obecnych mężów czy narzeczonych.

BROŃ DOBRA CZY ZŁA?

„To nie pistolety zabijają, ale ludzie" — głosi slogan zwolenników prawa do posiadania broni w USA. „To ludzie są zabijani, a nie pistolety" — odpowiadają przeciwnicy swobodnego dostępu do broni. Obie strony wybiórczo traktują statystyki, używają demagogicznych argumentów, posiłkują się korzystnymi dla siebie badaniami i różnie interpretują te same zapisy konstytucji. Dla jednych możliwość nieograniczonego dostępu do broni to kwestia prawa do samoobrony, narodowej tożsamości i wolności obywatelskiej. Przedstawiciele drugiej strony wzdragają się na samo słowo „pistolet", a posiadaczy broni uważają za barbarzyńców. W takiej atmosferze trudno o rzeczową dyskusję na temat społecznych skutków powszechności broni palnej.

W amerykańskim sporze o broń mało kto proponuje całkowite rozbrojenie. Postuluje się natomiast utrudnienie dostępu do broni, wprowadzenie obowiązku jej rejestracji, zmuszenie producentów do instalowania zamków zmniejszających ryzyko odpalenia broni przez dzieci oraz zakaz sprzedaży broni ofensywnej. Najdalej idące propozycje mówią o ścisłej reglamentacji pistoletów, ponieważ ten rodzaj broni wielokrotnie częściej niż strzelby czy sztucery jest wykorzystywany przez przestępców. Zwolennicy większych restrykcji przekonują, że społeczeństwo amerykańskie nie powinno przechodzić do porządku dziennego nad faktem, że co roku w ich kraju od kul ginie ponad 27 tysięcy osób, a 100 tysięcy zostaje rannych. Koszty społeczne zabójstw, samobójstw i ran postrzałowych niektórzy eksperci szacują na 100 miliardów dolarów rocznie. Łatwy dostęp do broni to — zdaniem jej przeciwników — jedna z głównych przyczyn wysokiej przestępczości w USA. Organizacja Brady Campaign, która walczy o zaostrzenie prawa do posiadania broni, wydała ostatnio plakat zatytułowany God Bless America, na którym znajdują się pistolet pomalowany w amerykańskie barwy narodowe oraz tabela, z której wynika, że w krajach europejskich co roku od kul ginie ogółem po kilkadziesiąt osób, podczas gdy w USA samych zabójstw jest 10 tysięcy. Przedstawiciele Brady Campaign oraz innych podobnych organizacji mówią o wzorcu europejskim jako o cywilizowanym, w odróżnieniu od niecywilizowanej Ameryki.

Zwolennicy prawa do posiadania broni odpowiadają, że porównywanie liczby zabójstw z użyciem broni w Ameryce do krajów, w których jest ona w zasadzie niedostępna, nie ma najmniejszego sensu. Jak zauważył Peter Wilson w „American Thinker", podczas masakry w Rwandzie zabijano za pomocą maczet, a skala przemocy była gigantyczna. A jeśli uwzględnić wielkość populacji danego kraju i wziąć pod uwagę wszystkie morderstwa — popełniane przy użyciu broni, noży, ciężkich przedmiotów czy rąk, to

Ameryka pozostanie krajem o wyższym wskaźniku przemocy, ale różnice pomiędzy USA a Europą nie będą aż tak duże, jak sugerują członkowie Brady Campaign. Jeśli dodatkowo wziąć pod uwagę, że przemoc z wykorzystaniem broni jest znacznie większa w rejonach zamieszkanych przez Afroamerykanów, to okaże się, że pod względem liczby morderstw duża część terytorium USA wcale nie odbiega aż tak bardzo od Europy.

Podstawowy spór dotyczący broni w USA sprowadza się do pytania, czy broń jest przyczyną większej przestępczości, czy raczej jej zapobiega. Ten spór jest nierozstrzygnięty, a obie strony powołują się na różne badania. Zwolennicy prawa do posiadania broni przekonują, że dzięki znajdującym się w domach Amerykanów strzelbom, karabinom i pistoletom udaje się zapobiec setkom tysięcy włamań, napadów, gwałtów i morderstw. Narodowy Związek Strzelecki (ang. *National Rifle Association*) cytuje wyniki badań kryminologa Gary'ego Klecka, który stwierdził, że dzięki powszechności broni co roku w USA udaje się zapobiec 2,5 milionom przestępstw. W odpowiedzi Brady Campaign cytuje badania Philipa Cooka, który liczbę przypadków użycia broni w celu samoobrony oszacował na zaledwie 100 tysięcy. Różnica jest dwudziestopięciokrotna. Podobnie jest z badaniami dotyczącymi związku liczby poważnych przestępstw z powszechnością broni w danym rejonie. W 1998 r. ekonomista John R. Lott opublikował badania zatytułowane *Więcej broni, mniej zbrodni*, w których dowodził, że w miejscach, gdzie w łatwy sposób można uzyskać pozwolenie na noszenie ukrytego pistoletu, przestępczość jest wyraźnie niższa niż tam, gdzie uzyskanie takiego pozwolenia jest utrudnione. Kilka lat później wnioski te zostały jednak podważone przez dwóch innych badaczy: Dana Blacka i Daniela Nagina, którzy stwierdzili, że badania Lotta były obarczone wieloma błędami i nie ma statystycznych dowodów na poparcie jego tezy.

Podczas gdy kryminolodzy toczą gorący spór o to, czy pistolety zwiększają, czy zmniejszają przestępczość, przeciętnego Amerykanina dyskusja na ten temat za bardzo nie interesuje. Obywatele mają wyrobione zdanie w tej sprawie, a ich opinie nie zmieniają się w zasadzie od kilkudziesięciu lat. Większość Amerykanów uważa, że praworządni obywatele mają prawo do posiadania broni, a restrykcje powinny dotyczyć jedynie osób potencjalnie niebezpiecznych.

BROŃ DLA OBYWATELA, A NIE DLA WARIATA

Kiedy po kolejnych tragicznych strzelaninach rozmawiam ze znajomymi z Polski, zawsze słyszę to samo pytanie: „Kiedy wreszcie Ameryka zakaże posiadania broni albo przynajmniej zacznie poważną dyskusję na ten temat?". Odpowiedź na to pytanie brzmi: „Prawdopodobnie nigdy". Amerykanie są skłonni zaakceptować łagodne restrykcje dotyczące broni, ale absolutnie nie dadzą się rozbroić. Jednym z powodów jest wiara w prawo do samoobrony i przekonanie, że posiadanie broni jest jednym z podstawowych praw obywatelskich. Twórcy amerykańskiego państwa umieścili w konstytucji niejednoznaczny zapis dotyczący prawa do posiadania broni. Zawarty jest on w drugiej poprawce, która brzmi następująco: „Dobrze zorganizowana milicja niezbędna do zapewnienia bezpieczeństwa wolnemu stanowi, prawo narodu do posiadania i noszenia broni nie może być ograniczone". Przez ponad 200 lat w Stanach Zjednoczonych toczył się spór, czy zapis ten gwarantuje obywatelowi prawo do posiadania broni, czy nie. Jedni interpretowali drugą poprawkę jako prawo poszczególnych stanów do tworzenia własnych oddziałów paramilitarnych (milicji) oraz gwarancję, że prawo to nie zostanie ograniczone przez rząd federalny. Inni twierdzili, że zapis ten oznacza indywidualne prawo do posiadania broni przez każdego obywatela — podobnie jak wolność słowa czy religii. Różnica jest zasadnicza, przy pierwszej bowiem interpretacji (brak indywidualnego prawa) władze stanowe lub lokalne mogłyby zakazać posiadania broni na swoim terytorium. Przy drugiej interpretacji (indywidualne prawo) nikt nie może wprowadzić zakazu posiadania broni ani nadmiernych ograniczeń w tym względzie. Dopiero w 2007 r. amerykański Sąd Najwyższy przychylił się do drugiej interpretacji, co zresztą było zgodne z przekonaniem większości Amerykanów. Od tej chwili żadna władza na żadnym obszarze USA nie może zakazać praworządnemu obywatelowi posiadania broni ani wprowadzać daleko idących restrykcji. Jeśli gdziekolwiek takie restrykcje obowiązywały, jak np. w stolicy USA, automatycznie stały się nielegalne.

Mieszkańcy USA nie sprzeciwiają się pewnym ograniczeniom dotyczącym broni, jeśli celem tych ograniczeń jest utrudnienie zdobywania broni osobom potencjalnie niebezpiecznym. 90% Amerykanów uważa, że należy uszczelnić system rejestracji osób psychicznie chorych i narkomanów, który to system wykorzystywany jest do sprawdzania przeszłości nabywców broni. Kontrowersji nie budzi też zakaz sprzedaży jej osobom wpisanym na rządową listę podejrzanych o związki z terroryzmem. Ponad 80% popiera też wprowadzenie bezwzględnego obowiązku sprawdzenia przeszłości kupującego, nawet jeśli sprzedającym jest osoba prywatna (obecnie taki obowiązek mają tylko sklepy z bronią). Po strzelaninie w Tucson w Arizonie w styczniu 2011 r., gdy chory psychicznie mężczyzna otworzył ogień do uczestników wiecu politycznego, zabijając jedną serią z karabinu półautomatycznego sześć osób i raniąc 13, niemal 2/3 Amerykanów poparło wprowadzenie zakazu sprzedaży magazynków o dużej pojemności. Mniej więcej tyle samo osób nie chce, aby na rynku dostępna była broń ofensywna typu kałasznikow lub pistolet szturmowy TEC-9. Jednak dalej idące propozycje ograniczenia dostępu do broni spotykają się ze zdecydowanym oporem. Ponad 80% Amerykanów sprzeciwia się propozycji wprowadzenia zakazu sprzedaży pistoletów i nie zmienia poglądów w tej sprawie nawet po głośnych strzelaninach. Po masakrze w Tucson tylko 18% ankietowanych stwierdziło, że surowsze prawo dotyczące sprzedaży i posiadania broni zapobiegłoby tragedii.

Jednym z powodów, dla których Amerykanie zgadzają się, by broń była w ich kraju łatwo dostępna, jest fakt, że nie kojarzy im się ona wyłącznie z tragediami i masakrami. W amerykańskiej kulturze pistolet, strzelba czy karabin niekoniecznie są uosobieniem zła. Wręcz przeciwnie — Amerykanie są przekonani, że broń odegrała pozytywną rolę w historii ich kraju i że nadal jest im potrzebna. Są oswojeni z bronią, nie wywołuje ona u nich negatywnych skojarzeń. Naukowcy i publicyści mówią o tzw. amerykańskiej kulturze broni.

Z KARABINU W PAPIEROS

Annie Oakley była pierwszą kobietą w USA, która zasłynęła swoimi umiejętnościami strzeleckimi. Urodziła się w 1860 r. w biednej rodzinie kwakrów z Ohio. Gdy miała pięć lat, jej 66-letni ojciec zmarł na zapalenie płuc, pozostawiając żonę z szóstką dzieci. W wieku siedmiu lat Annie nauczyła się strzelać z rodzinnego muzzleloadera i zaczęła przynosić do domu upolowane przez siebie zające, wiewiórki i kuropatwy. W kolejnych latach tak udoskonaliła umiejętności strzeleckie, że zaczęła sprzedawać upolowaną zwierzynę restauracjom i hotelom w południowym Ohio. W 1881 r. w rejon ten przybył z pokazem strzeleckim imigrant z Irlandii Frank Butler. Właściciel hotelu w Cincinnati Jack Frost namówił Annie, by stanęła do pojedynku sportowego z Butlerem, który stawiał 100 dolarów, że nikt go nie pokona. Butler i Oakley strzelali do żywych ptaków. W 25. rundzie Butler spudłował, przegrywając pojedynek z 21-letnią rywalką. Oakley zrobiła na Butlerze takie wrażenie, że zaczął zabiegać o jej względy i rok później wzięli ślub. Przez kilka lat mieszkali w Cincinnati, później dołączyli do strzeleckiego showmana wszech czasów Buffalo Billa. Wraz z jego trupą przemierzyli wzdłuż i wszerz Stany Zjednoczone i występowali na dworach europejskich monarchów, w tym przed brytyjską królową Wiktorią. Podczas pokazów Oakley strzelała z pistoletu do rzucanych w powietrze dziesięciocentówek i trafiała z karabinu w papieros trzymany przez męża w ustach. Jeden z jej najsłynniejszych wyczynów polegał na przestrzeleniu na pół karty do gry ustawionej pionowo w odległości 30 kroków. Annie Oakley biła rekordy strzeleckie do 64. roku życia. Występując na pokazach Buffalo Billa, zyskała przydomek „Mała Pani strzał w dziesiątkę", bowiem miała zaledwie 150 cm wzrostu. Annie głęboko wierzyła, że kobiety powinny umieć strzelać, by skutecznie korzystać z prawa do samoobrony. Apelując do kobiet, by uczyły się strzelać, odwoływała się do idei równouprawnienia. Zwracała uwagę na fakt, że pistolet zwiększa szanse osoby słabszej fizycznie w starciu z większym i silniejszym przeciwnikiem i że kobieta z bronią nie potrzebuje mężczyzny do ochrony, bo może obronić się sama. Oakley nauczyła posługiwać się bronią 15 tysięcy kobiet, a w wydawanej w Cincinnati gazecie zamieściła instrukcję, jak chować pistolet pod kapeluszem.

Pozłacany rewolwer Smith & Wesson, który należał do Annie Oakley, jest najcenniejszym eksponatem Narodowego Muzeum Broni (ang. *National Firearms Museum*) w Fairfax pod Waszyngtonem. Poza pistoletem Oakley znajduje się w nim 2700 zabytkowych rewolwerów, strzelb i karabinów. Podobne muzea znajdują się w wielu miastach i miasteczkach na terytorium całych Stanów Zjednoczonych. Dlaczego takie muzea w ogóle powstały? Bo broń jest głęboko zakorzeniona w amerykańskiej historii i kulturze. Miliony Amerykanów spędzają wolny czas na strzelnicy albo na polowaniu. Broń jest wszechobecna w literaturze i filmie. Bez broni palnej nie byłoby filmów gangsterskich i westernów. Słownictwo związane z bronią przeniknęło nawet do języka potocznego. Amerykanie posługują się dziesiątkami metafor strze-leckich. Gruba ryba to u nich *big shot* (z ang. potężny strzał), ambitne cele to *shooting for the moon* (z ang. strzelanie do księżyca), a osoba bezpośrednia to *straight shooter* (z ang. bezpośredni strzelec). Być wiernym swoim przekona-niom to *stick to your guns* (z ang. trzymać się swoich pistoletów), a *long shot* (strzelać z daleka) oznacza niewielkie szanse.

KULTURA BRONI

Osadnicy, którzy przybywali na kontynent amerykański, tworzyli oddziały paramilitarne, ponieważ nie istniała wtedy profesjonalna armia. Białych mężczyzn, którzy byli w stanie posługiwać się bronią, zobowiązywano do służby w grupach samoobrony zwanych milicją. Oddziały te nie tylko dawały poczucie bezpieczeństwa osadnikom, ale również odgrywały kluczową rolę w wojnie o niepodległość Stanów Zjednoczonych. Później głównym celem milicji była obrona kraju przed inwazją obcych wojsk. W wojnie z Wielką Brytanią w 1812 r. do walki zmobilizowano 450 tysięcy członków milicji. Od-działy paramilitarne broniły też osadników przed atakami ze strony Indian, a na Południu biali farmerzy trzymali broń na wypadek rebelii niewolników.

W Stanach Zjednoczonych broń nie zawsze była wszechobecna. W po-łowie XIX w. posiadało ją mniej niż 10% Amerykanów. Nawet na Dzikim Za-chodzie wiele miasteczek wprowadziło restrykcyjne przepisy dotyczące posiadania broni, a uzbrojeni przybysze musieli deponować pistolety w biu-rach szeryfów. Jak zauważył ironicznie historyk Richard Shenkman, „więcej ludzi zginęło w wypadkach na planach hollywoodzkich westernów niż na amerykańskich kresach". W najsłynniejszej strzelaninie Dzikiego Zachodu — w miasteczku Tombstone w Arizonie w 1881 r. — zginęły tylko trzy osoby. W ośrodkach handlu bydłem, gdzie często dochodziło do aktów przemocy, w latach 1870 – 1885 zginęło 45 osób, z których ponad 1/3 zastrzelili policjanci. Dzięki barwnym opowieściom, pokazom strzeleckim oraz hollywoodzkim filmom powstał mit kolonizacji Ameryki Północnej, a jego nieodłącznym elementem jest broń palna. Broń w USA stała się bardziej powszechna do-piero w drugiej połowie XIX w., głównie dzięki obniżeniu jej ceny za sprawą masowej produkcji rewolwerów przez Samuela Colta.

W kolonialnej Ameryce ważnym elementem gospodarki było myślistwo, które stało się popularne m.in. dlatego, że na „nowym kontynencie"
każdy mógł polować, podczas gdy w Europie prawo to było zarezerwowane
dla arystokracji. Na nowo zajmowanych terenach dziką zwierzynę zabijano
dla pożywienia, a rozwijający się rynek skór stał się dla wielu Amerykanów
źródłem pokaźnych dochodów. Z czasem myślistwo traciło swój praktyczny
charakter. Przetrwało jednak jako sport i rekreacja. Obecnie około 14 milionów Amerykanów chodzi na polowania. Dzięki temu w USA istnieje rynek
broni i wyposażenia myśliwskiego wart 20 miliardów dolarów, a w produkcji
i usługach związanych z myślistwem pracuje ponad 700 tysięcy osób. Jedna
z najpopularniejszych sieci sklepów sportowych, Dick's, ma ogromny i dobrze
wyposażony dział myśliwski, znacznie większy od działu wędkarskiego.
Strzelby i sztucery leżą na półkach 2000 popularnych amerykańskich hiper-
marketów Wal-Mart. Kiedy w 2004 r. kandydat demokratów na prezydenta
John Kerry chciał zademonstrować, że nie jest przeciwnikiem broni, udał się
w towarzystwie kamerzystów i fotoreporterów na polowanie na kaczki.

Myślistwo i etos kresowy są filarami zjawiska zwanego „kulturą broni".
Określenie to stworzył konserwatywny historyk Richard Hofstadter, by podkreślić, że broń jest częścią dziedzictwa narodowego Stanów Zjednoczonych
oraz że jest dla niej miejsce we współczesnym społeczeństwie amerykańskim.
Ważnymi elementami kultury broni są odpowiedzialność i bezpieczeństwo
posługiwania się pistoletami czy strzelbami.

W Stanach Zjednoczonych broń to jednak nie tylko narzędzie i symbol
kulturowy. To także wyraz wartości, jakie wyznaje amerykańska prowincja.
Nieprzypadkowo prawicowy publicysta telewizyjny Glen Beck, zachęcając
swoich widzów do zakupu złota, przekonuje, by przestrzegać zasady trzech
G — God, Gold and Guns, czyli Boga, złota i pistoletów. God and Guns to także
tytuł znanego utworu popularnego zespołu rockowego Lynyrd Skynyrd.
W piosence artyści tłumaczą, czym jest broń dla Ameryki.

Dzięki Bogu i broni jesteśmy silni,
To fundament naszego kraju.
Nie pozostałoby nam nic oprócz ucieczki,
Gdybyśmy pozwolili odebrać sobie Boga i broń.

Tutaj, w mojej leśnej osadzie,
Bóg jest wspaniałością, a pistolety dobrem.
Nic o nas nie wiesz,
Jeśli myślisz, że możemy bez nich żyć.

Pamiętamy te czasy,
Kiedy można było przespać noc przy otwartych drzwiach.
Jednak teraz nikt nie jest bezpieczny,
Więc modlimy się i dziękujemy Bogu
Za strażnika pokoju, który leży w szufladzie.

Dzięki Bogu i broni jesteśmy silni.
Nie pozwólcie odebrać sobie Boga i broni.
Bóg i broń, Bóg i broń, Bóg i broń.

IDEOLOGIA PISTOLETU

Istnieje wiele powodów, dla których Amerykanie są przywiązani do broni. Poza względami praktycznymi, zamiłowaniem do strzelania i czynnikami kulturowymi broń i prawo do jej posiadania wiążą się także z amerykańskimi wartościami — przede wszystkim równością.

W wielu krajach funkcjonuje idea równości, ale w różnych społeczeństwach jest ona różnie interpretowana. Może oznaczać zrównywanie sytuacji ekonomicznej poprzez redystrybucję dochodów albo jednakowy dostęp do darmowej służby zdrowia. W Stanach Zjednoczonych ideał równości odnosi się przede wszystkim do statusu i oznacza odrzucenie klasowości. Tytuły, urodzenie, przynależność do elity mają tu mniejsze znaczenie niż w innych krajach. Amerykański ideał równości znalazł odzwierciedlenie w archetypie bohatera Dzikiego Zachodu — kowboja. W odróżnieniu od europejskiego rycerza czy japońskiego samuraja nie jest on przedstawicielem klasy wyższej, ale zwykłym Amerykaninem z sześciostrzałowym coltem u boku — pistoletem, który został okrzyknięty „wielkim wyrównywaczem" (ang. *great equalizer*) i stał się symbolem równości. Po pierwsze dlatego, że pozwalał słabszemu człowiekowi pokonać silniejszego (siła fizyczna miała mniejsze znaczenie), a po drugie, ponieważ dzięki masowej produkcji i niskiej cenie stał się ogólnodostępny. Jak mówili mieszkańcy Dzikiego Zachodu: „Bóg stworzył ludzi, a pułkownik Samuel Colt wprowadził między nimi równość". Broń jest także elementem amerykańskiego indywidualizmu. Od początku istnienia kraju Amerykanie musieli polegać na samych sobie i tradycja ta przetrwała do dziś — szczególnie na prowincji. Mieszkający tam ludzie nie ufają państwu i chętnie biorą sprawy w swoje ręce, również w kwestii bezpieczeństwa. Użycie broni przeciwko osobie, która popełnia lub zamierza popełnić poważne przestępstwo, jest legalne we wszystkich 50 stanach. Wszędzie też obywatel może aresztować przestępcę przyłapanego na gorącym uczynku lub uciekającego z miejsca zbrodni. Według Davida Kopela z konserwatywnego ośrodka Independence Institute fakt, że kodeksy karne w Stanach Zjednoczonych dają obywatelowi daleko idące prawo użycia broni, wynika z amerykańskiej kultury prawnej, która opiera się na nieufności wobec państwa.

Nieufność wobec państwa nie oznacza, że Amerykanie przypisują państwu złe intencje. Nikt w Stanach Zjednoczonych nie sugeruje, że policja czy prokuratura chcą zaszkodzić obywatelowi albo stać się sojusznikami przestępców. Mieszkańcy USA nie wierzą jednak, że instytucje państwowe mogą zapewnić im całkowite bezpieczeństwo. Zresztą nie trzeba być Amerykaninem, żeby zorientować się, że policja nie jest w stanie pilnować każdego domu czy samochodu i że najczęściej przyjeżdża na miejsce przestępstwa już po fakcie. Jednak o ile mieszkańcy wielu krajów uznają, że taka jest natura rzeczy, o tyle Amerykanie nie godzą się z tym i uważają, że skoro państwo nie może zagwarantować obywatelom pełnej ochrony, to powinno pozwolić im bronić się samym. A skuteczna obrona nie jest możliwa bez broni palnej, bo tylko ona zrównuje szanse potencjalnej ofiary w konfrontacji z przestępcą.

W krajach, w których obywatelom odebrano broń, głównym argumentem przemawiającym za takim rozwiązaniem było dobro społeczne. Politycy i eksperci argumentowali, że wiele istnień ludzkich zostanie ocalonych, gdy dostęp do broni będzie utrudniony. Podczas domowej awantury mąż nie sięgnie po rewolwer i nie odda serii strzałów do żony, a jeśli postanowi użyć noża, szanse kobiety na przeżycie będą większe. W społeczeństwie bez broni nie zdarzy się, że gdy jeden kierowca pokaże drugiemu środkowy palec, to w odpowiedzi dostanie kulką z Glocka 17. Jeśli w szafkach nocnych rodziców nie będzie pistoletów, to siedmiolatek nie włoży jednego z nich do tornistra i nie zaniesie do szkoły, gdzie dopiero po skierowaniu lufy w stronę kolegi i naciśnięciu spustu przekona się, że w komorze był nabój. Za odebraniem broni obywatelom przemawia więc dobro społeczne.

W Stanach Zjednoczonych tego typu argumentacja napotyka opór, ponieważ Amerykanie znacznie większą wagę przywiązują do praw jednostki. Uważają, że państwo nie ma moralnego prawa do pozbawiania obywatela możliwości ochrony. Co ma zrobić mieszkający na odludziu farmer z Kansas, do którego domu włamuje się dwóch uzbrojonych kryminalistów? Dzwonić po policję, której najbliższy posterunek znajduje się pół godziny jazdy samochodem stąd, a bandytom zaproponować, by tymczasem napili się gorącej herbaty? Jak wytłumaczyć bezbronnej kobiecie, która pracuje w niebezpiecznej dzielnicy, że jeśli zostanie zgwałcona, to stanie się tak w imię szeroko rozumianego dobra społecznego? Właśnie na tym polega zasadnicza różnica pomiędzy Stanami Zjednoczonymi a większością krajów europejskich. Europejczycy zaakceptowali argument, że w imię grupowego interesu państwo może ograniczyć ich prawo do samoobrony. Większość Amerykanów takie rozumowanie odrzuca. Co więcej, prawo do samoobrony jest w USA stopniowo rozszerzane.

W ciągu ostatniej dekady kilkanaście stanów wprowadziło do swoich kodeksów karnych zasadę nieoddawania pola (ang. *Stand-your-ground*), która przez przeciwników nazywana jest zasadą „strzelaj, a potem zadawaj pytania". Mówi ona, że osoba, która czuje się zagrożona, nie musi podejmować próby wycofania się w celu uniknięcia rozlewu krwi i może zastrzelić napastnika. Wcześniej w niektórych amerykańskich stanach obowiązek wycofania się (*duty to retreat*) był zapisany w kodeksach karnych, a użycie siły mogącej pozbawić życia napastnika było dopuszczalne tylko wtedy, gdy wycofanie się zwiększało zagrożenie zaatakowanej osoby. Część stanów nie miała żadnych szczegółowych regulacji w tej kwestii, co dawało możliwość oskarżenia osoby działającej w samoobronie o zastosowanie wobec napastnika nieproporcjonalnej siły. W ostatnim czasie wiele stanów rozszerzyło też prawo do samoobrony, zezwalając na zastrzelenie napastnika nie tylko wtedy, gdy grozi nam śmiercią, ale również gdy włamuje się lub rabuje. Już niemal w całych Stanach Zjednoczonych obowiązują przepisy zezwalające na noszenie ukrytej broni w miejscach publicznych. Kolejne stany wprowadzają też „doktrynę zamku", która mówi, że w swoim domu (często również na podwórku, w samochodzie i w biurze) obywatel objęty jest szczególną ochroną przed napaścią i może zabić intruza, gdy tylko ma „uzasadnione przekonanie" („uzasadnione podejrzenie" nie wystarczy), że napastnik zamierza spowodować śmierć lub poważne obrażenia osób przebywających w danym miejscu. Jest to dość luźny standard, niemal zawsze prowadzący do uniewinnienia kogoś, kto zastrzelił włamywacza. Co więcej, w niektórych stanach osoba przebywająca we własnym domu może zabić każdego, kto wtargnął na jej teren, i nie musi nawet udowadniać, że obawiała się o swoje bezpieczeństwo. Być może dlatego większość Amerykanów nie stawia wokół swoich posiadłości ogrodzeń, jak to się dzieje w wielu innych krajach świata.

Rozdział 10.
Country — dusza Ameryki

POCAŁUJ TYŁEK WIEŚNIAKA

Każdy, kto chce poczuć ducha Ameryki, a nie może dłużej pobyć na prowincji, powinien słuchać muzyki country. W ten sposób zrozumie, jakie wartości wyznają mieszkający tam ludzie i jak patrzą na świat. Usłyszy o rolniku, który ledwo wiąże koniec z końcem, ale nie dość, że nie zamierza sprzedać farmy, to jeszcze wychowuje syna na rolnika. Pozna trudny los kobiety, która pracuje i samotnie wychowuje czwórkę dzieci, podczas gdy jej mąż walczy w Afganistanie. Zobaczy ludzi głęboko przekonanych o moralnej wyższości Stanów Zjednoczonych nad resztą świata, dowie się, jak ważna jest dla nich broń i dlaczego codziennie modlą się do Boga. Jeśli trafi na jeden z utworów Rhetta Akinsa, to wartości amerykańskiej prowincji pozna w sposób dosadny.

Bohater piosenki Akinsa *Kiss My Country Ass* jedzie drogą gruntową pick-upem z napędem na cztery koła, na którym powiewa flaga Konfederacji. Na pace jedzie pies myśliwski, a na siedzeniu obok kierowcy jego żona, o której mówi on „moja kobieta". Kierowca nie przejmuje się głupimi przepisami prawa i jadąc, popija zimne piwo. Rura wydechowa wyrzuca kłęby spalin, a radio nadaje piosenkę o chłopakach ze wsi, którzy przetrwają w najtrudniejszych czasach. „Jeśli ci coś nie pasuje, to pocałuj mój wieśniacki tyłek" — oznajmia kierowca w refrenie. Dalej opowiada o sobie: że lubi czerwone Marlboro, nosi dżinsy na szelkach, ma ręce wytatuowane od nadgarstków po ramiona, a nad jego łóżkiem wisi głowa jelenia. Jego dziadek brał udział w II wojnie światowej, ojciec walczył w Wietnamie, a on sam też nie zawaha się sięgnąć po broń i stanąć w obronie ojczyzny. „Jeśli nie szanujesz amerykańskiej flagi, to pocałuj mój wieśniacki tyłek" — stwierdza. Nasz bohater ma świadomość, że nie należy do elity, ale wcale nie zależy mu na „wyrafinowanym towarzystwie i trzyczęściowych garniturach". Dobrze się czuje w podkoszulku, kowbojskich butach i kapeluszu. Ostrzega, że choć nie zaczyna bójek, to zwykle je kończy. „Zajmij się więc swoimi sprawami i zostaw mnie w spokoju. A jeśli coś ci nie pasuje, to pocałuj mój wieśniacki tyłek" — podsumowuje, dodając, że tyłek jest wieśniacki aż do kości.

Określenie „country" oznacza wieś albo prowincję. Obszar, do którego się odnosi, trudno jednak precyzyjnie zdefiniować. Wiadomo, że nie są to duże miasta, choć country czasami obejmuje również ich przedmieścia. Małe miasteczko czy wieś zamieszkane przez Afroamerykanów lub Latynosów, mimo że położone są na prowincji, wcale nie należą do świata country. Określenie to odnosi się bowiem do kultury białych Amerykanów. W piosence *I'm from the Country* Tracy Byrd wyjaśnia, że country jest położone tam, gdzie żyją prawdziwi ludzie. W świecie country można również spotkać odszczepieńców oraz samotników i nikogo nie powinien dziwić widok człowieka w czapce ze skóry szopa pracza z obrzynem[1] w ręce. „Właśnie stamtąd pochodzę i z dumą mogę powiedzieć, że jestem ze wsi. I podoba mi się to" — podsumowuje swój opis Tracy Byrd. Z kolei Buddy Jewel w piosence *Sweet Southern Comfort* opisuje „country" jako miejsce, gdzie pani Baker rozwiesza pranie na sznurkach, a sąsiedzi grają w warcaby w lokalnym barze. Charakterystyczne elementy krajobrazu country to pola kukurydzy albo bawełny, płaczące wierzby, polne drogi i samochody rdzewiejące na podwórkach. Jeśli możesz łowić sumy w pobliskiej rzece, łapać robaczki świętojańskie przy potoku i całować dziewczynę z sąsiedztwa na werandzie, to jesteś w świecie country.

---

[1] Obrzyn — karabin lub strzelba ze skróconą lufą. Obrzyny są uważane za niebezpieczne, ponieważ wystrzeliwują pociski z większą prędkością i można je łatwiej ukryć. Są jednak mało celne. Tego rodzaju broń często stosują kłusownicy. W USA obrzyny z lufami o długości poniżej 46 cm wymagają specjalnego pozwolenia.

W barze lub tawernie country nie znajdziesz na drzwiach toalety napisów „męska" i „damska". Zamiast tego są tabliczki „Dla kowbojów" i „Dla kowbojek". Mieszkańcy prowincji najczęściej jednak określają samych siebie mianem chłopaków oraz dziewczyn, nawet gdy mają 50 – 60 lat, i dopiero w okolicach siedemdziesiątki stają się panami i paniami. Chłopak z prowincji nosi dżinsy oraz kapelusz i jeździ półciężarówką z silnikiem o pojemności sześciu litrów z napędem na cztery koła. Do tego obowiązkowo dochodzi głośny tłumik i klasyczna, podwójna rura wydechowa firmy Thrush. Takim autem chłopak country zabierze swoją dziewczynę, gdziekolwiek ona sobie zażyczy. A dziewczyna z prowincji to nie jakaś tam wypacykowana paniusia z miasta w butach na wysokich obcasach i eleganckiej bluzeczce. Ona nosi trampki, dżinsy i t-shirty. Jak wyjaśnia Gretchen Wilson w utworze *Redneck Woman*, wiejska dziewczyna nie jest typem lalki Barbie, nie sączy słodkiego szampana, za to chętnie napije się piwa w tawernie, przydrożnym barze albo na pace pick-upa.

Mieszczuchy określają swoich rodaków z prowincji mianem *redneck*, oznaczającym ludzi z czerwonymi karkami. To pogardliwe określenie wzięło się stąd, że *redneck* pracuje fizycznie na dworze i słońce opala mu kark. Określenie to ma pejoratywne zabarwienie i jest synonimem wieśniaka i prostaka. Jeszcze bardziej poniżające wobec ludzi z prowincji jest określenie *hillbilly*. Odnosi się ono głównie do mieszkańców wiejskich terenów Apallachów oraz wyżyny Ozark obejmującej terytoria Missouri, Arkansas, Oklahomy i Kansas. *Hillbilly* jest bardziej zacofany niż *redneck*. Stereotypowy obraz takiego delikwenta to byle jak ubrany, nieogolony, bezzębny mężczyzna w bejsbolówce, o wyrazie twarzy kompletnego idioty. Klasyczny *hillbilly* jest biedny, niewykształcony i ma gromadę dzieci.

Nazwanie kogoś *hillbilly* jest niemal zawsze obraźliwe lub poniżające. Wielu mieszkańców prowincji zaadaptowało jednak określenie *redneck*, nadając mu własne, pozytywne znaczenie — niezależnego, ciężko pracującego, prostolinijnego i bogobojnego człowieka. Gretchen Wilson z dumą śpiewa, że jest wieśniarą (ang. *redneck woman*), na którą wielu ludzi patrzy z góry, ale ona ma to w nosie. Następnie wyjaśnia, na czym polega jej przewaga nad koleżankami z miasta:

Victoria Secret ma ładną bieliznę,
ale mogę kupić takie samo cholerstwo w Wal-Marcie za pół ceny

i nadal wyglądać seksownie jak te modelki w telewizji.

Nie potrzebuję modnych ubrań, by mój facet mnie pożądał.

Możesz uważać, że jestem nieokrzesana i gruboskórna,

ale tu, gdzie mieszkam, jestem po prostu swojską dziewczyną.

KRÓLESTWO COUNTRY

W Arlington pod Waszyngtonem mogę słuchać tylko jednej stacji country — 98,7 WMZQ. Wystarczy jednak wyjechać kawałek za miasto, by liczba podobnych stacji zaczęła szybko rosnąć. W położonym 80 km na południe Fredericksburgu można słuchać pięciu stacji country, w Greenville w Karolinie Południowej ośmiu, a w Harrisonburgu u podnóża Apallachów — dziewięciu. W USA nie ma popularniejszego gatunku muzycznego niż country. Muzykę tę nadaje ponad 3000 stacji radiowych — w tym 1500 na UKF, 500 na falach średnich, 800 w internecie i 200 drogą satelitarną. Stacji country jest w USA czterokrotnie więcej niż rozgłośni nadających klasyczny rock i trzykrotnie więcej niż grających najnowsze hity. W ciągu ostatnich 30 lat liczba stacji radiowych country niemal się podwoiła. W USA działa również telewizja country (ang. *Country Music Television* — CMT), która dzięki antenom satelitarnym i sieciom kablowym dociera do 88 milionów gospodarstw domowych z programem w rozdzielczości standardowej lub wysokiej. CMT pokazuje teledyski, koncerty, wywiady z gwiazdami, filmy biograficzne, teleturnieje oraz programy reality show. Główna siedziba CMT znajduje się w stolicy muzyki country — Nashville w stanie Tennessee.

Country nie jest wyłącznie muzyką amerykańskich rolników i robotników z prowincji. Słuchają jej ludzie z różnych grup społecznych, w różnym wieku i o zróżnicowanym statusie materialnym. 1/5 słuchaczy country żyje poniżej poziomu ubóstwa. Wielu z nich mieszka w barakowozach, nie posiada ubezpieczenia zdrowotnego, a do pracy na nocną zmianę jeździ dwudziestoletnimi fordami i saturnami. Jednak jeszcze większa grupa słuchaczy country (24%) ma dochód powyżej 60 tysięcy dolarów, czyli o połowę więcej od średniej krajowej. Wielu z nich to drobni przedsiębiorcy i przedstawiciele klasy średniej. Bardzo wyrazistą cechą muzyki country jest jednak skład rasowy i etniczny jej audytorium. 92% słuchaczy tego gatunku stanowią biali i tylko 7% Latynosi, a 2% Afroamerykanie. Azjata słuchający muzyki country prawdopodobnie nie istnieje.

Muzyka country w USA nie jest skierowana do wąskiego audytorium, tak jak folk czy jazz. 2/3 Amerykanów lubi country i przynajmniej od czasu do czasu słucha tej muzyki. Mniej popularni artyści country występują na lokalnych imprezach i piknikach, ale koncerty największych gwiazd country przyciągają dziesiątki tysięcy widzów. Niektórzy piosenkarze country są tak popularni jak gwiazdy pop czy rocka. Na przykład pochodzący z rolniczej Oklahomy Garth Brooks znajduje się na trzecim miejscu na liście najlepiej sprzedających się artystów w historii Stanów Zjednoczonych, tuż za The Beatles i Elvisem Presleyem, a przed Led Zeppelin, The Eagles i Pink Floyd. Według Stowarzyszenia Przemysłu Muzycznego Ameryki (ang. *Recording Industry Association of America*) słuchacze kupili 128 milionów płyt Brooksa, czyli niemal dwukrotnie więcej niż płyt Michaela Jacksona. Dwunaste miejsce na tej samej liście, przed Aerosmith i The Rolling Stones, przypadło George'owi Straitowi z Teksasu, który sprzedał prawie 70 milionów płyt. W pierwszej setce najlepiej sprzedających się w USA muzyków jest dziewiętnastu innych piosenkarzy i zespołów country, m.in.: Kenny Rogers, Shania Twain, Alabama, Reba McEntire, Willie Nelson, John Denver, Dixie Chicks, Faith Hill i Jimmy Buffett. Każdy z nich sprzedał 20 – 50 milionów płyt.

Kiedy przyjechałem do Ameryki na początku 2002 r., muzykę country znałem wyłącznie z nadawanej w Trójce audycji Korneliusza Pacudy pt. *Wszystkie drogi prowadzą do Nashville*. Gatunek ten kojarzył mi się z takimi artystami, jak Willie Nelson, Johnny Cash czy Dolly Parton. Gdy zacząłem jeździć po Ameryce i słuchać tutejszych stacji radiowych, przekonałem się, że współczesne country jest zupełnie inne od tego, które znałem — zarówno jeśli chodzi o melodię, jak i aranżacje oraz teksty. Stacje country, na które trafiałem, jeżdżąc po Alabamie, Georgii, Oklahomie czy Wirginii, nie nadawały anachronicznie brzmiących utworów Hanka Williamsa czy Krisa Kristoffersona. Królowali w nich piosenkarze nowego pokolenia, tacy jak: Alan Jackson, Tim McGraw, Toby Keith, Josh Turner, Kenny Chesney, Gretchen Wilson, Kid Rock czy Lady Antebellum. Niektórzy artyści country osiągnęli sukces komercyjny wykraczający poza ten gatunek. W 2005 r. Carrie Underwood wygrała amerykańskiego Idola, a niedługo potem trafiła na pierwsze miejsce listy przebojów Billboard Hot 100. Kilka lat później poruszająca się na pograniczu stylu country i pop młodziutka Taylor Swift stała się jedną z najpopularniejszych piosenkarek, a jej przeboje *Love Story* i *You Belong with Me* pobiły rekordy sprzedaży muzyki w formacie cyfrowym. Pierwszy z tych utworów został kupiony i ściągnięty na playery MP3, telefony komórkowe i komputery przez 4,4 miliona osób, a drugi przez prawie 3,5 miliona. Niezwykłą popularność zdobywa obecnie śpiewający głównie o miłości zespół Lady Antebellum. Utwór tej grupy *I Need You Now* zna chyba każdy amerykański nastolatek.

Klasyczne country jest obecnie słuchane przez stosunkowo niewielką grupę osób powyżej 50. – 60. roku życia. Młodsi Amerykanie słuchają współczesnego country reprezentowanego przez piosenkarzy, którzy weszli na scenę w latach 90. i w XXI w. Niektórzy z nich już zdążyli sprzedać po 20 – 30 milionów płyt, czego może im pozazdrościć wiele gwiazd muzyki pop, rocka czy hip-hopu.

Jednym z nielicznych wykonawców country obecnych na scenie od lat 70. i wciąż będących na topie jest zespół Alabama. Grupa ta wydała dotychczas 85 płyt i nagrywa kolejne. Co ciekawe, słuchając piosenek Alabamy z lat 70. i 80. oraz współczesnych utworów tej grupy, można odnieść wrażenie, że opisywany w nich świat prawie się nie zmienił. Nadal zamieszkują go pracowici, bogobojni ludzie, którzy przedkładają spokojne życie na prowincji ponad miejskie luksusy. Otoczenie ich domów stanowią te same rozległe lasy, do których chodzą na polowania, spokojnie płynące rzeki, w których łowią ryby, i żwirowe drogi, po których jeżdżą pick-upami i zielonymi traktorami. We współczesnym świecie muzyki country, tak jak w świecie sprzed prawie pół wieku, liczy się rodzina, praca, Bóg i patriotyzm, choć jest w nim też miejsce na miłość i dobrą zabawę.

WSI SPOKOJNA, WSI WESOŁA

W muzyce country amerykańska prowincja jest najpiękniejszym, najmilszym i najwartościowszym miejscem na Ziemi. W piosence *Sweet Southern Comfort* Buddy Jewel definiuje ten obszar, posługując się kategoriami zmysłowymi. Na wsi unosi się zapach jaśminu i magnolii, a fale mętnej Missisipi szepczą nam do ucha, że znajdujemy się na ziemi błogosławionej. Tracy

Byrd w utworze *I'm from the Country* chwali panujące na prowincji relacje społeczne. „Każdy zna tu każdego, każdy nazwie cię przyjacielem. Nie potrzebujesz specjalnego zaproszenia. Zrzuć buty i wchodź do środka" — śpiewa, zapewniając, że ludzie ze wsi umieją nie tylko pracować, ale również się bawić. Dawn Johnson Carolyn również uważa, że na wsi jest najlepiej. W utworze *Simple Life* śpiewa, że zjeździła kawał świata, ale nic nie zastąpi jej domu, gdzie siedząc na werandzie, może popijać lemoniadę, a po niedzielnej mszy zabiera koc nad potok i pozwala się uśpić szumowi wody. Błogiego życia dopełnia widok gwieździstego nieba (zamiast świateł wielkiego miasta) i bujany fotel, z którego można obserwować, jak pięknie rosną rośliny w ogrodzie. Tim McGraw też spróbował życia w mieście i wcale mu się nie spodobało. Rzeka czerwonych świateł samochodowych na sześciopasmowej autostradzie, betonowe budynki wyrastające obok miejskiego parku i sami obcy ludzie przyprawiają go o ból głowy. W piosence *Where the Green Grass Grows* miejskiemu życiu McGraw przeciwstawia idylliczny obraz wsi:

Chcę żyć tam, gdzie rośnie zielona trawa,

patrzeć, jak kiełkuje kukurydza,

każdej nocy przytulać się do ciebie,

wychowywać dzieci z Bożym błogosławieństwem,

ustawić bujane fotele ku zachodowi

i pielęgnować wspomnienia tam, gdzie leniwie płyną rzeki

i gdzie rośnie zielona trawa.

Obowiązkowym elementem wiejskiego krajobrazu jest droga gruntowa, która często ma znaczenie sentymentalne i filozoficzne. O jednej z takich dróg opowiada utwór Brooks & Dunn *Red Dirt Road*. Bohater piosenki nie tylko wypił na niej pierwsze piwo, spotkał kobietę swego życia i rozbił w drobny mak pierwszy samochód, ale również odnalazł Jezusa i odkrył, że proste życie na wsi również prowadzi do szczęścia.

Ludzie żyjący na wsi mają lepszy kontakt z naturą niż mieszczuchy i lepiej rozumieją znaczenie zjawisk przyrody. W teledysku do utworu Luke'a Bryana *Rain Is a Good Thing* wystąpili prawdziwi rolnicy, którzy wyjaśniają, że woda jest podstawą całego rolnictwa. „Jeśli nie pada deszcz, to reszta się nie liczy. Deszcz jest filarem całego systemu uprawy ziemi" — tłumaczą mieszkańcom miasta, którzy nie doceniają wartości deszczu i narzekają, gdy robi się pochmurno. Farmerzy cenią deszcz nie tylko z powodu jego znaczenia agrarnego. Społeczności wiejskiej zapewnia on również rozrywkę. Gdy pada deszcz, farmer Jones lubi sobie potańczyć, dzieci baraszkują w błocie, a dziewczyny chętniej się przytulają. „Z deszczu jest kukurydza, z kukurydzy whiskey. Whiskey sprawia, że moje dziewczę staje się swawolne" — oznajmia piosenkarz, nie pozostawiając żadnych wątpliwości, że deszcz to dobra rzecz.

Wielu mieszkańców „świata country" to rolnicy, którzy są dumni ze swego zawodu i stylu życia. Bohater piosenki Craiga Morgana *International Harvester* jest przedstawicielem trzeciego pokolenia farmerów, który ożenił się też z córką farmera. Pracuje jako kierowca kombajnu za niewielkie pieniądze, ale jest szczęśliwy. Nie ma wielkich wymagań i odpowiada mu życie na wsi. Swoim kombajnem marki International Harvester jedzie z prędkością pięciu mil na godzinę, a za nim ciągnie się trzymilowy sznur samochodów, które nie mogą go wyprzedzić. Ich kierowcy denerwują się i naciskają na klaksony. Kombajnista zwraca im ironicznie uwagę na to, że rosnąca wzdłuż drogi kukurydza jest głucha zarówno na trąbienie, jak i na obelgi, które rzucają. Następnie radzi, by zaakceptowali fakt, że kombajn nie pojedzie szybciej, zaczęli zachowywać się grzecznie i przestali trąbić. A jeśli im nie pasuje im prędkość, z jaką jadą, to niech wracają na autostrady.

Nie tylko kombajniści, ale i traktorzyści są bohaterami utworów country. Bohater piosenki Jasona Aldeana *Big Green Tractor* proponuje przejażdżkę wielkim zielonym traktorem elegancko ubranej dziewczynie, która na co dzień jeździ kabrioletem BMW. Dziewczyna oczywiście się zgadza, bo ma świadomość, że nie ma nic lepszego niż obserwowanie zachodu słońca w towarzystwie traktorzysty. Inny popularny artysta country Kenny Chesney śpiewa utwór zatytułowany *She Thinks My Tractor Is Sexy* (z ang. ona uważa, że mój traktor jest seksowny). W tej piosence traktorzysta spotyka dziewczynę, na której nie robią wrażenia luksusowe samochody, ale gdy widzi traktor, w jej oczach pojawia się błysk. Dziewczyna nie tylko chciałaby pojechać z traktorzystą na randkę, ale również założyć z nim rodzinę, zamieszkać w małym gospodarstwie rolnym i mieć gromadkę dzieci.

Mieszkańcom prowincji, jako ciężko pracującym ludziom, należy się odrobina rozrywki. Znajdują ją w barze, który jest centrum życia towarzyskiego prowincji. Na Południu oraz w regionie Midwest, czyli na środkowym zachodzie USA, popularne są bary zwane honky-tonk, w których podawane jest tanie piwo i można posłuchać muzyki country. *Honky* było kiedyś używane przez czarnych jako obraźliwe określenie białych. Początkowo odnosiło się głównie do Polaków, Węgrów i innych imigrantów z Europy Wschodniej. Z kolei *tonk* to nazwa popularnych na przełomie XIX i XX w. pianin firmy William Tonk and Brothers. W piosence *I Love this Bar* Toby Keith przedstawia współczesną wersję baru honky-tonk jako miejsca, gdzie gościom już w drzwiach pojawia się uśmiech na twarzy i gdzie każdy jest mile widziany: zwycięzcy, przegrani, palacze, alkoholicy, motocykliści, spragnieni autostopowicze, kowboje, kierowcy ciężarówek, naiwniacy, oszuści, a nawet idioci i prostytutki. W barze tym weterani pokazują sobie wojenne blizny, a wiejskie dziewczyny wyglądają jak gwiazdy filmowe. Wszyscy razem dobrze się bawią, a do bójek dochodzi sporadycznie.

Pora, o której idzie się do baru, to tzw. piwo-trzydzieści (ang. *beer-thirty*). Godzina ta wypada po południu, ale jest dość elastyczna. Piwo-trzydzieści jest wtedy, kiedy skończyłeś pracę i masz już ochotę iść do baru. Warto też pamiętać, że nie ma godziny „piwo-piętnaście" albo „za dwadzieścia piwo". Słownik gwary miejskiej wyjaśnia: „Jeśli ktoś cię pyta, która godzina, a nie jest dokładnie piwo-trzydzieści, to powiedz, że zbliża się piwo-trzydzieści albo minęła piwo-trzydzieści".

W popularnej piosence country *Good Time* Alan Jackson opisuje, jak powinna wyglądać dobra zabawa po tygodniu ciężkiej pracy. Należy zacząć od zrealizowania czeku z wypłatą, następnie umyć pick-upa, założyć kapelusz, zapomnieć o robocie i ruszyć do baru na drugi koniec miasta, po drodze zabierając dziewczynę. Tam czeka na nas pieczony prosiak z rusztu, schłodzone piwo, piosenki Hanka Williamsa Juniora, tequila i wspólny taniec do białego rana. Chłopaki i dziewczyny z prowincji umieją się zabawić.

RODZINA, PRACA, BIEDA

Na amerykańskiej prowincji mieszka wielu dobrze sytuowanych Amerykanów. Nie trafiłem jednak na piosenkę country, która chwaliłaby sukces finansowy. Wręcz przeciwnie — w muzyce country bieda jest cnotą, a bogactwo bywa albo nieistotne, albo niemoralne. Bohater piosenki zespołu Alabama *Food on the Table* z dumą opowiada o swoim ojcu, który nigdy nie musiał oszukiwać, by zapewnić najbliższym skromne życie. „Chodziliśmy w połatanych spodniach, ale mama dbała o to, żebyśmy byli czyści. Mieliśmy jedzenie na stole i buty na nogach" — stwierdza, chwaląc fakt, że cała rodzina mogła zasiąść wspólnie przy stole i podziękować Bogu za jego dary. Josh Turner w *Everything Is Fine* śpiewa, że choć nigdy nie był bogaty, to nie ma na co narzekać. Ma dom nad rzeką, pick-upa i kochającą żonę, a w niedzielny poranek słyszy dzwony pobliskiego kościoła. „Czuję się dobrze i wszystko jest w porządku" — zapewnia. Z kolei Montgomery Gentry w utworze *Lucky Man* przyznaje, że czasami nienawidzi swojej pracy, ma dość rodzinnego miasteczka, przeklina deszcz i narzeka, gdy jest zbyt gorąco. Gdy jednak przychodzi moment refleksji, uświadamia sobie, jakim jest szczęściarzem, mając dom, kawałek ziemi, parę dolarów w kieszeni oraz leciwy samochód, który wciąż jest na chodzie. W jednym z największych hitów country ostatnich lat, *Chicken Fried*, Zac Brown zapewnia słuchaczy, że w życiu najważniejsze są drobne rzeczy: posiłek ze smażonego kurczaka, zimne piwo w piątkowy wieczór, wygodne dżinsy i ulubiona muzyka w radiu. „Świętego spokoju nie przeliczysz na dolary" — zauważa i zaprasza wszystkich, którzy się z nim zgadzają, do wzniesienia wspólnego toastu za... smażonego kurczaka, zimne piwo i wygodne dżinsy. Brown proponuje też złożyć hołd amerykańskim żołnierzom, którzy oddali życie, by ich rodacy mogli cieszyć się drobnymi rzeczami, takimi jak... smażony kurczak, zimne piwo i wygodne dżinsy.

Jedną z największych wartości opiewanych przez artystów country jest rodzina. Bohater utworu Craiga Campbella *Family Man* jeździ starym pick-upem i chwyta się każdej pracy. Ma brud za paznokciami i odciski na dłoniach. Nie poddaje się jednak, bo robi to dla żony i dzieci, wokół których kręci się całe jego życie. „Jestem głową rodziny" — stwierdza z dumą. A rodzina z prowincji zachowała tradycyjny charakter: kobieta wychowuje dzieci, gotuje i czeka na męża, który pracuje na roli lub w lokalnej fabryce.

Sara Evans w utworze *These Four Walls* opowiada historię młodej matki, która zajmuje się domem i opiekuje dziećmi. Nie dość, że nie narzeka na swój los, to jeszcze jest dumna z tego, co robi:

Nie jestem celebrytką, ale moje dzieci uważają mnie za gwiazdę.

Nie jestem bogata, ale mam milion wspomnień.

Nie pochodzę z rodziny królewskiej, ale w domu jestem królową.

W piosenkach country zamiast matek są mamusie, a zamiast ojców tatusiowie. Wyjątkowe miejsce zajmują relacje ojciec – syn. Ojciec wspiera syna, gdy ten napotyka trudności, i zachęca go, by się nie poddawał. Z kolei syn bierze przykład z ojca i chce go naśladować. W piosence Rodneya Atkinsa *Watching You* ojciec jedzie samochodem terenowym z czteroletnim synem, który zajada się zestawem z McDonalda. W pewnym momencie samochód gwałtownie hamuje, frytki wysypują się na podłogę, a na kolana dziecka wylewa się napój. Czterolatek krzyczy „Cholera!", a gdy ojciec go wypytuje, skąd zna to słowo, syn odpowiada: „Nauczyłem się od ciebie. Chcę być taki jak ty". Ojciec jest bardzo zmartwiony i przeprasza Boga za swoją głupotę. Humor poprawia mu się jeszcze tego samego dnia wieczorem. Przed snem czterolatek pada bowiem na kolana, zamyka swoje malutkie oczka, składa rączki i rozmawia z Bogiem jak z przyjacielem. Ojciec znów pyta syna, gdzie się nauczył tak pięknie modlić, a malec odpowiada w ten sam sposób: „Nauczyłem się od ciebie. Chcę być taki jak ty".

Bohaterowie piosenek country przejmują gospodarstwa od rodziców, wychowują gromadkę dzieci, uczą się mądrości życiowych od dziadków i chwalą sobie spokojne, wiejskie życie. Jednak mimo tysięcy godzin słuchania muzyki country nigdy nie natrafiłem na piosenkę, w której edukacja byłaby przedstawiana jako cnota — by ojciec zachęcał swoje dzieci do nauki, a matka marzyła, aby w przyszłości dostały się na elitarne uniwersytety. W świecie muzyki country istotną rolę odgrywa natomiast religia. Niedzielna msza, codzienna modlitwa, bezpośredni kontakt z Bogiem i miłość do Jezusa pojawiają się w tysiącach utworów tego gatunku.

TWÓJ PRZYJACIEL JEZUS

Jezus Chrystus jest w amerykańskiej kulturze bardzo ludzki. Nie jest odległą, abstrakcyjną postacią, z którą kontakt nawiązuje się w kościele albo podczas wieczornej modlitwy. Amerykański Jezus jest przyjacielem, opiekunem, doradcą oraz idolem. W USA można kupić figurki Jezusa będące odpowiednikami Supermanów i Spider-Manów. Figurkami tymi dzieci mogą się bawić w chodzenie po wodzie albo w małą drogę krzyżową. Jezus pojawia się też w komiksach, kreskówkach i hollywoodzkich produkcjach. W Ameryce ludzie pytają: „Co by zrobił Jezus?", „Czym by jeździł Jezus?", „Co Jezus by zjadł?", a politycy wskazują na Jezusa jako na ulubionego filozofa. Mieszkańcy amerykańskiej prowincji nie wstydzą się umieszczać na swoich samochodach naklejek typu „Kocham Jezusa", „Jezus jest moim przyjacielem" albo „Jezus Cię zbawi". W muzyce country Jezus pojawia się bardzo często.

W piosence Carrie Underwood *Jesus, Take the Wheel* młoda kobieta jedzie samochodem do rodziców na święta Bożego Narodzenia. Na tylnym siedzeniu w foteliku siedzi jej malutkie dziecko. Kobieta przekracza prędkość i na oblodzonej drodze wpada w poślizg. Traci panowanie nad autem, jest przerażona, nie wie, co robić. Wtedy unosi ręce nad głowę i woła: „Jezu, przejmij kierownicę! Zabierz ją z moich rąk, bo sama nie dam rady". Jej prośba zostaje wysłuchana. Mimo że puściła kierownicę, auto zatrzymuje się na poboczu. Kobieta ogląda się za siebie, patrzy na śpiące dziecko i zaczyna płakać. Następnie pochyla głowę i zaczyna się modlić. A ponieważ robi to po raz pierwszy od dłuższego czasu, przeprasza Boga za to, że od niego odeszła, i obiecuje zmienić się na lepsze. Deklaruje, że od tej chwili będzie wierna Jezusowi.

To, co przeżyła bohaterka utworu, to tzw. ponowne narodzenie, czyli przemiana polegająca na akceptacji Jezusa Chrystusa jako osobistego zbawcy. Podczas tej przemiany człowiek, który był martwy duchowo, rozpoczyna nowe życie, a w jego ciało wstępuje Duch Święty, który już nigdy go nie opuści. Prawie 60% mieszkańców amerykańskiego Południa określa się jako „ponownie narodzeni" i mówi, że ma obecnie osobiste relacje z Chrystusem.

W utworze *What a Friend We Have in Jesus* Alan Jackson radzi słuchaczom, by docenili, jak wspaniałego przyjaciela mają w Jezusie, który wysłucha wszystkich skarg, nigdy nie zawiedzie, zawsze ochroni i pocieszy.

W innym utworze, *If Jesus Walked the World Today*, ten sam artysta prze-konuje, że gdyby Jezus żył w czasach współczesnych, to prawdopodobnie byłby mieszkającym na odludziu *hillbillym*. Na rękach miałby wytatuowane krzyże, jeździłby chevroletem i pracował za niewielkie pieniądze jako ro-botnik w fabryce, tak jak większość chłopaków z amerykańskiej prowincji. Religia w muzyce country to nie tylko składanie chwały Bogu i modli-twa, ale także styl życia. Jego filar to cotygodniowa msza święta, która jest elementem wiejskiej niedzielnej sielanki. Craig Morgan w utworze *That's what I Love about Sunday* opowiada o ludziach, którzy w niedzielny poranek spotykają się w kościele, gdzie wspólnie śpiewają pieśni o cudownej łasce Bożej, a po mszy wymieniają uściski dłoni z pastorem. Następnie wracają do domu, zakładają dżinsy, jedzą kurczaka i gotowaną fasolę, a potem idą z dziećmi pograć w piłkę. Po meczu siadają na tarasie, popijają kawę i czytają gazetę. Leniwą atmosferę typowej wiejskiej niedzieli uzupełnia śpiący na werandzie kot i unoszący się w powietrzu zapach jaśminu.

Nowi wierni, którzy przyjmują chrzest,

mama z rękami uniesionymi w górę,

ze szczęśliwym okrzykiem „Alleluja!"

i uśmiechem na twarzy.

Właśnie dlatego lubię niedzielę — zachwyca się piosenkarz.

PATRIOTYZM

Patriotyzm jest istotną częścią kultury amerykańskiej prowincji i każdy artysta country ma w swoim repertuarze piosenki wychwalające Stany Zjed-noczone oraz sławiące męstwo amerykańskich żołnierzy. Niektórzy piosen-karze wydają albumy składające się wyłącznie z patriotycznych utworów. W ich teledyskach często przewijają się narodowe symbole: flaga USA, Statua Wolności, cmentarz Arlington, a od niedawna również płonące wieże World Trade Center. Piosenkarze country nie wstydzą się miłości do oj-czyzny. Zmarły w 2003 r. Johnny Cash w utworze *Song of the Patriot* przed-stawił siebie jako patriotę, który kocha swoją mamę i jabłecznik oraz wysoko ceni wolność, którą ma dzięki temu, że żyje w Stanach Zjednoczonych.

Później oświadcza, że jest gotów ciężko pracować dla ojczyzny, walczyć o nią, a jeśli będzie trzeba, to również zginąć za nią. Cash jest dumny z tego, że jest Amerykaninem, i upomina wszystkich, by nie ważyli się palić amerykańskiej flagi.

O wyjątkowości Ameryki przekonany jest Lee Greenwood, który w piosence *God Bless the USA* deklaruje:

Jestem dumny, że jestem Amerykaninem.

Tu przynajmniej jestem wolny.

I nie zapomnę wszystkich, którzy oddali życie,

bym mógł z tego prawa korzystać.

Dalej śpiewa, że kocha swój kraj, i wzywa mieszkańców Nowego Jorku, Minnesoty, Tennessee, Teksasu i innych zakątków USA, by stanęli obok niego i wyrazili dumę z tego, że są Amerykanami.

O ile dla Greenwooda przejawem wyjątkowości Ameryki jest panująca tu wolność, o tyle Brooks & Dunn w utworze *Only in America* chwalą USA jako kraj, gdzie spełniają się marzenia. Wokalista patrzy na uczniów w szkolnym autobusie i dochodzi do wniosku, że jednego z nich czeka sława i fortuna, drugi będzie ledwie wiązać koniec z końcem, trzeci wyląduje w więzieniu, a czwarty może zostać prezydentem. Jaką drogę wybierze każdy z nich, zależy wyłącznie od niego. „Tylko w Ameryce marzysz na czerwono, biało, niebiesko. Tylko w Ameryce marzenia są tak wielkie, jak chcemy. Tylko w Ameryce każdy ma szansę" — podkreśla piosenkarz.

Amerykańska prowincja ogromnym szacunkiem darzy wojsko. W końcu to z prowincji pochodzi większość młodych ludzi, którzy wstępują do armii i jadą na wojnę. Wielu z nich wraca do kraju w trumnach owiniętych amerykańską flagą. I podczas gdy mieszkańcy miast oraz przedstawiciele elit o wojnie dowiadują się z gazet lub z telewizji, to mieszkańcy wsi i małych miasteczek znają ją z własnego doświadczenia. Niemal każdy chłopak z prowincji ma kolegę, który jeśli nie zginął, to został ranny w Iraku lub Afganistanie. W każdej niedużej miejscowości żyje ktoś, kto stracił na wojnie własne dziecko. Żołnierz jest bohaterem amerykańskiej prowincji, co znajduje odzwierciedlenie w muzyce country.

Piosenka Toby'ego Keitha *American Soldier* to kredo amerykańskiego żołnierza. Jej bohater stara się być dobrym ojcem dla swoich dzieci i kochającym mężem, ale gotów jest stanąć w obronie kraju, gdy „wilk zawarczy u drzwi" i gdy trzeba będzie „bronić wolności". Żołnierz nie robi tego dla pieniędzy ani dla chwały, lecz z poczucia odpowiedzialności za ojczyznę:

Nie chcę umierać, ale gdy zostanę o to poproszony,

podźwignę ten krzyż z honorem, ponieważ wolność

nie jest dana nam za darmo.

Jednym z najbardziej wzruszających utworów na cześć poległych żołnierzy jest piosenka Tima McGrawa *If You're Reading this*. Tekst piosenki jest listem żołnierza, który ma zostać wysłany do jego żony, jeśli on zginie na froncie.

Jeśli czytasz ten list,

to znaczy, że nie będzie mnie na świecie, gdy urodzi się nasza córeczka.

Mam nadzieję, że będzie wyglądać tak jak ty, a walczyć tak jak ja.

Że będzie stawać w obronie niewinnych i słabszych.

W dalszej części listu żołnierz prosi żonę, by powiedziała jego ojcu, że nie żałuje, iż poszedł jego śladami.

Śmierci na froncie nie żałuje również bohater utworu Trace'a Adkinsa *Arlington*. Jest to jedna z najdziwniejszych piosenek, jakie kiedykolwiek słyszałem, a opowiada o żołnierzu, który ginie na wojnie i jest dumny z miejsca swego wiecznego spoczynku. Miejscem tym jest położony na przedmieściach Waszyngtonu wojskowy cmentarz Arlington, gdzie na obszarze 250 ha znajduje się 400 tysięcy grobów szczególnie zasłużonych uczestników amerykańskich wojen. Mogą tu być pochowani tylko żołnierze, którzy zginęli na froncie, weterani nagrodzeni medalami za odwagę, członkowie rządu i kongresmani, którzy wcześniej służyli w wojsku, oraz prezydenci Stanów Zjednoczonych. Bohater piosenki Adkinsa był przekonany, że umrze bez rozgłosu jako staruszek w swojej rodzinnej miejscowości. Tymczasem dzięki temu, że zginął na wojnie, dostał „kawałek ziemi" na słynnym cmentarzu Arlington. Jest to nagroda za „dobrze wykonaną robotę".

Jestem dumny, że spocząłem właśnie tutaj.

Leżę w świętej ziemi, w doborowym towarzystwie. [...]

Teraz mogę spoczywać w spokoju, należę do wybranych.

Udało mi się dotrzeć do Arlington.

Bohater wspomina, że kiedy miał osiem lat, ojciec zabrał go na cmentarz Arlington i przez cały dzień szukali grobu dziadka. Gdy go wreszcie odnaleźli, ojciec powiedział mu, że śmierć jest ceną, jaką czasami trzeba zapłacić za wolność. Bohater piosenki Adkinsa prosi, by go nie opłakiwać, bo czuje się wyróżniony.

Największą falę patriotyzmu w USA w ostatnich dziesięcioleciach wywołały zamachy terrorystyczne z 11 września 2001 r. Po atakach na World Trade Center i Pentagon Amerykanie powszechnie wywieszali flagi narodowe, organizowali akcje pomocy poszkodowanym, a mężczyźni wstępowali do wojska. Szok i chęć odwetu natychmiast znalazły oddźwięk w muzyce country. Jednym z pierwszych artystów tego gatunku, który zareagował na zamachy z 11 września, był Toby Keith. W utworze *Courtesy of the Red, White and Blue* śpiewa:

Sprawiedliwości stanie się zadość, gdy rozpoczniemy bitwę.

Wielki pies będzie gryzł, bo potrząsnęliście jego klatką.

Będziecie żałować, że zadarliście z USA.

Wsadzimy wam but w tyłek. Tak to się robi w Ameryce.

Toby Keith ostrzegał też Osamę bin Ladena, że Statua Wolności już zaciska pięść, a amerykański orzeł wzbija się w powietrze. Piosenkarz oznajmił, że w odwecie za 11 września świat bin Ladena zapłonie jak sztuczne ognie na pokazie z okazji Dnia Niepodległości. „To będzie piekło" — śpiewał Keith.

POLITYKA COUNTRY

W sobotnie popołudnie 15 marca 2003 r. na rynku w miasteczku Bossier City w Luizjanie zgromadziło się około 150 osób. Przynieśli płyty kompaktowe swego ulubionego zespołu country i ułożyli pokaźny stos. Chwilę później na plac wjechał dziesięciotonowy traktor i przejechał po płytach gigantycznymi kołami, miażdżąc je w drobny mak. Tłum zareagował gromkimi brawami. Wielu zgromadzonych trzymało amerykańskie flagi. Ktoś krzyknął: „USA!". Wydarzenie relacjonowała na żywo lokalna stacja radiowa KRMD, która kilka dni wcześniej, podobnie jak setki innych rozgłośni, ogłosiła bojkot utworów Dixie Chicks — najpopularniejszego kobiecego zespołu country w Stanach Zjednoczonych. To właśnie płyty tej grupy zostały zmiażdżone na rynku w Bossier City. Była to zemsta za wypowiedź wokalistki zespołu, Natalie Maines, która na koncercie w Londynie skrytykowała George'a W. Busha za dążenie do wojny w Iraku. „Nie chcemy tej wojny, nie chcemy przemocy. Chciałabym, abyście wiedzieli, że wstydzimy się, iż prezydent USA jest z Teksasu" — powiedziała Maines, która również pochodzi z Teksasu, podobnie jak dwie pozostałe członkinie zespołu.

Słowa Maines wywołały burzę w Stanach Zjednoczonych. Poza niszczeniem płyt i bojkotem piosenek Dixie Chicks zespół otrzymał tysiące obraźliwych listów, w których proponowano, by piosenkarki „przyczepić do rakiety i wystrzelić do Iraku", wyrzucić z USA albo postawić przed sądem za zdradę. Niektórzy grozili im nawet śmiercią. Atmosfera stawała się tak napięta, że w wywiadzie dla telewizji ABC Maines ostrzegła, iż sytuacja zaczyna wymykać się spod kontroli. Jej koleżanka Emily Robinson oświadczyła, że obawia się o bezpieczeństwo swoje oraz swojej rodziny. Organizatorzy trasy koncertowej zespołu zaczęli instalować wykrywacze metalu i sprawdzać widzów, którzy przyszli na występy. Piosenkarki Dixie Chicks podjęły próbę załagodzenia sytuacji. Maines wydała oświadczenie, w którym przeprosiła za swoje słowa. „Jako obywatelka USA przepraszam prezydenta Busha za lekceważącą wypowiedź. Uważam, że każdy, kto sprawuje ten urząd, powinien być traktowany z najwyższym szacunkiem" — napisała. Jednak przeprosiny nie usatysfakcjonowały urażonych słuchaczy. Piosenki Dixie Chicks pospadały z list przebojów, a sprzedaż płyt znacznie zmalała. Gdy podczas ceremonii wręczenia nagród Academy of Country Music ogłoszono nominację dla Dixie Chicks, w sali rozległo się głośne buczenie. W maju 2003 r. sfrustrowane piosenkarki zdecydowały się na opublikowanie prowokacyjnego zdjęcia na okładce magazynu „Entertainment Weekly". Maines i jej koleżanki były nagie, a intymne części ciała miały pozasłaniane napisami: „Aniołki Saddama", „Dumne Amerykanki", „Dziwki Dixie" i „Bohaterki".

Kampania przeciwko piosenkarkom z Teksasu była inspirowana przez szefów firm płytowych i stacji radiowych sympatyzujących z Partią Republikańską. Chcieli dać nauczkę Dixie Chicks za krytykę ówczesnego prezydenta. Zainicjowana przez nich akcja trafiła na podatny grunt, albowiem większość słuchaczy country to republikanie, którzy wówczas popierali George'a Busha, wierzyli, że Irak ma broń masowego rażenia, a Saddam Husajn odpowiada za zamachy z 11 września.

Obecnie główny nurt muzyki country ma konserwatywny charakter i jest kojarzony z Partią Republikańską, jednak nie zawsze tak było. Muzyka country ma populistyczne korzenie i przez wiele dziesięcioleci była muzyką klasy pracującej. Artyści tego gatunku chwalili np. prezydenta Franklina Delano Roosevelta, który wprowadził w życie wiele programów społecznych. Lewicowe nuty pobrzmiewały w utworze *Man in Black* Johnny'ego Casha.

Ubieram się na czarno dla biednych i poniżanych,

żyjących w pozbawionej nadziei, głodnej części miasta,

i dla więźnia, który dawno odpokutował swoje winy,

a wciąż siedzi za kratkami — śpiewał Cash.

Przełomowym momentem w historii muzyki country była druga połowa lat 60. XX w., kiedy to biali mieszkańcy amerykańskiej prowincji zaczęli się buntować przeciwko ruchom antywojennym oraz rozszerzaniu programów pomocy społecznej, z których w dużym stopniu korzystali Afroamerykanie. W roku 1969 Merle Haggard nagrał utwór *Okie from Muskogee*, będący ideologiczną odpowiedzią na popularną w tym okresie kontrkulturę hippisowską. „Nie palimy marihuany w Muskogee, nie odlatujemy na LSD, nie palimy kart z powołaniami do wojska. Cenimy porządne życie oraz wolność" — śpiewał, wyrażając odczucia milionów mieszkańców amerykańskiej prowincji. Sentyment wyrażony w *Okie from Muskogee* wykorzystał dla wsparcia swojej konserwatywnej ideologii prezydent Richard Nixon, który zapraszał Haggarda i innych piosenkarzy country do Białego Domu na występy. Podczas koncertów mile widziane były utwory typu *Cadillac z pomocy społecznej* (ang. *Welfare Cadillac*), sugerujące, że wielu Afroamerykanów prowadzi luksusowe życie na koszt państwa. Nixon ogłosił październik 1970 r. miesiącem country i jako pierwszy prezydent odwiedził

Grand Ole Opry — słynną salę koncertową w Nashville, gdzie kilka razy w tygodniu odbywają się występy największych gwiazd muzyki country. Nixon chwalił też country za to, że wyraża takie wartości, jak: patriotyzm, miłość do ojczyzny, ciężka praca i wiara. Trzydziesty siódmy prezydent USA nazywał country głosem „milczącej większości".

Wśród piosenkarzy country zdarzają się ludzie o poglądach lewicowych. Znana wokalistka i gitarzystka Bonnie Raitt działała w organizacjach ekologicznych oraz ruchach pacyfistycznych i przekazała dziesiątki tysięcy dolarów na wsparcie Partii Demokratycznej. Lewicowe poglądy nieobce są również Williemu Nelsonowi, do którego przylgnęły następujące określenia: rebeliant, hippis i socjalista. Spośród piosenkarzy country do sympatii lewicowych przyznaje się jednak niewielu. Do wyjątków należy Tim McGraw, który popiera Billa Clintona i Baracka Obamę i nie kryje, że sympatyzuje z demokratami. By nie zrażać do siebie słuchaczy, McGraw nie porusza jednak w swoich utworach tematów politycznych, lecz śpiewa głównie o miłości, rodzinie, patriotyzmie i spokojnym życiu na prowincji. Podobnie postępują inni artyści country popierający demokratów. Nie afiszują się oni ze swoimi poglądami politycznymi w obawie przed reakcją fanów. Artyści z drugiej strony amerykańskiej sceny politycznej nie mają tego problemu.

Jednym z bardziej aktywnych politycznie konserwatywnych piosenkarzy country jest John Rich, który swego syna nazwał Colt, a na gitarze umieścił napis „Made in USA". W 2008 r. napisał piosenkę na cześć republikańskiego kandydata w wyborach prezydenckich Johna McCaina, a później wystąpił na konwencji Partii Republikańskiej. Na tej samej konwencji hymn Stanów Zjednoczonych śpiewała Gretchen Wilson, która powiedziała później, że występ na konwencji był wydarzeniem jej życia. Jednym z najbardziej politycznych, a zarazem kontrowersyjnych utworów country jest piosenka Darryla Worleya *Have You Forgotten*, w której artysta sugerował, że Saddam Husajn współorganizował zamachy terrorystyczne z 11 września, i pytał przeciwników wojny, czy już zapomnieli, jak płonęły wieże World Trade Center. Przed atakiem na Irak utwór był nadawany przez stacje country niemal non stop, co pomogło George'owi Bushowi zbudować poparcie dla inwazji. Jeszcze większe kontrowersje wzbudził niedawno Hank Williams Junior, który wspiera działający wewnątrz Partii Republikańskiej prawicowy ruch Partia Herbaciana (ang. *Tea Party*).

3 października 2011 r. Williams Junior wystąpił w telewizji Fox News, gdzie skrytykował lidera republikanów w Izbie Reprezentantów Johna Boehnera za to, że zagrał on w golfa z prezydentem Barackiem Obamą. Piosenkarz stwierdził, że był to jeden z największych błędów prawicowego polityka w historii Stanów Zjednoczonych. „To tak, jakby Hitler zagrał w golfa z Netanjahu" — oświadczył. Gdy współprowadząca program Gretchen Carlson zwróciła mu uwagę, że porównał prezydenta USA do najbardziej znienawidzonego człowieka na świecie, Williams Junior nie złagodził swojej wypowiedzi, lecz brnął dalej: „Cóż, taka jest prawda. Mówię wam, jak jest". Słowa Williamsa Juniora wywołały burzę i doprowadziły do tego, że popularna sportowa telewizja ESPN zrezygnowała z nadawania jego utworu, którego fragment był stałym elementem popularnego programu Monday Night Football. Rozzłoszczony Williams Junior nagrał wtedy piosenkę *Keep the Change* (z ang. zatrzymajcie resztę), którą skierował do telewizji FOX, ESPN oraz Baracka Obamy. Oświadczył w niej, że zatrzyma to, co najbardziej ceni, czyli: wolność, broń, własne pieniądze, samochód z ośmiocylindrowym silnikiem, religię, chrześcijańskie imię, bohaterów i przyjaciół. „A wy zatrzymajcie sobie resztę" — śpiewał w refrenie, po czym nazwał USA „Socjalistycznymi Stanami Ameryki" i wyraził ubolewanie, że jego ojczyzna zmierza ku upadkowi.

Mimo że wypowiedź Hanka Williamsa Juniora była dużo ostrzejsza niż słowa wokalistki Dixie Chicks w 2003 r. w Londynie, żadna stacja country nie ogłosiła bojkotu jego muzyki, nie organizowano akcji niszczenia płyt i nie pisano listów z pogróżkami, a wielu miłośników country stanęło murem za kontrowersyjnym piosenkarzem. „Kopnij ich w jaja, Hank. Mam 25 lat i myślę podobnie jak Ty. Boże, pobłogosław Kapitalistyczne Stany Zjednoczone Ameryki. Precz z socjalistami" — pisał jeden z fanów Williamsa Juniora na forum internetowym.

Tymczasem zespołowi Dixie Chicks fani nigdy do końca nie wybaczyli. Kilka miesięcy po wybuchu afery skrzypaczka i gitarzystka zespołu Martie Maguire powiedziała niemieckiemu „Der Spiegel", że jej grupa nie czuje się już częścią „rodziny country" i wyraziła rozgoryczenie faktem, że tak niewielu kolegów i koleżanek stanęło w ich obronie. W 2006 r. Dixie Chicks wydały płytę z utworem *I'm not Ready to Make It Nice*, w którym Maines śpiewa:

Nie jestem gotowa, by się pogodzić.

Nie jestem gotowa, by się wycofać.

Nadal jestem piekielnie wściekła...

Zorganizowana w tym samym roku trasa koncertowa pod nazwą Przypadki i oskarżenia (ang. *Accidents and Accusations*) okazała się porażką Dixie Chicks. Bilety na koncerty zespołu dobrze sprzedały się w Kanadzie i na liberalnym północnym wschodzie USA. W pozostałych częściach kraju zespół grał przy trybunach wypełnionych w 1/3, a 14 koncertów zostało odwołanych. Mimo że piosenka *I'm not Ready to Make It Nice* oraz płyta, z której pochodził ten utwór, zdobyły aż pięć nagród Grammy, Dixie Chicks nie odzyskały dawnych fanów. Od 2006 r. grupa nie nagrała żadnej płyty, a piosenkarki zajmują się głównie życiem rodzinnym oraz działalnością społeczną.

Rozdział 11.
Za kierownicą

(K)RAJ DLA KIEROWCÓW

O trzeciej w nocy na stację benzynową w Brownstop Township na przedmieściach Detroit wjeżdża czerwony minivan. Za kierownicą auta siedzi dziewięcioletnia dziewczynka. Po zaparkowaniu powoli otwiera drzwi i zeskakuje na ziemię. Od strony pasażera wysiada mężczyzna w średnim wieku. To jej ojciec. Oboje wchodzą do znajdującego się na stacji sklepiku. Mężczyzna kupuje sobie sześciopak piwa, a dziewczynce lizaka. Płacąc, wyjaśnia kasjerowi, że córka przywiozła go do sklepu, ponieważ jako praworządny obywatel nie siada za kierownicą po alkoholu. Jest z niej bardzo dumny.

— Ona ma tylko dziewięć lat, przysięgam. Sama jechała całą drogę — tłumaczy.

— I sama zaparkowałam — dodaje dziewczynka.

Odjeżdżają tak, jak przyjechali. Córka jako kierowca, tatuś jako pasażer. Widzi to inny kierowca, który właśnie kończy tankowanie. Rusza za minivanem, dzwoni pod numer alarmowy 911 i informuje o dziewczynce kierującej samochodem na lokalnej drodze.

— Czy auto trzyma się drogi? — pyta zaniepokojony dyżurny.

— Jedzie bez zarzutu. Nie mam żadnych zastrzeżeń — odpowiada kierowca.

Po kilku minutach policja zatrzymuje minivana. Dziewczynka jest zaskoczona.

— Dlaczego mnie zatrzymaliście, przecież prowadziłam bardzo dobrze? — dopytuje.

Zdarzenie z przedmieść Detroit świadczy oczywiście o nieodpowiedzialności ojca, który naraził na niebezpieczeństwo siebie, córkę oraz innych kierowców. Mężczyzna ma jednak na swoją obronę fakt, że mieszka w Ameryce. Oto jak mógłby tłumaczyć się funkcjonariuszowi policji:

— Sam pan wie, panie oficerze, że jazda samochodem jest dziecinnie prosta. Wystarczy przekręcić kluczyk, wcisnąć pedał hamulca, przesunąć dźwignię automatycznej skrzyni biegów na literkę D (Drive), przenieść nogę na pedał gazu i ruszyć do przodu. Przyzna pan, panie oficerze, że z trzymaniem się pasa nie ma problemu, bo drogi mamy szerokie, a znaki czytelne i jednoznaczne. Poza tym, jak się miałem dostać do sklepu? Przecież tu u nas, w Brownstop Township, nie mamy ani komunikacji miejskiej, ani taksówek, a gdybym chciał iść na piechotę, to nie mam jak, bo wzdłuż drogi nie położyli nawet chodnika. Przecież pan wie, panie oficerze, że Ameryka nie jest krajem dla pieszych. To jest kraj dla kierowców. Dużych i małych.

Od czasu, gdy przyjechałem do Ameryki, miałem już pięć samochodów — mitsubishi galanta, jeepa grand cherokee, chryslera pacifikę, volkswagena beetle i mazdę 6 kombi. Siedziałem też za kierownicą ponad setki innych aut z wypożyczalni oraz salonów samochodowych. Przemierzyłem kraj wzdłuż i wszerz. Przejechałem 250 000 km, co oznacza, że spędziłem za kółkiem pewnie z 10 tysięcy godzin. Odwiedziłem kilkaset stacji benzynowych, na których zatankowałem 25 000 l benzyny. Jechałem przez Most Brooklyński, Wielkie Równiny i Góry Skaliste. Przez Dolinę Śmierci w pięćdziesięciostopniowym upale i przez Alaskę w pięćdziesięciostopniowym mrozie. Nie miałem żadnego wypadku, ale raz zgubiłem prawo jazdy, zapłaciłem też kilkanaście mandatów za przekroczenie prędkości i niewłaściwe parkowanie. Podczas wakacyjnych wyjazdów samochód był dla mnie nie tylko środkiem transportu, ale również stołówką, miejscem rozrywki, a nawet sypialnią. Nie zapomnę, jak w 2004 r. jadąc w nocy z rodziną przez Florydę, nie mogliśmy znaleźć miejsca w motelu, wszędzie bowiem odbywały się rozgrywki futbolu amerykańskiego dla szkół średnich, więc zatrzymaliśmy się na parkingu przy autostradzie, gdzie postanowiliśmy przenocować. Jakież było nasze zdumienie, gdy o siódmej rano obudziły nas mewy i szum fal oceanu. Okazało się, że parking znajdował się tuż nad brzegiem Zatoki Meksykańskiej, a rozbijająca się o skały woda spadała prawie na maskę naszego mitsubishi. To był jeden z naszych najpiękniejszych poranków w Stanach Zjednoczonych — w kraju, który zmienił mój stosunek do samochodów i motoryzacji.

Całkiem niedługo po przyjeździe do Stanów Zjednoczonych zorientowałem się, że zaczynam oglądać się za samochodami na ulicy, co w Polsce zdarzało mi się bardzo rzadko. Zastanawiałem się, w jakim kolorze chciałbym mieć tego eleganckiego infiniti F35 albo tamtego muskularnego forda mustanga shelby GT500. Polubiłem reklamy samochodów i zacząłem dla przyjemności przeglądać ogłoszenia o sprzedaży aut. Zastanawiałem się, jaki samochód najchętniej zabrałbym do Polski. Gdy któryś z moich znajomych kupował auto, chętnie towarzyszyłem mu w wyprawach do dilerów, a testowanie samochodów stało się w pewnym momencie moją ulubioną rozrywką. Zdarzało mi się nawet zaczepiać ludzi na parkingach, chwalić ich jeepy wranglery lub chevrolety camaro i wypytywać, jak im się nimi jeździ. Przestałem się śmiać z Amerykanów jeżdżących samochodami z silnikami o pojemności 3 – 4 l, bo przekonałem się, że takie auta są mocniejsze i cichsze. W Polsce lubiłem jeździć samochodem, ale czas spędzony za kierownicą często wiązał się ze stresem, nerwami i zmęczeniem. W Ameryce jazda samochodem stała się dla mnie przyjemnością. Szerokie drogi, wygodne parkingi, komfortowe samochody z automatycznymi skrzyniami biegów, a także uprzejmość kierowców sprawiły, że tak jak większość Amerykanów pokochałem cztery kółka.

STANY ZJEDNOCZONE SAMOCHODOWE

W 1920 r. jeden samochód przypadał na trzynastu Amerykanów, w latach 70. co drugi mieszkaniec USA miał własne auto, a na początku XXI w. liczba zarejestrowanych samochodów w Stanach Zjednoczonych przekroczyła liczbę osób z prawem jazdy. Obecnie po amerykańskich drogach jeździ 250 milionów pojazdów i w zasadzie każdy, kto nie jest obłożnie chory lub niewidomy, ma samochód. Większość Amerykanów siada za kierownicą, jeszcze zanim osiągnie pełnoletniość. Na amerykańskich przedmieściach i na prowincji wiele szkół średnich ma parkingi nie tylko dla nauczycieli, ale również dla uczniów. Kobiety w USA równie często siadają za kierownicą co mężczyźni. Najszybszy przyrost liczby aut zanotowano w latach 60. XX w., kiedy miliony amerykańskich kobiet poszły do pracy.

Przemysł motoryzacyjny i paliwowy należą do najpotężniejszych w Stanach Zjednoczonych. Jeden na dziesięciu mieszkańców USA jest z nimi w jakiś sposób powiązany. Miliony Amerykanów pracują przy produkcji aut i części zamiennych, sprzedaży, reklamie, serwisie samochodów, transporcie, budowie dróg, utrzymaniu parkingów i wlepianiu mandatów za złe parkowanie. Związek zawodowy pracowników sektora motoryzacyjnego (ang. *United Auto Workers*) był przez dziesięciolecia jedną z najbardziej wpływowych organizacji związkowych w USA i choć w ostatnich latach osłabł, nadal ma znaczące wpływy polityczne. Lobbyści działający na rzecz koncernów motoryzacyjnych skutecznie bronią interesów tego sektora i pilnują, by państwo inwestowało w infrastrukturę drogową. Gdy w 2008 r. amerykańskie giganty motoryzacyjne znalazły się w tarapatach, Kongres USA przyznał im dziesiątki miliardów dolarów pożyczek, które uchroniły je przed upadkiem.

Stany Zjednoczone są największym rynkiem motoryzacyjnym na świecie. Co roku sprzedaje się tu kilkanaście milionów nowych samochodów i ponad 20 milionów używanych. Choć słynne krążowniki szos należą już do przeszłości, Amerykanie nadal cenią komfort i wygodę. Małe jak na standardy amerykańskie samochody — takie jak toyoty corolle czy fordy focusy — kupują mieszkańcy dużych miast, studenci i osoby samotne. Przeciętna rodzina ma zwykle dwa auta — mniejsze do dojazdów do pracy czy sklepu oraz minivana lub samochód sportowo-użytkowy, czyli SUV (ang. *Sport Utility Vehicle* — skrzyżowanie auta terenowego z wygodnym samochodem osobowym), który dodatkowo służy do podróży weekendowych. Niektórzy kupują trzecie lub czwarte auto dla rozrywki — np. kabrioleta na rekreacyjne wyjazdy za miasto lub pojazd zabytkowy, przy którym można majstrować popołudniami i w weekendy. Na prowincji dominują pick-upy, które służą zarówno jako samochody osobowe, jak i towarowe. Ford serii F Pick-up od wielu lat pozostaje najlepiej sprzedającą się marką samochodu w USA. Występuje w różnych wersjach z silnikami o pojemności od 3,7 l do 6,2 l w cenie od 20 do 70 tysięcy dolarów. Drugim co do popularności amerykańskim autem jest również pick-up — produkowany przez General Motors Chevrolet

Silverado. Na trzecim miejscu plasuje się Toyota Camry, a na czwartym Honda Accord, które od wielu lat są najpopularniejszymi samochodami osobowymi w USA. Kolejne miejsca zajmują: Toyota Corolla, Honda Civic, Nissan Altima i Ford Fusion. Po kilku latach przerwy związanej ze wzrostem cen paliw do pierwszej dziesiątki powrócił SUV Honda CRV. Spośród 250 milionów aut jeżdżących po amerykańskich drogach 130 milionów stanowią samochody osobowe, 110 milionów pick-upy oraz terenowe SUV-y, a 10 milionów pozostałe. Sprzedawane w USA samochody mają większą pojemność oraz moc silników niż auta europejskie, choć różnica ta się ostatnio zmniejszyła.

W latach 60. i 70. XX w. po amerykańskich drogach jeździły miliony krążowników szos i paliwożernych „mięśniaków" (ang. *muscle cars*), czyli dwudrzwiowych aut sportowych z potężnymi silnikami i napędem na tylną oś. Produkowany od 1970 r. Lincoln Continental miał silnik o pojemności 7,5 l i palił średnio 24 l benzyny na 100 km. Ten sam silnik miał Ford Thunderbird, ale za dopłatą można go było zamienić na większy, o pojemności 8,4 l. Większość takich aut zniknęła z amerykańskich dróg po kryzysie paliwowym lat 70., kiedy to w odpowiedzi na decyzję USA o zwiększeniu dostaw uzbrojenia dla Izraela kraje arabskie ogłosiły embargo na dostawy ropy na Zachód. Doprowadziło to nawet do racjonowania benzyny, które polegało na tym, że kierowcy z parzystymi numerami rejestracyjnymi mogli tankować tylko w dni parzyste, a z nieparzystymi w nieparzyste. Na pewien czas wprowadzono też ogólnokrajowy limit maksymalnej prędkości na poziomie 55 mil, czyli 90 km/h.

Konsekwencje embarga uświadomiły amerykańskim politykom, jak bardzo ich kraj jest uzależniony od dostaw ropy z Bliskiego Wschodu. W 1975 r. Kongres uchwalił więc tzw. Korporacyjną Normę Zużycia Paliwa (ang. *Corporate Average Fuel Economy* — CAFE), która zmuszała koncerny motoryzacyjne do zmniejszenia średniego zużycia benzyny w produkowanych samochodach. Za przekroczenie normy groziły kary finansowe. W efekcie w USA popularne stały się japońskie toyoty, hondy, nissany, mitsubishi oraz subaru z mniejszymi, czterocylindrowymi silnikami, a krążowniki szos zaczęły znikać z amerykańskich dróg. Gdyby normy zużycia paliwa sukcesywnie obniżano, to obecnie amerykański rynek motoryzacyjny przypominałby Europę. Tak się jednak nie stało. Od połowy lat 80. normy te zostały zamrożone i proces dalszego „zmniejszania" amerykańskich samochodów stanął w miejscu. Co więcej, na drogach pojawiły się miliony SUV-ów, które nie podlegały rygorystycznym normom, gdyż klasyfikowano je jako auta ciężarowe. Dopiero w ostatnich latach amerykański rząd powrócił do zwiększania wymagań wobec koncernów motoryzacyjnych. W 2010 r. normę średniego zużycia paliwa dla samochodów osobowych obniżono do 7,8 l/100 km, a dla półciężarówek do 10 l/100 km (by utrzymać się poniżej normy, koncern motoryzacyjny, który sprzeda duże paliwożerne auto, musi również sprzedać samochód z mniejszym silnikiem). W 2020 r. średnie zużycie paliwa wszystkich samochodów w USA (zarówno osobowych, jak i półciężarówek) musi spaść poniżej 6,7 l/100 km, co oznacza 40% oszczędności w stosunku do średniego zużycia paliwa na początku XX w.

W ostatnich latach koncerny motoryzacyjne w USA znów zaczęły inwestować w technologie bardziej energooszczędnych silników. Dzięki temu na drogi zaczęły wyjeżdżać samochody z silnikami hybrydowymi, a firma General Motors wypuściła na rynek elektryczno-benzynowego Volta, który spala średnio 2,5 l benzyny na 100 km. W dużych miastach i na ich przedmieściach pojawiły się małe auta sprzedawane dotychczas tylko w Europie, takie jak: Honda Fit, Toyota Yaris, Mazda 2 i Fiat 500. Jeżdżą nimi jednak głównie ludzie młodzi oraz ci, którzy chcą podkreślić, że dbają o środowisko naturalne. Pozostali wciąż preferują większe i wygodniejsze samochody. W USA standardowymi markami aut klasy średniej są: Ford Fusion z silnikiem o pojemności 3,5 l czy Chevrolet Impala z silnikiem trzylitrowym. Nawet popularna Toyota Camry ma w amerykańskiej wersji silnik o pojemności 2,5 l. Średnia moc silników amerykańskich aut, która w połowie lat 70. spadła do 100 KM, dzięki postępowi technologicznemu ostatnich dwóch dekad znów zaczęła rosnąć. Obecnie wynosi 160 KM i jest znacznie wyższa niż w Europie. Jednak nie moc silników, ale to, co Amerykanie robią z samochodami, najbardziej odróżnia Stany Zjednoczone od reszty świata.

SANKTUARIUM POD CHMURKĄ

Po niespełna dziesięciu latach pobytu w USA uświadomiłem sobie, że mam poważną zaległość — nigdy nie byłem w kinie samochodowym. Ten rodzaj rozrywki znałem tylko z animowanego serialu *Między nami jaskiniowcami* oraz z filmów o życiu amerykańskiej prowincji w latach 50. i 60. XX w. Uznałem, że najwyższy czas nadrobić zaległości, tym bardziej że kina samochodowe nadal mają w Ameryce wielu zwolenników. W stanie Wirginia, gdzie mieszkam, działa dziewięć takich kin. Najbliższe znajduje się w niewielkim miasteczku Stephens City położonym 80 mil na zachód od Waszyngtonu. Nazywa się Family Drive-In (z ang. rodzinne kino samochodowe) i mimo że był wtedy koniec października, nadal było otwarte.

Wyjechałem z domu wczesnym popołudniem, tak aby dotrzeć na miejsce przed zmrokiem. Po godzinie zjechałem z autostrady nr 81 w lokalną drogę Valley Pike, przy której stoi prostokątna biała tablica z napisem Family Drive-In. Druga strona tablicy to ekran, na którym po zmroku wyświetlane są filmy. Zatrzymałem się obok budki z kasą. Nie wysiadając z samochodu, kupiłem bilet na dwa filmy. Niektóre kina pobierają opłaty od samochodu, by zabezpieczyć się przed wwożeniem widzów w bagażnikach. W Family Drive-In płaci się od osoby. Bilet na cały wieczór dla dorosłego kosztuje 7,5 dolara, a dla dziecka 3,5. Minąłem znak, który przypomina kierowcom, by wyłączyli światła, i zaparkowałem między dwoma słupkami, na których wiszą metalowe głośniki. Są dwie możliwości słuchania ścieżki dźwiękowej filmu — zawiesić głośnik od wewnętrznej strony bocznej szyby albo „złapać" sygnał na falach UKF i słuchać z głośników radia samochodowego. W kinie Family Drive-In, które ma ponad 55 lat, znajdują się dwa ekrany — większy o szerokości 20 m z parkingiem na 400 aut i mniejszy 12-metrowy z miejscami dla 100 samochodów. Pomiędzy ekranami, na wzgórzu, stoi niewielki budynek ze skierowanymi w przeciwne strony projektorami lampowymi, które wyświetlają filmy z tradycyjnej rolki 35 mm. Choć projektory są zabytkowe, właściciel kina, Jim Kopp, nie ma problemu z ich naprawami. Do większości zwykłych kin wkroczyła już bowiem technologia cyfrowa i pozbyły się one starego sprzętu, tworząc obfity rynek niedrogich części zamiennych.

Pan Kopp oprowadził mnie po terenie swojego kina, które jest jednym z 370 tego typu obiektów w Stanach Zjednoczonych. Pół wieku temu istniało tu 4000 kin samochodowych, ale większość zlikwidowano, gdy ceny ziemi poszły w górę. Z właścicielem kina przeszliśmy obok pick-upa, na pace którego właściciel auta ułożył materac, koce i poduszki, tworząc wygodne posłanie.

Dwa miejsca dalej pięcioosobowa rodzina spożywała kolację, siedząc w rozkładanych fotelach przy stoliku ustawionym obok czerwonego minivana. Grupka ludzi tłoczyła się przy barku szybkiej obsługi serwującym kurczaki w panierce, hot dogi, pizzę, popcorn i napoje. Na placu zabaw bawiły się dzieci. Inne ganiały między samochodami. Przy niektórych autach leżały psy, które można przywozić ze sobą bez konieczności kupowania im biletów. Mimo że było dosyć chłodno, połowa miejsc na parkingu była zajęta. Powoli zapadał zmrok i na niebie pojawiły się gwiazdy. Z głośników popłynęły dźwięki muzyki, która sygnalizuje, że za chwilę rozpocznie się projekcja. Wróciłem do samochodu, po drodze wstępując do baru po hot doga i colę. Wtedy uświadomiłem sobie, jak bardzo mylą się ludzie uznający kina samochodowe za dziwactwo i przejaw skrajnego lenistwa Amerykanów, którym „nawet się nie chce ruszyć tyłka z samochodu".

Kina samochodowe na prowincji mają sens ekonomiczny, ponieważ nie wymagają wielomilionowych inwestycji w budynki, a wykorzystują to, co Amerykanie i tak posiadają, czyli samochody. Koszty utrzymania kina samochodowego są niższe, bo nie trzeba opłacać rachunków za oświetlenie, klimatyzację oraz podatku od nieruchomości, dzięki czemu bilety są tańsze niż w tradycyjnym kinie. Największą zaletą takiego kina jest jednak sposób, w jaki widzowie spędzają tu czas. Nie są oni ograniczeni do jednego fotela, dysponują znacznie większą przestrzenią, a otwierając tylne drzwi minivana lub SUV-a, mogą tworzyć własne łoże. Wyprawy do toalety i do barku z jedzeniem możliwe są przez cały seans bez konieczności przeciskania się między rzędami widzów. Do kina samochodowego można zabrać psa, a gdy dzieci zrobią się śpiące, wystarczy je położyć na tylnym siedzeniu. Piknikowa atmosfera kina samochodowego jest nie do odtworzenia w tradycyjnym kinie.

W Stanach Zjednoczonych działają nie tylko kina dla zmotoryzowanych, ale również kościoły dla takich osób. Najstarszy i najbardziej znany zlokalizowany jest na terenie dawnego kina samochodowego Neptune w Daytona Beach na Florydzie. Na trawniku o powierzchni 4,5 ha parkuje tam w każdą niedzielę 500 samochodów. Przy wjeździe każdy z kierowców otrzymuje biuletyn informacyjny oraz samoobsługowy zestaw do komunii świętej. Zbierając na tacę, ministranci jeżdżą od samochodu do samochodu wózkami golfowymi. Wierni modlą się, śpiewają i słuchają kazania z głośników radioodbiorników ustawionych na częstotliwość 88,5 MHz. I choć większość

uczestników mszy stanowią turyści, to wśród wiernych są również mieszkańcy Daytona Beach, którzy cenią sobie prywatność własnego auta. Dzięki
temu, że pozostają w samochodach, nie muszą się elegancko ubierać i na
spotkanie z Bogiem mogą przyjechać w piżamie lub krótkich spodenkach.
W całych Stanach Zjednoczonych kościołów samochodowych działa jednak
tylko kilka. Są one raczej ciekawostką i przejawem kreatywności Amerykanów niż tutejszą normą. Podobnie jak otwarty w Kalifornii dom pogrzebowy
drive-thru Adams Mortuary, w którym nieboszczyka kładzie się w trumnie
w budynku z przeszkloną ścianą, a znajomi i rodzina przejeżdżają autami,
składając ostatni hołd zmarłemu. Pożegnanie jest szybkie i wygodne tak
jak kupowanie hamburgerów w McDonaldzie.

W Stanach Zjednoczonych wiele rzeczy można załatwić przez okno
samochodu. Poza licznymi barami szybkiej obsługi *drive-thru* można spotkać tu także kawiarnie, sklepy z alkoholem, skrzynki pocztowe, a nawet
apteki dla zmotoryzowanych. W Las Vegas można wziąć ślub, nie wysiadając z auta, a w Kalifornii i Oregonie oddać w ten sam sposób głos w wyborach. W Pensylwanii działał nawet samochodowy klub go-go, a w Alabamie sex-shop. Kongresman Kevin Murphy z okręgu Lackawanna otworzył
w swoim biurze poselskim okienko *drive-thru*, w którym mieszkańcy mogli
zostawiać listy, składać skargi i pobierać formularze. Rozwiązanie to może
się wydawać dziwaczne, ale wyborcom Murphy'ego bardzo się spodobało
— szczególnie osobom starszym, którym wsiadanie do samochodu i wysiadanie z niego sprawia problem, oraz matkom z dziećmi, które nie musiały wypinać swoich pociech z fotelików i prowadzić do biura, by za chwilę
ponownie pakować je do samochodu. Równie sensownym rozwiązaniem
są banki *drive-thru*, gdzie z okna samochodu można złożyć depozyt, wypłacić
gotówkę i wykonać przelew. Gdy kierowca podjedzie do takiego stanowiska
obsługi, kasjer wita go, a następnie pyta, jaką operację chce wykonać. Po
uzyskaniu odpowiedzi prosi o włożenie dokumentu tożsamości i karty kredytowej do plastikowego cylindra, który przezroczystą rurą prowadzącą
nad samochodem „wsysany" jest do kasy wewnątrz budynku banku. Tą samą
drogą, ale w przeciwną stronę, przekazywane są dokumenty do podpisu
i gotówka. Banki z przezroczystymi rurami prowadzącymi do stanowisk dla
kierowców są pozostałością z lat 60. i 70. XX w., ale wciąż zdają egzamin.
Jedyne, co może irytować podczas korzystania z nich, to głośne buczenie
i syczenie towarzyszące „wsysaniu" i „wypluwaniu" plastikowych cylindrów.

NA WŁASNYCH KOŁACH

Europejczycy naśmiewają się z uzależnienia Amerykanów od aut i krytykują ich za nierozsądne gospodarowanie zasobami energii oraz zatruwanie środowiska. Wytykają też Stanom Zjednoczonym „upośledzenie" w rozwoju komunikacji miejskiej. Wyrażając dezaprobatę wobec przyjaciół zza oceanu, nie biorą jednak pod uwagę specyfiki tego kraju, a szczególnie rozkładu populacji, który sprawia, że europejskie wzorce są tu trudne do zastosowania. Tymczasem Amerykanie są narodem bardzo racjonalnym i stworzyli całkiem niezły i efektywny system komunikacji, choć jest on oparty na transporcie indywidualnym, a nie zbiorowym.

Większość dużych amerykańskich miast ma transport publiczny. Nowojorskie metro, które przewozi codziennie 5 milionów pasażerów, ma kilka tysięcy kilometrów torów i prawie 470 stacji. W Waszyngtonie sieć metra ma co prawda tylko 170 km, ale do większości miejsc da się dojechać autobusami (choć często trzeba na nie długo czekać). W Denver w Kolorado łatwo się poruszać po mieście autobusami i szybkimi tramwajami, a miasto wciąż inwestuje w rozwój sieci transportu publicznego. W Los Angeles działa metro, tramwaje i 2600 autobusów, które przewożą codziennie półtora miliona osób. Portland w stanie Oregon stworzyło w centrum miasta oraz w dzielnicach Rose Quarter i Lloyd District strefę darmowych przejazdów, gdzie za korzystanie z szybkich tramwajów nie płaci się przez całą dobę przez siedem dni w tygodniu. W skali całych Stanów Zjednoczonych Portland, Los Angeles, Denver, Waszyngton czy Nowy Jork należą jednak do wyjątków.

Łączna flota pojazdów komunikacji zbiorowej w Stanach Zjednoczonych liczy 129 tysięcy, co oznacza, że na jeden taki pojazd przypada aż 2000 prywatnych samochodów. Ameryka ma prawie 7 milionów kilometrów dróg i autostrad, ponad 100 milionów miejsc parkingowych, ale tylko 300 tysięcy kilometrów linii kolejowych. Zaledwie 15% środków będących w dyspozycji Departamentu Transportu (ang. *Departament of Transportation*) wydaje się w USA na transport publiczny; pozostałe 85% idzie na utrzymanie infrastruktury transportu indywidualnego. Mieszkańcy USA przejeżdżają własnymi samochodami prawie 5 bilionów kilometrów rocznie, czyli dwukrotnie więcej niż na początku lat 80. Amerykanie jeżdżą więcej, bo wielu z nich przeniosło się na przedmieścia, gdzie mogą sobie pozwolić na większe i bardziej komfortowe domy z dużymi podwórkami i lepiej zorganizowaną przestrzenią. Amerykańskie przedmieścia zajmują jednak dużo większy obszar niż w Europie. Tworzenie tam sieci transportu publicznego byłoby nieefektywne i oznaczałoby marnowanie publicznych pieniędzy. Komunikacja zbiorowa jest też mniej wygodna niż indywidualna. Trudno się dziwić, że Amerykanie wolą jeździć w miękkich fotelach klimatyzowanych aut, słuchając ulubionych stacji radiowych i popijając kawę kupioną w Starbucksie, niż w ścisku miejskiego autobusu czy metra. Poza tym większość z nich w drodze z pracy załatwia inne sprawy — odbiera dzieci ze szkoły, zawozi ubrania do pralni, zatrzymuje się po zakupy i wpada do kawiarni lub restauracji. Tak efektywne gospodarowanie czasem byłoby niemożliwe, gdyby poruszali się tramwajami czy autobusami. Nawet w zakorkowanym Nowym Jorku, gdzie transport publiczny działa bardzo dobrze, dotarcie do pracy kolejką, metrem czy autobusem zabiera dwa razy więcej czasu niż samochodem. Trudno się więc dziwić, że ludzie, których na to stać, korzystają z samochodu.

Amerykanie wybierają duże auta, bo są wygodniejsze i bezpieczniejsze od samochodów oszczędnych, czyli małych. To właśnie wygoda i bezpieczeństwo przyczyniły się do popularności SUV-ów, które mimo wzrostu cen paliw nadal sprzedają się dobrze. A o tym, że duże samochody są bezpieczniejsze, świadczą wyniki wielu badań. Z analiz wykonanych w 2002 r. przez amerykańską Narodową Akademię Nauk (ang. *National Academy of Sciences*) wynika, że wprowadzanie w USA limitów zużycia paliwa, które zmusiło producentów do zmniejszenia pojemności silników, a w konsekwencji gabarytów sprzedawanych przez nich aut, przyczyniło się do wzrostu liczby śmiertelnych ofiar wypadków drogowych o co najmniej 1300. Naukowcy z Harvardu oszacowali tę liczbę na 2200 – 3900 rocznie, a Instytut Bezpieczeństwa Transportu Drogowego (ang. *Insurance Institute For Highway Safety* — IIHS) stwierdził, że zmniejszenie wielkości aut spowodowane obniżeniem CAFE o każde pół litra paliwa na 100 km przekłada się na dodatkowe 250 – 500 osób zabitych w wypadkach drogowych.

Zwolennicy ostrzejszych norm zużycia paliwa argumentują, że współczesne małe samochody są równie bezpieczne co duże, i wskazują na dane Instytutu Bezpieczeństwa Transportu Drogowego, z których wynika, że malutkie samochody marki Mini Cooper czy Toyota Yaris mają dużo lepsze wskaźniki bezpieczeństwa niż terenowy Chevrolet Blazer. Jednak w pierwszej dziesiątce aut o najwyższej liczbie ofiar śmiertelnych w przeliczeniu na milion zarejestrowanych pojazdów znajduje się aż osiem małych samochodów, a tylko jeden duży. Przez pół roku sam jeździłem po Ameryce jeepem grand cherokee i w żadnym innym aucie nie czułem się tak pewnie i bezpiecznie. Gdybym mógł decydować o tym, jakim autem miałby jeździć mój syn, nigdy nie wybrałbym małego samochodu w standardzie europejskim. Wolałbym, aby w razie wypadku siedział za kierownicą wspomnianego jeepa grand cherokee, forda explorera czy innego tego typu auta. Podejrzewam też, że takiego samego wyboru dokonaliby ci, którzy wzywają Amerykanów, by przesiedli się ze swoich SUV-ów do małych samochodów kompaktowych. W USA wybór dużego auta jest dużo bardziej racjonalny niż w Europie, ponieważ koszty zakupu i utrzymania samochodu są tu znacznie niższe.

W Ameryce paliwo jest dużo tańsze niż w Europie. W połowie 2012 r. galon benzyny kosztował tu około 3,5 dolara, czyli 95 centów za litr. Norwegowie płacą około 2,5 dolara za litr, Holendrzy 2,3 dolara, a Brytyjczycy, Niemcy i Francuzi około 2 dolarów. W Polsce benzyna jest o jakieś 80% droższa niż w Ameryce. W Europie benzyna jest droga z powodu wysokiej akcyzy i podatków. W USA w cenie litra paliwa opłaty te stanowią zaledwie kilkanaście centów. Eksperci zajmujący się ochroną środowiska, działacze organizacji ekologicznych oraz niektórzy politycy postulują, by państwo podniosło podatki na paliwa, co przyniosłoby dodatkowe dochody do budżetu, zmniejszyło atrakcyjność dużych paliwożernych aut i zmusiło Amerykanów, by przesiedli się do mniejszych, oszczędniejszych samochodów. Problem polega jednak na tym, że wyższe ceny benzyny uderzyłyby przede w osoby mniej zamożne, dla których wydatki na przejazdy stanowią znaczącą część rodzinnego budżetu.

WOLNY JAK KIEROWCA

W Ameryce samochód utożsamiany jest z takimi wartościami, jak wolność i samowystarczalność. Symbolem tych wartości jest pusta szeroka droga prowadząca przez bezkresne równiny lub pustynię. Obraz ten pojawia się zarówno w reklamach samochodów, muzyce, jak i w hollywoodzkich filmach drogi. W finałowej scenie filmu *Thelma i Louise* uciekające przed policją bohaterki rozpędzają swego forda thunderbirda i wpadają nim do kanionu. Wydana w 2005 r. płyta popularnej grupy country Rascal Flatts nosi tytuł *Szybkie samochody i wolność*. Słowo *freedom*, czyli „wolność", pojawia się w nazwach komisów samochodowych, firm ubezpieczeniowych i zakładów mechaniki pojazdowej. W Norfolk w stanie Wirginia myjnia pod nazwą Freedom Wash oferuje nielimitowany pakiet mycia auta za 20 dolarów miesięcznie — pakiet nazywa się Nieograniczona wolność.

Wolność i niezależność związana z posiadaniem samochodu ma jednak nie tylko symboliczny wymiar. Człowiek posiadający własne auto nie jest skazany na łaskę komunikacji miejskiej i dostosowywanie się do rozkładu jazdy autobusów czy metra. Może dotrzeć tam, gdzie chce i kiedy chce. To on decyduje, z jaką prędkością jedzie, gdzie się zatrzyma i kiedy zrobi sobie przerwę. On też wybiera ulubiony rodzaj muzyki w radioodbiorniku i ustawia komfortową dla siebie temperaturę. Jeśli nie ma ochoty na towarzystwo, to jedzie sam. Gdy w drodze do celu nagle zmieni zdanie, wystarczy, że zjedzie z drogi i wybierze nową trasę. Nie musi planować całej podróży od początku. Samochód pozwala też rozpocząć nowe życie. Amerykanin, który przeżywa osobistą klęskę, traci pracę albo bank zabiera mu dom, pakuje swoje rzeczy do auta i rusza przed siebie w poszukiwaniu szczęścia w innym miejscu. I choć takie zachowania nie są bardzo powszechne, podróżując po USA, niejednokrotnie widziałem samochody wyładowane ubraniami, kołdrami, sprzętem gospodarstwa domowego i innymi przedmiotami codziennego użytku, co oznaczało, że ktoś właśnie postanowił rozpocząć nowe życie.

Posiadanie własnego środka transportu daje niezależność osobom starszym. Dzięki samochodowi same mogą dotrzeć do lekarza czy po zakupy. Nie muszą znosić niebezpiecznych dla zdrowia upałów, bo w swoim aucie mają klimatyzację, a zimą nie marzną na przystankach. Wielu starszych Amerykanów, którzy nie powinni już siadać za kierownicą, nadal porusza się samochodami, bo nie chce zaakceptować uzależnienia od rodziny czy przyjaciół. W 2010 r. po amerykańskich drogach jeździło 40 milionów osób w wieku powyżej 65 lat, a w 2030 r. będzie ich 60 milionów. W USA setki tysięcy kierowców przekroczyło 80. rok życia, a zdarzają się nawet dziewięćdziesięciolatkowie. Niektórzy mają problemy z chodzeniem, ale nadal siadają za kierownicą. Dzieje się tak, bo w Stanach Zjednoczonych, które są krajem opartym na transporcie indywidualnym, rezygnacja z prawa jazdy przez osoby starsze oznaczałaby znaczne obniżenie jakości ich życia.

Niestety, starsi kierowcy powodują dużo wypadków drogowych, a ponieważ są mniej odporni na obrażenia, liczba śmiertelnych ofiar wypadków z ich udziałem jest dziewięć razy większa niż wśród osób w wieku 24 – 65 lat. Kierowcy emeryci nie tylko sami częściej giną w wypadkach, ale też częściej zabijają innych. W 2002 r. w Kalifornii osiemdziesięciooośmioletni kierowca pomylił pedał gazu z hamulcem i wjechał w grupę ludzi, zabijając 10 osób. Rok później w Minnesocie kobieta w tym samym wieku zderzyła się z kilkoma samochodami, zabijając dwie osoby, a trzy ciężko raniąc. W 2011 r. dziewięćdziesięcioletnia kobieta nie zatrzymała się na parkingu i wjechała przez przeszkloną ścianę do sklepu. W tym wypadku dwie osoby zginęły na miejscu. Niektóre z tych tragedii wywołały w USA dyskusję na temat zasad przedłużania praw jazdy osobom starszym. Jednak przepisów dotyczących kierowania pojazdami przez emerytów nie zaostrzono. Obecnie 19 stanów wymaga, aby osoby powyżej 65. lub 70. roku życia pojawiały się w urzędach komunikacji osobiście w celu odnowienia prawa jazdy, ale tylko w kilku stanach trzeba przedstawić wyniki aktualnych badań lekarskich. W ponad 30 stanach prawa jazdy osobom starszym odnawia się automatycznie.

Amerykańscy politycy nie są skorzy do wprowadzenia restrykcji dla starszych kierowców, bo ograniczyłoby to ich wolność i niezależność. Służby komunikacyjne starają się więc promować bezpieczną jazdę, zachęcając osoby starsze, by poddawały się dobrowolnym badaniom i jeździły samochodami w okresach mniejszego ruchu oraz dobrej widoczności. Amerykańskie Stowarzyszenie Samochodowe (ang. *American Automobile Association*) organizuje dodatkowe szkolenia dla kierowców powyżej 55. roku życia oraz testy, podczas których mogą oni zidentyfikować swoje słabe punkty. Do potrzeb kierowców emerytów dostosowano też parkingi przy urzędach i centrach handlowych. Osoby w podeszłym wieku mogą parkować swoje samochody na miejscach dla niepełnosprawnych, a miejsc takich w USA jest znacznie więcej niż w Polsce.

Idea wolności i niezależności, jaką można osiągnąć dzięki samochodowi, bliska jest również młodym Amerykanom. Ponieważ komunikacja miejska jest tu dość słabo rozwinięta, a życie na przedmieściach wiąże się z koniecznością pokonywania sporych odległości, amerykańskie dzieci i młodzież przez wiele lat skazane są na łaskę rodziców. To mamy lub tatusiowie wożą swoje pociechy na rozgrywki sportowe, do kina i na spotkania z przyjaciółmi, dzięki czemu mają nad dziećmi sporą kontrolę. Rodzice decydują też, na jaką stację ustawione jest radio samochodowe. Nic więc dziwnego, że amerykańskie nastolatki nie mogą się doczekać własnego prawa jazdy, które jest dla nich przepustką do niezależności.

UWAGA! DZIECKO NA DRODZE

W październikowe popołudnie w 2007 r. policyjny patrol drogowy w Luizjanie zauważył samochód SUV jadący z prędkością 130 km/h. Ponieważ kierowca nie zareagował na wezwania do zatrzymania, rozpoczął się pościg, podczas którego prędkość samochodów przekraczała 160 km/h. Po kilkunastu minutach uciekinier zjechał z drogi i zahamował z piskiem opon przed restauracją Burger King. Z auta wysiadł jedenastolatek, który przyjechał do pracującej tam matki. Młody pirat drogowy został oskarżony o ucieczkę przed policją, przekroczenie prędkości, wyprzedzanie poboczem i prowadzenie auta bez prawa jazdy. Parę dni później w stanie Arkansas kilkanaście wozów policyjnych ścigało żółty szkolny autobus, który nocą wyjechał z miejskiego parkingu. Pojazd wyminął kilka blokad, a w pewnym momencie jechał z prędkością 100 km/h. Gdy w końcu się zatrzymał, okazało się, że za kierownicą siedzi 10-letni chłopiec. Policjantom powiedział, że porwanie autobusu było szkolnym psikusem, który wymyślił wraz z kolegami. Z kolei w stanie Wirginia za kierownicę wsiadł sześciolatek, który spóźnił się na szkolny autobus. Ponieważ nie chciał stracić śniadania i lekcji wuefu, wrócił z przystanku do domu, wziął kluczyki od forda taurusa i pojechał. Nie sięgał do pedałów, więc prowadził auto na stojąco. Przejechał przez most i dwa skrzyżowania, po czym znalazł się na dwupasmowej drodze, po której pędził z prędkością 100 km/h. Chłopiec przejechał prawie 15 km, ale gdy był blisko szkoły, wystraszył się nadjeżdżającej z przeciwka ciężarówki, zjechał na pobocze i uderzył w znak drogowy. Choć jechał bez pasów, nie doznał żadnych obrażeń. Gdy na miejsce przyjechała policja, sześciolatek chwycił za plecak i zaczął biec. Kiedy funkcjonariusz zapytał, dlaczego ucieka, chłopiec odpowiedział: „Biegnę do szkoły. Jestem spóźniony". Według policji sześciolatek nauczył się prowadzić samochód dzięki grom komputerowym.

W Stanach Zjednoczonych nie ma jednolitego prawa drogowego. Każdy z 50 stanów ma własne przepisy w tej dziedzinie. W większości z nich minimalny wiek kierowców wynosi 15 lub 16 lat. W kilku stanach za kierownicę legalnie mogą jednak siadać nawet dzieci. Na przykład w Dakocie Północnej i Dakocie Południowej wystarczy mieć 14 lat, by uzyskać tzw. *Learners permit*, czyli uczniowskie prawo jazdy, które pozwala na kierowanie samochodem w towarzystwie osoby dorosłej. W wieku 14 i pół roku można uzyskać ograniczone prawo jazdy, które upoważnia do prowadzenia pojazdów w godzinach 6.00 – 22.00. Jednak już po ukończeniu 16. roku życia w obu stanach uzyskuje się pełne uprawnienia. Czternastolatki mogą otrzymać uczniowskie prawo jazdy przed ukończeniem 15. roku życia także na Alasce, w Arkansas, Iowa i w Kansas.

Jednak w większości stanów przed ukończeniem 17. lub 18. roku życia kierowcy podlegają restrykcjom. Na przykład w Alabamie przez pierwsze pół roku od uzyskania prawa jazdy nie mogą zabierać pasażerów poniżej 21. roku życia, a w Kalifornii wyjeżdżać na drogi pomiędzy 23.00 – 5.00. W Idaho osoby poniżej 16. roku życia mogą siadać za kierownicą wyłącznie w dzień i nie mają prawa zabierać do samochodu kolegów i koleżanek poniżej 17. roku życia. W moim stanie Wirginia uczniowskie prawa jazdy wydawane są osobom, które ukończyły 15 i pół roku oraz zdały egzamin teoretyczny. Przez kolejnych dziewięć miesięcy mogą one jeździć samochodem wyłącznie w towarzystwie rodzica lub opiekuna, które to osoby pełnią funkcję instruktorów. Gdy nastolatek występuje o pełne prawo jazdy, jego opiekunowie muszą poświadczyć na piśmie, że spędził za kierownicą co najmniej 45 godzin, z czego 15 przejeździł w nocy. W połowie 2012 r. dla kierowców poniżej 19. roku życia wprowadzono też obowiązek ukończenia kursu jazdy. Osobom nieletnim stałe prawo jazdy nie jest przysyłane do domu pocztą, tak jak dorosłym. W Wirginii osoby poniżej 18. roku życia odbierają je podczas specjalnej ceremonii w sądzie rodzinnym i dla nieletnich, na którą nastolatki przychodzą elegancko ubrane wraz z rodzicami i słuchają wykładu sędziego o przywilejach i obowiązkach wynikających z posiadania prawa jazdy (ang. *Juvenile Driver's License Ceremony*). Celem takich ceremonii jest podniesienie rangi prawa jazdy i podkreślenie odpowiedzialności, jaka się wiąże z tym wiąże.

Uzyskanie prawa jazdy przez młodego Amerykanina jest symbolicznym wkroczeniem przez niego w dorosłość. Dzięki plastikowemu kartonikowi uzyskuje wymarzoną wolność i niezależność. Nie jest już skazany na łaskę rodziców, może o dowolnej porze umawiać się ze znajomymi i wreszcie sam nastawiać radio samochodowe. Kiedy mój syn chodził do liceum, często był „podrzucany" do domu przez kolegów albo wyjeżdżał za miasto z przyjaciółmi, którzy mieli już własne samochody. Najczęściej dorabiali się ich, pracując popołudniami i w weekendy w sklepach, kawiarniach i restauracjach, a gdy uzbierali tysiąc lub dwa tysiące dolarów, rodzice dokładali drugie tyle i kupowali dziesięcioletnią corollę lub ośmioletniego saturna. Rodzice chętnie dokładają się do zakupu auta, bo uzyskanie przez dziecko prawa jazdy jest dla nich zazwyczaj powodem do dumy. Poza tym oni też odzyskują wolność, nie muszą już bowiem wozić swoich dzieci na zajęcia pozalekcyjne czy spotkania z przyjaciółmi.

Amerykanie uzyskują wcześniej prawo jazdy niż obywatele innych krajów, ale w ciągu ostatnich dwudziestu lat dystans ten się zmniejszył. Liczba mieszkańców USA poniżej 18. roku życia mających prawo siadać za kierownicą spadła w tym czasie z 50 do 40%. Stało się tak z powodu różnego rodzaju ograniczeń nakładanych na młodocianych kierowców. Niektórzy rodzice zniechęcają też swoje dzieci do wcześniejszego uzyskania prawa jazdy w obawie o ich zdrowie i życie, ponieważ nastolatki częściej powodują wypadki drogowe niż pełnoletni kierowcy. Rocznie na amerykańskich drogach ginie 2700 nastoletnich kierowców i 1600 pasażerów prowadzonych przez nich aut. Posiadanie w rodzinie młodego kierowcy powoduje też znaczny wzrost składek ubezpieczeniowych. Lepiej więc poczekać, aż dziecko ukończy 18 lat, zarejestruje samochód na siebie i wykupi własne ubezpieczenie.

NIE DOKUCZAĆ OBYWATELOWI

W 2011 r. w Polsce weszła w życie nowa ustawa o kierujących pojazdami. Na jej podstawie od 19 stycznia 2013 r. egzamin teoretyczny na prawo jazdy będzie o wiele trudniejszy. Dotychczas część teoretyczna składała się z bazy około 500 pytań — po wejściu w życie nowelizacji baza pytań powiększy się do 3000! Egzamin będzie się zdawało pod większą presją, ponieważ na niektóre pytania będzie wyznaczony czas na udzielenie odpowiedzi, a poza tym nie będzie można wracać do poprzednich pytań (co jest możliwe w obecnym systemie). Nowe przepisy wprowadzają też skomplikowaną biurokratyczną procedurę uzyskania prawa jazdy — najpierw trzeba będzie stawić się w starostwie po kartę kandydata i zostać wpisanym do rejestru, dołączając wymagane prawem dokumenty: zdjęcie, orzeczenie lekarskie, dowód opłaty za prawo jazdy i zgodę rodziców (w przypadku nieletnich kierowców), potem trzeba się będzie zapisać na obowiązkowe szkolenie, następnie zdać wewnętrzny egzamin w szkole jazdy i uzyskać odpowiednie zaświadczenie, z wypełnioną kartą kandydata udać się do Wojewódzkiego Ośrodka Ruchu Drogowego, zdać egzamin, z kolejnym wpisem wrócić do starosty i złożyć wniosek o prawo jazdy. Gdy przeczytałem, jaką drogę trzeba będzie przejść w moim kraju, by móc siąść za kierownicą, nie mogłem oprzeć się wrażeniu, że w Polsce władza robi wszystko, by utrudnić życie obywatelowi. Tłumaczenie, że trudniejszy egzamin ma zwiększyć bezpieczeństwo na drogach, jest wątpliwe. W Polsce problemem nie jest bowiem nieznajomość przepisów przez kierowców, ale notoryczne łamanie prawa drogowego. Nikogo też nie obchodzi, że biegając po zaświadczenia, wyniki badań oraz zdjęcia i stojąc w kolejkach, traci się nie tylko dużo czasu, ale i nerwów. Gdy żyłem w Polsce, uważałem, że tak musi być i płacenie biurokratycznej daniny jest konieczne. Po latach spędzonych w Ameryce wiem, że może być inaczej i bez niepotrzebnego nękania obywateli świat się wcale nie zawali.

W Stanach Zjednoczonych kwestie ruchu drogowego i procedury zdobywania prawa jazdy regulują przepisy stanowe. Wszędzie jednak są one tak skonstruowane, by ułatwić obywatelowi życie i nie wymagać od niego umiejętności, które nie są niezbędne w życiu, nie obciążać go niepotrzebnymi kosztami ani nie tworzyć biurokratycznych barier. Takie podejście Amerykanie mają zakodowane w genach i dlatego system zdobywania prawa jazdy jest prosty i przyjazny dla kandydata na kierowcę. Obywatel, który chce siąść za kierownicą, musi pojawić się w ośrodku stanowego wydziału komunikacji (ang. *Departament of Motor Vehicle* — DMV), wypełnić formularz i zdać egzamin teoretyczny przy stanowisku komputerowym. Jeśli go zaliczy, to otrzymuje tzw. uczniowskie prawo jazdy, za co urząd na miejscu pobiera opłatę w wysokości kilku dolarów. Nie trzeba chodzić do fotografa, ponieważ pracownik obsługi robi zdjęcie na miejscu specjalnym aparatem i po naciśnięciu kilku klawiszy komputera stojąca za nim maszyna „wypluwa" kawałek plastiku. Nie trzeba też przynosić zaświadczenia lekarskiego, bo nie jest ono wymagane. Badanie wzroku też wykonywane jest na miejscu.

Po otrzymaniu uczniowskiego prawa jazdy kierowca rozpoczyna praktyczną naukę jazdy. Nie musi się zapisywać na żadne kursy czy szkolenia. Może jeździć samochodem z kimś z rodziny lub znajomych. Uczniowskie prawo jazdy nie uprawnia do samodzielnego prowadzenia samochodu i w czasie jazdy na miejscu pasażera zawsze musi siedzieć ktoś, kto ma pełne uprawnienia kierowcy. Władze USA nie wtrącają się jednak w to, gdzie kandydat na kierowcę nauczy się jeździć. Ważne, że się nauczył. Zwykle po 30 – 60 dniach od uzyskania tymczasowego prawa jazdy można udać się na egzamin praktyczny. Ponieważ ośrodki egzaminacyjne w Stanach Zjednoczonych nie mają własnych aut, do DMV należy pojechać z osobą towarzyszącą jej samochodem. Egzamin polega na krótkiej jeździe po okolicy. Nie ma placu manewrowego czy parkowania równoległego przy krawężniku. Liczą się podstawowe umiejętności i bezpieczeństwo jazdy. Po zdaniu egzaminu kierowca dostaje zaświadczenie upoważniające do prowadzenia samochodu, a samo prawo jazdy przysyłane jest w ciągu kilku dni pocztą. W niektórych stanach otrzymuje się je od ręki.

Egzamin teoretyczny na prawo jazdy jest prosty. Koncentruje się na bezpieczeństwie jazdy i rozumieniu podstawowych przepisów. W jednym z przykładowych pytań pokazana jest strzałka z napisem „One Way" (z ang. ulica jednokierunkowa), a zdający ma wskazać, czy znak ten oznacza zakaz zawracania, zakręt, nakaz skrętu w prawo lub w lewo albo ruch w jedną stronę w kierunku wskazanym przez strzałkę. W innym pytaniu trzeba odpowiedzieć, czy picie alkoholu ma wpływ na koordynację, wzrok, ocenę sytuacji, czy na wszystkie te rzeczy. W jednym z pytań pokazany jest znak skrzyżowania równorzędnych dróg, a jedną z możliwych odpowiedzi (błędną) jest, że to informacja o stojącym niedaleko kościele.

Mimo że kandydaci na kierowców w USA nie są „poniewierani" przez aparat urzędniczy, na drogach radzą sobie wystarczająco dobrze. Amerykańscy kierowcy częściej zapominają o kierunkowskazach czy włączaniu świateł mijania, ale jazda po tutejszych drogach wcale nie jest bardziej niebezpieczna niż w Polsce. Wręcz przeciwnie. Kiedy przyjeżdżam do kraju i korzystam z samochodu, to w ciągu jednego dnia mam do czynienia z tyloma niebezpiecznymi sytuacjami, ile w Ameryce przydarza mi się w ciągu roku. Bo o bezpieczeństwie na drogach wcale nie decydują długotrwałe szkolenia czy trudne egzaminy, ale wzajemna życzliwość i wyrozumiałość kierowców, panowanie nad emocjami, brak agresji oraz niechęć do rywalizacji i udowadniania, kto rządzi na drodze. Wszystko to składa się na kulturę jazdy.

AMERYKANIN ZA KIEROWNICĄ

Wyjeżdżam samochodem z hotelu w Miami Beach. Skręcam w prawo na Collins Avenue i zatrzymuję się na światłach przy Osiemnastej Ulicy. Do moich uszu zaczynają dobiegać rytmiczne dźwięki muzyki z głośników samochodowych oraz dźwięk silnika. Obok mnie zatrzymuje się czerwony mitsubishi lancer. Gdy tylko światło zmienia się na zielone, auto rusza z piskiem opon. Przez jego lekko przyciemnione szyby widzę, że za kierownicą siedzi młody Latynos. Jestem niemal pewien, że przyjechał do USA niedawno i jeszcze nie został „ucywilizowany" jako kierowca. Wiem jednak, że za kilka lat będzie jeździł dużo spokojniej, a stanie się tak, gdy zostanie kilka razy zatrzymany przez policję, zapłaci wysokie mandaty, a firma ubezpieczeniowa podwyższy mu ubezpieczenie. Podobny proces przechodzi wielu kierowców z Polski, przyzwyczajonych do agresywnej jazdy, która w Stanach Zjednoczonych nie jest tolerowana. Gdy na autostradzie ktoś zacznie niebezpiecznie zajeżdżać innym drogę, „siedzieć na zderzaku", migać światłami albo jechać slalomem pomiędzy innymi autami, natychmiast znajdzie się ktoś, kto zadzwoni na numer alarmowy i powiadomi policję. Do takiego informowania zachęcają elektroniczne tablice przy autostradach, na których wyświetlane są napisy: „Informuj o agresywnych kierowcach. Dzwoń pod numer...".

Każdy ze stanów ma specjalny numer, pod który można zadzwonić i zgłosić incydent z agresywnym kierowcą. Na przykład w Waszyngtonie jest to numer 311, w Wirginii i Maryland #77, a w Nowym Jorku zwykły numer alarmowy 911. Obecność agresywnego kierowcy na drodze można zgłosić w trakcie jazdy, podając, gdzie się on znajduje, jakim samochodem jedzie i jak wygląda. Wtedy wysyłane są policyjne wozy patrolowe i często delikwent jest zatrzymywany. W Stanach Zjednoczonych kierowcy nie ostrzegają się światłami przed policją. Tego typu zachowanie uznawane jest za niemoralne, oznacza bowiem pomoc ludziom, którzy stwarzają zagrożenie i mogą zabić innych uczestników ruchu. Definicja agresywnej jazdy jest bardzo szeroka. Krajowy Urząd Bezpieczeństwa Transportu Drogowego (ang. *National Highway Traffic Safety Administration* — NHTSA) definiuje ją jako „kombinację naruszeń przepisów ruchu, mogących spowodować zagrożenie ludzi lub ich własności". Poszczególne stany mają własne definicje tego typu zachowań. Na przykład w Maryland agresywna jazda to m.in.: ignorowanie znaków, niewłaściwe wyprzedzanie, zbytnie zbliżanie się do innego samochodu, wymuszanie pierwszeństwa i przekraczanie prędkości. W stanie Kansas za agresywne zachowanie za kierownicą uznaje się również wyprzedzanie poboczem, pokazywanie nieprzyzwoitych gestów, wykrzykiwanie na innych, trąbienie i miganie długimi światłami.

Amerykanie na drogach są tacy jak w życiu — uprzejmi, opanowani i pewni siebie. Nie traktują jazdy samochodem jako ciągłej rywalizacji o to, kto kogo wyprzedzi i kto pojedzie szybciej. Nie zajeżdżają sobie złośliwie drogi, a gdy inny kierowca popełni błąd, nie ma w nich chęci odwetu. Przez 10 lat jeżdżenia samochodem po Stanach Zjednoczonych zaledwie kilka razy zetknąłem się z machaniem ręką na znak dezaprobaty albo wykrzykiwaniem za kierownicą. Z pukaniem się w czoło albo pokazywaniem środkowego palca nie spotkałem się nigdy. Byłem natomiast świadkiem ogromnej wyrozumiałości amerykańskich kierowców na błędy innych uczestników ruchu. Na przykład wtedy, gdy z parkingu pod sklepem Whole Foods w Arlington wyjechała kobieta i ruszyła pod prąd bulwarem Wilsona. Pozostali kierowcy ustępowali jej z drogi, grzecznie zjeżdżając na boki, a gdy zorientowała się, co robi, i zaczęła cofać auto, cierpliwie czekali, aż zjedzie w boczną ulicę. Niektórzy machali rękami, by zwrócić kobiecie uwagę, że popełniła błąd, ale nikt nie nacisnął na klakson.

Amerykanie na drodze wykazują ducha kooperacji. Gdy widzą, że ktoś zmienia pas, a ma mało miejsca, to zwalniają, by mógł bezpiecznie włączyć się do ruchu. Wpuszczają też przed siebie kierowcę wjeżdżającego z bocznej drogi. W wypadku korków nikt nie próbuje przedzierać się poboczami albo pasami ruchu do zjazdów. Gdy na autostradzie prowadzone są roboty drogowe i dwa pasy schodzą się w jeden, regułą jest, że samochody wjeżdżają na zmianę, co sprawia, że ruch jest płynny. Oczywiście sposób jazdy różni się w zależności od regionu. Kierowca z Kolorado czy Kentucky nie będzie na skrzyżowaniu skręcać w lewo tuż przed nadjeżdżającymi z przeciwka pojazdami, ale spokojnie poczeka, aż ulica zrobi się pusta. Jego kolega z Bostonu czy Nowego Jorku ruszy do przodu, gdy tylko pomiędzy przejeżdżającymi autami pojawi się niewielka przerwa. Mimo tych różnic liczba ryzykownych zachowań amerykańskich kierowców nie jest tak duża jak w innych krajach.

Na drogach w USA jest też niewiele agresji. Po części może to wynikać z faktu, że tutejsi kierowcy podczas jazdy zajęci są ważniejszymi sprawami, takimi jak: picie, jedzenie, rozmowy przez telefon komórkowy czy wysyłanie SMS-ów. Wykonywanie tych czynności przy jednoczesnym kierowaniu samochodem jest możliwe dzięki automatycznej skrzyni biegów, która sprawia, że podczas jazdy jedna ręka pozostaje wolna. Dlatego właśnie w trakcie porannej drogi do pracy wiele kobiet nakłada makijaż, pudruje policzki albo maluje usta szminką. Na swe usprawiedliwienie mają to, że czynności te wykonują zazwyczaj wtedy, gdy stają na światłach lub jadą powolutku w korku. U amerykańskich kierowców powszechne jest spożywanie posiłków podczas jazdy. Najpopularniejsze są hot dogi, hamburgery, frytki i napoje, ale widziałem też kobietę, która siedząc za kierownicą swojego lexusa, zajadała sałatkę grecką z plastikowego pudełka. Ponieważ w USA bardzo popularne są smartfony, powszechnym zjawiskiem jest przeglądanie podczas jazdy stron internetowych i sprawdzanie e-maili.

W tej chwili tylko w dziesięciu amerykańskich stanach obowiązuje zakaz rozmawiania przez telefon komórkowy podczas jazdy. W dziewięciu z nich jest to podstawowe wykroczenie, za które można być zatrzymanym przez policję i dostać mandat. W stanie Maryland rozmowa przez telefon komórkowy jest drugorzędnym wykroczeniem, co oznacza, że za jego popełnienie można zostać ukaranym tylko w przypadku popełnienia innego, poważniejszego wykroczenia. W 40 amerykańskich stanach kierowcy mogą rozmawiać przez telefon bez ograniczeń. Wyjątkiem są specjalnie oznaczone odcinki autostrad, na których prowadzi się roboty drogowe. Zakaz rozmawiania przez telefony komórkowe w czasie jazdy dotyczy też nastolatków oraz kierowców szkolnych autobusów. Prawo drogowe większości stanów surowiej traktuje pisanie SMS-ów oraz e-maili podczas jazdy, co w USA określane jest jako tekstowanie. W 35 stanach czynność ta jest całkowicie zakazana, a w 33 z nich jest podstawowym wykroczeniem drogowym. W moim stanie Wirginia tekstowanie jest wykroczeniem drugorzędnym, co w praktyce oznacza, że można bezkarnie pisać SMS-a na oczach policjanta, pod warunkiem że nie łamie się innych przepisów.

MOJA DROGA ASFALTOWA

Po Ameryce jeździ się dobrze nie tylko za sprawą wygodnych samochodów, ale również, a może przede wszystkim, dzięki rozległej sieci krajowych autostrad. Liczą one łącznie 75 000 km, co oznacza, że można by nimi prawie dwukrotnie owinąć Ziemię wzdłuż równika. Do tego dochodzą tysiące kilometrów autostrad stanowych oraz setki tysięcy kilometrów szerokopasmowych dróg ekspresowych i tras szybkiego ruchu. Żaden kraj na świecie nie ma tak rozległej infrastruktury drogowej jak Stany Zjednoczone. I choć budowa autostrad w USA pochłonęła 129 miliardów dolarów (w dzisiejszych cenach 450 miliardów dolarów), to koszty te zwróciły się z nawiązką w postaci ogromnej ilości czasu, jaki zaoszczędzili Amerykanie, większej mobilności w poszukiwaniu zatrudnienia, zagospodarowania terenów na przedmieściach miast, niższych cen produktów dzięki tańszemu transportowi, milionów miejsc pracy przy budowie i utrzymaniu autostrad oraz mniejszej liczby ofiar wypadków drogowych.

Pierwsze projekty budowy sieci międzystanowych autostrad w USA zaczęły powstawać już w początkach XX w. W 1938 r. Urząd Dróg Publicznych (ang. *Bureau of Public Roads* — BPR) przygotował plan budowy 40 000 km tras łączących różne regiony. W 1944 r. administracja prezydenta Roosevelta opowiedziała się za stworzeniem sieci autostrad o długości 50 000 km oraz 8000 km dodatkowych dróg ekspresowych. Po koniec lat 40. XX w. opracowano szczegółowe mapy międzystanowych autostrad, ale nie rozpoczęto budowy zbyt wielu odcinków, ponieważ nie było na to pieniędzy. Dopiero prezydent Eisenhower, który jako były wojskowy doceniał strategiczne znaczenie dróg, przekonał Kongres USA, że taka inwestycja jest potrzebna. W 1954 r. przeznaczono na ten cel pierwsze 25 milionów dolarów, a w kolejnych latach kwotę tę podniesiono do 175 milionów. Gdy budowa autostrad ruszyła pełną parą, budżet federalny wydawał na ich finansowanie miliardy. Do udziału w projekcie nie zaproszono jednak prywatnego biznesu, Eisenhower uważał bowiem, że sieć dróg krajowych powinna być projektem publicznym. Firmy prywatne były jedynie wykonawcami poszczególnych odcinków oraz towarzyszącej im infrastruktury.

Fundusze federalne na budowę autostrad pochodziły z akcyzy na paliwa, która początkowo wynosiła 1 cent na litrze, a w 1993 r. została podniesiona do 5 centów. Obecnie pieniądze te kierowane są do specjalnego funduszu, z którego finansowane jest utrzymanie i remonty autostrad. Dodatkowe środki na ten cel pochodzą z podatków od sprzedaży opon, samochodów ciężarowych, przyczep i innych ciężkich pojazdów. Pierwotnie wszystkie amerykańskie autostrady były budowane i utrzymywane ze środków publicznych. Po latach zasada ta została zmieniona i obecnie na części autostrad (szczególnie na Wschodnim Wybrzeżu) ustawiono bramki, na których pobierane są opłaty. Na przykład jadąc z Waszyngtonu do Nowego Jorku, trzeba zapłacić 3 dolary za tunel w Baltimore, 6 dolarów na granicy stanów Maryland i Delaware, 4 dolary w samym Delaware i 12 dolarów za wjazd tunelem Holland na Manhattan. Do tego dochodzi opłata w wysokości około 8 dolarów za przejazd płatną autostradą stanową New Jersey Turnpike, co sprawia, że łączny koszt przejechania tej 400-kilometrowej trasy wynosi ponad 30 dolarów. Płatne autostrady w USA mają jednak tylko 4700 kilometrów, czyli jest to niespełna 7% wszystkich autostrad. Pozostałymi jeździ się za darmo.

Autostrady międzystanowe w USA oznaczone są literą „I" oraz dwucyfrowymi numerami. Drogi ze wschodu na zachód mają numery parzyste, a z północy na południe — nieparzyste. Niższe numery zaczynają się na zachodnim wybrzeżu i na południu. Dlatego biegnąca wzdłuż południowej granicy USA autostrada jest oznaczona I-10, a zlokalizowana najbliżej granicy z Kanadą — I-90. W Kalifornii z północy na południe biegnie autostrada nr I-5, a przez Boston, Nowy Jork, Waszyngton aż do Miami przebiega autostrada nr I-95. Zjazdy na amerykańskich autostradach oznaczone są najczęściej liczbami odpowiadającymi odległościom w milach od granicy stanu[1]. Po wjechaniu od południa do Karoliny Północnej trasą nr I-95 wiemy,

---

[1] Dziesięć stanów ma system numerowania zjazdów kolejnymi liczbami 1, 2, 3 itd., ale stopniowo i te stany będą przechodzić na system milowy.

że do autostrady nr I-40 pozostało nam 81 mil, bo skrzyżowanie tych dróg znajduje się przy zjeździe nr 81. Jeśli jadąc autostradą, znajdziemy się przy zjeździe nr 20, a przydrożne znaki informują nas, że przy zjeździe nr 35 jest hotel, to bez patrzenia na mapę wiemy, że dojedziemy tam w niespełna kwadrans, hotel bowiem jest odległy od nas o 15 mil.

Wszystkie amerykańskie autostrady krajowe podlegają tym samym standardom. Każda musi mieć minimum dwa pasy ruchu, aczkolwiek w rejonie dużych aglomeracji pasów tych jest co najmniej trzy, a przy zjazdach i połączeniach z innymi trasami cztery, a nawet pięć. New Jersey Turnpike w rejonie Nowego Jorku ma sześć pasów prowadzących na południe i sześć pasów na północ. Wzdłuż większości autostrad znajdują się czynne 24 godziny na dobę punkty odpoczynku dla kierowców zwane *Rest Area*. Stworzono je poza miastami w odległości kilkudziesięciu mil jedna od drugiej. Znajdują się na nich parkingi, stoliki i ławki na piknik, toalety oraz automaty z napojami, kawą, słodyczami i przegryzkami. Na granicy stanów zlokalizowano tzw. *Welcome Centers*, czyli większe strefy odpoczynku, w których dodatkowo znajdują się punkty informacji turystycznej, a czasami niewielkie muzea. W standardowych strefach odpoczynku i przy *Welcome Centers* zakazane jest tworzenie punktów gastronomicznych i usługowych oraz prowadzenie handlu. Ograniczenia te wprowadzono, by nie tworzyć konkurencji dla przedsiębiorców z miejscowości położonych wzdłuż autostrad, dla których obsługa podróżujących autostradami jest źródłem utrzymania. Wyjątkiem od tej zasady są tzw. miejsca obsługi podróżnych (ang. *Service Area*) znajdujące się przy płatnych autostradach stanowych.

Obsługa amerykańskich kierowców odbywa się przede wszystkim przy zjazdach z autostrad do pobliskich miejscowości lub na skrzyżowaniach z innymi drogami. To tam znajdują się stacje benzynowe, bary i restauracje, motele i hotele, sklepy oraz inne punkty usługowe. Informacje o nich umieszcza się na dużych niebieskich tablicach, które ustawione są kilka mil przed danym zjazdem, tak by kierowca miał czas na podjęcie decyzji, czy chce zjechać. Przy niektórych zjazdach stoi nawet po kilkanaście moteli lub hoteli i tyle samo stacji benzynowych. Obsługa kierowców poruszających się po autostradach to w USA gigantyczny biznes, który co roku generuje 170 miliardów dolarów przychodu.

Amerykański system dróg jest bardzo rozbudowany, ale w dużych aglomeracjach, takich jak: Nowy Jork, Waszyngton, Los Angeles czy Chicago, kierowcy sporo czasu spędzają w korkach. Miasta te na różne sposoby starają się radzić sobie z problemem zatkanych dróg. Najbardziej powszechne jest wyznaczanie specjalnych pasów HOV (ang. *High Occupancy Vehicle*) dla samochodów z większą liczbą pasażerów. Jeśli przy autostradzie znajduje się znak HOV-2, to na specjalnie oznaczony pas ruchu mogą wjeżdżać tylko pojazdy, w których są co najmniej dwie osoby. By samochód mógł wjechać na pas oznaczony HOV-3, w aucie poza kierowcą musi być co najmniej dwóch pasażerów. Ograniczenia zazwyczaj dotyczą z góry określonych godzin. Na przykład prowadząca do Waszyngtonu autostrada nr I-66 jest HOV-2 w kierunku miasta od poniedziałku do piątku w godzinach 6.30 – 9.00 rano. Po południu HOV-2 obowiązuje wyjeżdżających z miasta i udających się w kierunku przedmieść. Inne rozwiązanie zastosowano na prowadzącej na południe autostradzie nr I-395. Tam pomiędzy dwiema częściami autostrady prowadzącymi na północ i południe zbudowano trzecią dwupasmową trasę, która do południa otwarta jest w kierunku miasta, a po południu w kierunku przeciwnym. Dzięki temu kierowcy jadący do pracy mają do dyspozycji pięć pasów ruchu, a wyjeżdżający z Waszyngtonu trzy. W godzinach powrotów z pracy jest odwrotnie.

Istnienie pasów HOV zachęca do tego, by ludzie mieszkający w tej samej okolicy umawiali się na wspólne wyjazdy do pracy i powroty z pracy oraz wspólne zakupy. System ten nazywa się carpoolingiem, choć czasami używane jest określenie *car-sharing*. W okresie kryzysu paliwowego lat 70. amerykańskie władze prowadziły kampanię na rzecz carpoolingu, co sprawiło, że z takiej formy podróżowania korzystał co piąty Amerykanin. Obecnie tylko 10% mieszkańców USA deklaruje, że czasami dzieli samochód z innymi lub jest przez nich podwożona.

Jedna z popularniejszych form carpoolingu polega na tym, że osoby, które chcą kogoś zabrać do samochodu, podjeżdżają w konkretne miejsce, gdzie w kolejce czekają ci, którzy chcą być podwiezieni. W ten sposób zabierają do samochodów zupełnie obce osoby i robią to za darmo. Dzięki dodatkowemu pasażerowi mogą jednak skorzystać z pasa HOV i w ten sposób szybciej docierają na miejsce. Osoba podwożona oszczędza zarówno czas, jak i pieniądze, ponieważ nie ponosi żadnych opłat. Nie może jednak żądać podwiezienia w dowolne miejsce, bo punkty odbierania i wysadzania uczestników carpoolingu są z góry określone. W ostatnich latach w USA powstało wiele stron internetowych umożliwiających kojarzenie osób, które chcą podwozić innych, z tymi, którzy chcą być podwiezieni. W tym przypadku tworzenie par odbywa się *ad hoc* i osoby zainteresowane same umawiają się co do miejsca odbioru i punktu docelowego. Ostatnio do carpoolingu wykorzystywane są aplikacje na smartfony, co jeszcze bardziej usprawnia kojarzenie kierowcy z pasażerem i zwiększa elastyczność systemu. Internetowe serwisy carpoolingu pozwalają na wyszukanie wszystkich ofert przejazdów z punktu A do punktu B wraz z informacją na temat płci i wieku kierowcy oraz auta, jakim się porusza. Niektóre internetowe serwisy wprowadziły system „oflagowywania" nierzetelnych uczestników carpoolingu — np. osób, które nie pojawiły się w umówionym miejscu.

PRZEPISY SĄ PO TO, BY ICH PRZESTRZEGAĆ

Wracamy z wakacji z Colorado Springs do Waszyngtonu. Przed nami trasa o długości 2500 km, co oznacza, że czeka nas dwudziestopięciogodzinna podróż. Jazda transkontynentalną autostradą nr I-70 będzie spokojna i bezstresowa, ale jednocześnie potwornie monotonna. Dopuszczalna prędkość na tej drodze waha się od 55 mil na godzinę w miastach (90 km/h) do 75 mil na godzinę w słabo zaludnionych terenach Kansas i Missouri (120 km/h). Tak jak większość amerykańskich kierowców staram się jechać nie więcej niż 10 mil na godzinę ponad dopuszczalny limit. Po pewnym czasie przestaję jednak spoglądać na licznik i jadę bardziej na wyczucie — tak aby nie wlec się za bardzo, ale by jednocześnie było bezpiecznie. Mój eksperyment nie trwa długo. Po kilku minutach dostrzegam w lusterku policyjnego dodge'a chargera z migającymi na dachu czerwono-niebieskimi światłami. To sygnał, że powinienem zjechać na pobocze i nie ruszając się z miejsca, czekać na funkcjonariusza. Po chwili do mego auta zbliża się ubrany w szaroniebieski uniform, ciemne okulary i czarny kapelusz policjant. Opuszczam boczną szybę i podaję mu prawo jazdy, dowód rejestracyjny oraz polisę ubezpieczeniową. Policjant informuje mnie, że przekroczyłem prędkość o 18 mil na godzinę. Z moimi dokumentami idzie do swego auta i po kilku minutach wraca z wypisanym mandatem na kwotę 190 dolarów. Radzi mi, abym jechał ostrożnie, życzy miłego dnia i odchodzi. Dokument, który trzymam w ręce, nie jest jednak zwykłym mandatem, ale równocześnie wezwaniem do sądu, które stanie się nieaktualne, jeśli zapłacę grzywnę.

W USA kierowca, który dostaje mandat, ma dwie możliwości: przyznać się do winy i zapłacić karę lub kwestionować karę w sądzie drogowym (ang. *Traffic Court*). Kilka procent kierowców wybiera to drugie rozwiązanie i wtedy odbywa się krótka rozprawa z udziałem oskarżonego, prokuratora, ewentualnych świadków oraz policjanta. Kierowcy oskarżeni o poważniejsze wykroczenia lub ci, którym grozi utrata prawa jazdy, często korzystają z pomocy adwokata. Prawnicy specjalizujący się w tego typu sprawach znają wiele sztuczek zwiększających szanse oskarżonego na uniewinnienie lub łagodny wyrok. Często stosowaną praktyką jest wnioskowanie o termin rozprawy, który nie będzie pasował policjantowi, lub przyjmowanie linii obrony polegającej na udowodnieniu, że wypisując setki mandatów, funkcjonariusz nie może pamiętać okoliczności konkretnego zdarzenia. Sędziowie orzekający w sprawach o naruszenie przepisów drogowych często biorą pod uwagę okoliczności łagodzące i zmniejszają wysokość mandatów. Powszechne jest też proponowanie ugody pomiędzy prokuratorem a kierowcą poprzez przyznanie się przez oskarżonego do winy w zamian za łagodniejszą karę.

Obowiązujący w USA system wymierzania kar za naruszenie lub złamanie przepisów drogowych, w który zaangażowane są sądy, jest bardzo skuteczny. Niezapłacenie mandatu i niestawienie się na rozprawę jest bowiem poważnym wykroczeniem i może być przyczyną późniejszych kłopotów. Informacje o tego typu przypadkach rejestrowane są w sądowych bazach danych, które mają charakter publiczny i są dostępne nie tylko dla policji, ale również dla potencjalnych pracodawców i innych zainteresowanych instytucji. Łamanie przepisów drogowych wiąże się też w Ameryce z większymi kłopotami niż w innych krajach, dane na temat wykroczeń na drogach często przekazywane są bowiem ubezpieczycielom. Jeden z moich znajomych, który po przybyciu do USA jeździł „po polsku", w ciągu kilku miesięcy otrzymał parę mandatów za przekroczenie prędkości, co sprawiło, że firma ubezpieczeniowa najpierw podniosła mu stawkę, a później odmówiła przedłużenia polisy. Prawo niektórych stanów zabrania ubezpieczycielom podnoszenia składki po pierwszym mandacie, ale w większości nie ma takiego ograniczenia. Statystycy obliczyli, że jeden mandat oznacza wzrost średnich kosztów ubezpieczenia samochodu o kilkadziesiąt dolarów. W razie kumulacji naruszeń przepisów składka może jednak wzrosnąć nawet o kilkaset dolarów. Informacja o mandacie przestaje mieć wpływ na wysokość składki dopiero po trzech latach od jego wystawienia.

W Stanach Zjednoczonych przepisy ruchu drogowego i kary za ich łamanie określają poszczególne stany. Mandaty za to samo wykroczenie mogą się wahać od 50 do 500 dolarów. W większości stanów obowiązuje system punktów karnych za wykroczenia. W Wirginii kierowca, który zdobył 12 punktów w ciągu 12 miesięcy, musi w ciągu 90 dni przejść kurs bezpiecznej jazdy, a jeśli tego nie zrobi, jego prawo jazdy zostanie zawieszone. Najwyższe kary w tym stanie (po 6 punktów karnych) otrzymuje się za przekroczenie prędkości o 20 mil na godzinę (32 km/h) i za jazdę pod wpływem alkoholu. Zebranie 18 punktów w ciągu roku lub 24 punktów w ciągu dwóch lat oznacza automatyczne zawieszenie prawa jazdy. W stanie Nowy Jork prawo jazdy zostaje zawieszone po naliczeniu 11 punktów w ciągu roku, czyli np. za jedno przekroczenie prędkości o 40 mil na godzinę (65 km/h). Jednym ze stanów, gdzie nie ma systemu punktów karnych, jest Kansas. Tam prawo jazdy zawieszane jest, gdy kierowca popełni trzy wykroczenia drogowe w ciągu 12 miesięcy, nie zapłaci mandatu i nie pojawi się w sądzie, zostanie zatrzymany, gdy jest pod wpływem alkoholu lub gdy w jego samochodzie zostanie znaleziony otwarty pojemnik z alkoholem. Utrata prawa jazdy następuje, kiedy kierowca zostanie przyłapany na brawurowej jeździe, nie zatrzyma się na wezwanie policji lub podejmie próbę ucieczki przed funkcjonariuszem. W USA policjant nie odbiera kierowcy prawa jazdy. Decyzję o zawieszeniu lub unieważnieniu tego dokumentu podejmuje stanowy wydział komunikacji albo sąd. Oznacza to, że kierowcy, który stracił prawo do jazdy samochodem, pozostaje w rękach fizyczne prawo jazdy. Nie jest to jednak problemem, bo policjanci mają w swoich samochodach komputery z dostępem do baz danych DMV i gdy taki kierowca zostanie zatrzymany, to funkcjonariusz natychmiast może stwierdzić, czy prawo jazdy jest ważne, czy nie. A takie „nieważne" prawo jazdy nadal może służyć jako dokument tożsamości.

Limit zawartości alkoholu we krwi kierowców jest w USA dużo wyższy niż w Polsce. U nas wynosi on 0,2 promila, podczas gdy we wszystkich amerykańskich stanach 0,8 promila, co oznacza, że przy mojej wadze 70 kg mogę wypić trzy i pół piwa i po dwóch godzinach siąść za kierownicą. Kierowcy poniżej 21. roku życia są traktowani przez prawo dużo surowiej. Dla nich dopuszczalna zawartość alkoholu we krwi wynosi od 0 do 0,2 promila. Gdy policjant zatrzyma kierowcę podejrzanego o prowadzenie auta pod wpływem alkoholu, musi zweryfikować swoje podejrzenia, podejmując kilka kroków. Najpierw prosi o dokumenty, a następnie pyta zatrzymanego, czy pił alkohol, kiedy i w jakich ilościach. Równocześnie poszukuje oznak ewentualnego spożywania alkoholu, takich jak: zaburzenia mowy, zaczerwienienie oczu, zapach alkoholu czy puste butelki w aucie. Policjant może też poprosić kierowcę o wykonanie testu na trzeźwość, na który składa się *the walk and turn* (9 kroków do przodu w linii prostej, zwrot w tył i powrót na miejsce), *one leg stand* (stanie na jednej nodze i liczenie do trzydziestu) oraz test sprawności wzroku *horizontal gaze nystagmus* polegający na podążaniu gałkami ocznymi za jakimś przedmiotem, np. za długopisem. Jeżeli na podstawie obserwacji i wyników testów funkcjonariusz nabierze „uzasadnionego przekonania", że kierowca pił alkohol, może go zatrzymać i zażądać dodatkowego badania poprzez dmuchanie w balonik, pobranie krwi i próbkę moczu. W większości stanów podejrzany nie może odmówić, a jeśli to zrobi, to ryzykuje automatycznym zawieszeniem prawa jazdy na rok i grzywną w wysokości kilku tysięcy dolarów. Część kierowców odmawia jednak poddania się testom, ponieważ w niektórych stanach jazda po pijanemu traktowana jest jako poważne przestępstwo i bardziej opłaca się im stracić prawo jazdy, niż dostać wyrok. W niektórych stanach gdy kierowca odmówi dodatkowych testów na zawartość alkoholu, policjant musi zdobyć sądowy nakaz pobrania krwi. I choć uzyskanie takiego nakazu jest możliwe nawet w nocy, kierowca, który sobie trochę wypił, ma dodatkowy czas, żeby wytrzeźwieć. Ze statystyk wynika, że co piąty amerykański kierowca zatrzymany za jazdę po pijanemu odmawia poddania się badaniu krwi, moczu lub dmuchania w balonik.

DROGA DO PRZYSZŁOŚCI

Jeszcze w latach 50. i 60. XX w. niemal każdy samochód sprzedawany w Stanach Zjednoczonych był amerykański. Trzy główne koncerny: General Motors, Chrysler i Ford miały 90% udziałów w rynku, a produkowane przez nie auta były symbolem postępu, nowoczesności i dobrego stylu. Na początku XXI w. wizerunek ten diametralnie się zmienił. Amerykańskie samochody zaczęły się kojarzyć z przestarzałą technologią, paliwożernymi silnikami i wysoką awaryjnością. Nawet najwięksi amerykańscy patrioci porzucali fordy, pontiaki, chevrolety i saturny i przesiadali się do hond, toyot, nissanów, mazd, mercedesów i volkswagenów. Złożyło się na to wiele przyczyn, w tym: kolejne recesje, kryzysy paliwowe, brak wyobraźni prezesów koncernów motoryzacyjnych, wygórowane żądania związków zawodowych oraz globalizacja. Obecnie mniej niż połowa aut sprzedawanych w USA produkowana jest przez zakłady należące do „Wielkiej Trójki". W 2008 r. General Motors i Chrysler, które oparły swój model biznesowy na sprzedaży paliwożernych SUV-ów, stanęły na krawędzi bankructwa i gdyby nie pomoc rządu, to już by nie istniały. General Motors dostał pożyczki o łącznej wartości 50 miliardów dolarów, a Chrysler 12 miliardów. Tylko koncern Ford obył się bez pomocy państwa, ale stało się to dzięki rozpoczętej już wcześniej restrukturyzacji, która polegała na zamykaniu fabryk, wycofywaniu z rynku nierentownych modeli i zwolnieniu 30 tysięcy pracowników. General Motors w zamian za rządowe pożyczki musiał przejść proces kontrolowanej upadłości. Firma zerwała umowy franczyzowe z tysiącem salonów, zwolniła 20 tysięcy pracowników i w samych Stanach Zjednoczonych zamknęła 14 zakładów. Kontrolowane bankructwo stało się także losem Chryslera, a finałem tego procesu było przejęcie większości udziałów tego koncernu przez włoskiego Fiata.

Na tym etapie trudno przewidzieć, jaka będzie przyszłość amerykańskiej motoryzacji. Ostatnie lata pokazały jednak, że General Motors, Chrysler i Ford potrafią się zreformować, znów przynosić zyski i produkować auta poszukiwane przez klientów. W 2010 r. Chrysler po raz pierwszy od kilku lat zanotował wzrost sprzedaży i to aż o 17%. W maju 2011 r. koncern zwrócił rządom USA i Kanady 7,6 miliarda dolarów pożyczek ratunkowych. Odchudzenie pomogło też firmie General Motors, która w 2010 r. po raz pierwszy od początku XXI w. zwiększyła sprzedaż swoich samochodów w Stanach Zjednoczonych i po raz pierwszy od 2004 r. wygenerowała zysk netto, dzięki czemu również mogła spłacić większość państwowych pożyczek. W 2011 r. General Motors zanotował największy w historii zysk na poziomie 7,6 miliarda dolarów. Ford, który w latach 2006 – 2008 znajdował się pod kreską, w 2009 r. powrócił na ścieżkę wzrostu, notując 3 miliardy dolarów zysku. W 2010 r. sprzedaż fordów w USA wzrosła prawie o 1/4, a w 2011 r. o kolejne 10%. Szefowie amerykańskiej „Wielkiej Trójki" są przekonani, że najgorsze już mają za sobą, tym bardziej że dzięki nowym układom ze związkami zawodowymi udało im się zmniejszyć koszty pracy do poziomu zbliżonego do kosztów w japońskich fabrykach na terenie USA. Najbliższe lata, a może i dziesięciolecia będą jednak stanowić dla Amerykanów duże wyzwanie, ponieważ narzucili sobie bardzo ambitne normy zużycia paliwa. Pod koniec 2011 r. Barack Obama ogłosił historyczne porozumienie z 13 producentami aut mającymi swoje fabryki w Stanach Zjednoczonych — porozumienie zobowiązuje koncerny motoryzacyjne do zmniejszenia do 2025 r. średniego zużycia paliwa sprzedawanych przez nie samochodów do poziomu 4,3 l na 100 km. Cel ten jest tym bardziej ambitny, że Amerykanie nie pójdą tą samą drogą, jaką wybrała Europa, gdzie energooszczędność osiągnięto głównie poprzez zmniejszenie wielkości samochodów oraz mocy ich silników. Mieszkańcy USA nie zaakceptują też wysokiej akcyzy na paliwa i innych podatków, które zmusiłyby gorzej sytuowanych Amerykanów do przesiadania się do niewygodnej komunikacji miejskiej i zniechęciłyby do mieszkania na przedmieściach.

Zwolennicy transportu publicznego w Stanach Zjednoczonych twierdzą, że jest on niedofinansowany i jeśli tylko zostanie stworzona odpowiednia infrastruktura, to Amerykanie przesiądą się z samochodów do tramwajów, autobusów i pociągów. Przykłady San Francisco i Portland pokazują jednak, że może być zupełnie inaczej. Miasta te inwestowały miliardy dolarów w komunikację miejską, co skutkowało zmniejszeniem wydatków na naprawę i rozbudowę sieci dróg. Efektem tej polityki były coraz większe korki na drogach oraz w połowie puste autobusy i tramwaje. Korki nie zniknęły też w miastach, w których stworzono kosztowną sieć szybkich tramwajów, bo kierowcy samochodów nie byli skłonni do rezygnacji z wygody własnych aut. Zarówno amerykański rząd federalny, jak i wiele miast oraz stanów zwiększyły ostatnio wydatki na transport publiczny. W większości przypadków jest on jednak traktowany jako uzupełnienie transportu indywidualnego, który będzie dominować w USA przez dziesięciolecia. Nie musi to jednak oznaczać, że Amerykanie będą stać w coraz dłuższych korkach. Mają oni bowiem jeszcze sporo przestrzeni, by wybudować dodatkowe pasy ruchu na autostradach, a tam, gdzie nie da się tego zrobić, w sukurs może przyjść technologia. Jednym z obiecujących rozwiązań jest adaptacyjny tempomat (ang. *Adaptive Cruise Control* — ACC), który już jest oferowany w wielu autach jako opcja. Za sprawą specjalnych laserowych czujników system ten pozwala na utrzymanie stałej odległości za jadącym z przodu samochodem. Rozwiązanie to znacznie redukuje liczbę przypadków nagłego hamowania na autostradzie, co jest przyczyną większości korków. Bardziej powszechne zastosowanie adaptacyjnych tempomatów może zwiększyć przepustowość dróg bez jakichkolwiek inwestycji w infrastrukturę.

Niektórzy przewidują jednak, że prawdziwym rozwiązaniem na przyszłość są „inteligentne drogi", czyli autostrady i trasy szybkiego ruchu wyposażone w system kamer, laserów, radarów i wbudowanych w nawierzchnię czujników mogących przekazywać informacje do samochodowego komputera sterującego hamowaniem, przyspieszaniem i skręcaniem. Pierwszy taki system amerykański Departament Transportu testował w 1998 r. w San Diego, ale kierowcy uznali go za zbyt nachalny. Testów jednak nie przerwano, a wielu ekspertów twierdzi, że połączenie inteligentnych dróg z inteligentnymi samochodami może nastąpić w ciągu najbliższych 10 – 20 lat. Optymiści przewidują, że w ten sposób przepustowość amerykańskich autostrad zwiększy się dwu-, a nawet trzykrotnie. I choć prognozy te mogą być zbyt optymistyczne, to jestem przekonany, że Amerykanie będą poszukiwać własnego rozwiązania problemu korków, nie są bowiem skłonni przesiadać się do komunikacji miejskiej.

Na rynku motoryzacyjnym w USA pojawiło się w ostatnich latach sporo małych i bardzo małych samochodów. Popyt na nie jest jednak ograniczony, co oznacza, że zmniejszenie zużycia paliwa w amerykańskich autach trzeba będzie osiągnąć w inny sposób. Tu również mogą pomóc nowoczesne technologie. Pierwsza z nich to lekkie, ale mocne materiały, takie jak: lekka stal, aluminium i kompozyty, dzięki którym możliwe jest zmniejszenie zużycia paliwa nawet o 20%. Obiecujący jest również system start-stop, czyli *Integrated Starter Generator* (ISG), który wyłącza silnik, kiedy pojazd nie jest w ruchu. System ten „budzi" silnik po naciśnięciu nogą na pedał gazu. Ponieważ samochody spalają około 15% paliwa, stojąc na światłach i w korkach, zastosowanie ISG może zmniejszyć paliwożerność auta właśnie o tyle. Kolejne rozwiązanie to wariatory, czyli bezstopniowe, automatyczne skrzynie biegów (ang. *Continuously Variable Transmission* — CVT), w których przełożenie zmienia się płynnie pomiędzy minimalną a maksymalną wartością. Pozwalają one zmniejszyć zużycie paliwa o 15 – 20%. Amerykańskie koncerny pracują też nad nowymi rodzajami silników i efektywniejszym napędem. General Motors wypuścił już na rynek samochód z napędem elektrycznym — to Chevrolet Volt, jedno z najbardziej oszczędnych aut na amerykańskim rynku. Może on przejechać na ładowanym ze zwykłego gniazdka litowo-jonowym akumulatorze 40 – 80 km, a potem włącza się jego dodatkowy silnik spalinowy. Osoby korzystające z tego samochodu na krótkich trasach miejskich mogą więc miesiącami nie tankować paliwa. Volt zużywa średnio 2,5 l benzyny na 100 km i minimalnie ustępuje Nissanowi Leaf (2,4 l/100 km). Do wprowadzenia na rynek samochodów z napędem elektrycznym przygotowują się także Ford i Chrysler. Wszystkie trzy amerykańskie koncerny wprowadzają do oferty lub testują silniki hybrydowe, gazowe i wodorowe. I choć prawdopodobnie nie wszystkie rozwiązania techniczne przyjmą się w praktyce, wiele wskazuje na to, że Amerykanie przesiądą się niedługo do dużo oszczędniejszych samochodów, choć równie wygodnych jak obecne.

Rozdział 12.
Polska w Ameryce

POLISH JOKES

Pod koniec sierpnia 2002 r., czyli kilka miesięcy po przyjeździe do USA, oglądałem popularny program satyryczny telewizji NBC *Saturday Night Live*. W jednym ze skeczów młody aktor grał rolę dziennikarza, który przeprowadzał wywiad na temat rozpoczęcia roku szkolnego z pięćdziesięcioparoletnim Polakiem. Dziennikarz pytał rozmówcę, czy wakacyjne remonty zostały zakończone, czy szkoła jest dobrze przygotowana na przyjęcie dzieci i czy kadra pedagogiczna czeka już na nowe wyzwania. Po uzyskaniu odpowiedzi zakończył rozmowę słowami:

— Dziękuję bardzo, panie dyrektorze Stefański.

— Ależ ja nie jestem dyrektorem — skorygował zaskoczony mężczyzna.

— No to kim pan jest? — dopytywał dziennikarz.

— Jak to kim? Uczniem — padła odpowiedź.

Kiedy usłyszałem ten żart, uznałem, że muszę być przygotowany na to, że w Ameryce często będę się spotykał z *polish jokes*, czyli dowcipami o niezbyt rozgarniętych Polakach. Ku mojemu zaskoczeniu wcale nie słyszałem ich zbyt wielu. Poza rozmową z uczniem Stefańskim pamiętam jeszcze żart senatora Arlena Spectera, który w 2006 r. podczas spotkania działaczy Partii Republikańskiej w Nowym Jorku próbował rozbawić kolegów opowieścią o wiecu wyborczym — ktoś z tłumu krzyknął, że jest Polakiem, na co on odpowiedział: „W takim razie będę mówił wolniej". Gdy słowa Spectera zacytowała lokalna prasa, mieszkający w Pensylwanii Polacy nie zostawili na republikańskim polityku suchej nitki. Zaczęli publicznie krytykować senatora za brak wrażliwości oraz utrwalanie stereotypów i musiał on publicznie przepraszać za swoje zachowanie. Specter dzwonił też z wyrazami ubolewania do przywódców organizacji polonijnych, a w telewizji oświadczył, że słusznie dostał nauczkę i że już nigdy nie będzie opowiadał *polish jokes*. Pod koniec 2011 r. w „Saturday Night Live" pojawił się dowcip na temat polskiego pilota Tadeusza Wrony, który awaryjnie lądował na Okęciu, gdy zablokowało się podwozie boeinga 767. Popularny komik Seth Meyers żartował wtedy, że skoro kapitan był Polakiem, to pewnie zapomniał wypuścić podwozie i że prawdziwym bohaterstwem w polskim stylu byłoby lądowanie na lotnisku jachtem. I choć działająca w Nowym Jorku Fundacja Kościuszkowska wystosowała ostry protest do twórców programu, twierdząc, że żart Meyersa jest wyrazem uprzedzeń etnicznych, ja nie czułem się zbytnio urażony, bo amerykańskie programy satyryczne często przekraczają granice poprawności politycznej, a pojawiające się w nich żarty dotyczą nie tylko imigrantów, ale też samych Amerykanów. Być może moja reakcja byłaby inna, gdybym częściej spotykał się z przejawami niechęci do Polaków i etnicznymi stereotypami. Ja jednak niczego takiego nie zauważyłem, choć wiem, że w przeszłości był to poważny problem.

Polscy imigranci nie mieli łatwego życia w Stanach Zjednoczonych. Antypolskie nastroje występowały w wielu rejonach USA przez dziesięciolecia, a wynikały zarówno z niechęci do imigrantów, jak i z uprzedzeń do katolików z Europy Wschodniej. Przez długi czas w obiegu były niewybredne, aczkolwiek często bardzo śmieszne dowcipy o Polakach, których przedstawiano jako zacofanych idiotów. W jednym z takich dowcipów Polak wchodzi do sklepu i zwraca się do sprzedawcy:

— Poproszę polską kiełbasę.

Sprzedawca przygląda się klientowi i pyta:

— Czy pan jest Polakiem?

Klient jest wyraźnie oburzony:

— Tak, jestem Polakiem, ale proszę mi odpowiedzieć na parę pytań. Otóż: czy gdybym poprosił o włoską kiełbasę, to zapytałby mnie pan, czy jestem Włochem? Czy gdybym poprosił o niemiecką parówkę, to zapytałby mnie pan, czy jestem Niemcem? Czy gdybym chciał kupić koszernego hot doga, to zapytałby mnie pan, czy jestem Żydem? Niech Pan odpowie szczerze, zapytałby pan?

— No, muszę przyznać, że nie zapytałbym — odpowiada sprzedawca.

— A widzi pan — stwierdza z satysfakcją klient. — To może mi pan teraz z łaski swojej wyjaśni, dlaczego zapytał mnie pan, czy jestem Polakiem, gdy poprosiłem o polską kiełbasę.

— Bo to jest sklep z artykułami gospodarstwa domowego.

W innym popularnym dowcipie pada pytanie o to, jak pokonać polską kawalerię, a odpowiedź brzmi: „Wyłączyć karuzelę". Kolejny przykład: w Polsce rozbił się helikopter. Dlaczego? Bo pilot był przeziębiony i postanowił wyłączyć wentylator. A dlaczego w Polsce nie ma lodu w kostkach? Bo zapomnieli przepisu. I wreszcie: co się stało z polską biblioteką? Ktoś ukradł książkę.

Źródło pochodzenia *polish jokes* jest trudne do ustalenia. Według jednej z teorii były one elementem faszystowskiej propagandy antypolskiej, a zostały sprowadzone do Ameryki w latach 30. i 40. XX w. przez imigrantów z Niemiec. Znany brytyjski socjolog, specjalista od humoru etnicznego, profesor Christie Davies, podważył jednak tę teorię, dowodząc, że dowcipy o Polakach pojawiły się w USA znacznie wcześniej. Zaczęto je opowiadać już na przełomie XIX i XX w. wraz z napływem do Ameryki pierwszej dużej fali imigrantów z Polski. Przybyszami byli wtedy polscy chłopi, którzy zajmowali niską pozycję społeczną, nie mieli wykształcenia, nie znali języka i chwytali się najprostszych prac fizycznych. Byli oni poszukiwani przez pracodawców, ale mieszkańcy miast, w których się osiedlali, nie witali ich z otwartymi ramionami.

Polacy często spotykali się z uprzedzeniami i byli obiektem dyskryminacji. Przez wielu Amerykanów postrzegani byli jako mało inteligentni i zaściankowi, przez co stawali się łatwym celem złośliwych żartów. Stereotyp głupiego Polaka, który długo funkcjonował w Ameryce, odbijał się na poczuciu wartości Polonii. Oto jak jeden z młodych Amerykanów polskiego pochodzenia skarżył się na forum internetowym: „Niedawno wspomniałem znajomym, że jestem z pochodzenia Polakiem, i od tego czasu non stop żartują sobie ze mnie i mojego kraju. Codziennie słyszę o polskiej kawalerii, która atakowała szablami niemieckie czołgi, o tym, że Polacy są głupi i nie potrafią niczego zrobić dobrze. Czasem mam ochotę zachować się po polsku i kopnąć ich wszystkich w tyłek". Tego typu skarg jest jednak coraz mniej, do czego przyczyniła się m.in. w dużym stopniu amerykańska poprawność polityczna, dzięki której dowcipy etniczne stały się mniej akceptowalne. Walkę ze stereotypami podjęli też mieszkający w Stanach Zjednoczonych Polacy. Już w latach 60. i 70. XX w. zaczęli głośno protestować przeciwko utrwalaniu przez media wizerunku Polaka idioty. W rezultacie dowcipy o Polakach stawały się coraz rzadsze. W przełamywaniu niekorzystnego stereotypu pomogła Polonii sympatia Amerykanów wobec ruchu „Solidarności", wybór Jana Pawła II na papieża oraz rosnąca liczba ludzi sukcesu (aktorów, naukowców, polityków, sportowców i biznesmenów) o polsko brzmiących nazwiskach. Po atakach z 11 września 2001 r. środowiska opiniotwórcze w USA odnotowały fakt, że Polacy walczyli ramię w ramię z Amerykanami w Iraku i Afganistanie, co również poprawiło wizerunek Polski w Stanach Zjednoczonych.

W POSZUKIWANIU ŚLADÓW POLSKOŚCI

Jako Polak nigdy nie czułem się źle w Stanach Zjednoczonych. Nie spotykałem się z przejawami niechęci czy wyższości ze strony Amerykanów, zwykle miałem do czynienia z życzliwością i zainteresowaniem. Na amerykańskiej prowincji spotykałem ludzi, którzy nie mieli zielonego pojęcia, gdzie jest Polska. Niektórzy mylili Poland z Portland, a inni kojarzyli tylko, że nasz kraj leży gdzieś w Europie i że jest tam bardzo zimno. Zdarzały mi się jednak niespodzianki, jak wtedy, gdy w pewne sobotnie popołudnie wracałem z kolegą z wycieczki rowerowej znad Potomaku. Właśnie przejeżdżaliśmy przez mostek nad kanałem Chesapeake & Ohio, by dostać się do dzielnicy Georgetown, gdy zaczepił nas czarnoskóry bezdomny, którego zaintrygował nasz dziwaczny język.

— Hej, skąd jesteście? — zawołał, po czym zaciągnął się papierosem.

— Z Polski — odpowiedziałem.

— Z Polski? A co tam słychać u Wałęsy? — zapytał.

Wyjaśniłem mu, że po obaleniu komunizmu Wałęsa został prezydentem, ale przegrał walkę o reelekcję i że teraz jeździ po świecie i wygłasza odczyty. Mój rozmówca ze zrozumieniem pokiwał głową.

— W obecnych czasach niełatwo o dobrych przywódców. Słyszałem, że jego następca był lepszy. Ten postkomunista, jak mu tam... Kwasneski... Kwasznewsky?

Zanim się pożegnaliśmy, bezdomny wyjaśnił, że wychował się w Baltimore, gdzie poznał wielu Polaków, i że bardzo lubi polskie jedzenie — przede wszystkim kiełbasę i gołąbki.

Kiełbasa jest jedną z „wizytówek" naszego kraju w Stanach Zjednoczonych. Można ją kupić nie tylko w rejonach zamieszkanych przez Polaków, ale również w sieciach amerykańskich supermarketów, takich jak: Giant, Safeway, Food Lion czy Publix. Sprzedawana jest zwykle jako *polish sausage* albo *polska kalebasa*, w półkilogramowych paczkach w cenie 2 – 4 dolarów. Amerykańska wersja polskiej kiełbasy produkowana jest z wołowiny, indyka, wieprzowiny albo jako mieszanka kilku rodzajów mięs. Amerykanie kupują kiełbasę na grilla, dodają do kreolskiej jambalayi, a hot dogi z polskimi kiełbaskami sprzedawane są w ulicznych budkach w Nowym Jorku. Po naprawdę dobrą kiełbasę trzeba jednak udać się do polskich sklepów, które znajdują się nie tylko w Nowym Jorku czy Chicago, ale także w dziesiątkach innych amerykańskich miast. Odwiedzając te sklepy, często spotykałem Amerykanów polskiego pochodzenia, którzy nie znali słowa po polsku, ale pamiętali potrawy przygotowywane przez ich mamy i babcie. Polskie jedzenie jest dla tych ludzi sentymentalnym wspomnieniem z czasów dzieciństwa. Na polskie restauracje w Stanach Zjednoczonych trafić jest trudniej, bo poza Chicago i Nowym Jorkiem jest ich niewiele. Na przykład w liczącej 5,5 miliona mieszkańców aglomeracji waszyngtońskiej znajdują się setki włoskich, francuskich czy hinduskich knajpek, a tylko jedna polska. Nazywa się Domku Cafe i poza bigosem, pierogami, kiełbasą w kapuście oraz schabowym oferuje także węgierski gulasz, szwedzkie klopsiki, gruziński kawior i czeskie knedliki. Niedługo po przyjeździe do USA z radością stwierdziłem, że dużą popularnością cieszy się w tym kraju woda mineralna Poland Spring, którą można znaleźć w każdym sklepie spożywczym. Niestety, okazało się, że nie jest ona importowana z naszego kraju, a jej nazwa pochodzi od miasteczka Poland w stanie Maine, gdzie zlokalizowane są źródła wód mineralnych. Miejscowości o nazwie Poland znajdują się zresztą nie tylko w Maine, ale również w innych amerykańskich stanach — m.in. w Nowym Jorku, Indianie oraz Ohio.

Najwięcej jeśli chodzi o rozpowszechnienie polskości w Ameryce, zawdzięczamy Tadeuszowi Kościuszce i Kazimierzowi Pułaskiemu, którzy odegrali istotną rolę w wojnie o niepodległość Stanów Zjednoczonych. Pułaski jest uważany za ojca amerykańskiej kawalerii, która przechyliła szalę zwycięstwa podczas wielu bitew. Pokonał Anglików pod Charleston, a szarża jego oddziałów uratowała życie Jerzemu Waszyngtonowi. Pierwszy prezydent USA stwierdził później, trochę na wyrost, że bez Pułaskiego Ameryka nie wygrałaby wojny z Brytyjczykami. Spore zasługi dla Stanów Zjednoczonych ma też Tadeusz Kościuszko. Zaprojektowane przez niego fortyfikacje pomogły Armii Kontynentalnej wygrać wiele starć, w tym bitwę pod Saratogą. W dowód uznania mianowano go generałem i zlecono mu budowę twierdzy West Point. Postać Kościuszki zafascynowała amerykańskiego dziennikarza polskiego pochodzenia Aleksa Storożyńskiego, który napisał książkę na jego temat zatytułowaną *Chłopski książę: Tadeusz Kościuszko i wiek rewolucji.*

Kościuszko i Pułaski są uważani za amerykańskich bohaterów narodowych. Jednym z pierwszych hołdów złożonych Pułaskiemu było hasło i odzew, które podczas wojny o niepodległość pomagały odróżnić przyjaciela od wroga. Na hasło „Pułaski" odpowiedź brzmiała „Polska". Imieniem Pułaskiego i Kościuszki nazwano w USA setki ulic, dróg, mostów, skwerów, parków i miejscowości. W Savannah w Georgii, gdzie Pułaski odniósł śmiertelne rany, stoi fort jego imienia, który jest jedną z głównych atrakcji turystycznych, a pod pomnikiem Pułaskiego w centrum miasta zatrzymują się wycieczki. Kongres USA ustanowił rocznicę śmierci Kazimierza Pułaskiego, czyli 11 października, oficjalnym świętem państwowym. Tadeusz Kościuszko nie ma w USA swojego dnia, ale jego imieniem nazwano również wiele miejscowości, ulic i placów. Alex Storożyński twierdzi, że żadna inna postać historyczna nie ma w USA więcej pomników niż Kościuszko. Jeden z takich pomników stoi w Waszyngtonie na placu Lafayette, tuż obok Białego Domu. Z kolei budynek, w którym Kościuszko mieszkał podczas pobytu w Filadelfii, został uznany za narodowy zabytek Stanów Zjednoczonych i obecnie znajduje się tam muzeum Tadeusza Kościuszki.

Biorąc pod uwagę, jak wiele miejsc w USA nazwano imionami Kościuszki i Pułaskiego, można odnieść wrażenie, że Amerykanie w swojej historii powszechnie oddawali hołd polskim bohaterom. W rzeczywistości drogi, parki oraz pomniki imienia Pułaskiego i Kościuszki powstawały najczęściej z inicjatywy mieszkających w USA Polaków, a wiedza przeciętnego Amerykanina na temat dwóch naszych dzielnych rodaków jest dość ograniczona. Dla Polonii miejsca te mają jednak duże znaczenie symboliczne i są powodem do dumy.

VIVA POLONIA

Zdecydowana większość z 10 milionów Amerykanów polskiego pochodzenia to potomkowie chłopów, którzy przybyli do Ameryki na przełomie XIX i XX w. Osiedlali się w ośrodkach przemysłowych, takich jak: Chicago, Nowy Jork, Buffalo, Detroit i Boston, gdzie tworzyli homogeniczne społeczności skupione wokół rzymskokatolickich kościołów. Polscy imigranci z tego okresu nie mieli pieniędzy na zakup ziemi, więc pracowali głównie jako niewykwalifikowani robotnicy w fabrykach, stoczniach, stalowniach i kopalniach. Wielu z nich planowało dorobić się w Ameryce i wrócić do kraju, by za zaoszczędzone pieniądze kupić gospodarstwa rolne. Pracowali więc całymi dniami za niskie stawki, odkładając każdego centa. Ich niewielkie wymagania i pracowitość sprawiały, że byli poszukiwani przez pracodawców, choć często spotykali się z niechęcią bardziej już „osiadłych" grup imigrantów oraz członków związków zawodowych. Mając poczucie tymczasowości, Polacy nie inwestowali w edukację swoich dzieci, co sprawiało, że w kolejnych pokoleniach utrzymywali status robotników. Choć ich dochody były porównywalne z dochodami innych grup etnicznych, wśród Polaków było mniej inżynierów, architektów, menedżerów i pozostałych specjalistów. Silnym spoiwem polskiej społeczności były natomiast język i religia. Nie przyłączali się do niemieckich czy irlandzkich parafii, ale budowali własne kościoły, przy których powstawały polskie szkoły, szpitale i sierocińce. W ten sposób tworzyli w Ameryce „małe Polski".

Jednak z czasem związki polskich imigrantów z ojczyzną słabły. Przestawali nazywać siebie Polakami i zaczęli używać funkcjonującego do dziś określenia *Polish Americans*, czyli Amerykanie polskiego pochodzenia (dosł. polscy Amerykanie). I kiedy w 1918 r. powstało państwo polskie, niewielu zdecydowało się na powrót do kraju. Mimo apeli działającej w USA polonijnej organizacji Związek Narodowy Polski (ang. *Polish National Alliance*) w ciągu pierwszych czterech lat po zakończeniu I wojny światowej tylko 100 tysięcy z 2,5 miliona członków polonijnej społeczności przeniosło się z powrotem do kraju. Część z nich przeżyła w ojczyźnie rozczarowanie i powtórnie wyemigrowała do Stanów Zjednoczonych, zniechęcając do powrotu innych. Gdy po ataku na Pearl Harbor Stany Zjednoczone przystąpiły do II wojny światowej, wstępowali do wojska i walczyli jako Amerykanie. Po konferencji w Jałcie, podczas której Stany Zjednoczone i Wielka Brytania uznały, że Polska pozostanie w strefie interesów Związku Radzieckiego, Amerykanie polskiego pochodzenia poczuli się zdradzeni. Utworzony 5 maja 1944 r. Kongres Polonii Amerykańskiej zorganizował kampanię przeciwko prezydentowi Franklinowi Rooseveltowi i próbował zmusić rząd USA, by wycofał się z porozumienia. Swoistą rekompensatą ze strony amerykańskich władz była zgoda na przyjęcie przez USA uciekinierów z bloku wschodniego, w tym ponad 120 tysięcy Polaków. W okresie zimnej wojny imigracja z Polski do Ameryki w zasadzie zamarła. Organizacje polonijne przyjęły antykomunistyczną postawę i *de facto* zerwały związki z PRL-em. Na początku lat 50. XX w. Kongres Polonii Amerykańskiej aktywnie lobbował na rzecz powołania komisji do spraw zbrodni katyńskiej, która w 1952 r. stwierdziła, że za masakrę odpowiedzialni byli Sowieci.

W drugiej połowie XX w. mieszkający w USA potomkowie Polaków zaczęli się wtapiać w amerykańskie społeczeństwo. W latach 50. i 60. tak jak pozostali Amerykanie przenieśli się na przedmieścia i stali się częścią amerykańskiej klasy średniej. Wielu Amerykanów polskiego pochodzenia mówiło mi, że gdy byli dziećmi, rodzice świadomie nie uczyli ich języka polskiego i odcinali od ojczystej kultury, by zwiększyć ich szanse na sukces w społeczeństwie amerykańskim. Proces asymilacji sprawił, że z przemysłowych miast wschodniego wybrzeża oraz środkowego zachodu zaczęły znikać polskie dzielnice, wyjątkiem pozostały w zasadzie tylko chicagowskie Jackowo oraz nowojorski Greenpoint.

Polacy jako grupa odnieśli sukces w Stanach Zjednoczonych. Z wielu badań wynika, że ich dochody były porównywalne z dochodami amerykańskich Niemców czy Irlandczyków, a wyższe od dochodów większości protestantów. Zatracali jednak polską tożsamość, a ich związki z krajem przodków stawały się coraz słabsze. Nadal byli katolikami, ale nie mówili już po polsku. Nosili polskie nazwiska, ale imiona mieli anglosaskie. W Boże Narodzenie śpiewali znane z dzieciństwa *Lulajże, Jezuniu*, ale na stole zamiast karpia stawiali pieczonego indyka. Większość nie określała już siebie mianem amerykańskich Polaków, tylko: Amerykanów polskiego pochodzenia. W 1980 r. tylko 5% mieszkańców USA przyznających się do polskich korzeni było urodzonych w Polsce.

Wybór papieża Polaka, zryw „Solidarności" i późniejsze wprowadzenie stanu wojennego wskrzesiły tożsamość Polonii. Amerykanie polskiego pochodzenia z dumą patrzyli na walkę rodaków z komunistycznym reżimem, angażowali się w pomoc dla niepodległościowej opozycji, a po 13 grudnia 1981 r. wywierali presję na administrację Reagana, by w zdecydowany sposób zareagowała na tłumienie demokratycznych dążeń Polaków. Okres ten przyniósł też falę nowej polskiej imigracji do USA. Uchwalona przez amerykański Kongres w 1980 r. Ustawa o uchodźcach (ang. *Refugee Act of 1980*) ułatwiała uzyskanie statutu uchodźcy, dzięki czemu po wprowadzeniu stanu wojennego w Polsce w USA mogło pozostać 30 tysięcy Polaków. Byli wśród nich nie tylko działacze opozycji, ale również dziennikarze, artyści i naukowcy. Jeszcze więcej Polaków przybyło do USA w latach 80. i 90. w ramach tzw. emigracji zarobkowej. Łącznie po 1980 r. legalne prawo pobytu w USA uzyskało 200 tysięcy Polaków, a około 250 tysięcy osiedliło się w Stanach Zjednoczonych nielegalnie. To dzięki nim ożyły polskie dzielnice w Chicago i Nowym Jorku, stając się przystanią dla przybyszów z Polski nieznających języka angielskiego i kultury Stanów Zjednoczonych. Na Jackowie i Greenpoincie nowi emigranci z Polski mieli wszystko, czego potrzebowali do życia — polskie kościoły, sklepy, restauracje, urzędy, banki, gazety, radio i telewizję. Dla tych, którzy przybyli do USA w latach 80., Ameryka stała się taką samą „pułapką" jak dla wcześniejszych pokoleń imigrantów. Ci, którzy odnieśli tu sukces, nie chcieli wracać do Polski, bo nie gwarantowała im ona takiej jakości życia jak Stany Zjednoczone. Z kolei ci, którym się nie udało, odkładali powrót do kraju, bo nie chcieli, by rodzina i znajomi zobaczyli, że ponieśli porażkę. Po latach nie mieli już do czego wracać i wegetowali w polskich gettach albo aklimatyzowali się jakoś w Ameryce.

Według najnowszego spisu powszechnego 9,8 milionówAmerykanów, czyli 3,2% populacji USA, przyznaje się do polskich korzeni. Ich związki z Polską są jednak płytkie, a kulturowo ci ludzie są w stu procentach Amerykanami.

Polskimi sprawami żyje niewielu naszych rodaków z USA, czego wyznacznikiem jest choćby liczba głosujących w wyborach do polskiego parlamentu albo na prezydenta RP. W „najlepszych" latach liczba ta nie przekraczała 33 tysięcy, choć polskie paszporty ma około 400 tysięcy osób. Być może część z nich nie bierze udziału w głosowaniu, ponieważ przyjmując obywatelstwo amerykańskie, musiała wyrzec się lojalności wobec Polski. Zgodnie z amerykańskim prawem nie można bowiem zostać obywatelem USA bez złożenia następującego ślubowania:

Niniejszym oświadczam pod przysięgą, że absolutnie i całkowicie porzucam i wyrzekam się wszelkiej lojalności i wierności wobec obcego władcy, mocodawcy, kraju i państwa, którego do tej pory byłem poddanym lub obywatelem; że będę wspierał konstytucję Stanów Zjednoczonych Ameryki i bronił jej przed wrogami wewnętrznymi i zewnętrznymi; że będę dzierżył broń w imieniu Stanów Zjednoczonych, jeśli będzie tego wymagać prawo [...] i że podejmuję to zobowiązanie dobrowolnie, bez żadnych moralnych zastrzeżeń lub próby jego ominięcia. Tak mi dopomóż Bóg.

Z amerykańskiego spisu powszechnego wynika, że 630 tysięcy mieszkańców USA (0,2%) mówi w domu po polsku. Z tej grupy co trzeci mieszka w Chicago, a co czwarty w rejonie Nowego Jorku. Pozostali porozrzucani są po całych Stanach Zjednoczonych i nie tworzą żadnych większych społeczności. Liczba Amerykanów mówiących w domu po polsku spadła w ciągu ostatnich 30 lat o 1/4, ale to samo zjawisko dotyczy także innych języków. Jeszcze szybciej od polskiego zanikają w USA włoski, niemiecki oraz jidysz. Jeśli w najbliższym czasie nie pojawi się kolejna fala imigracji znad Wisły, a na razie się na to nie zanosi, to język polski w USA będzie stopniowo zanikał. Ale pamięć o własnych korzeniach przetrwa u Amerykanów polskiego pochodzenia, tak jak przetrwała u potomków chłopskich imigrantów sprzed ponad 100 lat. Bo choć ludzie ci nie mają pojęcia o tym, kto jest prezydentem Polski, a polską kiełbasę znają wyłącznie w wersji amerykańskiej, to jednak starają się pamiętać, skąd pochodzą, zakładają polskie stowarzyszenia, tworzą muzea, zapisują dzieci do zespołów polskiego tańca ludowego i fundują stypendia dla utalentowanych Polonusów. Są dumni ze swoich korzeni, a dumę tę czerpią nie tylko z historii Polski, ale również z osiągnięć Amerykanów polskiego pochodzenia.

CROSS CZY KRZYŻEWSKI?

Przeciętnemu Polakowi nic nie mówią takie nazwiska, jak: Mike Krzyżew-ski, Pete Stemkowski, Mike Ditka, Betsy King czy Stan Musial. Tymczasem w Stanach Zjednoczonych postacie te zna każdy, kto interesuje się sportem, czyli... niemal wszyscy Amerykanie. Krzyżewskiego, Stemkowskiego, Ditkę, King i Musiala łączy polskie pochodzenie oraz honorowe miejsce w niewiel-kim muzeum znajdującym się w miasteczku Hamtramck na przedmieściach Detroit w stanie Michigan. Muzeum nosi nazwę Narodowy Polsko-Amerykański Panteon Sław Sportu (ang. *National Polish-American Sports Hall of Fame*), a założyli je potomkowie polskich imigrantów, którzy stawiają sobie za cel upamiętnienie „nadzwyczajnych polskich osiągnięć w amerykańskim sporcie". Wśród sportowców uhonorowanych w muzeum nie ma bohaterów Jackowa i Greenpointu, takich jak Andrzej Gołota czy Tomasz Adamek. Jest nato-miast 120 zawodników i trenerów futbolu amerykańskiego, bejsbola, hokeja, koszykówki, golfa i innych dyscyplin, zarówno na poziomie pierwszoligowym, jak i uniwersyteckim. Co roku muzeum dopisuje do grona sław po kilku spor-towców polskiego pochodzenia. W 1991 r. honorowe miejsce w panteonie polskich sław amerykańskiego sportu zajął jeden z najsłynniejszych ame-rykańskich szkoleniowców, trener drużyny koszykarskiej Uniwersytetu Duke, wspomniany wyżej Mike Krzyżewski.

Z polskiej perspektywy trudno pojąć, że trener drużyny uniwersytec-kiej może być sławny na całą Amerykę. Warto więc sobie uświadomić, że Amerykanie są bardzo emocjonalnie związani ze swoimi uczelniami, na mecze drużyn uniwersyteckich przychodzą dziesiątki tysięcy widzów, a roz-grywki transmitują główne sportowe stacje telewizyjne. Sport uniwersytecki to wielki biznes, który przynosi uczelniom setki milionów dolarów. Znany jako „Trener K" Mike Krzyżewski trenuje drużynę Duke Blue Devils od 1980 r. W 2001 r. podpisał dożywotni kontrakt z Uniwersytetem Duke, wartości tej umowy nie ujawniono. Wiadomo natomiast, że kilka lat temu odrzucił ofertę klubu NBA Los Angeles Lakers, który to klub proponował mu 40 milionów dolarów za pięć lat pracy. Krzyżewski jest na swojej uczelni bohaterem. Jego imieniem nazwano boisko w głównej hali koszykówki oraz otwarty w 2008 r. nowoczesny kompleks treningowy. Trener K odebrał wiele nagród za swoje osiągnięcia, a w 2001 r. został uznany trenerem roku przez magazyn „Time" i telewizję CNN oraz sportowcem roku przez pismo „Sports Ilustrated".

Mike Krzyżewski urodził się w 1947 r. w Chicago w katolickiej rodzinie potomków polskich imigrantów. Jako dziecko niemal każde wakacje spędzał w Pensylwanii, gdzie mieszkali jego urodzeni w Polsce dziadkowie ze strony matki. Krzyżewski nie tylko nie wstydzi się polskich korzeni, ale jest z nich dumny. Opowiedział o tym podczas uroczystej ceremonii w Narodowym Polsko-Amerykańskim Panteonie Sław Sportu, do którego został przyjęty w 1991 r.:

— Kiedy mój ojciec wstąpił do wojska, by walczyć na froncie II wojny światowej, nie zarejestrował się pod swoim nazwiskiem, tylko zmienił je na Cross (*Krzyż*). Nie mam nic przeciwko zmianom nazwiska, jeśli są ku temu uzasadnione powody, ale w przypadku mojego ojca były one niewłaściwe. On zrobił to ze strachu. Nie można mieć do niego pretensji, bo obawiał się dyskryminacji. Mój ojciec zmarł w 1969 roku i na jego nagrobku na cmentarzu wojskowym znalazło się nazwisko Cross, ponieważ tak był zarejestrowany w armii. Bardzo mi się to nie podobało, ale nie mieliśmy pieniędzy, by postawić nową tablicę. Dopiero po latach zmieniliśmy na nagrobku nazwisko Cross na Krzyżewski".

Słynny trener wyjaśnił, że honorowanie sportowców polskiego pochodzenia ma ogromne znaczenie dla ludzi takich jak on:

— Honorując sportowców polskiego pochodzenia, robimy coś, co sprawi, że historia mego ojca już się nie powtórzy, że zawsze będziemy odczuwać dumę, mówiąc, że jesteśmy polskiego pochodzenia, że będziemy stać bardziej wyprostowani.

Obecna Ameryka jest zupełnie inna od tej, w której żył ojciec trenera Krzyżewskiego. Potomkowie imigrantów nie ukrywają swoich korzeni. Wręcz przeciwnie. To jest część ich tożsamości. Niemal każdy Amerykanin, którego poznałem, wie, skąd przybyli jego rodzice, dziadkowie czy pradziadkowie. Wielu okazuje dumę ze swego pochodzenia, dotyczy to również potomków imigrantów z Polski. Przykładem jest słynna aktorka Gwyneth Paltrow, która występując w popularnym programie NBC *Who Do You Think You Are?* (*Jak myślisz, kim jesteś?*), powiedziała, że odkryła, iż jej praprapradziadek nazywał się Palterowicz i był rabinem w położonej niedaleko Łomży miejscowości Nowogród. Polskie korzenie mają też współtwórca firmy Apple Steve Wozniak, aktorka Jane Krakowski i korespondent telewizji NBC akredytowany przy Pentagonie Jim Miklaszewski. Ci, którzy interesują się polityką i oglądają telewizję MSNBC, wiedzą, kim jest popularna prezenterka tej stacji Mika Brzezinski. A jest ona córką najbardziej wpływowego Amerykanina polskiego pochodzenia, Zbigniewa Brzezińskiego, który swego czasu sprawował jedną z najwyższych funkcji państwowych w USA w sprawach polityki zagranicznej i bezpieczeństwa. W latach 1977 – 1981 Brzeziński był doradcą prezydenta USA Jimmy'ego Cartera do spraw bezpieczeństwa narodowego.

BRZEZIŃSKI

Zbigniew Brzeziński urodził się w Warszawie w 1928 r. Jego ojciec był dyplomatą i tuż przed wybuchem II wojny światowej został wysłany na placówkę do Kanady. Po wojnie jego rodzina nie wróciła już do Polski. Brzeziński ukończył prestiżowy kanadyjski uniwersytet McGill, po czym studiował na Harvardzie, gdzie uzyskał tytuł doktora. Jako profesor tej uczelni, wraz z pochodzącym z Niemiec Carlem Joachimem Friedrichem, rozszerzył naukową definicję totalitaryzmu i spopularyzował jej użycie w odniesieniu do Związku Radzieckiego. W latach 50. XX w. jako uznany politolog brał aktywny udział w toczącej się w USA debacie na temat amerykańskiej polityki zagranicznej. Choć sprzeciwiał się lansowanej przez republikanów konfrontacyjnej doktrynie wypierania ZSRR ze strefy jego wpływów, przez demokratów uważany był za jastrzębia, czyli zwolennika twardej polityki zagranicznej opartej na potędze militarnej (przeciwieństwo gołębia). Brzeziński był nie tylko opiniotwórczym uczestnikiem dyskusji na temat amerykańskiej polityki zagranicznej, ale brał w niej aktywny udział. W 1960 r. należał do grupy doradców prezydenta Johna Kennedy'ego, w 1964 r. wspierał prezydenta Lyndona Johnsona, a w 1968 r. pracował w zespole do spraw międzynarodowych kandydata demokratów na prezydenta Huberta Humphreya. Brzeziński był jednym z pomysłodawców i twórców ufundowanej przez Davida Rockefellera Komisji Trójstronnej — organizacji skupiającej wpływowych polityków, biznesmenów, intelektualistów i naukowców z Ameryki Północnej, Europy oraz Azji i rejonu wokół Pacyfiku, która przez wyznawców teorii spiskowych uważana jest za rodzaj tajnego rządu kierującego losami świata. W skład komisji wchodzi obecnie prawie 500 osób, z czego 120 reprezentuje USA i Kanadę, 170 Europę i ponad 100 Japonię, Koreę Południową, Australię, Filipiny oraz inne kraje tego regionu. Amerykańskimi członkami komisji są m.in.: sekretarz skarbu Timothy Geithner, ambasador USA przy ONZ Susan Rice, byłe sekretarz stanu Condoleezza Rice i Madeleine Albright, prezes Banku Światowego Robert Zoelick, doradcy prezydenta USA do spraw gospodarczych Larry Summers i Paul Volcker i wielu innych wysokich rangą dyplomatów, przedstawicieli środowisk akademickich, biznesmenów, ekonomistów i polityków. Do Komisji Trójstronnej należał były prezydent USA Jimmy Carter, który został do niej zaproszony właśnie przez Zbigniewa Brzezińskiego.

Carter określał siebie mianem „pilnego ucznia" Zbigniewa Brzezińskiego i zaraz po objęciu urzędu prezydenta powierzył mu jedno z najważniejszych stanowisk w Białym Domu — doradcy do spraw bezpieczeństwa narodowego. Dzięki temu w latach 1977 – 1981 Brzeziński odgrywał kluczową rolę w amerykańskiej polityce zagranicznej. Był zwolennikiem twardej postawy wobec Związku Radzieckiego i wykorzystywania każdej okazji do osłabienia tego kraju. To on stał za amerykańską akcją szkolenia, finansowania i zbrojenia mudżahedinów w Afganistanie, którzy prowadzili walkę z wojskami radzieckimi. Kreml był przekonany, że Brzeziński przyłożył także rękę do wyboru Karola Wojtyły na papieża. Kiedy po śmierci Jana Pawła II zapytałem go o tę sprawę, Brzeziński zapewnił mnie z uśmiechem, że z wyborem papieża nie miał nic wspólnego. Jednym z bardziej interesujących aspektów działalności Zbigniewa Brzezińskiego w Białym Domu była jego rola w przeciwdziałaniu radzieckiej interwencji wojskowej w Polsce pod koniec 1980 r. Do dziś nie daje mi jednak spokoju pytanie, czy krótka notatka, jaką podyktował wtedy Carterowi, nie utwierdziła władz Związku Radzieckiego w przekonaniu, że Stany Zjednoczone są skłonne przymknąć oko na wprowadzenie stanu wojennego w Polsce.

Pod koniec 1980 r. Amerykanie wierzyli, że w Polsce może dojść do rozlewu krwi. Jak ujawnił w swojej książce o Ryszardzie Kuklińskim amerykański dziennikarz Benjamin Weiser, późną jesienią CIA alarmowała Biały Dom, że sytuacja w Polsce staje się tak napięta, że może dojść do rozwiązania siłowego, w tym: do sowieckiej inwazji. Niedługo potem zajmujący się w CIA oceną zagrożeń strategicznych Robert Gates (późniejszy minister obrony USA) ostrzegał, że sytuacja w Polsce jest nie do zaakceptowania dla ZSRR. O planach interwencji zbrojnej Układu Warszawskiego w Polsce informował

Amerykanów także pułkownik Ryszard Kukliński, który pisał m.in. o ogromnej presji, jakiej poddany był w tym czasie generał Wojciech Jaruzelski. 2 grudnia 1980 r. szef CIA Stansfield M. Turner przekazał prezydentowi Carterowi pilne memorandum, w którym stwierdził, że Sowieci szykują swoje oddziały do interwencji w Polsce, choć nie jest jasne, czy ostateczna decyzja już została podjęta. 4 grudnia Kukliński donosił, że do Polski ma wkroczyć 15 dywizji radzieckich, dwie czeskie i jedna niemiecka, i że przygotowania do inwazji zostały zakończone, a datę interwencji wyznaczono na poniedziałek 8 grudnia. Zbigniew Brzeziński zadzwonił wtedy do papieża Jana Pawła II z informacją o planach inwazji na Polskę, a jednocześnie przekonał prezydenta USA do podjęcia próby zapobieżenia wkroczeniu wojsk radzieckich. Po naradzie w Białym Domu Jimmy Carter publicznie ostrzegł Moskwę, że interwencja zbrojna w Polsce będzie miała „najpoważniejsze negatywne konsekwencje" w relacjach Wschodu z Zachodem, a szczególnie w stosunkach USA — ZSRR. Bardziej interesująca jest jednak prywatna notatka, którą w tym samym czasie Carter przesłał za pośrednictwem „gorącej linii" ówczesnemu radzieckiemu przywódcy Leonidowi Breżniewowi. Benjamin Weiser, który uzyskał dostęp do notatki, napisał, że przesłanie, którego autorem był Zbigniew Brzeziński, zawierało zapewnienie, że „USA nie zamierzają wykorzystywać sytuacji w Polsce i nie dążą do naruszenia pełnoprawnych interesów bezpieczeństwa (ang. *legitimate security interests*) Związku Radzieckiego w regionie".

„Chciałbym Pana zapewnić, że jedynym naszym celem jest utrzymanie pokoju w Europie Środkowej — podkreślił Carter. — W tym kontekście polskie władze oraz naród polski powinny samodzielnie rozwiązać swoje wewnętrzne problemy. Jednocześnie chciałbym podkreślić, że nasze relacje zostaną poważnie zachwiane, jeśli do narzucenia rozwiązania narodowi polskiemu zostanie użyta siła".

Innymi słowy, Stany Zjednoczone zapewniały Moskwę, że:

1) uznają Polskę za strefę wpływów Związku Radzieckiego;

2) opowiadają się za tym, by Polacy sami rozwiązali swoje problemy;

3) sprzeciwiają się interwencji zbrojnej.

Przygotowane przez Zbigniewa Brzezińskiego przesłanie do Breżniewa można rozumieć na różne sposoby. Możliwe jest jednak, że Moskwa zinterpretowała te słowa jako akceptację USA dla wprowadzenia stanu wojennego w Polsce. Za taką tezą przemawia fakt, że po ostrzeżeniu ze strony

Cartera Sowieci wycofali część oddziałów z rejonów przygranicznych, ale zwiększyli naciski na polskie władze, by same rozprawiły się z „Solidarnością". W weekend poprzedzający planowaną interwencję generał Jaruzelski i ówczesny I sekretarz PZPR Stanisław Kania polecieli do Moskwy i wrócili z przekonaniem, że stan wojenny będzie alternatywą dla radzieckiej inwazji. Rok później prezydent Ronald Reagan nie próbował zapobiec wprowadzeniu stanu wojennego, mimo że Biały Dom znał plany generała Jaruzelskiego z meldunków pułkownika Ryszarda Kuklińskiego. Jak ujawnił były zastępca dyrektora CIA Bobby Ray Inman, co najmniej 20 wysokich rangą przedstawicieli amerykańskiej administracji, w tym prezydent Ronald Reagan i jego doradcy, wiedziało o raportach Kuklińskiego. Amerykańska administracja podawała różne, zazwyczaj mało przekonujące wytłumaczenia bierności Reagana. Główny argument brzmiał, że Biały Dom nie znał daty wprowadzenia stanu wojennego. Co jednak stało na przeszkodzie, by Amerykanie ostrzegli Jaruzelskiego przed użyciem wojska przeciwko „Solidarności", grożąc, że będzie to oznaczać poważne konsekwencje dla Polski — np. w postaci sankcji gospodarczych? Odpowiedzialny za sprawy Europy Wschodniej w radzie Bezpieczeństwa Narodowego za czasów Ronalda Reagana Richard Pipes tłumaczył bierność amerykańskiej administracji zamieszaniem w Białym Domu związanym ze skandalem dotyczącym rzekomego przyjęcia łapówki przez ówczesnego doradcę prezydenta USA do spraw bezpieczeństwa narodowego Richarda Allena. Podczas wywiadu, jakiego udzielił mi w grudniu 2011 r., przyznał jednak, że prezydent Ronald Reagan i wiceprezydent George H.W. Bush rzeczywiście mogli dojść do wniosku, iż stan wojenny był „mniejszym złem w stosunku do radzieckiej interwencji wojskowej", i dlatego zachowali bierność. Sam profesor Zbigniew Brzeziński przekonywał mnie, że jedynym celem notatki, którą w 1980 r. Carter przesłał Breżniewowi, było powstrzymanie radzieckiej inwazji, bo nikt w Białym Domu nie wierzył wówczas, że wprowadzenie stanu wojennego w Polsce może się udać. Przy innej okazji Brzeziński przyznał jednak, że z punktu widzenia USA inwazja sowiecka byłaby czymś znacznie poważniejszym niż „rozwiązanie wewnętrzne" i wymagałaby od Stanów Zjednoczonych bezpośredniej reakcji, czego Waszyngton wolał uniknąć.

Na działalności Zbigniewa Brzezińskiego w Białym Domu cieniem położyła się nieudana operacja odbicia amerykańskich zakładników z ambasady USA w Teheranie. Misja amerykańskich sił specjalnych Delta Force

pod kryptonimem Orli Szpon, której Brzeziński był zwolennikiem, zakończyła się śmiercią ośmiu amerykańskich komandosów, stratą sześciu śmi-
głowców oraz porzuceniem sprzętu wojskowego i dokumentów z informacjami wywiadowczymi. Fiasko operacji było gwoździem do trumny i tak
już niepopularnego prezydenta Jimmy'ego Cartera, który pół roku później
przegrał walkę o reelekcję. Mimo to po odejściu z Białego Domu Zbigniew
Brzeziński nie usunął się w cień i zachował wpływową pozycję w Waszyngtonie. Został ekspertem opiniotwórczego ośrodka Centrum Studiów Strategicznych i Międzynarodowych (ang. *Center for Strategic and International
Studies* — CSIS) oraz profesorem na wydziale politologii Uniwersytetu Johnsa
Hopkinsa (ang. *Johns Hopkins University*). Był także zapraszany do prac w komisjach i zespołach doradców zajmujących się kwestiami bezpieczeństwa
narodowego powoływanych przez republikańskich prezydentów Ronalda
Reagana i George'a H.W. Busha. Prestiż Brzezińskiego podnosiły wydawane
przez niego książki na temat polityki międzynarodowej oraz udział w pracach
Rady Stosunków Międzynarodowych (ang. *Council on Foreign Relations*). Zbigniew Brzeziński cały czas jest obecny w amerykańskich i światowych
mediach. Jego opinii zasięgają najwybitniejsi dziennikarze piszący o polityce
zagranicznej i bezpieczeństwie narodowym USA. Brzezińskiego zaprasza się
do programów CNN, BBC oraz radia publicznego NPR, profesor pojawia się
w porannym programie telewizji informacyjnej MSNBC, który współprowadzi
jego córka Mika Brzezinski. Polscy prezydenci, premierzy i ministrowie
spraw zagranicznych podczas wizyt w Waszyngtonie zawsze umawiają się
z Brzezińskim na lunch. I słusznie, bo Zbigniew Brzeziński należy do najbardziej przenikliwych umysłów w Waszyngtonie i najbardziej poważanych
specjalistów od polityki międzynarodowej w USA.

POLSKI POLITYK W WASZYNGTONIE

Był luty 2005 r. Prezydent Aleksander Kwaśniewski zakończył właśnie
spotkanie z George'em W. Bushem w Białym Domu i wrócił do położonego
po drugiej stronie Pensylvania Avenue budynku Blair House, czyli oficjalnej
gościnnej rezydencji prezydenta Stanów Zjednoczonych. Właśnie tam miał
udzielić wywiadów trzem stacjom radiowym — RMF, Radiu Zet i Polskiemu

Radiu. Wraz z ówczesnym korespondentem RMF Grzegorzem Jasińskim i Piotrem Milewskim z Zetki przeprowadziliśmy szybkie losowanie kolejności. Wygrał Jasiński i to on jako pierwszy wszedł do sali Trumana, gdzie czekał już na niego prezydent w towarzystwie ambasadora RP w Waszyngtonie Przemysława Grudzińskiego. Ja z Milewskim zostaliśmy w niewielkiej poczekalni. Wiedziałem, że mam jeszcze 10 minut, bo tyle czasu przypadało na każdego z nas. Jakież było moje zdziwienie, gdy po niespełna trzech minutach w drzwiach stanął Grzegorz z bardzo niewyraźną miną. „Pewnie zadał jakieś niewygodne pytanie i Kwaśniewski przerwał rozmowę" — pomyślałem. Podniosłem się z kanapy i ruszyłem w kierunku drzwi, mając nadzieję, że mimo incydentu z Jasińskim Kwaśniewski udzieli mi wywiadu. Zanim wyszedłem z poczekalni, zdążyłem jednak zapytać Grzegorza, co się stało. „Zasnął" — usłyszałem w odpowiedzi. Chwilę później zobaczyłem prezydenta RP z lekko przymrużonymi oczami, wygodnie rozpartego w zabytkowym fotelu ustawionym obok kominka, naprzeciwko ściany z portretem 33. prezydenta Stanów Zjednoczonych. By nie dopuścić do powtórki sytuacji, jaka spotkała korespondenta RMF, zacząłem rozmowę od najbardziej kontrowersyjnych tematów, czyli wojny w Iraku oraz wiz dla Polaków. Po drugim pytaniu Kwaśniewski się trochę zdenerwował, dzięki czemu się ożywił i udało mi się nagrać kilkanaście minut całkiem interesującej rozmowy. Kilka miesięcy później, przed opuszczeniem Waszyngtonu i wyjazdem do Polski, Grzegorz Jasiński puścił mi nagranie swego niecodziennego wywiadu. Na pierwsze pytanie Kwaśniewski udzielił odpowiedzi, choć mówił coraz wolniej i bardziej niewyraźnie. Po drugim pytaniu zapadła całkowita cisza, która trwała kilkanaście sekund, po czym rozległo się miarowe chrapanie. Refleksem, klasą i poczuciem humoru wykazał się wówczas ambasador Grudziński. „Może powinien pan, panie redaktorze, inaczej sformułować pytanie?" — zaproponował zaskoczonemu drzemką prezydenta Grzegorzowi.

Nie wiem, dlaczego Aleksander Kwaśniewski zasnął podczas wywiadu z korespondentem RMF. Przyczyn mogło być kilka — zmęczenie podróżą, zmiana strefy czasowej albo lampka koniaku na rozgrzewkę po półgodzinie spędzonej na mrozie przy okazji wywiadu dla Telewizji Polskiej. Niewykluczone jednak, że Kwaśniewski potraktował Blair House jako drugi dom i postanowił oddać się rozkoszom popołudniowej drzemki. Były prezydent RP miał powody, by czuć się w Waszyngtonie jak w domu, bo odwiedził

Biały Dom pięciokrotnie, co zdarzyło się niewielu światowym przywódcom. Największe wyróżnienie spotkało go w 2002 r., kiedy to złożył w Waszyngtonie wizytę państwową. Ówczesnego prezydenta Polski witano z najwyższymi honorami, a na oficjalną kolację nawet dziennikarze musieli założyć fraki. Było 21 salw armatnich, kompania reprezentacyjna i osobny program dla pierwszych dam. Taki przywilej spotyka co roku najwyżej jednego lub dwóch gości zagranicznych. Gdy w 2005 r. Kwaśniewski kończył drugą kadencję na stanowisku prezydenta, George W. Bush zaprosił go na pożegnalne spotkanie do Białego Domu, co nie jest standardową praktyką. Na tego rodzaju pożegnania przyjeżdżali do Waszyngtonu tylko nieliczni — np. premier Wielkiej Brytanii Tony Blair.

Z czego wynikało specjalne traktowanie polskiego prezydenta za czasów George'a W. Busha? Otóż Aleksander Kwaśniewski nadał wyraźnie proamerykański kierunek polskiej polityce zagranicznej, i to w czasach, kiedy nie było to dobrze widziane w Europie. To za prezydentury Kwaśniewskiego i rządów SLD Polska kupiła za 3,5 miliarda dolarów myśliwce F-16, odrzucając oferty europejskich koncernów zbrojeniowych. Jeszcze ważniejsza dla George'a W. Busha była deklaracja poparcia przez Polskę i inne kraje Europy Środkowej i Wschodniej amerykańskiej polityki wobec Iraku. Dało to ówczesnemu prezydentowi USA mocny argument w sporze z demokratami, którzy oskarżali go, że inwazja na Irak spowoduje międzynarodową izolację Stanów Zjednoczonych. Poparcie Polski było wtedy Bushowi naprawdę potrzebne. Innym powodem szczególnego traktowania Kwaśniewskiego w Waszyngtonie były jego osobiste cechy, takie jak: bezpośredniość, dystans do samego siebie i łatwość nawiązywania kontaktów, w czym zresztą pomagała mu niezła znajomość angielskiego. Te same cechy odegrały również istotną rolę w kontaktach Aleksandra Kwaśniewskiego z amerykańskimi Żydami. Pamiętam jego spotkanie z przedstawicielami środowisk żydowskich na prestiżowym Uniwersytecie Georgetown, kiedy przez półtorej godziny opowiadał o tym, jak bardzo w Polsce zmienił się stosunek do Żydów i że stereotyp Polaka antysemity jest dawno nieaktualny. I choć w najbardziej drażliwej kwestii zwrotu majątków zagarniętych podczas II wojny światowej nie złożył żadnej wiążącej obietnicy, uczestnicy spotkania wyszli z sali zachwyceni.

Innym polskim politykiem, który dobrze wypada w Stanach Zjednoczonych, jest Radosław Sikorski. Zanim powrócił do kariery politycznej
w Polsce, przez trzy lata pracował w waszyngtońskim ośrodku analitycznym
American Enterprise Institute (AEI). Sikorski był w nim ekspertem i stał na
czele działającej w ramach AEI organizacji Nowa Inicjatywa Atlantycka
(ang. *New Atlantic Initiative*), której celem było pogłębienie współpracy Stanów Zjednoczonych z Europą. American Enterprise Institute ma konserwatywny charakter. Ośrodek ten stanowił zaplecze kadrowe rządu George'a
W. Busha, do którego administracji weszło ponad 20 osób związanych z AEI,
w tym tacy jastrzębie, jak: Dick Cheney, John Bolton czy Paul Wolfowitz.
Praca w American Enterprise Institute dała Sikorskiemu okazję do nawiązania
cennych kontaktów oraz nauczyła go amerykańskiego stylu uprawiania polityki, na który składa się profesjonalizm i doskonała umiejętność komunikacji.

Radosław Sikorski znakomicie wypada w czasie oficjalnych wizyt w Waszyngtonie — zarówno podczas rozmów w Departamencie Stanu, jak
i w trakcie publicznych wystąpień. Nienaganny angielski z prestiżowym
brytyjskim akcentem, swoboda i poczucie humoru zjednują mu życzliwość
słuchaczy. Jako Polak niejednokrotnie odczuwałem dumę z poziomu, jaki
reprezentuje polityk z mojego kraju. Ubolewałem jedynie nad tym, że
w Polsce Sikorski wdaje się w słowne przepychanki z opozycją, a co gorsza
czasami przenosi niski poziom krajowych sporów politycznych do Waszyngtonu. Przekonałem się o tym w okresie konfliktu zbrojnego w Libii.
Gdy w marcu 2011 r. Sikorski był w drodze do Waszyngtonu, poseł PiS
Karol Karski zażądał od polskich władz oficjalnego uznania rządu tymczasowego stworzonego przez libijską opozycję. Tuż po przybyciu ministra do stolicy USA zapytałem go o ten postulat. Ku mojemu zaskoczeniu
zamiast merytorycznej reakcji Sikorski odpowiedział zaczepką: „Myślę,
że wpływ posła Karskiego na wydarzenia w rejonie Morza Śródziemne-
go byłby większy, gdyby załatwił sprawy związane z własnymi wojażami
na Cyprze". W ten sposób nawiązał do incydentu, w którym posłowie Karski
i Zbonikowski zniszczyli wózki golfowe, jeżdżąc nimi po pijanemu w cypryj-
skim ośrodku wypoczynkowym. Do wypowiedzi Sikorskiego podszedłem
ze zrozumieniem, gdy uświadomiłem sobie, że dopiero wysiadł z samolotu
i nie przestawił się jeszcze na amerykańskie standardy. W kolejnych dniach
minister zachowywał się już po amerykańsku, czyli z klasą, i jak zwykle
doskonale prezentował się na spotkaniach i konferencjach.

Inni polscy politycy podczas pobytu w Waszyngtonie wypadali i wypadają poprawnie — bez fajerwerków, ale też bez poważniejszych wpadek. W nawiązaniu bezpośrednich relacji z obecnym prezydentem USA Bronisławowi Komorowskiemu, a wcześniej Lechowi Kaczyńskiemu przeszkadza nie tylko ich słaba znajomość angielskiego, ale również osobowość samego Baracka Obamy, który nie jest skłonny do „kumplowania" się z innymi przywódcami. Nie ma to jednak większego wpływu na stosunki polsko-amerykańskie i na tzw. dialog strategiczny pomiędzy oboma krajami, który nie wiadomo do końca, co oznacza, ale daje nam poczucie, że jesteśmy ważni.

BO ON NAS NIE SZANUJE

Stosunki polsko-amerykańskie ostatnich lat cechują liczne zgrzyty, które w Polsce skutkują rozczarowaniami, urazami i powszechnym poczuciem, że Stany Zjednoczone traktują nas instrumentalnie. Niektóre z tych zgrzytów wynikają z niewłaściwej interpretacji zachowań Amerykanów i przykładania do ich postępowania polskiej miary. Przykładem takiej sytuacji była wrzawa mediów i polityków po tym, jak Barack Obama zmienił plany budowy tarczy antyrakietowej w Europie. Jednym z głównych problemów okazał się fakt, że swoją decyzję Amerykanie przekazali nam 17 września 2009 r., czyli w 70. rocznicę wkroczenia wojsk radzieckich do Polski. Prezes PiS Jarosław Kaczyński nie miał wątpliwości, że datę tę Amerykanie wybrali celowo, by „uczynić Polsce despekt" i nadać tej decyzji „nieprzyjemny charakter". Winą za takie zachowanie Amerykanów Kaczyński obarczył Donalda Tuska. Kazimierz Marcinkiewicz uznał działanie Waszyngtonu za afront, choć starał się usprawiedliwiać premiera, twierdząc, że nie była to jego wina, tyko skutek „serwilistycznej polityki Millera i Kwaśniewskiego wobec Amerykanów". O nietakcie i policzku ze strony Białego Domu mówili też publicyści, a jeden z komentatorów użył nawet określenia „zdrada". Prawie nikomu nie przyszło do głowy, że Amerykanie mogli zwyczajnie nie mieć pojęcia, że 17 września wypada tak ważna rocznica dla Polaków. Trzeba bowiem pamiętać, że urzędnicy Białego Domu zajmują się codziennie setkami spraw i nie są w stanie weryfikować każdej daty. Poza tym decyzję o zmianie projektu tarczy antyrakietowej znała tylko niewielka grupa doradców prezydenta USA i wysokich rangą urzędników resortu obrony oraz Departamentu Stanu, co zmniejszyło szansę na to, że ktoś skojarzy planowaną datę przekazania Polakom informacji o tarczy ze zbliżającą się rocznicą. Warto również uświadomić sobie, że choć w naszym kraju rocznica 17 września była znaczącym wydarzeniem, to w amerykańskich mediach nie padło na ten temat ani jedno słowo. Ja sam uświadomiłem sobie, że doszło do wpadki dopiero, gdy na polskich stronach internetowych przeczytałem komentarze na ten temat.

W całej sprawie jest jeszcze jeden ważny element, który został przeoczony. Otóż Amerykanie mają zupełnie inne podejście do rocznic niż Polacy. W naszym kraju o planach obchodów ważnych, a szczególnie tzw. okrągłych rocznic zaczyna się mówić kilka tygodni wcześniej. Władze informują o programie obchodów i liście zaproszonych gości. Potem następują kłótnie polityków, co wywołuje gorącą dyskusję w mediach. Jedni drugich nazywają zdrajcami, inni mówią o niegodziwości, jeszcze inni ogłaszają bojkot. Pojawiają się plany alternatywnych obchodów i manifestacji. Następnie przedmiotem wnikliwych analiz staje się lista delegacji zagranicznych oraz ich ranga. Trzeba bowiem ustalić, kto wyraził należny nam szacunek, a kto nas zignorował. Po zakończeniu obchodów media przynoszą informację o tym, jak polskie obchody relacjonowano za granicą i czy w innych krajach zostały one zauważone. Równocześnie następuje analiza tego, jak świętowaliśmy, kto zrobił to godnie, a kto zszargał pamięć przodków i wystawił nam złe świadectwo wobec świata.

Z polskiej perspektywy Amerykanie w obchodzeniu rocznic są odrobinę... niedorozwinięci. Mają co prawda dni: Pamięci, Weteranów, Kolumba, Martina Luthera Kinga, a także Święto Pracy i Dzień Niepodległości, ale zazwyczaj obchodzą je, organizując parady, czyny społeczne, koncerty, pokazy sztucznych ogni i weekendowe wyjazdy. Przy okazji Dnia Pamięci (ang. *Memorial Day*) wbijają w ziemię amerykańskie flagi przy grobach poległych żołnierzy, oddając w ten sposób hołd swoim bohaterom, ale są to flagi bardzo małe. Nie organizują też centralnych uroczystości. Zamiast tego wskakują w stroje kąpielowe, ponieważ tego dnia w wielu rejonach USA otwierane są baseny. Może się to wydać szokujące, ale na liście świąt państwowych w Stanach Zjednoczonych nie mą żadnej rocznicy klęski narodowej. Amerykanom nie przychodzi też do głowy, by na obchody swoich rocznic zapraszać zagranicznych przywódców. Prezydenci USA biorą czasem udział w uroczystościach za granicą, ale zdarza się to bardzo rzadko. Z tego punktu widzenia niesprawiedliwe były pojawiające się w Polsce głosy krytyki, gdy Barack Obama nie przybył do Gdańska na obchody 70. rocznicy wybuchu II wojny światowej. Ci, którzy poczuli się wówczas urażeni, powinni wziąć pod uwagę, że w grudniu 2011 r. ani Barack Obama, ani żaden z ważnych ministrów jego rządu nie pofatygował się do Honolulu na obchody 70. rocznicy japońskiego ataku na Pearl Harbor. Przedstawiciele rządu federalnego i głównych partii politycznych nie pojechali też na obchody 250. rocznicy rozpoczęcia wojny secesyjnej do Charleston w Karolinie Południowej. Co ciekawe, w USA nikt nie miał o to do prezydenta pretensji, bo Amerykanie mają zupełnie inne podejście do rocznic niż Polacy.

Innym powodem nieporozumień polsko-amerykańskich jest sprawa zniesienia wiz dla Polaków. Przez lata była ona powodem frustracji i argumentem dla przeciwników proamerykańskiej polityki kolejnych polskich rządów. W pewnym momencie wizy stały się najważniejszym tematem w dyskusji na temat stosunków polsko-amerykańskich, przesłaniając dużo istotniejszą kwestię sojuszu politycznego pomiędzy oboma krajami.

Postulat, by Polacy mogli swobodnie podróżować do USA, pojawił się równocześnie z poparciem Polski dla polityki Busha wobec Iraku i wysłania przez Polskę kontyngentu wojskowego do tego kraju. Zniesienie wiz miało być nagrodą za nasz udział w tej wojnie i dowodem na to, że deklaracje Amerykanów, iż Polska jest jednym z najbliższych sojuszników USA, nie są tylko pustymi słowami. Zarówno media, jak i politycy domagający się zniesienia wiz nie zdawali sobie jednak sprawy, że nie jest to takie proste. Pierwotne propozycje przyłączenia samej Polski do Programu Ruchu Bezwizowego (ang. *Visa Weaver Program*) były niemożliwe do zrealizowania, bo z jakiej racji Kongres miałby znieść wizy tylko dla nas, a pominąć innych sojuszników USA, którzy również wysłali do Iraku swoje wojska. Poza tym amerykańskie standardy ustawodawcze nie pozwalają na przyjmowanie ustaw, które są bublami prawnymi, a takimi właśnie bublami były projekty zgłaszane przez kongresmanów pod presją środowisk polonijnych. Sprowadzały się one do stwierdzenia, że Polska jest wiernym sojusznikiem USA i dlatego należy znieść wizy jej obywatelom. Nic więc dziwnego, że projekty te umierały śmiercią naturalną w komisjach Senatu lub Izby Reprezentantów.

Administracji Busha zależało jednak na włączeniu Polski do Programu Ruchu
Bezwizowego i dlatego powstał pomysł, by złagodzić zasady tego programu
dla większej grupy państw przy zachowaniu jakichś obiektywnych kryteriów. W 2006 r. w Estonii George W. Bush ogłosił, że zaproponuje zmiany
w Programie Ruchu Bezwizowego, tak by mogli do niego zostać włączeni
sojusznicy USA.

Do Programu Ruchu Bezwizowego kwalifikują się tylko te kraje, które
mają niski wskaźnik (odsetek) odmów wydania wizy ich obywatelom
przez amerykańskie konsulaty. Górny pułap tych odmów został ustalony
przez Kongres na 3%. Jeśli więc urzędnicy konsularni odmawiają wizy co
dwudziestemu obywatelowi danego kraju składającemu wniosek o wizę,
to kraj ten ma wskaźnik odmów na poziomie 5% i nie może wejść do Programu Ruchu Bezwizowego. Jeśli amerykańskiej wizy nie dostaje jeden na
100 składających wniosek, to wskaźnik odmów wynosi 1% i jest podstawą
do zakwalifikowania danego kraju do programu. Problem z sojusznikami
USA z Europy Wschodniej polegał na tym, że miały one wskaźnik odmów
wydania wizy powyżej 3%, więc włączenie ich do Programu Ruchu Bezwizowego byłoby niezgodne z prawem. W 2007 r. Kongres USA podniósł dopuszczalny pułap odmów do 10%, co otworzyło drzwi do programu siedmiu
krajom: Czechom, Estonii, Węgrom, Łotwie, Litwie, Słowacji, a przy okazji
Korei Południowej. Ale Polska miała wtedy odsetek odmów na poziomie 13%
i musiała jeszcze poczekać na spełnienie tego kryterium. Wszystko było
jednak na dobrej drodze, ponieważ wskaźnik odmów spadał z roku na rok.
Niestety, przyjęta przez Kongres ustawa zawierała zapis zmuszający rząd
USA do stworzenia systemu elektronicznej rejestracji wszystkich osób
opuszczających Stany Zjednoczone, pod groźbą ponownego przywrócenia
ostrzejszych kryteriów. A ponieważ takiego systemu rejestracji, z różnych
powodów, nie udało się stworzyć, to otwarte szerzej drzwi do Programu Ruchu
Bezwizowego zostały znów przymknięte (dopuszczalny pułap odmów wizo-
wych powrócił do 3%). Tak więc nie niechęć amerykańskiej administracji, ale niekorzystny zbieg okoliczności zdecydował, że Polska pozostała
jedynym krajem Unii Europejskiej, dla którego wciąż obowiązują wizy do
Stanów Zjednoczonych. Administracja Baracka Obamy szuka sposobu na
zniesienie wiz dla Polaków, co prezydent USA obiecał podczas wizyty
Bronisława Komorowskiego w Waszyngtonie w 2010 r. Być może wkrótce

ta sprawa będzie już załatwiona, bo administracja obecnego prezydenta USA pracuje z Kongresem nad przyjęciem odpowiednich rozwiązań prawnych. Może się jednak również zdarzyć, że Kongres z jakichś powodów nie zaakceptuje tych rozwiązań, a prezydent USA nie ma wystarczającej władzy, by zmusić do tego parlamentarzystów. Warto pamiętać, że w Polsce premier, który dysponuje większością parlamentarną, może przeforsować dowolną ustawę. W USA prezydent ma często kłopoty z doprowadzeniem do przyjęcia ustaw, które uważa za priorytetowe, nawet wtedy, gdy jego partia kontroluje obie izby parlamentu.

Rozdział 13.
Jeszcze nie zginęła

MOCARSTWO W TARAPATACH

XX wiek był okresem hegemonii Stanów Zjednoczonych. Kraj, w którym żyje zaledwie 5% populacji kuli ziemskiej, konsumował 1/4 światowych zasobów energii, odpowiadał za 1/3 globalnej produkcji i wydawał na zbrojenia tyle, co wszystkie pozostałe państwa razem wzięte. USA były głównym eksporterem kultury (filmów, muzyki i programów telewizyjnych) oraz wzorem demokracji i liberalizmu gospodarczego dla reszty świata. W przeciągu drugiej połowy XX w. realny dochód na głowę mieszkańca USA wzrósł trzykrotnie, a gospodarka tego kraju stworzyła dziesiątki milionów nowych miejsc pracy. Produktywność rolnictwa wzrosła o 150%, zbudowano imponującą infrastrukturę telekomunikacyjną i energetyczną, a także potężną sieć dróg i autostrad. To Amerykanie stworzyli internet, wysłali człowieka na Księżyc i poznali ludzki genom. Z amerykańskich uczelni pochodzi 40% wszystkich dotychczasowych laureatów Nagrody Nobla.

Mimo tych osiągnięć na początku XXI w. pojawiły się obawy co do trwałości amerykańskiego sukcesu. Globalizacja, ataki z 11 września 2001 r., wojny w Iraku i Afganistanie oraz kryzys finansowy i gospodarczy zapoczątkowany w 2008 r. sprawiły, że na świecie zapanowało przekonanie o schyłku potęgi Stanów Zjednoczonych. Wystarczy otworzyć francuską gazetę, posłuchać rosyjskiego eksperta czy włączyć chińską telewizję, by dowiedzieć się, że Stany Zjednoczone albo już upadły, albo stoją nad przepaścią, a katastrofa jest tylko kwestią czasu. Ameryka porównywana jest do imperiów rzymskiego i brytyjskiego, które nie były w stanie przeciwstawić się „siłom historii" i którym zabrakło zdolności adaptacyjnych. Jako główne dowody zmierzchu Ameryki podaje się: kryzys finansowy i gospodarczy, podupadającą infrastrukturę, przenoszenie miejsc pracy do krajów o niższych kosztach produkcji, uzależnienie od tradycyjnych źródeł energii oraz gigantyczny dług publiczny sięgający niemal 16 bilionów dolarów. Nie tylko za granicą, ale i w samych Stanach Zjednoczonych słychać głosy, że Ameryka jest bankrutem i nie ma już dla niej ratunku. Niedawno liczba Amerykanów przekonanych o tym, że ich kraj wkrótce przestanie być supermocarstwem, przewyższyła liczbę tych, którzy uważają, że tak się nie stanie. Dziennikarze i komentatorzy mówią o zmierzchu Ameryki, upadku mocarstwa, końcu supremacji Stanów Zjednoczonych. Wielu Amerykanów straciło też wiarę w dolara, co jest jedną z przyczyn znaczącego wzrostu cen złota, które część mieszkańców USA potraktowała jako lokatę i długoterminowe zabezpieczenie kapitału.

Niemal niepodważalna potęga wojskowa Stanów Zjednoczonych również jest kwestionowana. Wojny w Iraku i Afganistanie pokazały, że mimo ogromnej przewagi militarnej Ameryka nie jest w stanie wygrać wojen partyzanckich i że światowe mocarstwo może się wykrwawić w starciu z dużo słabszym przeciwnikiem. W samym Iraku zginęło 4,5 tysiąca amerykańskich żołnierzy, a prawie 40 tysięcy zostało rannych. Niektórzy eksperci prognozują wyraźne osłabienie potęgi militarnej Stanów Zjednoczonych w najbliższych latach, bo z powodu trudności gospodarczych USA nie będzie stać na finansowanie tak potężnych sił zbrojnych jak dotychczas. Potwierdzeniem tej tezy jest przedstawiona w styczniu 2011 r. przez Baracka Obamę nowa strategia wojskowa USA, która zakłada cięcia w wydatkach Pentagonu na kwotę prawie 500 miliardów dolarów w ciągu 10 lat. Z Europy ma wyjechać 7 – 8 tysięcy amerykańskich żołnierzy. Liczebność sił lądowych i wojsk powietrzno-desantowych spadnie o ponad 10%.

Potwierdzenie tezy o schyłku Ameryki można też uzyskać, śledząc osiągnięcia techniczne USA i reszty świata. W przeszłości określenia „największy", „najwyższy", „najdłuższy", „najszybszy" kojarzyły się ze Stanami

Zjednoczonymi. Most Golden Gate w San Francisco, Empire State Building w Nowym Jorku czy centrum handlowe Mall of America w Minneapolis były przedmiotem dumy Amerykanów i dowodem na dominację technologiczną ich kraju. Obecnie najwyższy budynek świata — Burj Khalifa — znajduje się w Dubaju, podczas gdy największy amerykański drapacz chmur, Willis Tower w Chicago, jest dopiero na dziewiątym miejscu. Nawet budowany obecnie w miejscu ataków terrorystycznych z 11 września drapacz chmur One World Trade Center (pierwotnie Freedom Tower — Wieża wolności) będzie dopiero trzeci na świecie pod względem wysokości. Nowojorski most Verrazano-Narrows Bridge w 1984 r. przestał być najdłuższym mostem wiszącym. Obecnie wyprzedza go siedem innych mostów, z których większość znajduje się w Azji. Amerykanie przestali też wysyłać w kosmos własne pojazdy, ponieważ wahadłowce zestarzały się i były za drogie w utrzymaniu, a nowego programu lotów kosmicznych NASA nie przygotowała.

W sferze wartości i ideałów pozycja Stanów Zjednoczonych również została zachwiana. Chiny pokazały, że demokracja wcale nie jest niezbędna do osiągnięcia sukcesu gospodarczego, a „państwowy kapitalizm" często lepiej radzi sobie z wyzwaniami niż system, w którym panuje pluralizm polityczny. W demokracji proces wypracowywania rozwiązań bywa żmudny i długotrwały, ponadto w systemie tym często dochodzi do paraliżu politycznego uniemożliwiającego szybkie reagowanie na nowe wyzwania. Państwowy kapitalizm w stylu chińskim czy rosyjskim daje możliwość dużo szybszej reakcji zarówno w gospodarce, jak i w sferze społecznej. Dodatkowym problemem jest podważenie moralnego przywództwa Stanów Zjednoczonych. Bo choć USA pozostają krajem, w którym bardziej niż gdzie indziej szanuje się wolność słowa i religii, to sfera swobód obywatelskich została ograniczona po atakach z 11 września. Wizerunek Ameryki psuje też więzienie Guantanamo, gdzie bez procesów przetrzymywane są osoby zatrzymane w Afganistanie i innych krajach Środkowego i Bliskiego Wschodu, oraz stosowane za czasów prezydentury George'a W. Busha tortury wobec podejrzanych o terroryzm. Ostatnio nawet Rosja wytknęła Stanom Zjednoczonym łamanie praw człowieka. Do problemów USA można jeszcze dorzucić: coraz mniejszą mobilność społeczną Amerykanów, zapaść systemu edukacji, brak powszechnych ubezpieczeń zdrowotnych, uzależnienie od dostaw energii z zagranicy i niewydolność systemu politycznego.

Patrząc na długą listę problemów, z jakimi borykają się Stany Zjednoczone, wielu obserwatorów dochodzi do wniosku, że Ameryka jest na równi
pochyłej i że utrata przez USA pozycji supermocarstwa jest kwestią niezbyt
odległej przyszłości. Nie podzielam tej opinii. Prawdą jest, że Ameryka przechodzi trudny okres i że wyjście z kryzysu nie będzie łatwe. Stany Zjednoczone dalekie są jednak od upadku i jeszcze długo będą odgrywać pierwszopla-
nową rolę na świecie. A prognozy dotyczące „końca Ameryki" warto traktować
z odrobiną sceptycyzmu, choćby dlatego, że mają one długą historię.

KRÓTKA HISTORIA
AMERYKAŃSKIEGO DEFETYZMU

Alan Dowd na łamach „The American Legion Magazine" zauważył, że
przepowiednie o schyłku i upadku Ameryki pojawiały się już w czasach kolonialnych. W połowie XVIII w. w Europie panowało przekonanie, że z powodu warunków atmosferycznych (szczególnie zbyt dużej wilgotności) wszystkie organizmy żyjące w Ameryce są podrzędne w stosunku do europejskich
i znajdują się w fazie zaniku. Teza ta w takim stopniu poruszyła Aleksandra
Hamiltona, że skrytykował ją w eseju będącym częścią słynnych *Federalist
Papers*. Pesymizm zapanował też w Stanach Zjednoczonych w okresie wojny
1812 r. — po porażkach wojsk USA w Kanadzie, przegranych bitwach mor-
skich i spaleniu Kapitolu przez Brytyjczyków. Według Dowda jedna z największych amerykańskich fal „schyłkowości" dała się odczuć podczas wojny
secesyjnej, kiedy to Stany Zjednoczone przeszły wstrząsający okres morderstw, partyzantki, terroryzmu, tortur i brutalności. Wydawało się wówczas,
że wojna domowa doprowadzi do unicestwienia amerykańskiej cywilizacji
i że Ameryka nie podniesie się z tego wstrząsu. Jednak pół wieku później
Stany Zjednoczone były już potęgą gospodarczą i coraz odważniej poczy-
nały sobie na arenie międzynarodowej. Rola Ameryki umocniła się po I wojnie
światowej, podczas której Europa wykrwawiła się militarnie i gospodarczo.
Niedługo potem nastąpił jednak wielki kryzys i do Stanów Zjednoczonych
powrócił głęboki pesymizm. Pewność siebie i wiarę w przyszłość Amerykanie
odzyskali po II wojnie światowej. Jednak w okresie zimnej wojny znów powrócił defetyzm. „Utrata" Chin, które zaczęły podążać drogą komunizmu,

konflikt koreański, bezradność wobec radzieckiej inwazji na Węgrzech i wystrzelenie Sputnika przez Związek Radziecki doprowadziły do powszechnego przekonania o schyłku potęgi Stanów Zjednoczonych. Amerykańscy politycy alarmowali, że kontrola kosmosu oznacza kontrolę nad światem, a eksperci przedstawiali analizy, z których wynikało, że Związek Radziecki stanie się wkrótce największą potęgą ekonomiczną na świecie. CIA przewidywała, że na przełomie XX i XXI w. radziecka gospodarka będzie dużo bardziej zaawansowana od amerykańskiej. Złe nastroje panowały też w USA po wojnie w Wietnamie, za prezydentury Richarda Nixona oraz na początku rządów Ronalda Reagana w latach 80. Wtedy jednak Amerykanie obawiali się nie Związku Radzieckiego, ale rosnącej potęgi gospodarczej Japonii. W książce *Japonia numerem jeden — lekcje dla Ameryki* (*Japan as Number One: Lessons for America*, Harvard University Press, 1979) Ezra Vogel ostrzegał, że już wkrótce kraj ten zdominuje globalną gospodarkę, a Meredith Woo z Uniwersytetu Wirginii pisała: „Japonia wydaje się pod każdym względem lepsza od Ameryki". Prognozy mówiące o zdetronizowaniu USA przez Japonię i odebraniu im pozycji supermocarstwa nigdy się nie sprawdziły. W latach 90. Japonia wkroczyła w okres zapaści gospodarczej, z którego nie podniosła się w pełni do dzisiaj. Obecnie rolę państwa, które stanowi największe zagrożenie dla hegemonii Stanów Zjednoczonych, przejęły Chiny. W przeprowadzonym w 2011 r. w 18 krajach badaniu Pew Research Center 47% ankietowanych stwierdziło, że Chiny zastąpią (lub już zastąpiły) USA w roli światowego mocarstwa, podczas gdy liczba osób przekonanych, że Chiny nie wyprzedzą USA, wyniosła tylko 36%. Większość Brytyjczyków, Francuzów i Hiszpanów już teraz uważa Chiny za największą potęgę gospodarczą świata, a komentatorzy zwracają uwagę na szybki rozwój chińskiej nauki i technologii oraz rosnące wydatki na obronność.

Warto jednak pamiętać, że dystans, jaki dzieli Chiny od Stanów Zjednoczonych, jest bardzo duży. I choć chiński produkt krajowy brutto przewyższy w pewnym momencie PKB Stanów Zjednoczonych, będzie to wynikać przede wszystkim z różnic wielkości populacji obu krajów. Dochód na głowę mieszkańca Chin jest nadal dziesięciokrotnie mniejszy niż w USA i dystansu tego nie da się zmniejszyć nawet w ciągu kilkudziesięciu lat. Warto też pamiętać o gigantycznych problemach społecznych, jakie mają Chiny, oraz o tym, że o sile państwa decyduje nie tylko wielkość gospodarki. Składają się na tę siłę również: potencjał militarny, zdolność do zawierania sojuszy, innowacyjność, konkurencyjność i otwartość na świat. W wyniku zmniejszania się dystansu pomiędzy Zachodem a krajami rozwijającymi się będzie następować relatywne osłabienie pozycji USA. Proces ten określany jest przez ekspertów mianem „wzrostu pozostałych". Jeśli jednak Ameryka przezwycięży kryzys i dostosuje się do zmiennych okoliczności — do czego jest w pełni zdolna — to jeszcze długo pozostanie światowym liderem.

ŚWIAT ZA 20 LAT

Amerykanie starają się przewidzieć przyszłość, by dostosować do niej politykę państwa. W tym celu w 1979 r. powołali Narodową Radę Wywiadu (ang. *National Intelligence Board*), która odpowiada za średnio- i długoterminowe planowanie strategiczne. Rada przygotowuje prognozy na temat rozwoju sytuacji na świecie w perspektywie 15 – 20 lat. Korzysta przy tym nie tylko z analiz własnych ekspertów, ale także odwołuje się do opinii najlepszych specjalistów z różnych dziedzin z całego świata. Są wśród nich: ekonomiści, demografowie, socjologowie, klimatolodzy, politolodzy, energetycy, dziennikarze, biznesmeni, a nawet filozofowie. Narodowa Rada Wywiadu przedstawia co kilka lat dokument *Globalne trendy* (ang. *Global Trends*). Pierwszy powstał w 1997 r. i dość trafnie przewidywał sytuację na świecie w roku 2010. Była w nim mowa o szybkim rozwoju technologii komunikacyjnych, dzięki któremu nawet najbiedniejsze państwa wejdą w światowy obieg informacji; o tym, że rozwój odnawialnych źródeł energii nie zmniejszy znacząco uzależnienia świata od paliw kopalnych; oraz o tym, że w Moskwie pojawi się silny przywódca, który odwołując się do nacjonalizmu rosyjskiego, będzie się starał odbudować dawną strefę wpływów Rosji. Raport z 1997 r. nie docenił wyjątkowo szybkiego wzrostu Chin, Indii i Brazylii, ale zostało to skorygowane w kolejnych raportach (przedstawionych w latach 2000, 2004 i 2008). *Globalne Trendy 2030* mają zostać opublikowane pod koniec 2012 r., tuż po wyborach prezydenckich w USA. I choć treść tego dokumentu nie jest jeszcze znana, to na podstawie wypowiedzi ekspertów, których Narodowa Rada Wywiadu poprosiła o opinie, oraz opublikowanego w 2008 r. raportu *Globalne Trendy 2025* wyłania się obraz świata, z jakim Ameryka będzie musiała się zmierzyć w ciągu najbliższych dekad.

Świat w pierwszej połowie XXI w. będzie wielobiegunowy. Wzrośnie znaczenie takich państw, jak Chiny, Indie, Brazylia i Rosja. Bardziej znaczącą rolę będą też odgrywać podmioty pozapaństwowe — korporacje, związki religijne, ale również organizacje przestępcze. Kontynuowany będzie proces wyrównywania poziomu zamożności pomiędzy Zachodem a Wschodem. Oznacza to, że władza będzie bardziej rozproszona niż obecnie, do gry na arenie międzynarodowej wejdą nowe podmioty i zmniejszy się znaczenie tradycyjnych sojuszy. Najbardziej osłabnie pozycja Europy, która zmaga się ze starzejącą się populacją, wysokimi wydatkami socjalnymi, deficytem budżetowym i niechęcią do większej integracji. Kraje, których znaczenie ma rosnąć, niekoniecznie będą chciały zaadaptować tradycyjny, zachodni modelu rozwoju polityczno-gospodarczego. Bardziej popularny stanie się państwowy kapitalizm w wydaniu chińskim. Kraje z bardzo młodą populacją, takie jak: Afganistan, Pakistan, Nigeria czy Jemen, nadal będą źródłem niestabilności. Potencjał konfliktów na Bliskim i Środkowym Wschodzie pozostanie duży, a terroryzm nie zniknie z powierzchni ziemi. Wzrost populacji na świecie sprawi, że nasili się rywalizacja o zasoby żywności, wody i energii. Bank Światowy szacuje, że do roku 2030 zapotrzebowanie na żywność na świecie wzrośnie o 50%. Możliwości znaczącego wzrostu wydobycia ropy pozostaną ograniczone, a spora część tego surowca nadal będzie pochodzić z niestabilnych regionów. Dostęp do wody, potrzebnej szczególnie w produkcji rolniczej, już jest ogromnym problemem w wielu rejonach świata, a sytuacja jeszcze się pogorszy w związku z postępującą urbanizacją. Skala konfliktów spowodowanych konkurencją w dostępie do wody, żywności i energii będzie zależała od tempa rozwoju nowych technologii. Im dłużej ropa naftowa, gaz ziemny i węgiel będą stanowić podstawę światowej gospodarki, tym bardziej będzie rosło znaczenie Rosji oraz Iranu i tym większy stanie się potencjał konfliktów międzynarodowych.

W nowym, wielobiegunowym świecie Stany Zjednoczone będą musiały podzielić się władzą, ale pozostaną najsilniejszym graczem. Staną się „pierwsze pośród równych". Głównym powodem takiego stanu będzie względne osłabienie pozycji gospodarczej USA i — w mniejszym stopniu — zmniejszenie dominacji militarnej. Do tego mogą dojść coraz bardziej widoczne w społeczeństwie amerykańskim tendencje izolacjonistyczne, które ograniczą aktywność USA na arenie międzynarodowej. Tymczasem według raportu Narodowej Rady Wywiadu zapotrzebowanie na aktywność międzynarodową i przywództwo Stanów Zjednoczonych pozostanie duże. Na obecności militarnej i sojuszu politycznym z USA nadal będzie zależeć Europie, Izraelowi oraz krajom arabskim zaniepokojonym wzrostem znaczenia Iranu i rozwojem programu nuklearnego tego kraju. Coraz życzliwiej na Stany Zjednoczone będą też patrzeć kraje azjatyckie, które obawiają się wzrostu znaczenia gospodarczego Chin i trwającej modernizacji chińskiej armii.

Ostatni kryzys finansowy pokazał, że wbrew pesymistycznym przepowiedniom dolar pozostaje najbardziej pożądaną walutą świata. Gdy w Europie dochodziło do kolejnych wstrząsów na rynkach finansowych, inwestorzy, obok franków szwajcarskich, znowu kupowali dolary i chronili kapitał w amerykańskich obligacjach. Ci, którzy kilka lat temu przewidywali, że euro wkrótce zastąpi dolara, muszą swoje prognozy na jakiś czas odłożyć na półkę. W nowym globalnym porządku, który znany amerykański publicysta Fareed Zakaria nazywa „światem postamerykańskim", dużo większą rolę będą odgrywać umiejętności przywódcze Stanów Zjednoczonych. A to, jak silnym przywódcą będzie za 20 – 30 lat Ameryka, zależy od tego, jak szybko rozwiąże swoje wewnętrzne problemy.

GOSPODARKA

Potęga gospodarcza Stanów Zjednoczonych nie jest zjawiskiem chwilowym. Ameryka stała się najbogatszym państwem świata już pod koniec XIX w. i pozostaje liderem do dzisiaj. W 2011 r. amerykański produkt krajowy brutto wyniósł 15 bilionów dolarów i był dwa razy większy niż chiński. Wszystko wskazuje na to, że Chiny wyprzedzą USA pod względem wielkości PKB najdalej za kilkanaście lat. Jednak o sile gospodarki decyduje nie tylko jej wielkość, ale też podstawy strukturalne. Tymczasem chińska prowincja jeszcze długo będzie biedna i zacofana, a spektakularny rozwój infrastruktury jest ograniczony przede wszystkim do dużych aglomeracji. Tempo wzrostu gospodarczego Chin prawdopodobnie spadnie, gdy kraj ten nadrobi część dystansu, jaki dzieli go od Zachodu. Standard życia w Stanach Zjednoczonych będzie dużo wyższy niż w Chinach co najmniej przez dziesięciolecia. W tej chwili w USA dochód na głowę wynosi prawie 50 tysięcy dolarów, podczas gdy w Chinach 5 – 6 tysięcy Pod względem bogactwa Amerykę wyprzedzają tylko niewielkie kraje, takie jak: Katar, Luksemburg, Singapur czy Norwegia. Dochód na jednego mieszkańca Unii Europejskiej to niewiele ponad 30 tysięcy dolarów (zmniejszył się po przyjęciu nowych członków). Mimo że w okresie postkryzysowej recesji gospodarczej trwającej od początku 2009 r. Amerykę czeka dekada wolniejszego wzrostu na poziomie 2 – 3% rocznie, USA nadal będą generować około 1/4 światowego PKB.

Siłą amerykańskiej gospodarki jest jej zróżnicowanie. O ile np. byt Rosji uzależniony jest od cen surowców, a sukces Chin jest bezpośrednio związany z produkcją przemysłową, o tyle Stany Zjednoczone mają rozwinięte niemal wszystkie sektory: usługi, nowoczesne technologie, handel, energetykę, ochronę zdrowia, rolnictwo i finanse. Prawdą jest, że miejsca pracy w przemyśle przenoszone są z USA do krajów rozwijających się, gdzie koszty pracy są wielokrotnie niższe. Jednak największe zyski z produkowanej w Chinach elektroniki, odzieży czy zabawek wcale nie trafiają do mieszkańców tych krajów, ale do amerykańskich korporacji, które opracowują dany produkt, a potem go sprzedają. Koszty jego wytworzenia stanowią bowiem niewielką część ceny detalicznej, a prawdziwymi wartościami są: pomysł, zaawansowany projekt, marketing, sprzedaż i serwis. Publicysta „The Atlantic Monthly" James Fallows wyliczył, że ze sprzedawanego w USA za 1000 dolarów laptopa do firm Microsoft i Intel trafia około 300 dolarów, podczas gdy chińska fabryka zatrzymuje tylko 30 dolarów, czyli 3% ceny detalicznej. Za zestaw wysokiej jakości kabli komputerowych, które w zależności od opakowania sprzedawane są w USA za 20 – 30 dolarów, chińska firma z Shenzhen w prowincji Guangdong dostaje zaledwie 2 dolary, z których musi pokryć koszty materiałów i produkcji. „Sprawa jest oczywista: Chińczycy zarabiający 1000 dolarów rocznie pomagają zwiększyć zarobki amerykańskim projektantom, inżynierom, specjalistom od marketingu, których pensje wynoszą 1000 dolarów tygodniowo. Dodatkowo Chińczycy przyczyniają się do zwiększenia zysków akcjonariuszy amerykańskich firm" — napisał Fallows w artykule *Chiny produkują, świat korzysta*. Największe zyski przynosi nie sama produkcja, ale wiedza, czyli know-how, a tu czołową rolę odgrywają amerykańskie korporacje. Wśród 500 największych firm na świecie aż 130 ma siedzibę w Stanach Zjednoczonych. Spośród 100 najbardziej innowacyjnych firm świata ponad 40 to firmy amerykańskie.

Wbrew powszechnemu przekonaniu Amerykanie mają jedną z najbardziej konkurencyjnych gospodarek na świecie. W rankingu Światowego
Forum Gospodarczego (ang. *World Economic Forum*) na lata 2011 – 2012
Stany Zjednoczone znalazły się na piątym miejscu i zostały wyprzedzone
tylko przez cztery małe kraje: Szwajcarię, Singapur, Szwecję i Finlandię,
których łączna populacja wynosi zaledwie 28 milionów. W tym samym
rankingu Chiny znalazły się dopiero na 26., Indie na 56., a Rosja na 66. miejscu (Polska uplasowała się na 41. pozycji). Autorzy rankingu wskazali kilka
słabości Stanów Zjednoczonych, w tym: niestabilność makroekonomiczną,
brak zaufania do klasy politycznej i marnotrawstwo zasobów. Przyznali jednak, że dzięki czynnikom strukturalnym „gospodarka tego kraju jest bardzo
produktywna, amerykańskie firmy są niezwykle innowacyjne i mogą liczyć na
wsparcie doskonałych uniwersytetów, których współpraca z biznesem w dziedzinie badań i rozwoju jest godna podziwu".

Na naszych oczach dokonuje się jeszcze jedna korzystna transforma-
cja Ameryki. Otóż dzięki wydobyciu gazu i ropy z łupków Stany Zjednoczone
szybko zmniejszają swoje uzależnienie od dostaw tych surowców z zagranicy, przede wszystkim z Bliskiego Wschodu. Niektórzy eksperci przewidują, że w ciągu najbliższej dekady USA wyprzedzą pod względem produkcji węglowodorów (ropa i gaz) takie kraje, jak Arabia Saudyjska czy Rosja.
Zmiana bilansu energetycznego Stanów Zjednoczonych jest bardzo szybka.
O ile w 2005 r. Amerykanie importowali ponad 60% ropy z zagranicy, o tyle
w 2011 r. większość (53%) pochodziła już ze złóż krajowych. Oczywiście
rynki ropy i gazu nadal będą miały charakter globalny i stabilność w takich
krajach, jak Arabia Saudyjska czy Zjednoczone Emiraty Arabskie będzie
istotna dla interesów Waszyngtonu. Jednak zmniejszenie uzależnienia od
importu surowców energetycznych uodporni amerykańską gospodarkę na
potencjalne wstrząsy. Niektórzy przewidują nawet, że dzięki zwiększeniu
wydobycia ropy i gazu w USA i Kanadzie, budowie rurociągów pomiędzy
tymi krajami oraz ograniczeniu konsumpcji paliw perspektywa całkowitego
uniezależnienia energetycznego USA wcale nie jest science fiction.

CO W GŁOWIE, TO W PORTFELU

Czy kraj, który wśród państw wysoko rozwiniętych plasuje się w drugiej dziesiątce w nauczaniu matematyki, fizyki i chemii, może utrzymać dominację w globalnej gospodarce? Wielu ekspertów i publicystów uważa, że nie. Tymczasem w Międzynarodowym Programie Oceny Uczniów (ang. *Program for International Student Assessment* — PISA) nastolatki ze Stanów Zjednoczonych wypadają niezbyt dobrze. W grupie 33 krajów należących do Organizacji Współpracy Gospodarczej i Rozwoju (ang. *Organization for Economic Co-operation and Development* — OECD) Amerykanów wyprzedzają uczniowie z 17 państw, 11 krajów ma poziom zbliżony do USA, a pięć wypada gorzej. W połączonych testach z fizyki, chemii i biologii uczniowie ze Stanów Zjednoczonych wypadają na średnim poziomie — gorzej od 12 krajów, lepiej od dziewięciu. Na czele rankingów plasują się: Korea Południowa, Finlandia, Szwajcaria i Japonia, a spośród krajów nienależących do OECD — Singapur i Hongkong. Wyniki te sprawiają, że media w USA biją na alarm. „Washington Post" pisał niedawno o „rozczarowujących wynikach amerykańskich nastolatków", portal Drudge Report donosił o „opłakanym stanie amerykańskich przedmiotów ścisłych", a komentator CNN ostrzegał, że jeśli sytuacja się nie zmieni, to USA „przegrają przyszłość". W krajach, które w testach wypadają lepiej od Stanów Zjednoczonych, wyniki tych testów interpretuje się jako dowód wyższości nad Amerykanami.

Warto jednak wziąć pod uwagę, że amerykańskie rezultaty testów cechuje bardzo duże zróżnicowanie społeczne, rasowe i regionalne. Uczniowie z biedniejszych rodzin, w której to grupie nadreprezentowani są Afroamerykanie i Latynosi, wypadają w nich bardzo słabo. Jednak Azjaci oraz biali uczniowie pochodzący z amerykańskiej klasy średniej i wyższej ze wschodniego i zachodniego wybrzeża osiągają rezultaty nie gorsze od czołowych krajów Europy i Azji. To właśnie ci uczniowie trafiają na prestiżowe amerykańskie uniwersytety, które nie mają sobie równych na całym świecie. Na inny aspekt amerykańskiego systemu edukacyjnego zwrócił uwagę Zakaria. Podczas gdy w Azji i w Europie dominuje nauczanie oparte na zapamiętywaniu, w USA główny nacisk kładzie się na kreatywność i krytyczne myślenie, a to są umiejętności decydujące o sukcesie życiowym. Właśnie dlatego w Stanach Zjednoczonych jest tak wielu przedsiębiorców, wynalazców i ludzi skłonnych do podejmowania ryzyka. „Inne systemy edukacyjne uczą rozwiązywania testów; amerykański system uczy myślenia. [...] W Ameryce ludziom pozwala się na śmiałość, podważanie autorytetów, ponoszenie porażek i podnoszenie się z nich. To dlatego Ameryka, a nie Japonia »produkuje« tak wielu noblistów" — pisał Zakaria w książce *The Post-American World* (Nowy Jork, 2011). Te same różnice występują pomiędzy USA a Polską. W szkole w Warszawie mój syn musiał przede wszystkim wkuwać, podczas gdy w szkole amerykańskiej brał udział w dyskusjach, przygotowywał prezentacje i prowadził eksperymenty.

Stany Zjednoczone mają najlepsze na świecie wyższe uczelnie, a dystans pomiędzy USA a innymi krajami jest ogromny. W Akademickim Rankingu Uniwersytetów Świata (ang. *Academic Ranking of World Universities*) pierwsze cztery miejsca zajmują uczelnie amerykańskie, w pierwszej dziesiątce jest ich osiem, a w pierwszej dwudziestce — siedemnaście. Wśród dwudziestu uczelni z najlepszymi wydziałami matematyki szesnaście znajduje się w USA; wśród najlepszych z fizyki, ekonomii i biznesu po piętnaście jest amerykańskich. W rankingu „The Times Higher Education" za lata 2011-2012 w pierwszej pięćdziesiątce czołowych uniwersytetów świata aż 30 miejsc zajmują uczelnie z USA. Najlepsza chińska uczelnia wyższa — Uniwersytet Pekiński — znalazła się na 49. miejscu, a polskie uniwersytety Jagielloński i Warszawski dopiero w czwartej setce. Dominacja Stanów Zjednoczonych w dziedzinie szkolnictwa wyższego jest większa niż dominacja militarna kraju. Co ciekawe, wśród najlepszych uniwersytetów na świecie znajdują się nie tylko elitarne szkoły wyższe z tzw. ligi bluszczowej (ang. *Ivy League*), ale również uczelnie publiczne, takie jak Uniwersytet Michigan, Uniwersytet Kalifornijski oraz Uniwersytet Stanowy Arizony. Wprawdzie w pierwszej połowie XX w. większość Nagród Nobla z fizyki, chemii medycyny i ekonomii trafiała do naukowców z Wielkiej Brytanii, Niemiec i Francji, ale po II wojnie światowej prymat wiedli (i nadal wiodą) Amerykanie. W niektórych latach prawie wszyscy laureaci Nagrody Nobla pracowali na amerykańskich uczelniach. W pierwszej dekadzie obecnego wieku 31 z 79 zdobywców tej nagrody w dziedzinie fizyki, chemii i medycyny pracowało w USA, a w dziedzinie ekonomii — 16 z 21. Nowojorski Uniwersytet Columbia zatrudnia (lub zatrudniał) 96 noblistów, Uniwersytet Chicagowski 87, a MIT (Massachusetts Institute of Technology) — 77. Faktem jest, że nie wszyscy laureaci urodzili się w Stanach Zjednoczonych, a wielu ma podwójne obywatelstwo. Jednak nie przez przypadek przenieśli się oni do USA i większość z nich tutaj pozostała. 5800 amerykańskich szkół wyższych oferuje naukowcom najlepsze warunki pracy i rozwoju.

W USA od pewnego czasu mówi się, że edukacja na poziomie uniwersyteckim jest zbyt droga i wiele osób kończy studia z dużym zadłużeniem. Pieniądze z czesnego pozwalają jednak utrzymać najwyższej klasy laboratoria i oferować nauczycielom akademickim warunki finansowe, które przyciągają najlepsze umysły z całego świata. O atrakcyjności USA decydują jednak nie tylko pieniądze i zaplecze badawcze. Profesorowie obcokrajowcy chwalą sobie atmosferę tolerancji, otwartość i wolność naukową. Ameryka jest także najbardziej atrakcyjnym miejscem dla studentów zagranicznych. 1/3 wszystkich studentów świata, którzy wyjeżdżają na studia zagraniczne, trafia do Stanów Zjednoczonych, dzięki czemu do amerykańskich uczelni szerokim strumieniem płyną pieniądze i talenty. Niektórzy twierdzą, że ze względu na wielkość populacji Chiny wyprzedzą USA, jeśli chodzi o liczbę wybitnych naukowców. Jest to jednak mało prawdopodobne, ponieważ przytłaczająca większość Chińczyków (podobnie jak Hindusów) otrzymuje edukację na niskim poziomie. Przewagę USA nad innymi krajami umacnia fakt, że państwo to korzysta z potencjału intelektualnego całego świata. Jest to możliwe dzięki systemowi wizowemu, który pomaga wybitnym jednostkom uzyskać prawo stałego pobytu, a następnie amerykańskie obywatelstwo.

Stany Zjednoczone są światowym liderem w wydatkach na badania naukowe i rozwój. Amerykanie przeznaczają na ten cel więcej niż wszystkie kraje Azji razem wzięte i więcej niż Unia Europejska. W 2011 r. wyższe uczelnie w USA przeznaczyły na badania naukowe i rozwój 55 miliardów dolarów. Amerykanie mają niezwykłą zdolność wykorzystywania osiągnięć naukowych w przemyśle. W samym 2010 r. tutejsi wynalazcy zarejestrowali ponad 120 tysięcy patentów. Co piąta amerykańska firma wprowadziła w ostatnim roku na rynek nowy produkt, drugie tyle przedsiębiorstw usprawniło proces produkcji. Elastyczny rynek pracy oraz ogromny rynek wewnętrzny czynią Stany Zjednoczone krajem wyjątkowo konkurencyjnym. USA przewodzą światu w przemyśle wysokich technologii: informatyce, telekomunikacji i biotechnologii. Najwięcej też inwestują w nanotechnologię, czyli inżynierię na poziomie atomów i cząsteczek, która może się stać głównym motorem postępu na świecie w ciągu najbliższych kilkudziesięciu lat. Amerykańska gospodarka charakteryzuje się też dużą innowacyjnością, która jest kluczem do sukcesu.

POTĘGA MILITARNA

W słoneczne przedpołudnie 5 stycznia 2012 r. prezydent Barack Obama wsiadł do pancernej limuzyny zwanej bestią (ang. *Beast*) i w eskorcie policyjnych motocykli oraz czarnych cadillaców secret service udał się w kierunku Arlington. Po dziewięciu minutach kolumna dotarła przed główne wejście największego budynku biurowego świata, czyli Pentagonu, gdzie mieści się amerykańskie ministerstwo obrony narodowej. Prezydenta przywitali sekretarz obrony Leon Panetta oraz szef połączonych sztabów gen. Martin Dempsey. Razem ruszyli w kierunku sali konferencyjnej, gdzie czekali na nich dowódcy wszystkich rodzajów sił zbrojnych wraz z kilkudziesięcioma dziennikarzami akredytowanymi przy Pentagonie. Chwilę później Barack Obama ogłosił nową strategię obronną USA, która po raz pierwszy od czasu ataków z 11 września zakładała znaczącą redukcję wydatków militarnych Stanów Zjednoczonych. Obama poinformował, że w ciągu 10 lat USA zmniejszą budżet obronny o 500 miliardów dolarów, czyli prawie o 8%. To sporo, biorąc pod uwagę stałe wydatki Pentagonu, takie jak: utrzymanie baz, podpisane już kontrakty na dostawę uzbrojenia czy przywileje socjalne dla żołnierzy i oficerów. Amerykański prezydent nie krył, że wysokie zadłużenie państwa zmusza Stany Zjednoczone do zmniejszenia wydatków na obronę.

— Musimy działać inteligentnie, myśleć strategicznie i określić priorytety — tłumaczył, po czym zapewnił, że cięcia nie spowodują ograniczenia amerykańskiej obecności wojskowej w regionie Azji i Pacyfiku, oddziałów antyterrorystycznych oraz sił szybkiego reagowania. Zmniejszone zostaną natomiast amerykańskie siły konwencjonalne i ograniczone programy zbrojeniowe pochodzące jeszcze z czasów zimnej wojny.

— To prawda, że nasze siły zbrojne będą mniejsze, ale świat musi wiedzieć, że Stany Zjednoczone utrzymają dominację militarną, a nasza armia będzie sprawna, elastyczna i przygotowana do wszelkich misji — mówił Obama.

JESZCZE NIE ZGINĘŁA 295

Pentagon podał później szczegóły planu oszczędności. Zakłada on spowolnienie zakupów nowoczesnych myśliwców wielozadaniowych F-35, łodzi podwodnych oraz okrętów desantowych. Zmniejszona ma też zostać o 90 tysięcy liczebność amerykańskich sił lądowych, które w szczytowym okresie (2010 r.) liczyły 570 tysięcy żołnierzy. Siły marynarki wojennej mają zostać zredukowane z 202 do 182 tysięcy. Pentagon chce też spowolnić wzrost płac oficerów oraz zmniejszyć składki zdrowotne i emerytalne personelu wojskowego. Dodatkowe oszczędności mają pochodzić z opóźnienia o dwa lata prac nad nową łodzią podwodną z rakietami balistycznymi, rezygnacji z sześciu jednostek lotniczych i 130 starszych samolotów transportowych, wycofania z użycia kilkunastu okrętów wojennych oraz wycofania dwóch brygad wojsk lądowych z Europy. Nowa strategia obronna nie przewiduje już możliwości prowadzenia przez USA dwóch wojen lądowych jednocześnie.

Choć Barack Obama zapewniał, że Stany Zjednoczone utrzymają dominację militarną, a wojska amerykańskie będą sprawniejsze, elastyczniejsze i lepiej przygotowane do wszelkich misji i zagrożeń, republikanie ostro skrytykowali proponowane oszczędności. Senator John McCain oświadczył, że Obama ignoruje lekcje historii, a członek Izby Reprezentantów Buck McKeon stwierdził, że oszczędności odzwierciedlają wyznawaną przez Baracka Obamę „wizję słabej Ameryki". Kandydat republikanów w wyborach prezydenckich Mitt Romney oświadczył, że w wojsku nie należy szukać oszczędności i że Stany Zjednoczone muszą utrzymywać siły zbrojne tak potężne, by nikt nie odważył się ich przetestować. Ekspert konserwatywnej fundacji Heritage, Baker Spring, alarmował, że amerykańskie siły zbrojne znajdują się na krawędzi „załamania", tak jak to miało miejsce w epoce Jimmy'ego Cartera po wojnie wietnamskiej. Jego zdaniem cięcia doprowadzą do obniżenia gotowości bojowej i redukcji przewagi technologicznej, dzięki której amerykańskie wojska mogły osiągać szybkie zwycięstwa przy niedużej liczbie ofiar. Spring przekonywał, że ograniczenie wydatków zbrojeniowych doprowadzi też do obniżenia morale amerykańskich żołnierzy. Mimo znaczących oszczędności, jakie zaproponował Obama, trudno podzielić katastroficzną wizję amerykańskiej prawicy. Jeśli wziąć pod uwagę wielkość sił zbrojnych USA, budżet obronny tego kraju oraz technologie wojskowe, nie można mieć wątpliwości, że Stany Zjednoczone jeszcze długo pozostaną niepodważalną potęgą militarną.

Chińczycy mają większą armię od Amerykanów. Wojska chińskie liczą ponad 2,2 miliona żołnierzy i 800 tysięcy rezerwistów, podczas gdy liczebność amerykańskich sił zbrojnych wynosi 1,4 miliona i 1,5 miliona rezerwistów. Jednak struktura tych wojsk jest zupełnie inna. Armia chińska składa się głównie z wojsk lądowych, podczas gdy Stany Zjednoczone mają o wiele lepiej rozwinięte wojska powietrzno-desantowe, lotnictwo oraz marynarkę wojenną. Amerykanie dysponują jedenastoma nowoczesnymi lotniskowcami, podczas gdy Chiny mają tylko jeden — były radziecki krążownik lotniczy ex-Wariag, który pod koniec lat 90. odkupili od Ukrainy i sami dokończyli jego budowę. Mimo że Chiny budują też własny lotniskowiec, który ma zostać zwodowany w 2015 r., w tej dziedzinie dystans, jaki dzieli ich od Amerykanów, jest ogromny. Amerykańską dominację wzmacnia przewaga technologiczna. Na przykład USA mają 140 samolotów niewidzialnych dla radarów, podczas gdy Chiny nie mają żadnego. Chiny pozostają siłą regionalną, podczas gdy Stany Zjednoczone są mocarstwem globalnym. Podobnie wygląda porównanie armii amerykańskiej i rosyjskiej. Choć oba kraje dysponują podobną liczbą głowic jądrowych, siły zbrojne Rosji są niedofinansowane i zacofane technologicznie w porównaniu z wojskami amerykańskimi. USA mają też niepodważalną przewagę w powietrzu i na morzu. Dystans pomiędzy Stanami Zjednoczonymi a resztą świata najlepiej odzwierciedla budżet obronny. Stanowiąc zaledwie 5% populacji kuli ziemskiej, Stany Zjednoczone odpowiadają za 43% światowych wydatków obronnych. Na kolejnych miejscach są Chiny — 7%, Wielka Brytania — 3,7% oraz Francja i Rosja — po 3,6%. Nawet po zapowiedzianych cięciach amerykański budżet wojskowy będzie większy niż budżet dziesięciu kolejnych państw świata razem wziętych. I choć dystans pomiędzy USA a resztą świata będzie się stopniowo zmniejszał, to dominacja militarna Stanów Zjednoczonych będzie trwać przez kolejne dziesięciolecia.

SIŁA PERSWAZJI

Profesor Harvardu Joseph Nye stworzył pojęcie „siły perswazji" (ang. *soft power*), które zdefiniował jako „zdolność do osiągania celów w polityce międzynarodowej dzięki atrakcyjności kultury i ideałów danego kraju, bez użycia sił zbrojnych, zastraszania czy sankcji ekonomicznych". Stosowanie siły ekonomicznej i militarnej (ang. *hard power*) Nye porównał do popychania, a siły perswazji — do przyciągania. Przykładów stosowania tej ostatniej było w historii bardzo wiele. W osiemnastowiecznej Europie potęgę Francji wzmacniała popularność języka francuskiego i kultury tego kraju. Podczas amerykańskiej wojny secesyjnej brytyjskie elity rozważały poparcie Południa, za czym przemawiały względy komercyjne i strategiczne. Poparcie to nie zostało jednak udzielone, ponieważ większości Brytyjczyków bliższe były wartości Północy — np. sprzeciw wobec niewolnictwa. Siłę perswazji stosują nie tylko państwa, ale również organizacje społeczne, a nawet jednostki. Nye podaje przykład Stevena Spielberga, który przed igrzyskami olimpijskimi w Pekinie napisał list otwarty do prezydenta Chin Hu Jintao z apelem, by prezydent skłonił władze Sudanu do zgody na rozlokowanie wojsk międzynarodowych w Darfurze. Efektem listu było skierowanie przez Pekin do Chartumu specjalnego wysłannika, którego misja okazała się skuteczniejsza od wcześniejszych działań najważniejszych światowych przywódców.

„Ameryka zawsze dysponowała ogromną siłą perswazji" — pisze Nye w książce *The Paradox of American Power* (Nowy Jork 2002) i podaje przykłady młodych ludzi za żelazną kurtyną słuchających amerykańskiej muzyki i wiadomości Radia Wolna Europa, chińskich studentów, którzy podczas protestów ustawili na placu Tian'anmen replikę Statuy Wolności, czy młodych Irańczyków oglądających zakazane amerykańskie filmy wideo i programy telewizji satelitarnej.

Ważnym źródłem amerykańskiej siły perswazji jest kultura. Po II wojnie światowej pozycję Stanów Zjednoczonych w Europie Zachodniej wzmacniały nie tylko amerykańskie banki i firmy oraz stacjonujące na kontynencie wojska, ale również wytwórnie filmowe z Hollywood. Promowały one takie wartości, jak: indywidualizm, demokracja czy wolny rynek. Od kilkudziesięciu lat większość pokazywanych w europejskich kinach filmów pochodzi ze Stanów Zjednoczonych. Spośród 250 najbardziej dochodowych filmów fabularnych w historii światowego kina tylko cztery powstały poza USA. Wszystkie filmy z pierwszej pięćdziesiątki wyprodukowano w Stanach Zjednoczonych. Atrakcyjność kulturowa Ameryki nie ogranicza się jednak tylko do kina. Większość sprzedawanej w Europie muzyki pochodzi ze Stanów Zjednoczonych, a na każdą książkę przetłumaczoną z niemieckiego na angielski przypada dziewięć książek przetłumaczonych z angielskiego na niemiecki, przy czym w większości są to książki amerykańskie. W okresie zimnej wojny wpływy kultury Stanów Zjednoczonych przekraczały żelazną kurtynę. Coca-Cola wygrywała z kwasem chlebowym i oranżadą, a Myszka Miki i Kaczor Donald górowali nad wilkiem i zającem. Jak pisał Josef Joffe w „New York Timesie": „Kulturalna obecność Związku Radzieckiego wyparowała z Warszawy, Pragi i Budapesztu chwilę po wyjściu ostatniego sowieckiego żołnierza. Amerykańska kultura nie potrzebuje pistoletów, by przemieszczać się po świecie". Setki milionów ludzi na wszystkich kontynentach ubierają się w dżinsy, jedzą hamburgery, słuchają Madonny, bawią się figurkami Spider-Mana, palą Marlboro, piją Coca-Colę, noszą czapeczki z daszkiem drużyny Yankees i t-shirty z napisem „New York". I choć wiele z tych osób nie utożsamia się bezpośrednio z USA, amerykańskie symbole kształtują ich smak i wrażliwość. W porównaniu ze Stanami Zjednoczonymi eksport kultury Chin, Rosji czy Indii jest minimalny. Stosunkowo niewiele osób poza Rosjanami czyta rosyjskie książki, mało kto poza Chińczykami słucha chińskiej muzyki, a produkowane przez Bollywood filmy, choć mają gigantyczną widownię, oglądane są w zasadzie tylko w Indiach, krajach południowej Azji, Rosji oraz porozrzucanych po świecie ośrodkach hinduskich imigrantów. Bollywoodzkie filmy pokazuje też kilka telewizji europejskich, ale filmy te przegrywają z kretesem z produkcjami z Hollywood.

Siła perswazji danego kraju zależy od jego wizerunku. Stany Zjednoczone w większości krajów świata postrzegane są pozytywnie. Nawet w krajach arabskich, gdzie polityka zagraniczna USA jest przedmiotem powszechnego potępienia, opinie o samych Amerykanach są dość korzystne. Po odejściu z Białego Domu George'a W. Busha znacznie poprawiły się notowania Stanów Zjednoczonych w Europie i na innych kontynentach. Eksperci od public relations oszacowali, że zmiana wizerunku Stanów Zjednoczonych na świecie po zwycięstwie Baracka Obamy w wyborach prezydenckich była warta około dwóch bilionów dolarów. Mimo że przez świat przetaczają się co jakiś czas kolejne fale antyamerykańskich nastrojów, główni rywale USA mają dużo większe problemy z wizerunkiem i projekcją swoich wartości. Trudno znaleźć naród, który chciałby naśladować Rosję i wyznawać rosyjskie ideały. Dla większości sąsiadów ten kraj jest źródłem zagrożenia, a w najlepszym wypadku niepewności. Wysiłki Chin zmierzające do zmiany wizerunku też nie przynoszą oczekiwanych przez Pekin rezultatów. Ostatnio zauważa się chińskie zaangażowanie w ONZ-owskich siłach stabilizacyjnych w takich krajach, jak np. Haiti, a przełamywaniu barier kulturowych sprzyja wymiana uniwersytecka. Jednak opresje w Tybecie, brak prawdziwej demokracji oraz roszczenia terytorialne Pekinu wobec pokaźnych obszarów Morza Południowochińskiego nie tylko nie przysparzają Chinom sympatii, ale wywołują jeszcze większą nerwowość w Azji. I choć w ostatnich latach na świecie poprawił się wizerunek Państwa Środka, Stany Zjednoczone wciąż wyprzedzają Chiny w rankingu sympatii. Istotną rolę w kształtowaniu wizerunku i sytemu wartości odgrywają media. Chiny zainwestowały miliardy dolarów w stworzenie anglojęzycznych serwisów informacyjnych, ale ich oddziaływanie jest wielokrotnie mniejsze od CNN, agencji AP (ang. *Associated Press*) lub Bloomberg czy opiniotwórczego „New York Timesa".

Amerykański program wymiany kulturalnej i studenckiej (w tym także system stypendiów dla wybitnych obcokrajowców) jest najbardziej rozwiniętym tego typu programem na świecie. W ramach Stypendium Fulbrighta w USA studiowało, pracowało naukowo albo wzięło udział w szkoleniach 190 tysięcy obcokrajowców. Są wśród nich nie tylko naukowcy, ale również dziennikarze, politycy, artyści i biznesmeni z ponad 150 krajów świata. Z kolei w ramach nadzorowanego przez Departament Stanu Międzynarodowego Programu Liderów (ang. *International Visitor Leadership Program*) do USA przyjeżdża co roku ponad 5 tysięcy osób, które przez trzy tygodnie odwiedzają amerykańskie miasta i zapoznają się z systemem politycznym oraz kulturą Stanów Zjednoczonych. Od 1940 r. w ramach tego programu Amerykę odwiedziło 300 tysięcy uczestników, wśród których jest 330 obecnych lub byłych przywódców państw i kilka tysięcy ministrów. Dzięki udziałowi w programie ludzie ci lepiej rozumieją Amerykę i zyskują przychylniejszą opinię o tym kraju. Jeszcze większe pożytki przynosi Stanom Zjednoczonym otwartość amerykańskich uniwersytetów na studentów zagranicznych — liczba tych ostatnich w 2010 r. przekroczyła 700 tysięcy. Nie dość, że zostawiają oni w USA 20 miliardów dolarów rocznie, to wracając do swoich krajów, zabierają dobre wspomnienia o Ameryce i mimowolnie stają się ambasadorami tego kraju.

O „sile perswazji" Stanów Zjednoczonych decydują także tysiące amerykańskich organizacji pozarządowych propagujących prawa człowieka, demokrację, wolność mediów i walkę z biedą. Rząd USA każdego roku przeznacza na projekty realizowane przez te organizacje 15 miliardów dolarów.

Łączna wartość pomocy gospodarczej USA dla innych krajów świata sięga 40 miliardów dolarów. Dzięki tym środkom Ameryka zyskuje przychylność władz, elit i obywateli wielu krajów świata. Pomoc ta nie ogranicza się jednak wyłącznie do funduszy rządowych. Aktywne w tej dziedzinie są również organizacje prywatne. Jedną z najbardziej znanych jest fundacja twórcy Microsoftu Billa Gatesa i jego żony Melindy, która to fundacja od 1994 r. przekazała na programy pomocy dla biednych krajów prawie 20 miliardów dolarów. W działalność charytatywną zaangażowane są także takie osobistości, jak Bill Clinton, Warren Buffett czy George Soros. Ponad 40 amerykańskich miliarderów zadeklarowało, że przekaże co najmniej połowę swojego majątku na cele charytatywne, z czego większa część trafi (lub już trafiła) do odbiorców zagranicznych. Nie ma kraju na świecie, który może równać się poziomem bogactwa z Ameryką. Nie ma też kraju na świecie, który może równać się z USA skalą pomocy międzynarodowej.

WYZWANIA

Pozycja Stanów Zjednoczonych w XXI w. będzie zależeć od tego, czy i w jaki sposób Ameryka poradzi sobie z wyzwaniami, przed którymi stanęła w ostatnich latach. Do wyzwań tych należą: wysokie bezrobocie związane z przenoszeniem miejsc pracy do krajów, w których jest tania siła robocza, ogromny dług publiczny, rosnące nierówności społeczne oraz niewydolny system polityczny. Przezwyciężenie tych problemów jest jednak możliwe, a w przeszłości Ameryka wielokrotnie udowadniała, że w chwilach próby potrafi stanąć na wysokości zadania.

Wyzwanie 1.: bezrobocie

W Stanach Zjednoczonych bezrobocie jest bardziej dotkliwe dla obywateli niż w Europie, gdzie system zabezpieczeń socjalnych jest bardziej rozbudowany. Amerykanin, który jest zwalniany z pracy, często traci ubezpieczenie zdrowotne, a na wykupienie prywatnego zazwyczaj go nie stać. Utrata stałego źródła dochodów grozi też licytacją domu, ponieważ większość Amerykanów kupuje nieruchomości na kredyt. W USA, gdzie panuje szczególnie silny etos pracy, bezrobocie powoduje też znaczne obniżenie poczucia własnej wartości u osób przez nie dotkniętych. Dlatego właśnie tworzenie nowych miejsc pracy jest jednym z największych wyzwań, przed jakimi stoją Stany Zjednoczone.

W 2010 r. bezrobocie w USA sięgnęło 10%, co oznacza, że 14 milionów Amerykanów pozostawało bez pracy. W niektórych grupach, np. wśród Afroamerykanów, wskaźnik bezrobocia przekraczał 15%. Ekonomiści przewidują, że stosunkowo duży niedobór miejsc pracy utrzyma się w Stanach Zjednoczonych przez lata, a niektórzy twierdzą, że wysokie bezrobocie będzie trwałym elementem amerykańskiej gospodarki. Politycy w USA są podzieleni w sprawie recepty na przeciwdziałanie wysokiemu bezrobociu. Konserwatyści uważają, że wystarczy ograniczyć rolę państwa w gospodarce, zlikwidować zbędne regulacje i obniżyć podatki, a wtedy gospodarka sama poradzi sobie z kłopotami. Demokraci przestrzegają przed wizją republikanów, twierdząc, że dokładnie taka polityka doprowadziła do kryzysu finansowego i gospodarczego, z którego USA do dziś nie mogą się podnieść. Zdaniem demokratów amerykański rząd nie może usuwać się na bok, wręcz przeciwnie — powinien pobudzać gospodarkę, inwestować w edukację i technologie przyszłości oraz wspierać amerykański eksport. Barack Obama, który jest zwolennikiem aktywności rządu, przeforsował w Kongresie szereg ustaw mających zmienić strukturę amerykańskiej gospodarki. Prezydent USA uratował też amerykańskie koncerny motoryzacyjne, udzielając im miliardowych pożyczek i przy okazji zmuszając je do produkcji bardziej oszczędnych samochodów. Zwiększył też wsparcie finansowe państwa dla firm inwestujących w odnawialne źródła energii oraz wsparł finansowanie nauki na wyższych uczelniach, co ma lepiej przygotować młodych Amerykanów do radzenia sobie na zmieniającym się rynku pracy. Te i inne działania Obamy zaczęły przynosić pewne rezultaty i bezrobocie powoli spada (w połowie 2012 r. wynosiło 8,2%). Odbyło się to jednak kosztem zwiększonych wydatków państwa i rekordowego deficytu budżetowego. A rosnące zadłużenie jest kolejnym poważnym wyzwaniem, przed jakim stoją Stany Zjednoczone. Zainstalowany na ścianie jednego z budynków w Nowym Jorku elektroniczny licznik długu publicznego USA kręci się coraz szybciej i w połowie 2012 r. pokazywał już zadłużenie w wysokości niemal szesnastu bilionów (15 800 000 000 000) dolarów.

Wyzwanie 2.: dług publiczny

W lutym 1989 r. nowojorski deweloper Seymour Durst wywiesił na rogu 42. ulicy i 6. alei na Manhattanie tablicę o wymiarach 3,5 na 8 m z elektronicznym wyświetlaczem, który pokazywał aktualny stan zadłużenia Stanów Zjednoczonych. Wynosiło ono wtedy niespełna 3 biliony dolarów. Licznik został wyłączony i zasłonięty w 2000 r., kiedy to polityka gospodarcza Billa Clintona doprowadziła do nadwyżek budżetowych i zmniejszenia długu publicznego USA. Sytuacja taka nie trwała jednak długo. Nowy prezydent, George W. Bush, w 2001 r. obniżył podatki, na czym najbardziej skorzystali najbogatsi, i dług publiczny USA znów zaczął rosnąć. W 2002 r. licznik znów trzeba było odsłonić. Kolejne obniżki podatków przy jednoczesnym zwiększeniu wydatków na dofinansowanie leków dla emerytów, a także na wojny w Iraku i Afganistanie sprawiły, że cyferki na liczniku zmieniały się coraz szybciej. Pod koniec prezydentury Busha amerykański dług publiczny sięgał już 10 bilionów dolarów.

Podczas pierwszej kadencji Baracka Obamy tempo wzrostu długu publicznego jeszcze się nasiliło. Nowy prezydent nie chciał ciąć wydatków państwa, obawiając się, że doprowadzi to do pogłębienia recesji i przedłużenia kryzysu. Obama wtłoczył w amerykańską gospodarkę dodatkowe 800 miliardów dolarów, mając nadzieję, że spowoduje to przyspieszenie wzrostu PKB i spadek bezrobocia. Równocześnie na zmniejszenie dziury budżetowej poprzez podniesienie podatków dla najbogatszych nie zgodzili się republikanie. W efekcie prezydentura Baracka Obamy przyniosła powiększenie długu publicznego o pięć bilionów, a całkowite zadłużenie państwa przekroczyło 100% produktu krajowego brutto. Na świecie i w samych Stanach Zjednoczonych coraz częściej mówiło się, że Ameryka staje się bankrutem i że niedługo pójdzie śladami Grecji. Wiele wskazuje jednak na to, że choć powiększający się dług publiczny USA w dłuższej perspektywie może rodzić problemy, to żaden kataklizm Stanom Zjednoczonym nie grozi, a ograniczenie deficytu może być łatwiejsze, niż się wydaje.

Wysoki dług publiczny może, ale nie musi prowadzić do wstrząsów finansowych czy bankructwa. Japonia żyje z zadłużeniem sięgającym prawie 200% PKB i nie wygląda na to, by miała upaść. Przez większość ubiegłego stulecia Wielka Brytania żyła z długiem publicznym przekraczającym 100% PKB i też nie zbankrutowała. Po II wojnie światowej dług publiczny

Stanów Zjednoczonych wynosił 120% PKB, co nie przeszkodziło amerykańskiej gospodarce rozwijać się w rekordowym tempie, a Amerykanom bogacić się i podnosić standard życia. Warto także zauważyć, że kwota 16 bilionów dolarów długu publicznego nie odzwierciedla rzeczywistego zadłużenia Stanów Zjednoczonych. Z tej sumy ponad pięć bilionów dolarów amerykańskie państwo jest bowiem winne samemu sobie, ponieważ w USA powszechne składki emerytalne oraz środki federalnych funduszy pożyczkowych zapisywane są na osobnych rachunkach i traktowane jako przyszłe zobowiązania państwa. Rzeczywisty dług amerykańskiego rządu federalnego wynosi więc około 70, a nie 100% PKB. Laureat Nagrody Nobla Paul Krugman obalił inny mit dotyczący amerykańskiego długu, a mianowicie, że takie kraje, jak Chiny czy Brazylia, które inwestują w amerykańskie obligacje, trzymają w garści Stany Zjednoczone. W artykule na łamach „New York Timesa" Krugman zauważył, że każdemu dolarowi amerykańskiego długu w rękach podmiotów zagranicznych odpowiada 89 centów długu innych krajów będącego w posiadaniu Stanów Zjednoczonych. Co więcej, ponieważ podmioty zagraniczne lokują środki w niskooprocentowane aktywa amerykańskie, a USA inwestują w bardziej dochodowe instrumenty finansowe, to w ostatecznym rozrachunku Ameryka wychodzi na swoje. „Jeśli myślisz, że zastawiliśmy swój majątek w chińskim lombardzie, to jesteś niedoinformowany. My nawet nie zmierzamy w tę stronę" — napisał Krugman.

Jeśli wziąć pod uwagę strukturę dochodów i wydatków państwa, to okaże się, że Stany Zjednoczone mogą znacznie łatwiej uporać się z wysokim deficytem budżetowym niż kraje europejskie, ponieważ mają niższe podatki. Amerykańskie państwo zabiera swoim obywatelom średnio 27% dochodów, podczas gdy w Szwecji wskaźnik ten wynosi 48%, we Francji 45%, w Niemczech 40%, a w Wielkiej Brytanii 39%. Oznacza to, że Amerykanie mają dużo większe pole manewru i zmniejszenie deficytu budżetowego mogą osiągnąć poprzez stosunkowo niewielką redukcję wydatków połączoną z umiarkowanym wzrostem opodatkowania. Tymczasem Europie pozostają niemal wyłącznie bolesne dla obywateli cięcia wydatków i ograniczanie programów społecznych. Problem Ameryki polega jednak na tym, że republikanie na razie nie zgadzają się na jakiekolwiek podwyżki podatków, co uniemożliwia wypracowanie kompromisu. W przyszłości jest on jednak możliwy.

Wyzwanie 3.: nierówności społeczne

Jedno z najważniejszych zdań amerykańskiej *Deklaracji niepodległości* brzmi: „Wszyscy ludzie zostali stworzeni równymi". Zapis ten wyrażał nie tylko ideał równości wobec prawa, ale również egalitarne przekonanie, że sukces powinien być efektem pomysłowości, przedsiębiorczości i ciężkiej pracy, a nie koneksji czy przynależności do uprzywilejowanej grupy. Jednak wystarczy rozejrzeć się dookoła, by się przekonać, że przynajmniej pod względem ekonomicznym Ameryka odeszła od tego ideału tak daleko, jak nigdy w historii.

Obecnie w Stanach Zjednoczonych 10% mieszkańców posiada 80% majątku, na który składają się lokaty w bankach, akcje, fundusze, nieruchomości, samochody i inne dobra trwałego użytku. Równocześnie 1/4 Amerykanów nie ma żadnego majątku lub jest zadłużona. Ogromne bogactwo skoncentrowane jest w rękach wąskiej grupy najbogatszych, którzy stanowią około 1% społeczeństwa. Są oni w posiadaniu 35% całego majątku ich kraju. Wskaźnik Gini (Gini index), który pokazuje dysproporcję dochodów mieszkańców danego kraju, w Unii Europejskiej wynosi średnio 31, podczas gdy w Stanach Zjednoczonych aż 47. Skala nierówności społecznych w USA jest zbliżona do Meksyku, gdzie bogaci otaczają swoje domy murem z drutem kolczastym. Co więcej, ostatnie dziesięciolecia przyniosły pogłębienie przepaści pomiędzy bogatymi Amerykanami a resztą społeczeństwa.

W 1985 r. w Stanach Zjednoczonych mieszkało 15 miliarderów. W roku 2011 było ich ponad 400. W kraju, w którym średni roczny dochód rodziny nie przekracza 50 tysięcy dolarów, ponad 50 tysięcy osób posiada majątek przekraczający 50 milionów. Według Biura Analiz Budżetowych Kongresu (ang. *Congressional Budżet Office*) w latach 1979 – 2007 dochody 1% najbogatszych Amerykanów wzrosły o 275%, podczas gdy dochody klasy średniej zwiększyły się tylko o 40%. Za prezydentury George'a W. Busha zarobki 1% najbogatszych mieszkańców rosły dziesięciokrotnie szybciej niż zarobki pozostałych. Kryzys na rynku nieruchomości, którego pierwsze oznaki można było dostrzec w 2007 r., sprawił, że majątek przeciętnej amerykańskiej rodziny zmniejszył się o ponad 1/3. W tym samym czasie najbogatsi stracili tylko 10%, co dodatkowo powiększyło nierówności społeczne. Jednak główna przyczyna pogłębiającej się przepaści pomiędzy biednymi i bogatymi wynika ze zmiany struktury dochodów, za którą nie nadąża system podatkowy.

Druga połowa XX w. przyniosła szybki postęp technologiczny. Spowodował on zmniejszenie kosztów produkcji i wzrost zysków, które trafiły do właścicieli przedsiębiorstw oraz ich menedżerów. Globalizacja umożliwiła z kolei przenoszenie produkcji do takich krajów, jak Chiny, Indie czy Wietnam, dzięki czemu właściciele korporacji inkasowali dodatkowe zyski, podczas gdy zwykli Amerykanie tracili miejsca pracy. Dochody pracowników najemnych spadały także z powodu osłabienia związków zawodowych, które nie były w stanie wywalczyć tak dobrych warunków zatrudnienia jak w przeszłości. Do powiększenia nierówności przyczyniła się również polityka podatkowa państwa. Obecnie trudno w to uwierzyć, ale w latach 40. i 50. XX w. najwyższa stawka podatku dochodowego w USA sięgała 91%, a na początku lat 80. — 70%. Obecnie najwyższa stawka podatkowa wynosi 35%. Gdy Barack Obama próbował przywrócić ją do poziomu z czasów Billa Clintona, czyli 39,5%, republikanie nazwali go socjalistą, a to określenie ma w USA wydźwięk pejoratywny. Innym źródłem powiększających się nierówności jest fakt, że amerykańscy multimilionerzy i miliarderzy nie osiągają już w zasadzie dochodów z pracy, lecz z inwestycji kapitałowych, które są opodatkowane według stawki 15%. To właśnie dlatego miliarder Warren Buffet oddaje amerykańskiemu fiskusowi mniejszą część dochodów niż jego sekretarka.

Konserwatyści twierdzą, że duże różnice w dochodach są nieodłączną cechą kapitalizmu i że pogłębiające się rozwarstwienie społeczne nie jest niczym złym, jeśli tylko poziom życia wszystkich grup społecznych się podnosi. Problem polega jednak na tym, że coraz więcej Amerykanów ledwo wiąże koniec z końcem, a słynny „amerykański sen" staje się dla nich coraz bardziej nieosiągalny. I choć Amerykanie są skłonni zaakceptować znacznie większe nierówności społeczne niż Europejczycy, narasta wśród nich przekonanie, że ich kraj staje się coraz mniej sprawiedliwy i że wbrew amerykańskim ideałom powstaje u nich klasa „arystokratów" zawdzięczających powodzenie w życiu nie własnej pracy i przedsiębiorczości, lecz przynależności do elity finansowej i koneksjom. Prezydent Barack Obama przekonuje, że pogłębiająca się przepaść pomiędzy bogatymi a resztą społeczeństwa stanowi zagrożenie dla klasy średniej, która jest siłą napędową Ameryki. Większość mieszkańców USA wydaje się podzielać jego poglądy. W sondażu magazynu „The Hill" 2/3 ankietowanych zgodziło się z opinią, że klasa średnia w Stanach Zjednoczonych słabnie, a 55% uważa, że nierówności gospodarcze w ich kraju są poważnym problemem. Według Międzynarodowego Funduszu Walutowego rosnąca dysproporcja dochodów ma nie tylko skutki społeczne, ale i ekonomiczne. Z opublikowanego przez tę organizację w 2011 r. raportu wynika, że w krajach o dużych nierównościach ryzyko zahamowania wzrostu gospodarczego jest większe niż w krajach, w których dochody rozłożone są bardziej równomiernie. Poza polityką podatkową państwo ma jednak niewiele narzędzi, by zmniejszyć różnice społeczne. A na większą redystrybucję bogactwa nie ma zgody konserwatystów, co przy niewydolnym systemie politycznym USA oznacza utrwalenie obecnego stanu albo nawet pogłębienie dysproporcji. Czas pokaże, czy republikanom i demokratom uda się wypracować w tej sprawie jakiś kompromis.

JEST OKEJ

Wysokie bezrobocie, ogromny dług publiczny i pogłębiające się nierówności społeczne to nie jedyne problemy, z jakimi zmaga się Ameryka. Poważnym problemem jest nieefektywny system polityczny, który uniemożliwia Stanom Zjednoczonym szybkie dostosowywanie się do zmieniającego się świata. W amerykańskim Kongresie pojedynczy senator może zablokować projekt ustawy, a gdy jakiemuś rozwiązaniu sprzeciwia się cała opozycja, przeforsowanie go w zasadzie nie udaje się. Podział władzy w USA wymaga od amerykańskich partii politycznych skłonności do kompromisu. Przy pogłębiających się podziałach ideologicznych kompromis taki jest jednak prawie niemożliwy. Jego osiąganiu nie sprzyja coraz większa rola lobbystów i grup interesu, którzy w zamian za finansowanie kampanii wyborczych oczekują od polityków trzymania się twardych zasad ideologicznych. W Chinach czy Rosji parlament uchwala to, czego życzą sobie przywódcy. W Polsce, Wielkiej Brytanii czy Francji do przeforsowania ustawy wystarczy większość parlamentarna. W Stanach Zjednoczonych demokraci przez dwa lata stanowili większość w obu izbach Kongresu, a mimo to półtora roku zabrało im przegłosowanie reformy ubezpieczeń zdrowotnych zaproponowanej przez Baracka Obamę. Co więcej, w trakcie procesu legislacyjnego musieli zrezygnować z wielu kluczowych propozycji i w efekcie uchwalono ustawę, z której żadna ze stron nie jest zadowolona.

Stany Zjednoczone są też zapatrzone w siebie i niechętnie korzystają ze wzorów zagranicznych. Naśladowanie innych uważane jest tu za przejaw słabości i braku wiary w wyjątkowość Ameryki. Racjonalnym decyzjom nie sprzyja też słabnący, ale wciąż wyraźny lęk przed muzułmanami i nastroje antyimigranckie. Mało który polityk ma odwagę powiedzieć Amerykanom, że dzięki przybyszom z Meksyku i innych krajów Ameryki Łacińskiej ich społeczeństwo jest stosunkowo młode, przez co system emerytalny USA ma się dużo lepiej niż systemy większości krajów europejskich. Ameryce przydałyby się także większe inwestycje w infrastrukturę i edukację na poziomie podstawowym. Problemy i wyzwania, przed którymi stoi Ameryka, nie powinny jednak przesłaniać faktu, że Stany Zjednoczone wciąż dysponują ogromnym potencjałem rozwojowym.

Amerykanów cechuje przedsiębiorczość, odwaga i przebojowość. Ich kraj jest ogromnym rynkiem zbytu i każdy nowy produkt ma od razu miliony potencjalnych klientów, którzy dysponują siłą nabywczą większą niż mieszkańcy jakiegokolwiek innego kraju świata. Co z tego, że Chińczyków jest cztery razy więcej, skoro niewielu z nich stać na zakup nowego telewizora, komputera czy innego elektronicznego gadżetu? Do tego dochodzi potęga militarna USA, która będzie niezachwiana przez dziesięciolecia, oraz sprawna i kompetentna dyplomacja. Paradoksalnie wzrost znaczenia takich krajów, jak Chiny czy Rosja zwiększa zapotrzebowanie na światowe przywództwo Ameryki, albowiem tylko sojusz z Waszyngtonem może być realną przeciwwagą dla rosnącej pozycji Moskwy czy Pekinu. Mimo niechęci do nielegalnych imigrantów, która u amerykańskich konserwatystów ociera się czasem o paranoję, Stany Zjednoczone pozostają krajem otwartym na przybyszów z zagranicy, a proces asymilacji jest stosunkowo szybki. W Ameryce żyje się też wygodnie, ludzie są życzliwi, tolerancyjni i akceptujący odmienność. Gdy w sondażu zapytano chińskich milionerów, dokąd chcieliby się przenieść, gdyby mogli wybierać miejsce zamieszkania, większość wybrała... Stany Zjednoczone.

Bibliografia

Ahlstrom S., *A religious History of The American People*, New Haven: Yale University Press, 1972

Amar V.D. (editor), *The First Amendment Freedom of Speech: Its Constitutional History and the Contemporary Debate*, Amherst, N.Y.: Prometheus; 2008

Athlen G., *American Ways: A Guide for Foreigners in the United States*, Yarmouth, Me.: Intercultural Press, 2003

Bailey R.W., *Speaking American: A History of English in the United States*, Oxford, New York: Oxford University Press, 2011

Bankston C.L. III, Hidalgo D.A. (editors), *Immigration in U.S. History*, Pasadena, Calif.: Salem Press, 2006

Bogdanov V., Woodstra Ch., Erlewine S.T. (editors), *All Music Guide to Country: The Definitive Guide to Country Music*, Ann Arbor, MI: AMG; San Francisco, CA: Backbeat Books, 2003

Brzeziński Z., *The Choice: Global Domination or Global Leadership*, New York: Basic Books, 2004

Brzeziński Z., *Strategic Vision: America and the Crisis of Global Power*, New York: Basic Books, 2012

Burbick J., *Gun Show Nation: Gun Culture And American Democracy*, New York: New Press, 2006

Davidson J., Sweeney M., *On The Move: Transportation and The American Story*, Washington DC: Smithsonian Institution & National Geographic, 2003

(Compiled by) Ellison Ch., Martin W.A., *Race and Ethnic Relations in the United States: Readings for the 21st Century*, Los Angeles: Roxbury Publishing Company, 1999

Jones L., (editor in chief), *Encyclopedia of Religion*, Detroit: Macmillan Reference USA, 2005

Espejo R. (editor), *Civil Liberties*, Detroit: Greenhaven Press, 2009

Hacker A., *Two Nations: Black & White, Separate, Hostile, Unequal*, New York: Scribner, 2003

Haerens M. (editor), *Gun Violence: Opposing Viewpoints*, Detroit: Greenhaven Press, 2006

Hutson J.H., *Religion and the Founding of the American Republic*, Washington DC: Library of Congress/University Press of England, 1998

Johnson D.B., *Speak American: A Survival Guide to The Language and Culture of the U.S.A.*, New York: Random House, 2000

Kleck G., Kates D., *Armed: New Perspectives on Gun Control*, Amherst, N.Y.: Prometheus Books, 2001

Lewis T., *Divided Highways: Building The Interstate Highways, Transforming American Life*, New York: Viking, 1997

Lott J.R. Jr, *The Bias Against Guns*, Washington DC: Regnery Publishing Inc, 2003

Marty M.E., *Modern American Religion*, Chicago: University of Chicago Press, 1991

Morison S.E., *The Oxford History of the American People*, New York: New American Library, 1972

Novick P., *The Holocaust in American Life*, Boston: Houghton Mifflin, 1999

O'Keefe K., *The Average American: The Extraordinary Search for the Nation's Most Ordinary Citizen*, New York: Public Affairs, 2005

Ostling R., Ostling J., *Mormon America: The Power and the Promise*, San Francisco: Harper San Francisco, 1999

Shipler D.K., *A Country of Strangers: Blacks and Whites in America*, New York: Knopf, 1997

Sperling D., *Future Drive electric vehicles and sustainable transportation*, Washington DC: Island Press, 1995

Stambler I., Landon G., *Country Music: The Encyclopedia*, New York: St. Martin's Press, 1997

Swift E., *The Big Roads: The Untold Story of the Engineers, Visionaries, and Trailblazers who Created the American Superhighways*, Boston, MA: Houghton Mifflin Harcourt, 2011

the New strategist editors, *Racial and Ethnic Diversity: Asians, Blacks, Hispanics, Native Americans, and Whites*, Ithaca, N.Y.: New Strategist Publications, 2006

Vile J.R., Hudson D.L. Jr., Schulz D. (editors), *Encyclopedia of the First Amendment*, Washington DC: CQ Press, 2009

Vogel E., *Japan as Number One: Lessons for America*, Cambridge: Harvard University Press, 1979

Weiser B., *A Secret Life: The Polish Officer, His Covert Mission, and the Price He Paid to Save His Country*, New York: Public Affairs, 2004

Williams M.E. (editor), *Religion in America: Opposing Viewpoints*; San Diego, CA: Greenhaven Press, 2006

Wolfe A., *The Transformation of American Religion: How We Actually Live Our Faith*, New York: Free Press, 2003

Wolfram W., Schilling-Estes N., *American English: Dialects and Variation*, Cambridge, MA: Blackwell Publishers, 1998

Zakaria F., *The Post-American World: Release 2.0*, New York: W.W. Norton, 2011

Znaniecka Lopata H., *Polish Americans: Status Competition in an Ethnic Community*, Englewood Cliffs, NJ: Prentice-Hall, 1975

Inne źródła:

Gallup Poll.

Pew Research Center.

Texas State Historical Association.

US Census Bureau.

Wikipedia.